雨花年鉴

2016

YUHUA ALMANAC

南京市雨花台区地方志编纂委员会

方志出版社
Publishing House of Local Records

图书在版编目（CIP）数据

雨花年鉴. 2016 / 南京市雨花台区地方志编纂委员会办公室编.
—北京：方志出版社， 2016. 11
ISBN 978-7-5144-2212-2

Ⅰ.①雨… Ⅱ.①南… Ⅲ.①区（城市）—南京市—2016—年鉴
Ⅳ. ①Z525.31

中国版本图书馆CIP数据核字（2016）第287046号

雨花年鉴（2016）

编　　者：南京市雨花台区地方志编纂委员会办公室
责任编辑：张　颢
出 版 人：冀祥德
出 版 者：方 志 出 版 社
地址　北京市朝阳区潘家园东里9号（国家方志馆4层）
邮编　100021
网址　http://www.fzph.org
发　　行：方志出版社发行中心
电话（010）67110500
经　　销：各地新华书店
印　　刷：南京顺和印刷有限责任公司
开　　本：889 × 1194　　1/16
印　　张：24.5
字　　数：666千字
版　　次：2016年11月第1版　　2016年11月第1次印刷
印　　数：001 ~ 650册
ISBN 978-7-5144-2212-2　　定价：200.00元

雨花台区地方志编纂委员会

《雨花年鉴》编辑部

《雨花年鉴》主审

编纂说明

一、《雨花年鉴》是在南京市雨花台区委、区政府主持领导下，由南京市雨花台区地方志编纂委员会组织实施、《雨花年鉴》编辑部编纂出版的年度资料性文献。

二、《雨花年鉴（2016）》以马克思列宁主义、毛泽东思想、邓小平理论、“三个代表”重要思想为指导，全面贯彻落实科学发展观，系统载录2015年雨花台区自然、政治、经济、文化和社会发展情况，为各级领导决策提供依据，为各行各业、中外人士了解和研究雨花台区提供资料。

三、《雨花年鉴（2016）》按分类编辑法，设类目、分目、条目三个层次，部分分目下设副分目，以条目为基本层次。2016年卷设：特载、专文、概览、中国（南京）软件谷、经济、经济管理与监督、城市建设与管理、公共服务、政治、街道、人物和荣誉、大事记、附录共13个类目。

四、为便于阅读，类目、分目、副分目、条目标题及相关链接、附表，按照不同字体、字号全彩印刷。

五、全书记述的地域范围以现行雨花台区行政区划为界，一些驻区企事业单位发生在外地、但与雨花台区关系密切的重要信息也予记载；为便于读者查找和了解事物的连续性，对于2015年以前的个别重大事件仍予简略追溯；“特载”类目中《政府工作报告》为跨年度记述。

六、本年鉴采用的稿件均由雨花台区党政部门、各单位专人撰写，经主管负责人审核，区四套班子领导审查。组织机构及负责人名单由区委组织部和各部门、各单位提供并审核，“大事记”由区档案馆提供，“统计资料”由区统计局提供。由于统计口径、方法、时间不同，有些单位提供的数据与统计局数据有差异，一般以统计局资料为准。

七、为方便读者检索，《雨花年鉴》卷首有目录和英文简目，卷末有索引。索引采用主题索引方法，依据主题词首字汉语拼音字母顺序排列。

八、为避免与国家风景名胜区“雨花台”产生歧义，故书名《雨花年鉴》不以行政区域名称谓。

九、《雨花年鉴（2016）》编辑工作得到全区各街道、各部门和驻区企事业单位，大中专院校、科研院所的鼎力支持和积极配合，也得到市地方志办公室领导和专家的指导帮助，在此深表感谢。对年鉴中的疏漏和不足之处，恳请读者予以批评指正。

Leadership inspection

领导视察

3月19日，省委书记罗志军（中）到中国（南京）软件谷专题调研雨花台区转型升级发展情况

（软件谷　供稿）

2月5日，省委常委、市委书记黄莉新（右二）到中国（南京）软件谷视察南京大数据产业基地

（软件谷　供稿）

5月21日，国家标准化管理委员会主任田世宏（右一）到中国（南京）软件谷调研标准化工作

（软件谷　供稿）

4月14日，全国政协副主席、全国工商联主席王钦敏（右一）到中国（南京）软件谷调研指导工作

（软件谷　供稿）

7月29日，省纪委副书记、监察厅厅长江里程（中）参观雨花台区预防职务犯罪警示教育基地

（区纪委　供稿）

2月12日，省妇联副主席顾敏（左六）视察妇女“两癌”筛查工作

（区卫生局　供稿）

1月14日，市委副书记、市长缪瑞林（左二）调研“两桥”地区建设

（区委办　供稿）

2月10日，市委常委、常务副市长刘以安（左二）慰问单亲贫困母亲

（区妇联　供稿）

9月29日，市委常委、政法委书记刘志伟（左一）督查“安全感”建设工作

（区委政法委　供稿）

3月18日，市人大常委会副主任陈礼勤（左二）调研开发区人大工作

（区人大办　供稿）

12月31日，副市长黄澜（中）调研中船绿洲工作

（中船绿洲　供稿）

2月5日，副市长吴卫国（中）视察南京餐橱垃圾处理厂

（板桥街道　供稿）

5月14日，市政协副主席徐金万（左二）视察协商民主在基层工作情况

（区政协办　供稿）

11月11日，市政府副秘书长赵晶夫（右二）调研“两桥”地区更新改造工作

（区委办　供稿）

Government affairs activity
政务活动

7月9日，区委书记张一新（中）一行专题调研西善桥街道拆迁工作

（区委办　供稿）

9月10日，区委副书记、区长李世峰（中）调研赛虹桥街道民生工作

（赛虹桥街道　供稿）

4月29日，区人大常委会主任杨明（中）对《江苏省物业管理条例》开展情况进行执法检查

（区人大办　供稿）

5月28日，区政协主席黄唯佳（左二）调研西善花苑社区妇女儿童工作

（区妇联　供稿）

10月20日，区委常委、政法委书记李邦全（中）到区公共法律服务中心检查工作
（区司法局　供稿）

4月26日，区委常委、宣传部部长谢山（左二）参加南京日报志愿服务站（岱善润福城分站）启动仪式并与志愿者一起种植“纪念树”
（区委宣传部　供稿）

6月19日，区委常委、常务副区长钱维（中）调研中邮建技术有限公司工作

（区方志办　供稿）

2月6日，区委常委、副区长艾长青（中）慰问开发区天后社区低保户

（开发区　供稿）

7月2日，区委常委、纪委书记谢祖国（中）慰问景明佳园困难党员

（铁心桥街道　供稿）

3月26，区委常委、副区长倪兴龙（右二）检查开发区中兴路北延跨秦淮新河大桥建设情况

（区政府办　供稿）

9月30日，区委常委、组织部部长袁传军（右二）调研板桥新城

（板桥新城　供稿）

7月31日，区委常委、统战部部长蒋冰（左一）参加“夏季送清凉”活动并为环卫工人发放慰问品

（区总工会　供稿）

6月18日，副区长余清（中）端午节慰问仁恒翠竹园社区居民

（区政府办　供稿）

1月5日，副区长薛国安（中）与市文化专家考察新亭旧址

（区政府办　供稿）

10月28日，副区长汪东明（右三）率队到鼓楼区市场监管局进行学习交流

（区市场监管局　供稿）

2月10日，副区长凌向前（右一）向国家开发银行副行长李吉平（左三）介绍“两桥”地区更新改造工作

（“两桥”办　供稿）

8月13日，副区长江磊（右二）检查开发区建筑工地安全生产工作

（区政府办　供稿）

12月22日，区人武部政委金宏（右一）慰问区困难群众

（区人武部　供稿）

Highlighted News Collection

要事集萃

1月8日，雨花台区第十七届人民代表大会第四次会议在区召开

（区人大办　供稿）

1月7日，中国人民政治协商会议南京市雨花台区第八届委员会第四次会议在区召开

（区政协办　供稿）

1月21日，区关工委举办全区科技辅导员培训班

（区关工委　供稿）

1月28日，区交通局召开交通运输系统2014–2015年年度党员冬训动员大会

（区交通局　供稿）

1月30日，区检察院举办“花神御史论坛”新年第一期开坛活动

（区检察院　供稿）

2月4日，区公安分局破获全市禁毒会战以来最大缴毒量毒品案件

（区公安分局　供稿）

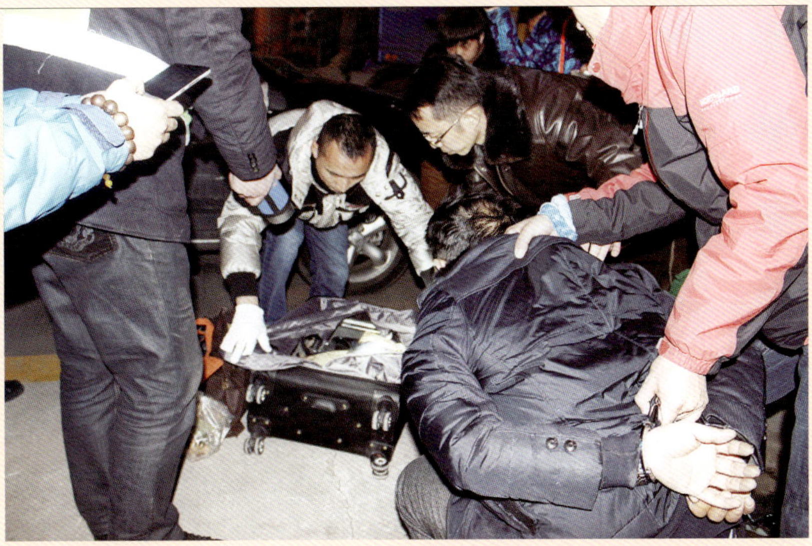

2月12日，区红十字会举行第三批首印文化集团博爱助学金发放仪式

（区红十字会　供稿）

3月4日，市国土局到区国土分局开展依法行政督查工作

（区国土分局　供稿）

3月5日，区人社局联合区妇联开展“迎‘三八’架金桥 促就业”女性专场招聘活动

（区人社局　供稿）

3月15日，烟草四分局开展“3.15”国际消费者权益日活动

（烟草四分局　供稿）

4月30日，“中国梦 劳动美”——雨花台区第二届职工文化艺术节开幕式在雨花学术报告厅举行

（区总工会　供稿）

5月8日，首届春季“小蜜峰”骑行活动在雨花台烈士陵园举行

（区地税局　供稿）

5月12日，交警八大队对重点区域及重点路段开展渣土车整治专项活动

（交警八大队　供稿）

5月16日，雨花台区召开防汛防旱工作会议

（区水务局　供稿）

5月22日，区人武部组织召开2015年征兵工作动员部署会

（区人武部　供稿）

5月27日，市计生委到区人口计生局检查“十二五”终期创建工作

（区人口计生局　供稿）

5月28日，“法润雨花　平安家园”——雨花台区法治主题广场宣传活动在紫荆广场举行

（区委政法委　供稿）

6月2日，区委党校开展“三严三实”专题教育活动

（区委党校　供稿）

6月5日，区环保局组织开展环境突发事故应急演练

（区环保局　供稿）

6月9日，区政府在开发区弘阳装饰城开展火灾事故应急演练

（区消防大队　供稿）

6月24日，南京市基层党员干部警示教育基地揭牌启用

（区纪委　供稿）

6月30日，机关党建第五片区开展“为党旗增光为雨花添彩”庆祝建党94周年演讲比赛活动

（区政务中心　供稿）

7月1日，区国税局组织党员干部参观雨花台区预防职务犯罪警示教育基地

（区国税局　供稿）

7月31日，“军民心连心　共筑中国梦”——雨花台区庆祝建军88周年文艺演出在雨花学术报告厅举行

（区双拥办　供稿）

9月9日，区民宗局、区妇联、区基督教“三自”爱国会在梅山街道举行雨花台区“天使爱心”项目助学金发放仪式

（区民宗局　供稿）

9月21日，雨花台区第三届高铁枢纽经济发展暨跨境电商研讨会在楚翘城举行

（区商务局　供稿）

9月29日，南京雨花英烈研究会在中山国际会议中心成立并召开"雨花英烈精神"研讨会

（雨花台风景区　供稿）

9月30日，第三届雨花台区群众文化艺术展演月开幕式暨"大型音舞诗画"花神赋"大型演出在雨花学术报告厅举行

（区文化局　供稿）

10月10日，"法润江苏·德法同行"南京市暨雨花台区送法进社区活动在紫荆广场举行

（区司法局　供稿）

10月10日，由省人民医院主办、区红十字会和南站综管办协办的第六届“急救白金十分钟——全国自救互救日”活动在南京南站举行

（南站综管办　供稿）

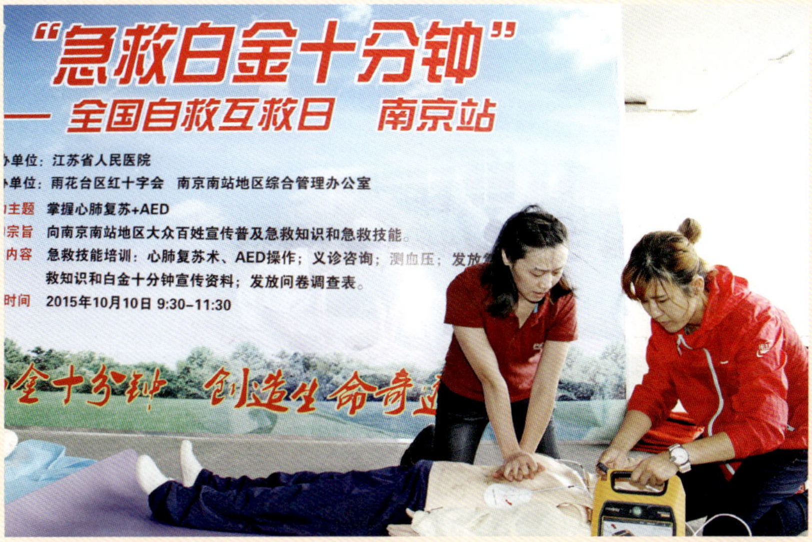

10月20日，区人大代表视察区市场监管局政务大厅

（区市场监管局　供稿）

10月30日，“辉煌20年”——雨花老年大学校庆文艺演出在雨花学术报告厅举行

（区委老干部局　供稿）

11月1日，台湾马祖连江县北竿乡67名居民到西善桥街道姚南村“南京先生”碑亭前拜访

（区委统战部　供稿）

11月20日，雨花台区2015年“魅力校园”社团嘉年华暨“志愿者行动”颁奖典礼在雨花外国语小学举行

（区教育局　供稿）

11月26日，中共南京玻纤院第四次代表大会召开

（玻纤院　供稿）

12月7日，雨花台区寻找“最美家庭”推进会暨“最美家庭讲好家训”巡讲活动在区举行

（区妇联　供稿）

12月10日，区法院在江苏警官学院开展“法官授课”活动

（区法院　供稿）

12月16日，市“卢志英中队”命名60周年主题队日活动在区实验小学举行

（团区委　供稿）

The Rise of Software

软件崛起

4月14日，全国政协副主席、民建中央常务副主席马培华（左二）到中国（南京）软件谷调研指导工作
（软件谷　供稿）

12月2日，全国政协常委经济委员会主任周伯华（左二）率全国政协专题调研组到中国（南京）软件谷视察“加快推进品牌建设”情况
（软件谷　供稿）

（本页图片由软件谷供稿）

12月29日，省委副书记、省长石泰峰（右三）到中国（南京）软件谷调研软件产业发展情况

（软件谷　供稿）

4月1日，加拿大代表团参观访问中国（南京）软件谷

（软件谷　供稿）

9月7日，区委书记张一新（右一）陪同韩国未来创造科学部副部长崔在裕（左一）一行参观访问中国（南京）软件谷（软件谷　供稿）

3月11日，第二届中国互联网智能电视开发者大会在中国（南京）软件谷管委会举办（区方志办　供稿）

3月17日，中国（南京）软件谷召开2015年年度企业家知识产权沙龙活动暨创新创业主题活动
（区方志办　供稿）

4月23日，2015中国（南京）创洽会“江苏科技金融园区行·走进中国（南京）软件谷暨软件谷UP开放日”活动在软件谷管委会举办
（区方志办　供稿）

4月24日，中国（南京）软件谷移动互联网&新媒体技术峰会在软件谷管委会举办

（区方志办　供稿）

5月28日，紫金（雨花）科技创业特别社区在中国（南京）软件谷银坤大数据产业基地举行“精致下午茶，精彩财务圈”专题交流活动

（区方志办　供稿）

9月2日，中国（南京）软件谷产业互联网技术峰会重大项目签约仪式在楚翘城举办

（软件谷　供稿）

9月18日，2015年第五届黑马大赛南京站总决赛在楚翘城举行

（软件谷　供稿）

楚翘城 （软件谷　供稿）

宏图三胞高科技术有限公司 （软件谷　供稿）

创业创新城　　（软件谷　供稿）

华为软件技术有限公司　　（软件谷　供稿）

南京大数据产业基地 （软件谷　供稿）

中兴全球云计算中心 （软件谷　供稿）

江苏润和软件股份有限公司 （软件谷　供稿）

软件谷人才公寓 （软件谷　供稿）

雨花街道

地址：南京市花神大道3号 电话：025-52885733 邮编：210012

8月5日，区委书记张一新（中）调研雨花街道重点项目

8月6日，雨花街道与铁心桥街道举行雨铁社区服务中心项目合作签字仪式

8月26日，雨花街道召开“清洁家园，美化环境”部署会

8月31日，雨花街道组织党员干部参观雨花台区预防职务犯罪教育基地

9月2日，雨花街道举办纪念抗战胜利七十周年演讲比赛

12月26日，第三届“美好雨花”艺术节闭幕式文艺演出在雨花学术报告厅举行

赛虹桥街道

地址：南京市应天大街8号 电话：025-52468927 邮编：210012

9月30日，省委常委、市委书记黄莉新（左三）检查南京虹悦城安全生产工作

5月19日，省司法厅副厅长万力（左二）调研安德门民工法律援助工作站

8月6日，区委书记张一新（前排右二）调研万谷产业园

11月9日，区委副书记、区长李世峰（左三）检查省供销合作社项目建设现场

8月24日，赛虹桥街道召开2014-2015年年度物管考核总结讲评大会

铁心桥街道

地址：南京市铁心桥大街 电话：025-52355899 邮编：210012

3月10日，省民政厅厅长侯学元（右三）一行视察春江社区好日子服务中心

3月26日，市委宣传部处长潘涛为铁心桥街道干部开展舆情应对培训

4月25日，铁心桥街道召开群众路线教育活动工作会议

5月12日，铁心桥街道召开2015年务虚会

6月30日，铁心桥街道在三江学院礼堂举行庆“七一”建党文艺演出

9月9日，铁心桥街道召开应征入伍人员座谈会

板桥街道

地址：南京市振兴路59号 电话：025-86732287 邮编：210039

9月22日，区委书记张一新（左二）一行调研板桥市场群

11月13日，区委副书记、区长李世峰（左三）一行调研板桥生态园

2月10日，"幸福板桥大家乐"板桥街道2015年冬训文艺汇演在解放军国际关系学院礼堂举行

3月31日，板桥街道召开党建工作第一季度座谈会

7月25日，板桥街道召开"三严三实"专题学习研讨会

11月18日，南京润泰市场举行开业典礼

西善桥街道

地址：南京市西善桥北街68号 电话：025-52815700 邮编：210041

4月2日，南京航空航天大学人文与社会科学学院研究生工作站揭牌仪式在西善桥街道举行

4月26日，“走，到岱善做义工去”暨南京日报志愿服务站（岱善润福城分站）启动仪式在西善桥街道举行

10月15日，西善桥街道食品安全快速检测中心项目签约仪式在街道举行

11月17日，新西善慈善基金会向力行小学慈善捐赠

6月2日，西善桥街道与苏州博济科技园项目签约仪式在街道举行

梅山街道

地址：南京市中华门外新建 电话：025-86364770 邮编：210039

9月25日，区委书记张一新（中）调研梅清苑社区校外活动室

1月13日，梅山街道召开2014年年度落实党风廉政建设责任制检查考核大会

1月22日，梅山街道召开2014-2015年年度党员干部冬训工作动员部署会

3月8日，“三八”妇女节梅山街道组织女工采风活动

3月10日，梅山街道召开2014年年度工作总结表彰暨作风建设大会

11月25日，南京理论宣讲微言堂“社区行”走进雨花台区梅山街道梅欣社区，开展社会主义价值观“和谐”主题宣讲活动

雨花经济开发区

地址：南京市龙飞路16号 电话：025-86728040 邮编：210039

5月26日，市委常委、常务副市长刘以安（左三）调研开发区中兴路北延跨秦淮新河大桥项目

1月13日，区委副书记、区长李世峰（右二）检查开发区红太阳装饰城安全生产工作

5月21日，开发区召开2015年科级干部亮岗选拔民主推荐大会

7月7日，开发区组织党员干部赴雨花台烈士陵园参观并重温入党誓词

8月17日，开发区召开党建工作例会

10月24日，“道德传家　孝行天下”第一届重阳敬老节在锦华新城广场举行

板桥新城

地址：南京市板古路1号 电话025—86726907 邮编：210039

6月10日，省人大常委会委员、教科文卫主任许洪祥（右二）视察板桥新城莲花湖体育公园

1月16日，省民政厅厅长侯学元（中）率队到板桥新城大方社区视察社区建设工作

2月4日，板桥新城举行消防安全知识专题讲座

6月3日，板桥新城召开“三严三实”专题党课暨专题教育部署会

9月10日，板桥新城举办信息工作培训班

9月23日，板桥新城党工委召开“三严三实”第二专题研讨会

2011–2015年地区生产总值及增长速度

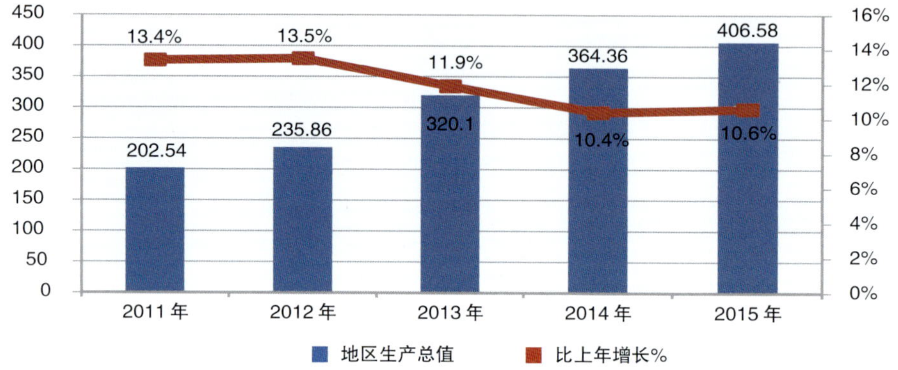

2011–2015年地方财政收入

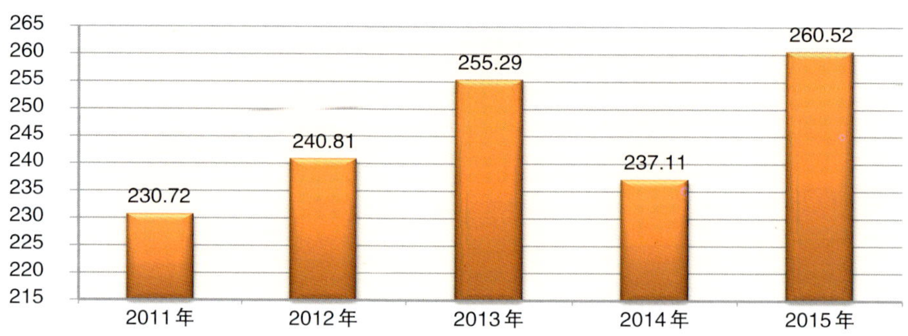

2011–2015年全社会固定资产投资

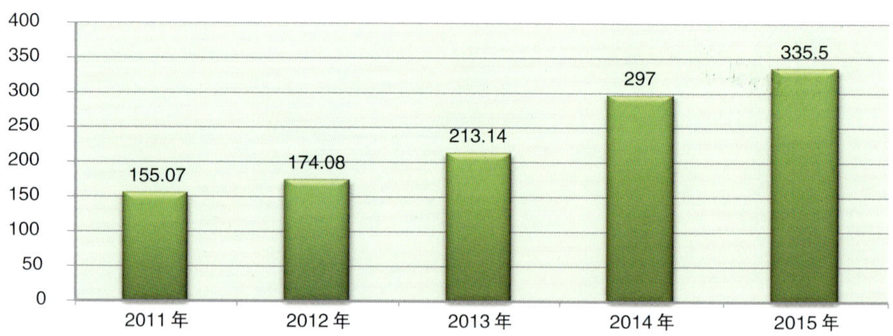

2011–2015年城乡可支配收入增幅

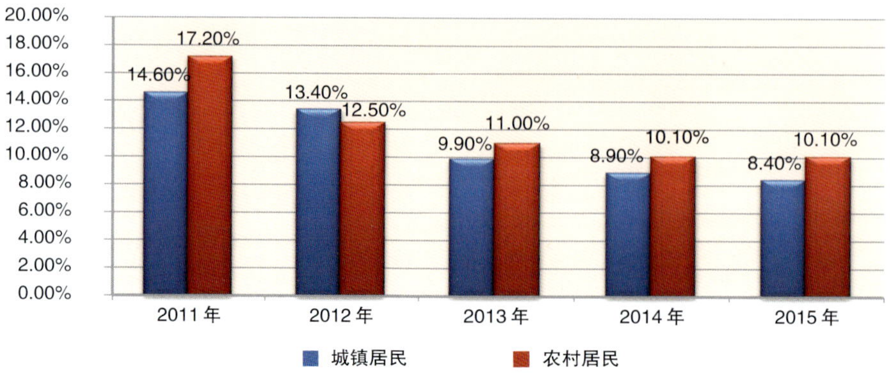

雨花台区主要机构(单位)简称、全称对照

简　　称	全　　称
区委	中国共产党南京市雨花台区委员会
区委办	中国共产党南京市雨花台区委员会办公室
区人大常委会	南京市雨花台区人民代表大会及其常务委员会
区人大办	南京市雨花台区人大常委会办公室
区政府	南京市雨花台区人民政府
区政府办	南京市雨花台区人民政府办公室
区政协	中国人民政治协商会议南京市雨花台区委员会
区政协办	政协南京市雨花台区委员会办公室
区纪委	中国共产党南京市雨花台区纪律检查委员会
区老龄委	南京市雨花台区老龄工作委员会办公室
区民宗局	南京市雨花台区民族宗教事务管理局
区关工委	南京市雨花台区关心下一代工作委员会
区文明办	南京市雨花台区精神文明建设指导委员会办公室
区委政法委	中共南京市雨花台区委员会政法委员会
区编办	南京市雨花台区机构编制委员会办公室
区级机关工委	中共南京市雨花台区委区级机关工作委员会
团区委	中国共产主义青年团南京市雨花台区委员会
区妇联	南京市雨花台区妇女联合会
区发改局	南京市雨花台区发展改革局
区住建局	南京市雨花台区住房和建设局
区科技局	南京市雨花台区科学技术局
区人社局	南京市雨花台区人力资源和社会保障局
区安监局	南京市雨花台区安全生产监督管理局
区环保局	南京市雨花台区环境保护局
区城管局	南京市雨花台区城市管理局
区交通局	南京市雨花台区交通运输局
区食药监局	南京市雨花台区食品药品监督管理局
区人口计生局	南京市雨花台区人口和计划生育局
区人防办	南京市雨花台区人民防空办公室
区爱卫办	南京市雨花台区爱国卫生运动委员会办公室
区残联	南京市雨花台区残疾人联合会
区委党史工办	中共南京市雨花台区委员会党史工作办公室
区方志办	南京市雨花台区地方志编纂委员会办公室
区科协	南京市雨花台区科学技术协会

简　　称	全　　称
区法制办	南京市雨花台区人民政府法制办公室
区台办	南京市雨花台区人民政府台湾事务办公室
区侨办	南京市雨花台区人民政府侨务办公室
区工商联	南京市雨花台区工商业联合会
区政务中心	南京市雨花台区暨中国(南京)软件谷政务服务中心
区征拆办	南京市雨花台区征收拆迁安置办公室
区法院	南京市雨花台区人民法院
软件谷	中国(南京)软件谷
紫金科创特区	紫金(雨花)科技创业特别社区
数字基地	江苏国家数字出版基地(南京园区)
国开雨花公司	南京国开雨花城市更新发展有限公司
南站综管办	南京市铁路南京南站地区综合管理办公室
区人武部	南京市雨花台区人民武装部
区国土分局	南京市国土资源局雨花台分局
区公安分局	南京市公安局雨花台分局
区国税局	南京市雨花台区国家税务局
区地税分局	南京市地方税务局雨花台分局
区市场监管局	南京市雨花台区市场监督管理局
交警八大队	南京市公安局交通管理局第八大队
区消防大队	南京市公安消防支队雨花台区大队
烟草四分局	南京市烟草专卖局四分局(分公司)
梅山钢铁	上海梅山钢铁股份有限公司
梅山矿业	南京梅山冶金发展有限公司矿业分公司
南京华润	南京华润热电有限公司
中船绿洲	南京中船绿洲机器有限公司
徐工汽车	南京徐工汽车制造有限公司
南高齿	南京高精传动设备制造集团有限公司
南高船	南京高精船用设备有限公司
南京玻纤院	南京玻璃纤维研究设计院
旭建新材	南京旭建新型建材股份有限公司
乾元浩南京厂	乾元浩生物股份有限公司南京生物药厂

总　　目

Main Contents

目　录

经 济

经济管理与监督

公共服务

政　治

街 道

索 引

Contents

Public Service

Politics

Subdistricts

Figures and Glory

Major Events

Appendix

Index

特载

2016 YUHUA ALMANAC

Special Issue

高起点谋划大力度推进 全面开启雨花“十三五”建设新征程

——在区委十届二十二次全体(扩大)会议上的报告

张一新

(2015年12月)

这次全会的主要任务是:深入贯彻党的十八大,十八届三中、四中、五中全会和习近平总书记系列重要讲话精神,全面落实省、市委决策部署,回顾总结今年和“十二五”工作,科学谋划“十三五”发展,全面部署明年任务,动员全区上下进一步统一思想、转变理念、改进作风、提高标准、干事创业,确保圆满完成各项目标任务,全面开启雨花“十三五”建设新征程。

一、2015年和“十二五”工作回顾

今年以来,在市委、市政府坚强领导下,全区上下坚持以“三严三实”专题教育为契机,紧紧抓住决战决胜“两桥”改造、软件谷建设“两件大事”,强化科学运作,全力干事创业,经济社会保持了良好发展势头,预计全面完成全年目标任务。

一是经济发展质量和效益明显提升。在经济发展进入新常态的大背景下,始终坚持发展第一要务,更加主动调结构、抓创新、转方式,推动经济更高质量、更可持续、更加健康发展。经济总体平稳运行。预计完成地区生产总值411.7亿元,同比增长10%;全区财政总收入首次突破100亿元大关,一般公共预算收入达到61.3亿元,同比增长15.3%,增幅继续位居全市前列;完成全社会固定资产投资260亿元,同比增长9.7%;注册外资实际到账2.3亿美元,提前超额完成全年目标任务。软件产业持续高速增长。完成软件和信息服务业收入1650亿元,同比增长24.06%,特别是移动互联网、大数据等新兴软件产业呈现爆发式增长态势,进一步丰富了软件产业形态;服务外包执行额达到31.2亿美元,离岸外包执行额达到13.8亿美元。转型升级成效明显。新增商务商贸设施面积80万平方米;社会消费品零售总额达到336亿元,同比增长13%,增幅位居全市前列;全区三次产业结构调整优化为0.1:19.9:80。

二是决胜软件谷建设取得显著成效。坚定践行“企业化、市场化、专业化”运作思路,软件谷发展更加健康良好,今年先后被工信部、国家标准委员会以及人社部、全国博士后管委会授予“全国产业集群区域品牌建设试点地区”“国家级服务业标准化试点园区”“国家级博士后工作站”等称号。园区形象不断完善。北园高科技园区的形象基本形成,润和二期、怡化电脑、天溯自动化等一批产业项目加速建成,宁双路南北段、邓府路南段等道路实现通车。发展后劲进一步增强。共引进亚信软件、亿嘉和智能机器人、大族科技、歌尔声学、天天买电子

商务等重大项目28个，签约项目计划总投资达到146亿元。本土软件企业加速成长，江苏润和业务收入预计今年首次突破10亿元，中新赛克、诚迈科技等25家高成长性企业正在走主板、新三板上市流程。公司运作健康良好。按照“小管委会、大公司”改革思路，进一步做强公司运作主体，软件谷发展公司成立或参股控股公司达到28家，会同深创投、紫金创投等完成新增股权投资企业6家，自主运作的楚翘城、科创城、创业创新城、人才公寓等一批项目运营良好，累计形成有效资产超过50亿元。创业创新环境更加优化。深入开展创业创新系列主题活动，形成软件谷创业优培(UP)、科技创新公开课(TIC)等自主活动品牌，江苏创业大街正式揭牌，入驻创业家、36氪、创客街等高科技专业孵化器6家，北大南京创新研究院、南京超级云计算中心等一批公共服务平台形成品牌影响。

三是决战“两桥”改造实现新的突破。坚持把“两桥”改造作为变革雨花城市形态的根本性举措，集中资源和力量，坚定信心、义无反顾地推进“两桥”改造。片区规划不断完善。始终坚持“智慧、绿色、可持续”的城市建设新理念，以优良的自然生态和丰富的文化底蕴为依托，“两桥”片区控详规划修编高水平完成、正在报批，着力把“两桥”地区打造成为“高端产业承载区、高端商贸服务区、生态优良宜居区”。路径选择科学理性。通过与国开金融及其控股的新城镇公司，共同出资成立混合所有制公司，采用“科学的、理性的、专业的、市场的”运作思路，大力推进实施“两桥”改造，合作模式颠覆了传统的政府开发平台，既规避了融资风险、有效解决了长期建设资金供给等难题，又借助到国开金融先进的理念、专业的团队、优质的资源。基础工作扎实有序。按照年初确定的“主要道路框架拉出来，5~6平方公里拆出来”的目标要求，今年以来，规划、拆迁、融资、道路建设、公司运作等各项工作有条不紊地推进，其中，龙翔启动区、龙翔南片区、马家店安置房等项目加快拆迁，龙翔大道西段地面段等道路加快建设，累计落实融资授信91.07亿元，完成拆迁98万平方米。

中兴通讯南京研发基地三期　　（软件谷　供稿）

四是保障和改善民生实现新的进展。坚定不移地大力实施5项民生《改革发展提升工作意见》，全力推动雨花社会事业向更高标准、更优服务转变。教育方面，坚持“内强外引”，四大教育集团顺利运行，区实验小学扩建、小行小学异地新建、宁南规划小学新建等工程加快推进，与琅琊路小学在开发区联合开办分校达成协议。卫生方面，深化医药卫生体制改革，雨花医院板桥新城院区顺利开诊、运行良好，与市第一医院、省中医院、省人民医院等“三甲”医院联合共建10多个特色专科，“智慧医疗”项目进一步加快建设。民政方面，顺利通过“全国社区治理和服务创新实验区建设”中期评估，培育社会组织、助力社区治理工作深入开展，每万人拥有社会组织数达到18.28个，位居全市第一。文化方面，坚持以历史文化保护利用为主线，文化遗产保护利用规划研编工作实质启动，文化系列丛书编纂、文化标志工程实施等工作有效推进，雨花的文化特质进一步彰显。体育方面，体育公共设施不断完善，群众性体育活动深入开展，我区获评“省级公共体育服务体系示范区”，莲花湖体育产业基地接受刘延东副总理视察调研。其他各项社会事业也都按照区委、区政府的部署和要求，扎扎实实地推进，取得了较好成绩。

*五是全面从严治党得到新的加强。*今年以来，区委常委班子带头，深入学习贯彻以习近平同志为总书记的党中央形成的一系列治国理政新理念、新思想、新战略，切实加强党的建设和干部队伍建设，取得了实实在在成效。作风更加优良。按照中央和省、市委统一部署，认真开展“三严三实”专题教育，高质量做好专题党课、专题学习研讨以及整改落实、立规执纪等关键动作，全区403名党员干部参加，得到深刻的党性锤炼。巩固拓展群众路线教育实践活动成果，持续深入整治“四风”，全区61家活动单位共落实整改事项968项，党风、政风和社会风气进一步明显改观。纪律更加严明。严格落实党风廉政建设“两个责任”，坚持把纪律挺在前面，在全区上下进一步严明党的纪律，严抓思想建设，严格干部管理，严肃党内政治生活，严厉惩治腐败，推动全区广大党员干部普遍实现守纪律、讲规矩，以纪律管住大多数。干部更加务实。坚持“旗帜鲜明地表扬、旗帜鲜明地批评、旗帜鲜明地奖惩”，激励全区上下牢固树立“一盘棋”思想，在围绕中心、服务大局中找准定位、勇于担当、创新工作、多做贡献，营造了真干事、真创业、真奋斗的良好氛围。

同志们，回首“十二五”，我们把中央和省、市委要求与雨花实际紧密结合，牢牢抓住软件谷建设、“两桥”改造这“两件大事”，团结依靠全区干部群众，进一步统一思想、转变理念、改进作风、提高标准、干事创业，经济、政治、社会、文化、生态文明和党的建设各项事业实现了全面协调可持续发展。

“十二五”期间，是雨花坚持科学发展、综合实力显著增强的五年。过去五年，我们始终坚持把软件产业作为主导产业，坚持在国际国内一流园区比照中加快软件谷建设，以一谷带动全区加快转型，走出了一条自主、专业、科学、理性的发展道路。地区生产总值年均增幅达到15%，一般公共预算收入增幅始终位居全市前列，软件业务收入占全市比重超过40%。

有组数据，2010–2015年期间，全区一般公共预算收入增长平均都在20%以上，年均增长达到24%。和鼓楼、白下、秦淮、玄武、下关相比，无论是增幅，还是绝对的总量，我们都远远超过这几个老城区。不说2002年的区划调整，也不说1995年的区划调整，这两次区划调整各划走了雨花50%的一般公共预算收入，如果不进行区划调整，现在翻一番就是120亿元，再翻一番就是240亿元。

具体来看，2010年雨花一般公共预算收入20.6亿元，当时的鼓楼、白下、玄武都远远超过我们。2010年玄武26.6亿元、雨花只占其77%，今年玄武45.2亿元，雨花61.1亿元、是其

135%，占比提高58个百分点；2010年白下和秦淮合计37亿元、雨花只占其56%，今年65.8亿元、雨花占其93%，占比提高37个百分点；2010年鼓楼和下关合计53.2亿元、雨花只占其39%，今年87.8亿元、雨花占其69%，占比提高30个百分点。这就是我们"十二五"期间的一般公共预算收入增长，软件收入增长也一样。可以说，整个"十二五"期间，我们的一般公共预算收入增长是全市最高的。

"十二五"期间，是雨花坚持正确做事、城市形态有力变革的五年。过去五年，我们始终坚持把城市落后面貌的改变作为雨花的当务之急、重中之重，坚持以更大力度实施环境综合整治，坚持在南京大都市格局中加快雨花的城市化改造，以铁心桥、西善桥为代表的"两桥"地区更新改造迈出了新的步伐，一个宜居宜业的城市新中心、产业新板块值得期待。

"十二五"期间，是雨花坚持大胆探索、改革活力充分迸发的五年。过去五年，我们始终坚持以改革统领全局，坚持在中央和省、市委部署的改革总框架下，坚决破除制约雨花发展的体制机制障碍，探索实施符合雨花实际、具有雨花特色的改革内容，软件谷体制机制、大城管体制、投融资体制、街道(园区)人事财务管理体制等各项改革深入推进，切实增强了发展的活力和动力。

"十二五"期间，是雨花坚持以人为本、百姓生活持续改善的五年。过去五年，我们始终坚持以增进民生福祉为出发点和落脚点，不断加大社会事业投入，制定并实施教育、卫生、民政、文化、体育等5项民生《改革发展提升工作意见》，努力向全市一流社会事业发展强区迈进。五年里，居民收入稳步增长，城镇居民人均可支配收入达到44500元，农民人均纯收入达到20700元。

"十二五"期间，是雨花坚持从严治党、政治生态不断优化的五年。过去五年，我们始终坚持把加强党的建设和干部队伍建设作为各项工作的主线，在全区上下树立了科学、正确的用人导向、考核导向、干事创业导向，全区广大干部的凝聚力、向心力、战斗力进一步明显增强，雨花的政治生态、发展环境、人文氛围进一步改善。

同志们，这些成绩来之不易，凝聚了全区各级党政机关、广大干部群众的心血和汗水。特别是政府自身建设不断加强，有序推进了各项工作开展。区人大、区政协认真履职尽责，在专项督查、专题调研、依法和民主监督等方面发挥了重要作用。法检、统计、物价、审计、司法、人防、残联等部门围绕中心、主动履职，促进了经济社会协调发展。公安、国土、国税、地税、规划等部门主动服务大局，做出了重要贡献。工会、共青团、妇联、工商联、红十字会等群团组织的纽带作用不断加强，统战、人武、老干部、关心下一代等工作迈上了新的台阶。今年及"十二五"期间的各项工作，尤其是全区广大党员、干部在经济社会各项事业发展中，展现出的自觉精神、负责态度、运作理念和标准意识，是值得充分肯定的。在此，我代表区委常委会，向大家表示衷心的感谢！

二、认清形势，统筹谋划，奋力开创雨花科学、正确、理性发展新局面

近段时间以来，中央经济工作会议、全省经济工作会议和省、市委全会相继召开，作出的系列部署和安排，把"四个全面"战略布局、"强富美高"目标要求、"五型经济"重要任务，落到了更加具体的时间、空间和项目上，落到

了更加完善的体制、政策和方法上。特别是全省经济工作会议，在中央经济工作会议精神指导下，鲜明提出了“注重供给侧结构性改革”、落实好“去产能、去库存、去杠杆、降成本、补短板”五大任务等新的思想、新的理念，对于指导新常态下雨花经济工作开展，具有十分重要的战略意义和指导意义。

当前，雨花已经走上了自主、专业、科学、理性的发展道路，特别是软件谷建设和“两桥”地区更新改造，在雨花的发展史上，具有里程碑的意义，全面开启了一个敢于担当、勇于负责、科学发展的新时代。未来五年，我们要把思想和行动进一步统一到中央和省、市委决策部署上来，更加积极地适应经济发展新常态，更加深刻地把握结构性改革新要求，更加努力地增创雨花发展新优势，坚定信心、心无旁骛地把雨花建设好发展好。

“十三五”期间，我们的总体指导思想是：高举中国特色社会主义伟大旗帜，全面贯彻党的十八大和十八届三中、四中、五中全会精神，以马列主义、毛泽东思想、邓小平理论、“三个代表”重要思想、科学发展观为指导，深入贯彻习近平总书记系列重要讲话精神，全面确立“创新、协调、绿色、开放、共享”发展新理念，坚定践行市委的系列部署要求，紧紧围绕现代化创新型生态新城区的战略定位，以软件谷建设为主导，以“两桥”改造为支撑，以民生社会事业改革发展提升为目的，以党的建设和干部队伍建设为保障，全面开启现代化建设新征程，加快建设经济强、百姓富、环境美、社会文明程度高的新雨花。

“十三五”期间，我们的总目标，就是要在率先全面建成小康社会的基础上，探索开启基本实现现代化建设新征程。

经济实力显著增强。到2020年，全区地区生产总值年均增长8%以上、总量突破600亿元，一般公共预算收入年均增长10%以上、总量突破100亿元，社会消费品零售总额年均增长10%以上、总量突破500亿元，全社会固定资产投资五年累计超过1200亿元，经济发展的质量和效益进一步明显增强。

主导产业规模宏大。到2020年，高端产业加速集聚，全区以现代服务业为主导的城市经济发展格局更加优化，软件(互联网)产业收入突破3000亿元，对地区生产总值的贡献率提高到50%以上，第三产业占GDP比重提高到85%以上，形成一批拥有核心技术的科技型大企业大集团，科技进步贡献率提高到65%以上。

百姓生活更加幸福。到2020年，城镇居民人均可支配收入达到65000元，农民人均纯收入达到31000元，城镇调查失业率控制在5%以下，基本社会保障覆盖率达到99%以上。社会事业改革发展提升取得明显成效，教育、卫生等公共服务的质量和供给力大幅增强，群众的收入水平、消费能力、生活质量和幸福指数不断提高。

城市品质明显优化。到2020年，全区现代城市形态全面形成，人口城市化率达到95%以上。以功能布局优化带动城市空间拓展，城市改造与低效用地再开发取得成效，软件谷产城融合实现协调发展，“两桥”地区更新改造基本完成，城市规划品位、建设水平、环境质量、服务功能、承载能力大幅提升。

社会治理不断创新。到2020年，社会建设和管理机制更加完善，社会主义核心价值体系建设、社会信用体系建设有效开展，城市和谐社区建设达标率达到100%。“平安雨花”“法治雨花”建设深入推进，社会和谐迈上新的台阶，社会治安重点地区和突出问题基本得到解决，公平正义得到保障，人民生活更有尊严。

实现“十三五”新的奋斗目标，率先基本实现现代化，是时代赋予我们的光荣使命。我们要以更加积极进取的机遇意识、更加勇于担当的责任意识，动员全区上下，进一步统一思想、转变理念、改进作风、提高标准、干事创业。具体工作中，我们要着力把握好三个方面的要求：

更加突出以全新的思路理念为先导。发展的理念决定发展的水平。理念一变天地宽。雨花近年来的发展史，就是我们在思路、理念上不断摒弃自我、突破自我，最终超越自我的变革史。面对“十三五”期间发展的新形势和雨花的新任务，我们必须坚决摒弃传统郊区的思维定势和惯用办法，进一步树立新理念、把握新规律、探索新路径，切实把自主、专业、科学、理性的理念和方法贯穿于全区经济社会发展的全过程，真正“学会思考、学会做事、学会算账、学会运作”、“科学地干、理性地干、负责地干、有效地干”，推动雨花各项事业取得新的显著成效。

更加突出以全新的体制机制为保障。制度创新是推动发展的最强大动力。“惟改革者进，惟创新者强，惟改革创新者胜”。在不断的探索实践中，我们已经建立了一套完善的体制机制，为雨花发展提供了坚强制度保障。明年及今后更长一段时期，我们要进一步把改革创新作为全局工作的重中之重，突出问题导向，强化顶层设计，大胆精准实践，着力在发展建设特别是功能园区建设、平台搭建、公司运作等方面，探索形成更多务实有效的机制和办法，并广泛运用到民生社会事业提升等更广阔的领域，为雨花各项事业全面统筹协调发展，夯实制度根基，提供强劲支撑。

更加突出以全新的运作模式为动力。运作，是雨花近几年来最大的收获所在，也是雨花成功运作软件谷等功能园区的精髓所在。运作出效率，更出效益。当前及今后较长一段时期，雨花要做的几件大事，都是具有开创性的、史无前例的、难度系数很高的事情，都充分考验着我们的智慧、能力和水平。我们必须进一步完善“财政注资、运作项目、形成资产、覆盖贷款、良性循环”的科学运作模式，真正把“企业化、市场化、专业化”的运作思路，落到具体的时间、空间和项目上，加快破解发展过程中面临的产业发展、项目推进、资金平衡、园区运作等难题，为雨花发展增添新的活力和动力。

三、坚定信心，务实奋进，为“十三五”发展开好局、起好步夯实基础

2016年是“十三五”规划的开局之年，也是决战决胜“两桥”改造、软件谷建设的攻坚之年。展望新的一年，我们对全面开创科学、正确、理性发展新局面，有了更加清晰的理论认识，有了更加坚实的基础支撑，有了更加完善的工作保障，因此，我们应该信心更加坚定，意志更加坚韧。我们相信，只要我们继续勇于担当、创新开拓，就一定能够推动雨花“十三五”发展实现良好开局。

明年，我们各项工作的总体要求是：贯彻落实好党的十八届五中全会、中央经济工作会议、全省经济工作会议和省、市委全会精神，按照“十三五”发展要求，进一步统一思想、转变理念、改进作风、提高标准、干事创业，全面深化改革创新，全力推动科学运作，确保雨花经济社会持续平稳健康发展，为率先基本实现现代化奠定坚实基础。

明年经济和社会发展的主要目标是：力争

实现地区生产总值增长9%以上；一般公共预算收入增长13%以上；服务业增加值增长10.5%以上；社会消费品零售总额增长10%以上，新增商务商贸设施面积70万平方米；软件和信息服务业收入确保实现1900亿元、力争实现2000亿元；城镇居民人均可支配收入增长8.5%以上。

重点要做好五个方面工作：

(一)统筹谋划，科学展开全区工作布局

始终坚持发展第一要务，坚决把国家和省、市多重战略部署融入雨花实际，切实找准定位、坚定目标，在自主、专业、科学、理性的发展道路上迈出更加坚实的步伐。

强化现代服务业经济支撑。坚持把软件(互联网)产业作为雨花调结构、抓创新、转方式的动力支撑，更加注重兼顾当前需要和长远可能，更加注重培育新产业、发展新技术、壮大新业态、构建新模式，着力打造移动互联网、大数据、云计算、物联网、电子商务和互联网金融等新兴软件产业集群，大力发展面向生产生活、提供智慧服务、满足时尚消费、引领消费趋势的高端商务商贸、文化休闲旅游等产业，拓展经济增长新空间。更加注重发挥项目对经济工作、园区建设的先导作用，瞄准全球产业链、价值链的中高端，更有针对性地引进一批符合方向、规模较大、示范带动作用明显的企业，力争引进重大项目30个，注册项目计划总投资达到200亿元，注册外资实际到账1.7亿美元。

强化城市高标准建设和管理。坚持以雨花优美的自然生态基底为依托，注重建设和管理并重，注重治理和保护齐抓，努力提高雨花的人居环境质量。加快道路、桥梁等基础设施建设，高标准完成杨家圩地块道路、国土西侧道路建设，开工建设滨江大道雨花段、管道路、马定路等一批主次干道，实现中兴路北延跨秦淮新河大桥工程年度投资达2.1亿元以上。探索建立权力和责任更加清晰、边界和内容更加分明、建设和管理更加有效的城市建设、管理体制和工作机制，切实提高城市管理的科学化、精细化、常态化水平。持续加强生态文明建设，切实加快梅山片区工业布局调整，突出抓好水环境治理、大气污染防治、植树造林等工程，确保全区林木覆盖率达到30.05%以上，主要污染物减排强度在市下达控制指标内。

强化街道(园区)基础工作。坚持把街道(园区)作为全区最主要的行政单元来建设和管理，坚决转变传统的、街道的、乡镇的思维模式和工作方法，着力从根本上解决街道(园区)中普遍存在的思想深处和认识深处的理念问题，以新的理念引领新的行动、破解新的难题、推动新的发展。进一步增强街道(园区)的“无限责任”意识，统筹、研究、谋划好本地区党的建设、经济发展、民生事业、社会管理等各项工作，切实提高全区街道(园区)工作的整体水平，为雨花的持续健康发展打下良好的基础。

(二)心无旁骛，坚持决胜软件谷建设

始终坚持把软件谷的健康、快速发展，作为全区工作的大局，举全区之力，推动软件谷保持优势、乘胜前进，加快向国际国内一流专业园区迈进。

大力加快软件谷南园、西园开发建设步伐。坚持从外延发展向内涵提升转化，更加注重产业、项目的层次、质量和效益，在国际国内一流园区比照中，全面展现专业园区的良好形象。南园以“两桥”规划修编为契机，加快拆迁和土地运作，加快道路交通等基础设施建设，为承接优质项目拓展新空间。西园开发区按照“科学运作、创新体制，转型升级、提升品质”的要求，加快空间布局优化，加快项目提档升级，加快启动人居森林项目，在产业层次和功能品质上全面对接河西新城。北园在项目布满的基础上，加快金证股份、步步高、中兴物联等产业项目的形象进度，进一步提升产业集聚度。

大力培育本土软件企业。坚持“引大树”与“育大树”相结合，进一步完善“高成长性企业种子库”，持续加大对高成长性本土软件企业的政策、资金、资源等支持力度，帮助这些本土软件企业逐步成长为雨花自己的“参天大树”，确保培育年销售收入亿元以上本土软件企业12家、5亿元以上3家、10亿元以上2家。大力助推更多优秀本土软件企业登陆主板和新三板市场，帮助企业在新的资本运作平台上实现更大发展。强化创业创新环境的营造，深入开展软件谷创业优培（UP）、科技创新公开课（TIC）、黑马训练营、大数据产业技术论坛等品牌活动，进一步畅通企业、行业、科技、金融市场等各方面的交流渠道，切实为本土软件企业快速壮大增添助力。

大力深化软件谷发展公司改革创新。按照科学改革的思路，牢牢抓住“产权制度”这个根本，加快建立更加科学、规范的现代企业管理制度，推动公司健康良性发展。坚持和完善“财政注资、运作项目、形成资产、覆盖贷款、良性循环”的公司运作模式，积极推进软件谷科创城、A5信息安全产业园、人才公寓、花神科技研发中心等项目建设，确保软件谷发展公司累计形成有效资产突破60亿元。进一步深化投融资体制改革，大力探索以软件谷发展公司为主导、股权多元参与的混合所有制，广泛吸纳民营资本、社会力量参与园区开发建设，全年争取从债券市场直接融资发债10亿元，与创投机构合作新投资企业4家。

（三）坚定信心，坚决决战“两桥”地区改造

始终坚持把“两桥”改造作为改写雨花城市建设史的重大创举，坚定信心，全力以赴，在南京大都市格局中加快雨花的城市化改造，全面提升雨花的城市功能和品质。

深刻认知“两桥”改造的全局意义和阶段特征。“两桥”地区更新改造，是雨花城市形态的革命，是雨花产业发展的支撑，是雨花未来5~10年的增长引擎，更是雨花3~5年内建设发展的“身家性命”所在！开弓没有回头箭。明年是“两桥”改造启动实施的第三年，正处于拉开框架的关键时期，也正处于政策效应最大、资金效应最大、工作量最大但成本最低的最佳机遇期。“艰难困苦，玉汝于成”。全区上下都要带着感情、高度负责、义无反顾地以更大勇气决战“两桥”地区更新改造，矢志通过数年的艰辛努力和拼搏奋斗，全面提升“两桥”乃至周边更广大地区的城市形态、功能品质和人文环境。

全面把握“两桥”改造的总体目标、时序安排和明年任务。“两桥”改造是一项长期的、复杂的系统工程。按照园区开发建设的基本规律，4~5年左右时间把主要道路框架拉开，建成龙翔大道、机场二通道、龙西路、管道路等主干道，并统筹考虑功能设置、产业布局，形成“两桥”地区的初步形象；8~10年基本完成改造建设，开始布局覆盖全区的城市改造建设，最终实现全区城市改造全覆盖，把雨花建成高端的城市化新区。虽然“两桥”改造已经取得了一定的阶段性成果，但形势仍然十分严峻，任务仍然十分艰巨。明年要进一步加大规划、拆迁、融资、道路建设以及公司运作的力度，重点加快圣戈班片区、徐工片区和龙翔大道中段、龙翔西立交等项目的拆迁，完成拆迁70万平方米以上，龙翔大道西段地面段、机场二通道北段

地面段建成通车。

切实强化“两桥”改造的科学路径和组织保障。坚定践行“科学的、理性的、专业的、市场的”运作思路，借助国开金融先进的理念、一流的团队、优质的资源，为“两桥”改造注入新鲜动力和成功元素。区委、区政府将举全区之力，为“两桥”改造提供政策、资金、人员等全方位的保障；指挥部工作班子要建立更加科学、有效的决策体制和机制，切实提升创造性开展工作的能力和水平；街道(园区)特别是铁心桥、西善桥，要把“两桥”改造作为首要任务、重中之重；区级机关部门特别是相关职能部门要全力以赴、倾力支持。全区上下要形成合力，以最快、最有效的手段，推进“两桥”地区的改造建设步伐。

(四)高度负责，大力推动社会事业发展提升

始终坚持把发展民生社会事业作为雨花的百年大计，进一步强化思想认识和责任意识，下大力气保障和改善民生，让广大群众共享雨花改革发展的成果。

大幅提升社会事业建设水平。坚定不移地大力实施5项民生《改革发展提升工作意见》，像抓项目、抓经济指标一样，抓教育、卫生、民政、文化、体育等各项社会事业的发展。强化“硬任务、硬考核”，切实做好目标任务的细化分解，确保每年都有明确的工作目标、明确的工作内容、明确的工作支撑、明确的工作效果，真正把社会事业的改革发展提升，特别是把教育、卫生等优质资源的有效放大、有效植入、有效提升，落到具体的时间和空间上，加快把雨花的社会事业提到全市最好的水平，真正让雨花的百姓上得了家门口的好学校、看得到家门口的好医院。

加快推进社会治理创新。扎实推进基层管理“六位一体”体系建设，进一步发挥好社区党组织、居委会、服务站、综治办、物业公司和社会组织等各个环节、各个方面的积极作用，着力构建功能完善、运作高效的管理体制，形成具有雨花特色的社会建设模式。深入推进“全国社区治理和服务创新实验区”工作，着力打造一批在省市甚至全国有影响的“精品社区”。以与民政部合作开展“三社联动”机制建设研究为契机，通过“外部引进、定向孵化、内生培育”等多种途径，积极促进社会组织在社区落地生根、服务群众，推动社会治理更加科学、多元、高效。

着力维护社会和谐稳定。在全区上下积极培育和践行社会主义核心价值观，内化于心，外化于行，营造文明、健康、向上的社会氛围。坚持以“平安雨花”、“法治雨花”建设为抓手，进一步强化社会稳定风险评估、信访矛盾化解等工作，切实提升公众安全感和法治满意度。特别是针对历史遗留问题，严格落实街道属地负责和领导包案负责双重责任制，认真研究，完善措施，切实做到“一案一文”“一案一策”“一案一组”，下功夫大力化解一批多年累积下来的信访积案，维护雨花的大局稳定。

(五)严格要求，全面提升党建科学化水平

始终坚持把抓党建作为区委和各党（工）委第一位的任务，坚决落实从严治党责任，持续巩固和拓展群众路线教育实践活动和“三严三实”专题教育成果，为经济社会发展提供坚强政治保证。

进一步加强领导、落实责任。深入贯彻中央和省、市委关于全面从严治党的部署和要求，坚持党建工作与中心工作同谋划、同部署、同检查、同考核，坚决防止抓经济、抓党建“一

手硬、一手软”的问题，真正把抓好党建作为第一任务、第一职责，把抓好党建工作作为最大政绩。严格落实党风廉政建设“两个责任”，始终保持惩治腐败的高压态势，重点抓住“人、财、物、权”等重要岗位和征地拆迁、工程建设、国有(集体)资产管理等重点领域，进一步严格执行各项制度规定，真正扎紧织密约束权力的制度笼子，让权力在阳光下运行。

进一步树立导向、严格管理。坚持德才兼备、以德为先的正确用人导向，牢固树立“品德比什么都重要”的思想，始终坚持公道正派用干部，始终坚持用“好干部”和用对干部，始终坚持为雨花事业和长远发展用干部，切实在拆迁一线、经济前沿、项目现场、维稳现场等困难多、矛盾大的地方考察、培养和使用干部，真正让“品质可靠、理念先进、态度端正、善于运作、讲求标准、作风优良”的干部充分涌现、各尽其能、才尽其用。更加重视正向奖励，努力为干事创业的干部建立一个科学的奖惩机制和容错机制，充分激发广大干部干事创业的积极性和主动性。

进一步建立规矩、廉洁奉公。强化对规矩的深刻认知，准确把握“规矩是不成文的纪律、是自我约束的纪律”的内涵实质，坚持把纪律挺在前面，在全区上下进一步严明党的纪律和规矩，让广大党员干部知道哪些事能做、哪些事不能做，哪些事该这样做、哪些事该那样做。全区领导干部从我做起，要进一步端正态度、谦虚谨慎、团结协作、敬业奉献。全区领导干部尤其是区级领导干部要在全区带好头，作表率。广大党员干部要增强自我约束、提升发展能力，真正把转作风、改作风纳入到规矩约束下的常态上来，主动投身雨花科学、正确、理性发展的生动实践，努力为群众多谋福祉。

同志们，展望“十三五”，我们正站在一个新的历史起点上，做好明年及今后较长一段时期的工作，任务艰巨，责任重大。让我们紧密团结在以习近平同志为总书记的党中央周围，深入贯彻落实中央和省、市委决策部署，以更加科学的理念、更加务实的作风，全力推动全区各项事业再上新台阶，为早日建成现代化创新型生态新城区而努力奋斗！

楚翘城　　　　（软件谷　供稿）

雨花台区人民政府工作报告

——雨花台区第十七届人民代表大会第五次会议

李世峰

（2016年1月）

各位代表：

现在，我代表雨花台区人民政府向大会作工作报告，请予审议，并请各位政协委员和其他列席人员提出意见。

2015年及“十二五”工作回顾

过去的一年，我们在市委、市政府和区委的正确领导下，在区人大、政协的监督和支持下，深入贯彻落实党的十八大和十八届三中、四中、五中全会精神，以及习近平总书记系列重要讲话特别是视察江苏重要讲话精神，主动适应经济发展新常态，紧扣决胜软件谷建设和决战“两桥”地区城市更新改造“两件大事”*，凝心聚力，真抓实干，奋力推动经济社会发展迈上新台阶，圆满完成了“十二五”规划主要目标任务。

（一）经济发展稳中向好。以发展为第一要务，着力提升经济发展质量和效益。主要经济指标平稳增长。预计全年实现地区生产总值411.7亿元，同比增长10%，其中：服务业增加值完成329亿元，同比增长11%；一般公共预算收入61.3亿元，同比增长15.3%，增幅居全市第二；全社会固定资产投资260亿元，同比增长9.7%；社会消费品零售总额336亿元，同比增长13%；注册外资实际到账2.3亿美元，完成年计划的135%。重点项目快速推进。100个人代会重点项目累计完成投资188.7亿元。其中，13个市重大项目推进速度全市领先，润和国际研发基地二期等项目建成入驻，华为软件基地二期顺利开工。共引进京东智丰信息技术等重点项目37个，计划总投资230亿元。创新活力显著增强。大力实施创新驱动战略，投入科技研发经费14亿元，同比增长15%；实现高新技术产业销售收入1670亿元。积极营造创新创业环境，累计引进领军型科技创业人才253人，新增高技能人才656人；建成众创平台18个，楚翘城创业载体吸引“创业家”“36氪”等知名众创空间入驻。我区成功入选江苏省众创集聚区试点单位，紫金（雨花）科创特区获批省级创业示范基地。

（二）转型升级步伐加快。大力发展现代服务业，三次产业比重优化为0.1:19.9:80。软件产业保持快速增长。实现软件和信息服务业收入1650亿元，同比增长24%，占全省21.5%，占全市40%；新增涉软企业130家，总数达765家；新增软件产业建筑面积60万平方米，总量达602.7万平方米；新增涉软从业人员3万人，总数达17.8万人。现代商务商贸业提档升级。新增商务商贸项目24个，新增商务商贸设施面积83万平方米。南京南站高端商务商贸区加快建设，证大喜马拉雅中心、绿地之窗等项目加快推进;楚翘城、新润泰市场一期建成运营。产业转型力度不断加大。稳步推进梅山片区工业布局调整,关停并转工业企业15家,万元工业增加值能耗下降7%。新兴产业规模不断扩大,预计实现生物医药产业销售收入75亿元,文化产业销售收入突破100亿元。

(三)软件谷建设成效显著。心无旁骛决胜软件谷建设,园区综合实力大幅提升。产业竞争力持续增强。累计集聚世界500强企业9家,中国软件百强企业19家。润和软件、诚迈科技等骨干企业快速发展,铱迅技术、泰通科技等成功挂牌上市。引进亚信科技、歌尔声学等重大产业项目28个,签约项目计划总投资达146亿元。公司化运营成效明显。谷发展公司注册成立或参股控股公司达28家,公司有效资产快速增长。创业创新城等一批项目建成,三星、亿嘉和等75家知名软件企业入驻楚翘城,大数据产业基地签约企业超100家,明发科创城项目Q3~Q4主体全部封顶。园区影响力不断提升。北大南京创新研究院、南大软件学院分院等重点平台实现提档升级,成功创建国家级博士后科研工作站。深入开展软件谷人才月、TIC科技创新公开课等活动60余场。获批全国产业集群区域品牌建设试点地区、江苏省首批大数据特色产业园、南京市高标准建设中国软件名城先进单位。

(四)城市功能日趋完善。全力以赴决战"两桥"地区改造,城市品质不断改善。"两桥"地区更新改造取得新突破。高标准推进"两桥"片区控详规划修编,加快推进拆迁和重点项目建设。完成拆迁50.4万平方米,龙翔核心区近3平方公里拆迁基本完成。龙翔大道西段完成路基建设,马家店安置房桩基进场,机场二通道北段具备施工条件。新增融资授信40亿元,以PPP模式成功运作机场二通道地面段项目。改造建设综合进度在全市同步启动的"五大片区"*中位居前列。规划统筹水平全面提升。优化发展空间布局,深入开展《雨花台区近期建设规划》、《板桥新城总体规划修编》等28个专项规划编制,实现城市建设规划全覆盖。启动48宗低效用地再开发,连续获评江苏省国土资源节约集约利用模范区。城市人居环境明显改善。完成安德门大街改造拓宽工程,三山矶路以及铁路跨线桥建成通车,中兴路北延及跨秦淮新河大桥等项目加快建设。"智慧雨花"*完成18个信息化基础项目建设。生态雨花建设深入开展,建成6个绿地游园,完成植树造林46.07公顷,全区林木覆盖率达到30%。完善区街联动、重心下移的城管执法体系,完成"9322"环境综合整治*全年任务,南京南站地

南京南站　　(区旅游局　供稿)

区城市治理考核连续三年保持全市窗口组第一,区城市治理标准化建设走在全市前列。

(五)社会事业健康发展。深入实施五项民生事业改革发展提升工程*,群众的获得感不断增强。民生保障水平持续提升。大力促进就业和增收,城镇、农村居民人均可支配收入分别增长8.5%和10%,新增城镇就业1.16万人,养老、医疗等社会基本保障覆盖面进一步扩大。全年完成8大类、34个为民办实事项目,安装新能源汽车充电桩760个,建成公共自行车站点84个,竣工保障房62.9万平方米。启动二次供水改造3年计划,建设进度全市第一。社会事业快速发展。区实验小学善水湾分校、雨花外国语小学花神庙分校建成投入使用,省市优质幼儿园比例达85%,获批江苏省学前教育改革发展示范区和全国首批校园足球试点区。扎实推进综合医改,在全省率先试点实施"三个一"工程*,雨花医院板桥新城院区顺利开诊运行良好。天隆寺项目正式开工建设,启动雨花文化标志工程*,深入开展第三届群众文化展演月等文体活动。成功创建省级公共体育服务体系示范区,莲花湖体育产业基地得到国家和省市的高度肯定。社会治理水平不断提高。全区登记类社会组织达772家,每万人拥有社会组织数全市第一。大力打造14个精品社区,在全市率先实现社区型基金全覆盖,城市和谐社区建设达标率99%,社区治理模式先进经验在全国民生工作会议上交流和推广。平安雨花、法治雨花、矛盾调处、食品安全、安全生产等工作扎实推进。档案、人武、双拥、助残、对台、侨务、外事、民族宗教、人口计生、妇女儿童等工作取得新成绩。

(六)政府自身建设全面加强。深入开展"三严三实"*专题教育活动,加快法治型政府建设。综合改革稳步推进。优化整合部门职责,启动区交通运输局、水务局、卫生和计划生育局等机构重组改革。加强商事制度改革后续监管,快速启动"多证联办""三证合一""一照一码"工作。在各街道(园区)组建8个市场监督管理分局,实现基层市场监管全覆盖。依法行政不断加强。顺利通过"六五"普法终期考核。认真执行人大及其常委会的决议、决定,自觉接受人大的工作监督、法律监督和政协的民主监督,共办理人大建议114件、政协提案237件,满意率、基本满意率达100%。认真贯彻民主集中制,全面推进法律顾问制度,法治化、科学化决策水平不断提高。作风建设取得新成效。深入开展基层调研,走访慰问群众4000多人,为基层和群众解决问题1300多个。大力推进街道(园区)便民服务中心建设,区政务服务效能和"12345"政务热线办理成效位居全市前列。认真落实党风廉政建设责任制,严格执行"八项规定",扎实推进公务用车制度改革,强化公共资金、国有资源使用情况的监管,完成项目工程审计296个,政府效能进一步提升。

各位代表,2015年是"十二五"的收官之年。五年来,在市委、市政府和区委的正确领导下,全区人民共同努力,把握机遇、科学统筹、攻坚克难、奋力拼搏,圆满完成了"十二五"规划确定的各项目标任务,全区经济社会各项事业取得全面进步,跨入了新的发展阶段。

五年来,全区综合实力显著增强。连续五年在全市综合考核中位列第一方阵。地区生产总值、一般公共预算收入、社会消费品零售总额分别年均增长19.3%、24.4%和22.5%,总量分别达到"十一五"末的2.4、3.0和2.8倍。五年累计引进重点工商业项目570个,华为、润和等一批重大项目建成运营，累计完成全社会固定资产投资 1200 亿元。

五年来，全区转型发展成果丰硕。实现了城郊经济向城市经济的历史性跨越，服务业占比从“十一五”末的 51.9%提高到 80%。信息和软件服务业发展迅猛，建成超千亿级软件产业基地，软件谷综合实力跻身全国同类产业园区前三甲。虹悦城、花样年、紫荆广场、楚翘城等高端城市综合体相继建成，板桥市场群、雨花国际汽贸园等专业市场加快建设，南京南站高铁枢纽经济区建设初具规模。

五年来，城市功能品质明显提升。累计投入 100 亿元，拆迁近 600 万平方米，城市建成区面积近 70 平方公里，完成软件大道、大周路等城市主次干道建设改造，大胜关大桥建成通车，区域路网骨架基本成形。大力开展环境综合整治，全区城市面貌焕然一新。软件谷北园、板桥新城、开发区等片区的城市形态日新月异。“两桥”地区更新改造正式启动，创新市场化运作模式，探索出一条政府引导、企业主体、市场参与的新路径。

五年来，全区民生福祉持续改善。民生保障累计支出占一般预算支出的比重超过 70%。医疗、养老、救助、慈善等社会基本保障实现全覆盖。建成保障性住房 535 万平方米，安置群众十余万人。城乡居民收入分别达到“十一五”末的 1.7 和 1.6 倍。全区教育、文化、卫生、体育等各项社会事业蓬勃发展，形成了多个雨花特色品牌，群众的获得感、满意度快速提升。

五年来，政府自身建设不断加强。全面落实中央“八项规定”，深入开展党的群众路线和“三严三实”专题教育活动。建立了科学的决策和执行体系，强化依法行政，构建政务服务体系，依法妥善处理历史遗留问题，依法履职能力和政务服务效能持续提升。区人大建议、政协提案的满意率、基本满意率连续五年达 100%。

各位代表，五年的成就来之不易，五年的经验弥足珍贵：一是始终坚持以党的领导为根本保证。五年来，我们坚决贯彻落实中央、省市和区委决策部署，以建设现代化创新型生态新城区为目标，推动经济社会发展迈上新台阶。二是始终坚持以经济发展为第一要务。我们以经济建设为中心，坚定不移地走以现代服务业为主导的城市经济发展道路，促进了经济质量和效益持续提升。三是始终坚持以改革创新为核心动力。我们牢牢把握软件产业发展、新型城市化等重大机遇，以改革破解发展难题，以创新增强发展动力，带动经济社会全面转型。四是始终坚持以民生福祉为根本出发点。五年来，我们加快打造一流社会民生强区，大力实施五项民生事业改革发展提升工程，雨花群众生活水平明显改善。五是始终坚持以提升执行力为基本着力点。我们加快法治型、服务型政府建设，持续改进工作作风，提升政务服务效能，实现政府执行力和服务水平的双提升。

各位代表，过去五年成绩的取得是市委、市政府和区委科学决策、正确领导的结果，是区人大和政协有效监督和大力支持的结果，是全区各单位、各部门主动作为、狠抓落实的结果，是全区人民奋力拼搏、共同努力的结果，凝聚着全区干部群众的智慧和力量。在此，我谨代表雨花台区人民政府，向在各个领域和岗位上辛勤劳动的全区人民，向区人大代表、政协委员，向各民主党派、工商联、无党派人士、各人民团体和各界人士，向驻区企事业单位、解放军、武警官兵和公安干警，向离退休老同志表示衷心的感谢！

“十三五”发展思路和奋斗目标

各位代表，站在新的历史起点上，我们正处于迈上新台阶、建设新雨花的关键阶段。“十三五”时期，雨花仍将处于大有可为的战略机遇期。“一带一路”、“互联网+”、新型城镇化等国家战略相继实施，南京市创建“四个城市”★、大力发展“五型经济”★等部署加快落实，为我们提供了新的历史机遇。我区良好的产业基础、优美的生态环境、深厚的文化底蕴、丰富的人才资源，为雨花发展提供了重要的资源依托。软件谷、“两桥”地区、南京南站高铁枢纽经济区建设加快推进，为我们提供了更大的发展空间。

同时，我们也清醒认识到，“十三五”时期，雨花经济社会发展也面临许多新的挑战。经济发展进入新常态，宏观经济下行压力依然较大。我区发展的不平衡、不协调、不可持续的问题依然存在。主要是经济新增长点不足，互联互通的基础设施建设相对滞后，优质民生服务资源不多。同时，还面临着保持财政收支平衡、加大节能减排力度、持续优化生态环境等艰巨任务。这些问题和压力的存在，激励我们要更加凝心聚力，争先创优，推进雨花经济社会持续健康发展。

根据区委关于制定国民经济和社会发展第十三个五年规划的建议。“十三五”期间，我们的总体指导思想是：高举中国特色社会主义伟大旗帜，全面贯彻党的十八大和十八届三中、四中、五中全会精神，以马列主义、毛泽东思想、邓小平理论、“三个代表”重要思想、科学发展观为指导，深入贯彻习近平总书记系列重要讲话精神，全面确立“创新、协调、绿色、开放、共享”发展新理念，坚定践行市委、市政府决策部署，紧紧围绕现代化创新型生态新城区的战略定位，以软件谷建设为主导，以“两桥”改造为支撑，以民生社会事业改革发展提升为目的，以党的建设和干部队伍建设为保障，积极探索开启现代化建设新征程，加快建设经济强、百姓富、环境美、社会文明程度高的新雨花。

“十三五”期间，我们的总目标，就是要在率先全面建成小康社会的基础上，探索开启基本实现现代化建设新征程。

经济实力显著增强。到2020年，全区地区生产总值年均增长8%以上、总量突破600亿元，一般公共预算收入年均增长10%以上、总量突破100亿元，社会消费品零售总额年均增长10%以上、总量突破500亿元，全社会固定资产投资五年累计超过1200亿元，经济发展的质量和效益进一步明显增强。

主导产业规模宏大。到2020年，高端产业加速集聚，全区以现代服务业为主导的城市经济发展格局更加优化，软件(互联网)产业收入突破3000亿元，对地区生产总值的贡献率提高到50%，第三产业占GDP比重提高到85%，培育和引进一批拥有核心技术的科技型大企业大集团，科技进步贡献率提高到65%以上，按照“区谷一体”既定方向，软件(互联网)产业开始覆盖全区。

百姓生活更加幸福。到2020年，城镇居民人均可支配收入达到65000元，农民人均纯收入达到31000元，城镇调查失业率控制在5%以下，基本社会保障覆盖率达到99%以上。社会事业改革发展提升取得明显成效，教育、卫生等公共服务的质量和供给力大幅增强，群众的收入水平、消费能力、生活质量和幸福指数不断提高。

城市品质明显优化。到2020年,全区现代城市形态全面形成,人口城市化率达到95%以上。以功能布局优化带动城市空间拓展,城市改造与低效用地再开发取得成效,软件谷产城融合实现协调发展,"两桥"地区更新改造基本完成,并布局城市改造覆盖大板桥和梅山地区,城市规划品位、建设水平、环境质量、服务功能、承载能力大幅提升。

社会治理不断创新。到2020年,社会建设和管理机制更加完善,社会主义核心价值体系建设、社会信用体系建设有效开展,城市和谐社区建设达标率达到100%。"平安雨花""法治雨花"建设深入推进,社会和谐迈上新的台阶,社会治安重点地区和突出问题基本得到解决,公平正义得到保障,人民生活更有尊严。

2016年经济社会发展的主要任务

2016年,是"十三五"开局之年,是改革创新的攻坚之年,更是率先基本实现现代化的关键之年。今年区政府工作的总体思路是:深入贯彻落实党的十八大、十八届三中、四中、五中全会精神,牢固树立"五大发展理念"*,紧紧围绕市委、市政府以及区委十届二十二次全体(扩大)会议的决策部署,坚定不移地以提升经济发展质量和效益为工作主线,以深化改革和创新创业为主要动力,以提高雨花群众福祉为根本出发点,全力以赴决胜软件谷建设,决战"两桥"地区更新改造,加快建设全市一流社会事业强区,推动经济社会各项事业更加健康、平稳、可持续发展,努力实现"十三五"良好开局。

今年全区经济社会发展的预期性指标是:地区生产总值增长8.5%以上,其中服务业增加值增长10%以上;一般公共预算收入同口径增长10%以上;全社会固定资产投资280亿元以上;软件和信息服务业收入1900亿元以上;社会消费品零售总额增长10%以上;万元工业增加值综合能耗较上年下降7%;城镇居民人均可支配收入增长8.5%以上。

要完成上述目标任务,必须重点做好六个方面的工作:

(一)深入实施创新驱动战略,全面增强发展后劲

以创新为发展第一动力,大力培育发展新兴产业,加快经济结构优化升级,推动经济发展迈上新台阶。

着力构建现代产业体系。以"五型经济"为引领,加快产业服务化转型和跨界融合,促进产业发展提质增效。巩固传统软件产业优势,瞄准"互联网+"产业方向,加快发展大数据、云计算、移动互联网、人工智能等新产业,提升软件产业核心竞争力。全年新增软件产业建筑面积60万平方米、涉软企业130家、涉软从业人员2.5万人。提升商务商贸业规模。推进高铁南站枢纽经济区、板桥市场群、雨花国际汽车园等重点板块建设,加快赛虹桥、板桥新城等区域高端商务商贸业布局,完成社会消费品零售总额370亿元,新增商务商贸设施面积70万平方米以上。培育壮大新兴产业。进一步发挥资源禀赋优势,科学谋划牛首山北坡等景区沿线和秦淮新河沿岸休闲旅游文化带,加快天隆寺项目建设,促进文化创意和休闲旅游融合发展;着力打造苏宁、京东等大物流园区,依托专业市场优势,促进电子商务和现代物流协同发展。

加快集聚创新发展新要素。完善“大众创业、万众创新”体系，突出企业的创新主体地位，发挥好政府创新服务职能。支持规模以上企业建设研发机构，推进公共技术平台和服务平台建设，发挥紫金科创特区等重点孵化载体作用，积极引进和培养创新创业人才。实现高新技术产业销售收入 1920 亿元，培育高新技术企业和创新型企业 8 家，科技研发经费支出增长 15%，新产品销售收入占主营业务收入比重达 25%以上，新增孵化器面积 8 万平方米，新增在孵企业 260 家，孵化器毕业企业 26 家，紫金(雨花)科创特区累计在孵企业超 520 家，引进高端团队 2 个，新增高技能人才 600 人。

强化招商引资和项目推进。优化整合全区招商资源，探索产业链招商、委托招商、互联网招商等模式，提高招商引资成效。积极组织参加“金洽会”“创洽会”等重点招商活动，重点引进互联网、高端商务商贸、电子商务、现代物流、休闲旅游等行业龙头项目。全年引进重大项目 30 个，计划总投资 200 亿元以上，实际利用外资到账 1.7 亿美元以上。完善项目建设服务体系，加快 100 个区人代会重点项目建设，确保当年完成投资 180 亿元，亚信华东总部、金证研发等新建类项目按期开工建设，华为二期等在建项目加快推进，天溯科技等续建项目快速建成入驻，尽快投产达效。

(二)全力决胜软件谷建设，不断提升园区发展能级

整合优势发展资源，心无旁骛聚焦软件谷开发建设，在更高的起点上以更高的标准实现新发展。

整体提升园区功能品质。统筹协调推进软件谷各园区建设，北园着力深度开发，凸显高端化、成熟化，全面推进宇龙、步步高等重点项目建设，通过优化环境，提升服务品质，打造一流园区。南园着力强化基础设施建设，以“两桥”地区更新改造为契机，加快拆迁和土地运作，完善交通路网等城市配套设施，重点引进和落户一批优质项目，提升产业集聚能力。西园着力优化产业空间布局，加快传统产业转型升级，提前谋划城市森林项目开发，加快推进键桥通讯一期、欧帝科技一期等项目建设，在地理空间、城市形态、产业层次上全面提升品质。

加快完善园区服务体系。按照高端化、国际化、品牌化发展方向，构建一流的园区发展服务环境。进一步提升北大南京创新研究院、省软件产品质检中心、南京超级云计算中心等重点平台服务效能。深入开展软件谷创新创业系列主题活动，打造创业 UP 系列活动、软件谷人才月、创业主题车站等特色品牌，增强软件谷品牌影响力。聚焦产业、资金、资源，建立“一企一档”精准扶持机制，加大本土软件企业培养力度，培育年销售收入 1 亿元以上本土软件企业 12 家、5 亿元以上企业 3 家、10 亿元以上企业 2 家。

持续提升谷公司运营能力。按照市场化、企业化、专业化运作要求，全面构建现代企业管理体系，实现科学、高效、规范运作。积极推进明发科创城、A5 项目、人才公寓、花神科技研发中心等项目建设，确保公司持续健康运行，稳步提升公司有效资产。拓宽融资渠道，创新融资模式，采取直接融资与间接融资相结合的方式，有效破解融资瓶颈，争取在债券市场直接发债融资 10 亿元。深化与深创投、紫金创投等专业机构合作，新增股权投资企业 4 家以上。

(三)全面决战“两桥”建设，开创城市发展新局面

坚持以人为本,以国际化标准加快"两桥"地区城市更新改造,带动城市功能品质和环境质量整体提升。

迅速拉开"两桥"建设框架。在控制性详规的基础上,高水平完成城市设计和总体景观设计,制定绿色城市、智慧城市实施方案及开发导则,修改完善"两桥"更新改造的路线图。加快推进徐工片区、圣戈班片区等18个地块的拆迁,完成拆迁面积70万平方米以上,基本完成成片区大规模拆迁任务。全面开工建设龙翔大道、机场二通道、马家店安置房,加快兴梅路中段、梅苑南路北段等重点路段建设。强化年度预算和项目预算管理,积极落实第二批国开行棚改贷款融资,有效管控风险。推出2~3幅土地上市,平衡部分投入,实现良性发展。

加快城市基础设施建设。坚持规划引领,启动全区"多规融合"空间平台建设,建立规划协调机制,完善南京南站等核心区域的城市设计,完成板桥新城控详修编等规划编制。深入推进低效用地再开发、存量土地处置利用等工作。加快推进宁和城际轨道交通建设,启动滨江大道雨花段等快速路建设。加快智慧雨花建设,着力推进区应急指挥系统、智慧水利等信息化项目。启动雨花街道、赛虹桥街道范围内7个片区小区出新整治工程。加快实施雨花新村二村等9个棚户区,以及梅山老生活区项目改造。积极开展公共自行车、新能源充电桩布点建设。

加大生态环境保护力度。提升园林绿化水平,完成龙翔路一期等绿化工程,新增绿地面积5万平方米,绿化造林20公顷,林木覆盖率和森林覆盖率分别达30.05%和26.55%。深入实施环境综合整治工程,完成春江新城等15个小区排水达标区创建工程,加快铁南污水泵站、省新闻出版学校排水片区等项目建设,主要水利水质功能达标率达75%。实行最严格的环境保护制度,抓好大气污染防治、扬尘防控等重点工作,重点减排项目完成率和大气污染防治年度工作目标完成率均实现100%。

提升城市管理现代化水平。完善城市管理服务体系,发挥好公众参与城市治理的作用。深化城市治理标准化建设,加快数字化平台建设和功能整合,提升市政园林养护和环卫保洁精细化管理水平。强化城管综合执法,重点开展控违拆违,坚持拆管并重,完善违建动态监控。积极推行户外广告市场化运作,着力推进垃圾分类处理,有效落实"门前三包"管理制度,优化停车管理秩序。健全渣土运输市场准入等制度建设,严厉打击各类违规渣土运输行为。

(四)加快社会事业发展,全面提升"雨花"群众获得感

大力实施五项民生事业改革发展提升工程,构建多元化的服务体系,为群众提供更加优质、便利的公共服务,提升发展共享水平。

全面提高民生保障水平。深入实施"双倍增"计划*,城镇居民人均可支配收入达48000元以上。加大就业指导和技能培训,加强各类创业载体建设,新增城镇就业8700人以上,大学生创业220人以上。开工建设保障性住房14.6万平方米,竣工20万平方米。全面实施7个片区的二次供水设施改造。深入开展社会保险扩面工作,城镇养老保险覆盖率达99.3%,新增被征地人员参保率和各类养老补贴发放率均达100%。

加快提升公共服务品质。着力打造教育、卫生、文化、体育优质品牌,提升社会事业整体品质。巩固集团化办学成效,加快推进区实验小学扩建、小行小学异地新建、中华中等专业学校扩建等项目建设。深入实施学前教育三项工程*,创建省健康促进学校5所、新增省优质园2所以上。大力开展“府院合作”,按二级甲等医院标准和“小综合、大专科”发展模式,加快建设区域医疗中心,建成2~3个区域医疗联合体。加强历史文化资源保护和传承,深入实施文化标志工程,有序推进文物修缮保护工作,树立老地名说明碑50块以上。创建省级公共服务体系示范街道和市级示范文体活动中心各1个。完善体育健身设施建设,全区人均公共体育设施面积达3.05平方米,深入推进校体结合,打造校园足球、武术等校园体育活动品牌。

稳步提高社会治理水平。加强和创新社会治理,激发社会组织活力,着力构建科学化、多元化的社会治理体系。强化基层社区精品化、服务化、法治化建设,建成精品社区10个,实现城市和谐社区建设达标率100%。着力推进平安雨花和法治雨花创建,加快各街道(园区)公共法律服务中心建设,实现全区法治满意率达90%以上,人民群众公共安全感达95%以上。强化食品药品安全监管,创建国家食品安全城市。强化安全生产责任落实,确保安全生产形势持续平稳有序。

(五)深入推进综合改革,充分释放发展活力

按照中央和省市部署,统筹推进重点改革任务,着力破解体制机制障碍,打造优质的发展环境。

加快实施重点领域改革。深入开展行业协会商会与行政机关脱钩改革,明确第一批试点单位,稳妥推进相关工作。深化财政体制改革,全面推进预算项目绩效目标管理。深化国有企业改革,实施企业分类管理,规范全区国有企业法人治理结构,制定完善履职薪酬等配套制度。推进环境监管执法体系改革,组建区级大环保联合执法指挥中心,落实市区两级执法、三级管理体制。

积极探索改革创新实践。坚持公司化、企业化、专业化运作方向,深化软件谷和“两桥”城市更新改造体制机制改革。加快构建现代企业制度,建立更加科学、合理、高效的管理、工作和效能评价机制。深化投融资体制改革,着力创新融资方法和运作思路,彻底转变依赖财政投资、靠平台贷款负债的传统模式,构建起政府引导、公司运作、社会参与的市场化筹融资新机制。

着力提升综合改革成效。强化责任落实和跟踪监测,确保已经落地改革措施的顺利实施和改有所成。稳妥推进机构改革人、财、物以及职能有序划转,确保各项工作高效衔接。深化商事制度改革,完善行政审批事中事后监管体系,创新行政审批流程,着力优化投资环境。激发科技体制改革活力,加快制定完善各类科技扶持政策的实施细则,建立科技创业企业投融资风险补偿和激励机制。

(六)持续转变工作作风,加快建设法治型政府

全面加强政府自身建设,做好“三严三实”专题教育活动的成果转化,不断提升政府执行力和服务效能。

全面提高依法行政水平。坚持“法定职责必须为,法无授权不可为”,把政府工作全面纳入法治轨道。启动“七五”普法工作。认真执行人大的决议、决定,支持政协参政议政,高质量完成人大代表建议和政协委员提案办理工作。主动接受人民群众、新闻媒体和社会舆论的监

督。完善科学化、民主化、法治化的行政决策体系，规范权力阳光运行机制，全面提高运用法治思维和方式解决问题和推动发展的能力。

加快作风和政府职能转变。落实和巩固“三严三实”专题教育活动成果，在新的起点上把作风建设不断引向深入。坚持执政为民，加快政府职能转变，正确处理好政府和市场、社会的关系，更好发挥政府作用。进一步完善政务服务体系建设，全面建成街道(园区)便民服务中心。不断增强政府执行力，用科学高效的办法解决群众关心的热点难点问题，不断提升政府服务水平和行政效能。

深入推进党风廉政建设。认真落实党风廉政建设责任制，严格遵守廉洁自律各项规定。坚持厉行节约，压缩三公经费，切实把有限的财力用在发展经济和改善民生上。更加突出征地拆迁、安置房建设、国有(集体)资产管理等重点领域的监管。强化对权力运行的监督制约，加大对政府投资项目和领导干部经济责任的审计力度，努力从源头上坚决防治腐败。

各位代表，回眸“十二五”，我们无比自豪；展望“十三五”，我们充满信心。让我们在党的十八大，十八届三中、四中、五中全会精神指引下，在市委、市政府和区委的坚强领导下，在区人大、政协的监督支持下，凝聚各方智慧和力量，真抓实干，奋勇争先，为“十三五”雨花经济社会发展实现良好开局，为建设经济强、百姓富、环境美、社会文明程度高的新雨花而努力奋斗！

★链接 “两件大事”：即决胜软件谷建设和决战“两桥”地区城市更新改造，是区委明确的2015年全区重点工作。其中，“两桥”地区包括铁心桥、西善桥街道部分地区，规划面积21平方公里。

“五大片区”：南京市市委十三届九次全体(扩大)会议全会报告中首次提出“一新区、三新城、三枢纽、五片区”城市空间优化策略。其中，“五片区”指下关滨江、铁北、“两桥”、麒麟、燕子矶，2015年启动整体改造工作。

“智慧雨花”：即面向雨花台区发展战略定位和实际需求，按照“资源汇聚、共享协同、特色引领”的总体思路，以提升政府管理与惠民服务为导向，利用各项信息化前沿技术，建设与现代化创新型生态新城区相匹配的智慧系统。

“9322”环境综合整治：即《南京市新一轮城市环境综合整治三年行动计划》，包括开展“九整治、三规范、两集中、两提升”行动。“九整治”：即整治城郊接合部、城中村和棚户区、老旧小区、主次干道和背街小巷、城市河道、低洼易淹易涝片区、大气环境、建设工地、整治农贸市场等九个方面。“三规范”：即规范占道经营、车辆停放和户外广告设置。“两集中”：即生活污水和生活垃圾集中处理。“两提升”：即提升城市园林绿化和长效管理水平。

五项民生事业改革发展提升工程：为抓好民生社会事业发展，围绕“奋斗五年，建设一流强区”的目标，雨花台区在教育、民政、卫生、文化、体育等五大领域实施的建设工程。

“三个一”工程：由江苏省卫计委提出的发展目标，2020年实现每个家庭拥有一名合格的家庭医生、每个居民拥有一份动态管理的电子健康档案和一张服务功能完善的居民健康卡，2015年在全省26个县、市、区开展先期试点。

雨花文化标志工程：由区委、区政府启动实施，通过立碑说明的形式，保护雨花悠久的历史和文化，目前已筛选各级文物保护单位、文物资源点和老地名、老山名、老河名等57处，其中“望江矶”“能仁里”“毛家巷”等第一批14个老地名说明碑已完成安装。

“三严三实”：即严以修身、严以用权、严以律己，谋事要实、创业要实、做人要实。根据中央统一部署，2015年在县处级以上领导干部中开展“三严三实”专题教育活动。

“四个城市”：市委、市政府《关于印发南京市加快推动经济发展迈上新台阶行动计划的通知》（宁委发〔2015〕28号）提出，建设“一带一路”节点城市、长江经济带门户城市、长三角区域中心城市、国家创新型城市。

“五型经济”：市委、市政府《关于印发南京市加快推动经济发展迈上新台阶行动计划的通知》（宁委发〔2015〕28号）提出，以提质增效为中心，以结构调整为重点，以改革创新为动力，着力争创创新型、服务型、枢纽型、开放型、生态型等“五型经济”发展新优势。

“五大发展理念”：中国共产党第十八届中央委员会第五次全体会议提出，实现“十三五”时期发展目标，破解发展难题，厚植发展优势，必须牢固树立并切实贯彻创新、协调、绿色、开放、共享的发展理念。

城乡居民收入“双倍增”计划：按照市委、市政府《关于印发城乡居民收入倍增计划实施意见的通知》（宁委发〔2011〕43号）部署要求，区第十次党代会报告中提出实现农民人均纯收入五年倍增、城市居民收入六年倍增目标。

学前教育三项工程：指幼儿园“增量工程”“创优工程”和“民办惠民幼儿园促进工程”。

雨花台风景区花景——“信仰”　　（雨花台烈士陵园管理局　供稿）

专文

2016 YUHUA ALMANAC

Special Article

夯实基础，创新举措　为全力推进雨花"两件大事"履职尽责

区人大办

（2015年12月）

人大工作是党的工作的重要组成部分，担负着保证党委决策部署贯彻落实和支持政府依法行政的重要职责。做好新形势下的人大工作，不仅是发展民主政治的本质要求，也是推进雨花改革发展的重要保障。面对全区上下齐心协力决战"两桥"地区更新改造、决胜软件谷建设的形势和要求，区人大及其常委会只有胸怀全局、把握大势、夯实基础、创新举措，以"两个加强"建设为基础，以保障和推动"两件大事"为目标，全面履行宪法和法律赋予的各项职责，才能不断开创人大工作的新局面。

一、以"两件大事"为引领，统筹谋划人大各项工作

明年是本届区人大履职的收官之年，也是我区"十三五"规划开局之年。区人大常委会将紧紧围绕区委部署，进一步找准履职和服务中心工作的结合点，深处着力、精确发力，多做凝聚人心、团结鼓劲的工作，始终做到与区委工作合拍、与全区工作同频、与改革发展共振，从而为加快建设现代化创新型生态新城区作出新贡献。

紧扣"两件大事"，助推经济又好又快发展。今年，区人大常委会在议题安排上注重突出重点，将软件谷建设、"两桥"更新改造、重大项目推进、"十二五"规划执行及"十三五"规划编制等作为重点监督议题，超前组织人员开展课题调研，并通过视察、调研、审议专项报告等多种方式，对财政预算执行、国资监管、通信软件特色产业基地发展、牛首山北坡开发建设等工作进行了推动，取得了一定的成效。但是，我们也认识到软件谷建设、"两桥"更新改造是我区历史上前所未有的庞大系统工程，需要坚定不移地加以持续推动，而且区人大对"两件大事"的监督还停留于面上的报告审议和工作视察，不够深入和细致。因此，我们将继续把决战决胜"两件大事"作为人大监督的重点，按照"选择好角度、掌握好尺度、把握好力度"的原则，从规划设计、资金运作、拆迁安置、项目建设等细处着眼，用支持的思维部署监督，用支持的方式开展监督，全力保障和支持区委战略部署的有效落实。

围绕"五项提升"，促进社会事业蓬勃发展。区委推进"两件大事"的根本目的，在于通过产业转型、经济发展、城市改造，不断提高全区人民的生活水平、居住环境和幸福指数。今年，区人大常委会在组织视察和审议养老服务、绿色雨花建设、防汛防旱、物业管理等热点民生工作的基础上，紧紧抓住区委民生事业改革发展"五项提升"工程，组织民政、教育、文化、卫生、体育等五部门进行了履职评议，并对代表和群众关心的热点难点问题开展了首次专题询问，切实强化了人大监督工作刚性，有力推动了相关民生工作的开展。在今后的工作中，区人大常委会将秉承为民监督理念，通过多种渠道广泛听取代表和群众意见，积极回应

社会关切，对就业创业、教育文化、医疗保健、社会保障、生态环境等人民群众最关注、最直接、最现实的问题实施持续监督、跟踪监督，督促和支持政府在推进“两件大事”的过程中逐步解决好这些关系群众切身利益的现实问题，力求使全区各项工作更加贴近民生，更能反映民意，更为顺应民心。

强化法治意识，扎实推进依法治区建设。推进地区法治建设，不仅是实现国家治理体系和治理能力现代化的必然要求，而且也是维护地区和谐稳定、保障和推动地区发展、改善民生的一项重要措施。今年，区人大常委会认真贯彻落实党的十八届四中全会精神，充分发挥人大在全面推进依法治区、维护宪法和法律权威、弘扬社会主义法治精神进程中的重要作用。专题审议了“一府两院”关于“六五”普法、劳动争议案件审判和执行、监所检察等工作的情况报告，并组织开展了《南京市旅游市场管理条例》执法检查活动，为推动“一府两院”依法行政、公正司法，提高全民法律意识和全区法治化管理水平奠定了基础。今后，区人大常委会将继续把保障法律法规的有效执行作为人大重要职责，进一步理顺法律监督工作机制。紧紧围绕依法行政、公正司法、维护公民合法权益三大重点，扎实做好审议专项报告、执法检查、涉法涉诉信访、规范性文件备案审查等工作，不断规范和增强对执法、司法工作的监督，为全区经济社会发展创造良好的民主法制环境。

二、坚持务实创新，不断增强人大履职实效

党的十八大以来，以习近平同志为总书记的党中央着眼推进“四个全面”战略布局，对坚持和完善人民代表大会制度、发展社会主义民主政治作出了新的战略部署。区人大常委会将主动适应形势要求，坚持“严”字当头，“实”字托底，积极创新工作举措、以抓铁留痕的精神状态和真抓实干的工作作风，切实发挥出人大在保障和推动雨花经济社会发展方面的重要作用，并以此引领和推动人大工作与时俱进。

依法行使好重大事项决定权。今年，在制定《区人大常委会讨论决定重大事项的规定》时，我们根据省市区人大工作会议精神，结合我区工作实际，对重大事项的范围、讨论和决定的程序、决议决定的执行与跟踪等做出了具体而明确的规定，并就加快推进建设“全国社区治理和服务创新实验区”做出了相关决议。今后，我们将通过实践对讨论决定重大事项的机制和流程做进一步完善，切实提升决策的科学化、民主化水平。以决战决胜“两件大事”为核心，深入一线、深入基层、深入群众，广泛开展知情性视察和专题性调研，支持和督促“一府两院”科学制定“十三五”发展规划等重大决策，保障全区经济社会持续健康发展。我们将坚持把重大事项决定作为统一思想、凝心聚力的过程，进一步增强行使重大事项决定权的主动性，密切与“一府两院”的沟通联系，增强相关工作的计划性和协调性，依法对涉及全区发展根本的、长远的、全局的经济、政治、文化、社会、生态文明建设等重大事项作出决议、决定，并通过多种途径强化决议决定落实情况的跟踪监督，确保做到“议而有决，决而有行，行而有力”。

不断深化财政预决算监督。财政监督是人大监督的常规内容，也是监督的重点。今年，区人大常委会邀请有关专家对《新预算法》进行了专题培训，并抽调专业人员组建了计划预算审查工作小组，围绕计划和预算执行、全口径

预算审查、财政资金绩效评价、国有资产管理、审计问题整改等核心问题进行了深入的监督，切实提升了人大财政监督工作的规范化、专业化水平。今年，市委出台的43号文件进一步细化了预算审查的重点，强调要严格预算约束、规范预算执行，非经法定程序不得调整预算，更加突出了人大预算审查的刚性和严肃性。区人大常委会将按照新预算法和市委文件要求，把预算收入情况、重点支出和重大投资项目资金的使用及绩效情况、本级预算调整及执行情况等作为审查的重点，创新预算审查监督方式，加快推进实质性预决算审查监督步伐；建立与审计部门的联动机制，继续支持审计机关依法开展审计监督，并不断加强对审计问题整改的跟踪督查；积极配合财政部门加强对部门预算编制与执行的指导和监督力度，稳步推进部门预算和“三公经费”公开工作；加强和规范街道预算的管理和监督工作，充分发挥街道人大工委的作用，履行好区人大及其常委会对街道预算的审查监督职责，为人民看好“钱袋子”。

推动专题询问工作常态化。今年，区人大常委会出台了《专题询问实施办法》，并于11月结合履职评议工作，对区民政、教育、文化、卫生、体育等部门工作开展了专题询问，并取得了良好效果。今后，我们将进一步完善专题询问工作机制，不断拓展询问的对象和形式，推动询问工作常态化，最终将专题询问工作融入到日常的审议工作报告和视察中，确保将人大的各项议题议深议透。在选题方面，我们将围绕决战决胜“两件大事”等全区经济社会发展的重要部署、人大全年议题、“一府两院”工作中存在的突出问题和薄弱环节、人民群众反映强烈和迫切需要解决的热点难点问题进行。为了保证询问效果，询问前，我们将通过明察暗访、征询意见表、座谈会等多种形式广泛收集代表和群众的意见建议，确保询问工作有的放矢；询问后，我们将及时整理询问实录印发组成人员和相关人员，并抓好跟踪落实，确保询问工作有始有终。

探索建立满意度测评机制。为加大人大监督刚性和监督力度，区人大常委会将探索建立满意度测评监督机制，对常委会听取专项工作报告、专题询问后的审议意见落实情况，以及决议决定的办理情况进行满意度表决。表决前，我们将组建工作组围绕表决议题，开展专项调查研究、视察检查以及座谈，多渠道收集社会各方面意见；表决期间，将安排参加过审议、询问和调研的人大代表列席会议并提出意见；表决后，相关结果将向代表通报和社会公开，满意度不达标的将由常委会督促整改落实到位。

有序推进干部履职评议。加强对被任命人员的监督，促进其依法行政、勤政廉政，是行使人事任免权的延伸和发展，也是保障地区经济社会发展的重要举措。今年，区人大常委会制定了《关于区政府工作部门主要负责人向区人大常委会报告履职情况的实施办法》，开始对区政府部门负责人有计划地开展履职评议，取得了一定的成效。今后，我们将进一步加强相关工作，重点把握住事前、事中、事后三个环节。事前，将结合“千人评议机关”、效能督查、财政审计、离任审计等工作，充分了解任命人员到任后的工作开展情况，并通过召开座谈会、上门走访、征询意见、网上公开征集社会群众反映等形式，广泛收集并掌握报告人依法履职情况；事中，常委会组成人员将结合述职人员的述职报告进行现场询问、提出意见和建议，并对其进行评议；事后，常委会将把评议情况和结果报区委并抄送区政府和组织部，作为干部考核任用的依据之一，并督促抓好评议报告的整改落实。同时，我们还将稳步探索开展任职人员宣誓、履职承诺等工作，强化被任命人员的责任意识、公仆意识，促进我区干部队伍的风清气正。

三、注重服务引导，充分发挥代表主体作用

人大代表是按法定程序、根据广大人民群众的愿望选出的各个方面的精英，集中了社会各界的许多优秀人才，具有广泛的代表性、先进性以及较强的影响力、号召力，是地区经济社会建设的中坚力量。区人大常委会将进一步创新代表履职机制，保障人大代表的各项权益，丰富人大代表活动形式、拓宽人大代表履职渠道，充分发挥好代表在参与决策，监督协调，桥梁纽带和模范带头作用，为推动“两件大事”贡献力量。

*以换届选举为契机，着力提升代表素质。*区人大代表选举是我国民主选举制度的基础，也是人民群众依法直接行使民主权利的具体实践。今年，中央和省市委文件对做好基层人大代表选举工作提出了新的严格要求，我们将在区委领导下，从以下四个方面扎实做好明年换届选举的组织和指导工作，切实提升代表整体素质。一是把好提名推荐关。积极配合区委和组织部门做好代表候选人的审查工作，并根据代表履职情况和不低于 1/3 连任的要求，超前谋划连任代表的提名推荐工作，真正把责任心强、经验丰富、履职积极、群众认可的老代表推荐为代表候选人，为新一届人大工作夯实基础。二是把好身份认定关。严格按照中央和省市文件要求，积极协助区委和组织部门做好候选人身份认定工作，进一步优化代表结构，使当选代表既能最广泛地代表人民群众的利益，又有愿望、有能力、有时间履行好代表职责。三是把好选举组织关。在市选举办的指导下，切实做好宣传动员、选区划分、选民登记、提名推荐、讨论协商预选、候选人介绍、投票选举、计票监票、选举结果等各环节组织工作，确保选举工作依法有序开展。四是把好选举纪律关。规范选举程序，严肃选举纪律，切实加强对选举全过程的监督，坚决防止和查处选举中的不正之风和腐败问题。

以“一家一室”建设为载体，夯实代表履职平台。“人大代表之家”和“代表活动室”不仅是新形势下加强和改进代表工作，密切代表与人民群众联系的纽带和桥梁，也是服务党的中心工作和大局工作的现实载体。今年，我们以“一家一室”为基础，着力打造了“双联系”工作机制，制定并落实了常委会领导联系代表、区人大常委会主任接待日、区人大代表列席常委会会议、联系群众等多种制度，并于 12 月 8 日组织市、区两级人大代表开展了“接待选民日”活动，有效密切了常委会、代表与选民之间的联系。今后，我们将按照硬件标准化、软件规范化的要求，进一步建立健全常态化的工作制度和运行机制，深入组织开展代表培训、接待选民、向选民述职、双定视察、座谈交流等活动，严格落实代表履职登记和履职档案制度，真正让“一家一室”成为人大代表学习的场所、活动的阵地、服务的窗口和履职的平台。

*以主题活动为抓手，激发代表履职热情。*为了更好地发挥区人大代表参政议政作用，今年，我们制定了代表定向定点视察制度，组建了代表专业组，调整优化了常委会、主任会等会议安排，制定了常委会分组审议、代表“网

议”工作等方案，广泛邀请代表参加常委会、主任会组织的会议、专题视察、执法检查等活动，有效激发了代表履职热情。11月组织的代表履职培训会，区委书记、区长亲自为代表授课，市、区代表还进行了履职经验交流。虽然，这一系列举措在提升代表履职能力、拓展履职平台、激发履职热情等方面取得了一定的效果，但是代表在地区经济社会发展中的主体作用、先锋模范依然没有得到充分的发挥和挖掘。因此，我们准备通过开展“保发展促民生，创先争优我先行”的主题活动，把代表工作与区委中心工作更加紧密结合起来。在代表培训工作中，我们将继续加大区情、政情教育，进一步强化代表的大局意识、责任意识、进取意识和履职使命感，鼓励和引导代表积极投身于决战决胜“两件大事”、促进“五型”发展的创新实践，在本职岗位和工作一线上创出新的业绩，有效地带动、引导和激发广大人民群众的积极性、主动性和创造性，为全区经济社会又好又快发展作出新的更大的贡献。在指导代表履职工作中，我们将紧紧围绕区委中心工作，明确“六个一”的量化指标，确保代表成为保障和推动地区经济社会发展的先行者、示范者。“六个一”，即：每名代表任期内至少向选民述职1次；每年至少围绕地区经济发展、民生事业提出1件议案或建议；每年至少帮助人民群众解决1件“三最”问题；每季度至少参加1次代表小组活动；每月至少到所在选区接待一次选民；每周至少参加一次人大“一网两微”或QQ群的互动，了解最新人大工作动态和要求。

四、强化自身建设，着力提升人大机关工作效能

区人大常委会将认真贯彻落实区委关于全面加强自身建设的相关精神，按照“忠诚、务实、担当、干净”的要求，进一步加强区人大常委会、街道人大工委与人大机关建设，争取在全区决战决胜“两件大事”、民生事业“五项提升”、法治雨花建设等重点工作中，更多发出人大的声音，更多展现人大的作为。

全面加强人大组织建设。始终坚持把政治理论学习摆在人大自身建设的首位，认真组织学习领会十八大系列会议精神以及习近平总书记关于坚持和完善人民代表大会制度“四个必须”的重要论述，进一步统一思想、提高认识，坚定对中国特色社会主义的道路自信、理论自信、制度自信。同时，抓住换届契机，按照中央和省市有关加强乡镇人大工作和建设的文件以及修改后的地方组织法精神，适当增加区人大常委会组成人员名额，提高专职组成人员比例，优化组成人员结构，增加法律、经济、社会管理等方面的专业人员，逐步消除“一人委”的现象，夯实区人大常委会的履职基础。

全面加强街道人大工委建设。今年，区人大常委会重点加强了街道人大工作机构建设，在每个街道(园区)的人大工委设立了办公室，配齐配强了干部队伍，并印发了《街道人大工作制度汇编》，为基层人大工作的扎实开展打下了坚实基础。近期，中央文件以及修改后的地方组织法首次明确了街道人工工委是区人大常委会设在街道的工作机构。今后，区人大常委会将进一步加强对街道(开发区)人大工委的工作指导，健全班子、理顺关系，切实发挥好其联系服务代表、审查批准街道（园区)预算、监督预算执行等职能作用；建立常委会各工作机构与街道人大工委的联系制度，加强上下联动和工作指导，使街道人大工委更广泛、更深入地参加常委会工作；选优配强街道人大

队伍，确保基层人大工作的经常化、制度化和规范化；加强和改善党对人大工作的领导，将街道人大工作逐步纳入到各街道（园区）党工委的整体工作部署当中，支持和保证街道人大依法行使职权、开展工作，从而把街道人大工作做得更有特色、更有成效。

全面加强人大机关建设。一是增强依法履职的能力。结合人大工作和雨花实际，严格落实学习制度、完善学习计划、拓展学习内容、改进学习方法，进一步加强对人大相关法律和业务知识的学习，不断增强人大干部队伍的理论素养、道德素养、业务水平和工作能力。继续加强对人大工作规律和工作特点的研究，及时总结人大工作的好经验好做法，进一步建立健全工作制度和运行机制，用制度规范工作程序，以制度提升工作标杆，从制度层面保障全区人大工作有序健康开展。二是持续改进作风转变。今年，区人大机关严格落实中央和省市区有关改进工作作风的相关规定，进一步完善了会务工作、公务接待、公务用车、办公用房、财务管理等各项规定，并利用实体隔断对办公用房进行了调整优化。今后，我们将结合“三严三实”专项教育活动，继续巩固和深化党的群众路线教育实践活动的成果，不断强化作风转变和人大干部“一线”工作意识，积极推进人大机关与其他党政机关之间的干部交流，着力打造恪尽职守、忠实履职、作风正派、开拓创新、奋发有为的人大干部队伍。三是扎实推进信息化建设。今年，我们主动适应信息化时代要求，积极谋划打造了“一网两微及 QQ 群”四大平台，实现了区人大常委会、各街道人大工委联系代表、代表联系群众的零距离、常态化。今后，我们将进一步加快人大网站改版等工作，不断完善“两微”和 QQ 群的日常管理工作，集中力量把各信息平台打造成为人大代表和人民群众了解人大工作、参与人大工作的互动平台。

提升软件谷园区品质的调研与思考

区政协办

（2015 年 9 月）

软件谷组建 4 年多来，区委、区政府坚持科学的发展理念、正确的运作方式和干事创业的精神状态，以打造国际国内一流专业园区为目标，以举全区之力、心无旁骛建设软件谷的勇气和担当，将软件谷建成国内唯一可以比肩北京中关村的“千亿级软件产业基地”，既对全区经济建设起到决定性的支撑作用，也为南京市抢抓机遇、加快转型升级、推动经济发展，做出了有益的探索。

在即将到来的“十三五”，软件和新一代信息技术是我市重点发展的产业之一，也是经济转型升级的重要抓手。软件谷作为产业的重要载体，应紧紧把握产业发展导向和技术进步趋势，按照高端化、国际化、品牌化的发展方向，进一步提升园区品质，着力打造产业集聚、结构合理、配套完善、生态优越的软件产业集聚区，为雨花经济社会发展和全市经济转型升级做出更大贡献。

一、软件谷建设总体概况

作为南京中国软件名城建设的核心区，软件谷在开发之初就确定了“企业化、市场化、专业化”的运作思路，走出了一条自主、专业、科学、理性的园区发展道路，取得了令人振奋的建设成果。

1.产业集聚成效明显。2014年，软件谷实现软件业务收入1330亿元，占全市比重达39%，占全省比重近20%。目前软件谷已聚集软件人才16.4万人，形成了以华为软件、中兴通讯为龙头，由60多家重点企业入驻的通信软件产业集群；以东软、文思海辉、软通动力等中国软件外包十强企业和本土企业江苏润和为核心，企业数量超过50家的软件外包产业集群；以IBM、嘉环、中通服等众多骨干企业形成的信息服务产业集群；以SAP、欧朋、趋势等核心的云计算、大数据及移动互联网产业集群；以京东、苏宁等为引领的电子商务及互联网金融产业集群等。

2.城市形象大幅提升。一是城市道路架构进一步完善。大周路拓宽改造、华为路北延、宁双路东延等工程主体完工；滨江大道跨秦淮新河大桥已经建成通车，中兴路跨秦淮新河大桥正在建设，滨江大道雨花段、机场二通道南段正在开展前期方案研究工作。二是产业项目建设进展顺利。华为二期、步步高、中兴物联、金证股份等4个项目全面开工；润和二期、怡化运营中心、江苏金融大厦、天溯科技园、中以智慧园、丰盛商汇等6个项目建成封顶，预计下半年可实现全面入驻。三是规划拆迁有序推进。铁心桥—西善桥控详修编基本完成；安德门地块城市设计、西片区提档升级规划、天隆寺—花神庙文化旅游区规划全部有序推进，臧家巷华严寺、大冯韦、马家店等片区拆迁工作已进入扫尾阶段。

3.项目运作彰显活力。以“企业化、市场化、专业化”为思路，践行“财政注资、运作项目、形成资产、覆盖贷款、良性循环”运作模式，软件谷地区首个城市综合体“楚翘城”目前已完成销售6万平方米，销售额9亿多元，剩余7.3万米商业、办公楼宇由软件谷发展公司自持，资产达到15亿元，并于今年8月8日已正式开业；大数据产业基地、创业创新城等一批产业园项目已经建成，企业入驻率超过80%，A5信息安全产业园、人才公寓、科创城等产业园项目正在快速推进，已建成牛首山北坡一期工程，并对外开放，二期建设正积极开展北部景区奥莱城项目商业策划、地块运作。

创业创新城　　（软件谷　供稿）

4.公共服务体系健全。公共技术服务平台总数已超过 30 个，涵盖了公共技术、投融资、人才培育、合作交流等多种类型，如与 IBM、润和合作建立“联合创新技术中心”等。在公共技

南京软件产业博览馆　　（软件谷　供稿）

术平台之外，还在创业孵化、科技创新、品牌推广、知识产权、交流合作、生活配套、投融资等九大方面形成完整的公共服务体系，打造了一条融股权融资、债权融资，融资担保和风险保障于一体的科技金融服务链，解决中小软件企业融资难题；设立专门的企业服务部门和政务服务办事大厅，帮助企业解决从落户到生产运营的一系列问题，为软件企业和人才提供“一站式、全过程、全方位”的“保姆式”服务。

二、软件谷进一步发展面临的挑战

当前，我国经济正处于“三期叠加”的特定阶段，经济下行压力较大，特别是全国投资活动增长的大幅回落对软件谷的快速发展带来了一定影响，加上软件谷项目储备不多等问题，软件谷的发展还面临不少挑战，主要表现在：

一是本土软件企业培育缓慢。上半年，34 家重点本土软件企业实现软件业务收入 24.5 亿元，仅占总收入的 3.3%，其中，业务收入 1 亿元以上 8 家（占比 23.5%）；本土软件企业掌握核心技术还不够，在制定软件技术标准、确定行业技术规范等方面话语权不强等。

二是发展公司治理架构还有待进一步创新和完善。发展公司在快速发展的过程中行政化的支撑力量比较明显，在“去行政化”，提高“专业化”和“市场化”方面有待进一步创新，在建立现代企业制度、按现代化企业模式运转方面还有一定的距离。

三是西园的提档升级效果还没有显现。目前，西园的人代会重点项目多为结转项目，新增项目较少，缺乏发展后劲，园区发展创新不足，尤其是在提升园区品质、加快产业转型方面缺少专业化、市场化的运作办法。

三、提升软件谷园区品质的建议

软件谷是雨花经济建设的主战场，也是南京打造中国软件名城的承载核心区。软件谷要站在“千亿级”软件园区的基础上，按照区委提出的“决胜软件谷建设”要求，着力抓好园区化定位、专业化管理、公司化运作，全面提升软件谷园区品质。

1.积极争取，优化政策，进一步强化软件谷发展的政策支撑。园区政策是项目招商和产业建设的基础，对园区的产业发展具有重要的引导作用。一是积极向市委申请 39 号文政策延续。《关于以打造“一谷两园”软件产业集聚区为重点高标准建设中国软件名城的意见》（宁

委发〔2011〕39号)给予软件谷的土地、财政收入等优惠政策对于促进软件发展起到关键作用,39号文将于今年底到期,要积极向市委申请延续39号文规定政策。二是及时修订完善区委22号文。“十三五”期间,软件信息产业的发展方向将发生很大变化,大数据、互联网+、移动互联网等将会加速发展,建议区委及时完善22号文,在符合软件信息产业世界前沿的领域加大扶持力度,促进软件谷产业向高端领域发展。三是适时启动研究申报国家高新技术开发区。软件谷的产业集聚度、创新人才数量、对财政的贡献度等已接近申报国家高新技术开发区的要求,要加快研究申报国家高新技术开发区的可能性,力争站在更高平台上促进软件谷进一步发展。

2.产业引领,加强交流,进一步提升软件谷国际化水平。软件产业是国际化、世界性的产业,只有加快国际化步伐,积极融入世界软件产业的发展进程,才能实现软件谷的“高端化、国际化、品牌化”。一是瞄准国际软件产业前沿招商引智。在云计算、大数据、互联网+、移动互联网等产业方向上,紧盯世界软件百强企业和国际软件产业细分领域领头企业,充分利用各种资源和平台,主动对接、深入洽谈,再引进一批全球领军型软件企业和软件人才入驻,推动软件产业高端国际化发展。二是提升谷发展公司国际化运作水平。引入世界一流园区服务管理理念,以完善发展公司产权制度为基础,加快建立更加科学、规范的现代企业管理制度,在建设好“中以智慧园”等国际合作项目的基础上,加大与美国、印度、香港、以色列等软件先进国家和地区的合作力度,着力打造国际化合作平台和载体,积极利用全球资源提高软件谷的国际竞争力。三是塑造品牌扩大国际影响力。充分利用南京“创洽会”、“留交会”、“软博会”等一系列重大活动平台,大力宣传软件谷良好的投资发展环境,创造软件谷品牌效应,同时要主动走出去,在美国硅谷、英国桑德兰软件城、印度班加罗尔软件园等国际软件先进园区举办专场推介会,宣传软件谷的政策、环境和建设成就,扩大软件谷的知名度和国际影响力。

3.规划向导,加快推进,进一步加快软件谷园区城市建设。根据自身发展基础和外部环境适度超前规划,依据规划推进园区基础设施、产业项目等建设是推动园区环境优化升级、实现园区可持续发展的重要前提。一是科学推进规划设计。加快完成“两桥”地区控详修编、安德门地块城市设计及天隆寺—花神庙文化旅游区规划;完成板桥A商业地块、正欣和通孚地块等规划调整工作;完成西园的控详规划调整,通过调整容积率、土地性质,加快推进西园传统产业提升。二是加快基础设施建设。除南园内部路网外,要进一步加快道路基础设施建设,着力改善雨花的交通条件。确保按计划推进中兴路北延跨秦淮新河大桥建设工作,加快推进大周路收尾及验收工作;尽早开工建设杨家坟内部路网、管道路、龙西路、梅苑南路等基础设施项目。三是完善城市功能配套。在按照国际化物业标准管理楚翘城项目的同时,加快南京外国语学校雨花分校、全区公共卫生服务中心等优质资源的规划建设,为软件谷企业员工提供高水平的生活设施和高品质的城市配套服务。

4.加大投入,鼓励创新,进一步增强本土软件企业的培育力度。培育发展本土软件企业既是促进我区产业转型升级、增强产业竞争力的迫切要求,也是进一步提升软件谷形象、展示软件谷建设成果的重要标志。一是提升本土软件企业核心竞争力。引导和鼓励本土软件企业加大研发投入,逐步向产业链和价值链的高端增值环节攀升,推动企业拥有自主知识产权;创新产学研合作模式,建议谷管委会牵头申请设立软件谷博士后工作站,向中小企业派驻博士后人员,提升中小企业核心技术的研发能力。二是营造本土高端软件人才成长的良好环境。建立健全本土软件企业经营管理人才库,指导企业按市场化要求选拔人才,定期组织本土软件企业管理和技术人员深入谷内的跨国企业培训学习,借助跨国企业培育本土软件人才;构建完善体现人才价值、促进人才发挥作用的激励机制,让高端人才在政治上有荣誉、经济上有实惠、社会上有影响,吸引在外地创业工作的本地人才回流。三是提升对本土软件企业的服务水平。充分发挥公共服务平台功能,促进本土软件企业利用公共资源进行品牌推广和资源整合,降低企业的研发、测试、培训成本;综合发改、财政、税务、市场监督管理等各方力量,强化服务理念,提升行政服务效能,不断推动本土软件企业实现转型跨越发展。

5.转型发展,增强实效,进一步加快西园的提档升级和开发建设。软件谷西园是软件谷的重要组成部分,也是软件谷克服土地资源限制,进一步加快发展的重要方向。一是改变原有的发展模式。通过规划修编,转变园区运作方式,提升工作标准,通过公司化运作,从根本上改变原有的传统运作方式,探索并形成一套现代化园区的发展模式,实现"财政注资、运作项目、形成资产、覆盖贷款、良性循环"的发展道路,实现西园自我平衡、良性发展。二是完善基础配套建设。按照建设现代化创新型生态新园区要求和"绿化、亮化、美化"的建设标准,进一步抢时间、赶进度,突出重点,集中精力搞好基础设施配套建设,推动园区尽快缩小与河西地区城市品质差距,实现无缝对接。三是增加西园招商力量。要切实利用好省级经济开发区,江苏国家数字出版基地(南京园区)这两块牌子,在加大西园招商人员数量,提升招商人员水平的同时,积极统筹协调软件谷管委会、谷发展公司的招商人员把适合于在西园发展的项目引进到西园,加快西园"腾笼换鸟"的步伐。

生态软件谷　　(软件谷　供稿)

关于加快我区生态产业发展的调查与思考

区委党校
(2015年7月)

党的十八大报告中明确提出,要加快优化产业结构,实现生态产业经济的循环可持续发展。当前,我国正面临着资源消耗大、生态透支严重和社会难以持续发展的巨大压力。生态产业经济最有可能实现区域经济的可持续发展。在区域快速城市化的进程中,如何依托优越的区位优势、生态资源和产业基础,构筑生态产业发展新优势、提升区域发展竞争力?日前,区委党校、区政协社会事务组联合课题组深入分析了该区生态产业发展面临的制约因素,进而提出了加快构建鲜明区域生态产业发展模式的建议。

一、生态产业的内涵、模式及对雨花台区产业发展的影响

发展生态产业是生态文明建设的必然要求。作为一种产业结构,生态产业涉及生态农业、生态工业、生态服务业以及生态城市等。生态产业经济是经济全球化发展趋势和新型工业化模式的必然走向,具有显著的“四化同步”(信息化、网络化、集聚化和生态化)特征。在生态产业范畴内,通过对产业内部结构进行重组和优化,实现物质(或资源)在产业系统内部得到最大限度的利用,产生更高的经济效益和社会效益。

生态产业的有形载体是生态工业园,属于第三代工业园的范畴,是对前两代工业园——经济技术开发区和高新技术产业区的升华和优化。当前,国内各地在生态产业发展模式方面做出了许多积极探索,其中,有三个地区的生态产业模式值得雨花借鉴。一是青岛中德生态园循环经济模式。为2010年中德两国合作项目。园区遵循“回收→再利用→设计→生产”的循环经济模式,让不同企业之间形成共享资源和互换副产品的产业共生组合,使上游生产过程中产生的废物成为下游生产的原料,区域内彼此靠近的工业企业或公司形成“工业共生,要素耦合”的工业生态链。特别是园区利用能源技术和信息技术对能源的生产、储运、应用、再生四个环节进行高效集成,使清洁能源利用率达84.6%,可再生能源利用率达15%,碳减排63.6%以上,二氧化碳年度减排28万吨。凭借诸如此类的先进指标,中德生态园在全国64个国家级生态工业示范园区中,已率先成为第一个国家综合标准化示范区。二是杭州高新区(滨江)信息经济模式。面积73平方公里的杭州高新区(滨江)深入实施创新驱动战略,通过不断加大研发投入(占GDP比重超过14%,远高于全国平均水平)、集聚产业释放叠加能量、优化政策铺就产业新格局等举措,全力打造以物联网、移动互联网、云计算、大数据为基础架构的信息产业创新生态链,2014年高新区(滨江)1800多亿的工业总产值中,信息经济占比接近70%,已成为以软件产业为核

心、物联网产业为支撑的“天堂硅谷”，在国家级高新区的排名提升至第5位。三是盐城环科城环保经济模式。2009年以来，盐城环保科技城秉持“科技为先、产业兴城”的理念，大力发展烟气治理、污水处理、固废处理、绿色建材等环保产业，使之成为全省“低碳经济”的新样板、中国环境产业最具竞争力的园区。去年9月份，国家环保部发布74个重点城市空气质量情况，江苏盐城位居第四，仅次于海口、舟山和拉萨。去年底，江苏省政府决定将每年一度在南京举办的国际环博会转移到盐城环科城举办，并明确为永久性会址。

自2001年深圳中兴通讯落户后，以软件和信息服务业为代表的生态产业在雨花经历了从萌芽发轫，到初具规模，再到成长壮大的发展历程。近年来，雨花台区以软件谷建设为引擎，大力发展软件和信息服务、高端商务商贸等产业，体现出“绿色、智慧、低投入、高产出”的雨花特有生态产业发展模式，促进了区域经济的快速发展。2013年，软件谷成为全国首个千亿级软件产业基地。2014年，全区实现软件及信息服务业收入1440亿元，占全市总量的40%，占江苏省比重达到18.5%。软件产业高速发展，带动全区经济加快转型，2014年全区三次产业比优化为0.1:21.8:78.1。综观雨花近年来转型发展的过程，就是软件等生态产业不断做大做强的过程。

笔者认为，发展生态产业，实现生态环境与经济建设的双重优化和协调发展，势必对区域产业的发展带来深远影响。一方面，新兴生态产业将加快融合发展。尤其是，“互联网+”时代，作为区域生态产业代表的信息软件产业，将与高端商务商贸业、服务型制造业、战略性新兴产业相互渗透、互动发展，为高端商贸商务业的线上线下联合提供广阔市场、显著增强服务型制造业的先进性和科技含量、有效开辟医药销售的网络市场，打造更多的区域文化产业“雨花名片”。另一方面，现有产业区将加快生态化进程。受国际国内生态产业影响，通过技术升级、清洁生产、节能减排等措施，梅钢片区及雨花开发区能源板块等现有工业园区，将进行“脱胎换骨”式的生态化改造，最终成为全新的生态产业园区。总之，发展生态产业，将在雨花全面体现产业之间的良性互动、人与自然的充分和谐、产业经济的可持续发展。

二、当前雨花台区生态产业中存在的突出问题

在以信息软件产业为代表的区域生态产业快速发展的同时，我们也发现，雨花在生态产业的发展也面临着诸多制约因素。主要有六个方面：

*一是生态产业规划缺乏。*虽然制定了信息软件产业发展规划，但没有专门的区域生态产业规划。在“互联网+”和工业4.0时代，制定长远、全面的区域生态产业规划尤为迫切，尤其是信息软件产业与现代服务业、先进制造业、生物医药产业、文化产业等不同业态的生态产业如何协同、互动发展，缺乏面上的整体规划。

*二是生态产业空间狭窄。*与栖霞、江宁等郊区相比，经过数轮区划调整的雨花面积最小，土地资源极为紧张，可供开发土地较少，且因绕城公路、国道、铁路、河道、山丘较多，土地成片很少，比较零碎，可供开发用地仅剩2000多亩。与此同时，梅钢片区、开发区华润热电板块、绿洲机器厂等现有制造业企业和一批“三高两低”企业占地较多，使生态产业的发展空间大为压缩。

三是生态产业结构失衡。最突出的是本土软件企业成长较慢,年产值10-50亿元中间企业太少。当前,云计算、大数据、移动互联网等产业发展势头强劲,雨花虽拥有涉软企业1000多家,但互联网企业还处于初期阶段,贡献份额还没有形成。这与北京、杭州形成鲜明的反差。

四是生态产业配套滞后。雨花基础设施欠账较多,尤其是交通、商业等产城配套不完善。以软件大道两侧为例,上下班"潮汐"现象明显,白天熙熙攘攘,夜晚一片寂寥。而70平方公里软件谷,北园"高大上"、南园初显雏形、西园"人气"缺乏。城市综合配套建设的滞后,已成为制约区域生态产业快速发展的"短板"。

三、基于助推城市现代化、加快雨花台区生态产业发展的几点建议

如何充分借鉴外地生态产业发展经验,大力发展雨花的生态产业?笔者认为,应积极适应"互联网+"的时代特征,努力构建具有鲜明雨花特色的区域生态产业模式。即,以产城融合为契机,以优化经济结构和产业布局为主线,以建设"第四代科技园区"为重点,大力推进生态产业的融合发展和现有工业园区的生态化改造,构筑区域生态产业发展新优势,为全市发展生态产业、促进可持续发展提供经验和示范。

建议之一:明确区域生态产业定位,科学规划生态产业布局。充分借鉴外地发展生态产业方面的先进理念,将生态作为我们的第一环境资源,高起点制定区域生态产业发展规划,为全区生态产业发展明确方向。一是做好区域生态产业"加减法"。所谓"加法",就是要快速做大做强生态产业中的信息软件产业、现代服务业、生物医药业和文化产业。所谓"减法",就是"关停并转"落后制造业,积极发展服务型制造业。同时,进一步突出规划引领作用,建议在编制区"十三五"规划时,进一步优化我区生态产业结构。二是优化生态产业布局。大力发展新型主导产业,促进生态产业提档升级。以软件谷为例,北园着力打造"通信谷",发展通信软件产业带、服务外包总部区及云计算、物联网等新兴产业,建设中国通信软件产业第一基地。南园着力打造"智慧谷",重点发展行业应用软件、互联网服务和高端外包产业(BPO、KPO),建设国内一流超级云计算技术研发中心。西园着力打造"数字谷",以做大做强互联网服务、数字新媒体产业和电子商务为目标,建设全国一流的数字服务产业基地和中小软件企业创业孵化区。三是构建完整的产业生态系统。在不同生态产业之间、或同一生态产业

中兴全球云计算中心

(软件谷 供稿)

的不同企业之间，建立起产业生态体系，共同开展能量、水和物质的交换，降低经营成本。雨花应在较大的区域内构建企业联盟，实现产业生态共同体在更大区域内的有效聚集，弥补生态产业发展空间的不足，推进全区产业经济生态化进程。

建议之二：建设“第四代科技园区”，推进生态产业提档升级。相对于前三代工业园区，第四代科技园区更加突出2.0生活特征，集“工作、生活、娱乐”于一体，是典型的产城融合区。作为南京软件名城核心区，雨花打造第四代科技园区，关键是做到“三化”。即，(1)生态化。中兴、华为等软件巨头之所以花落雨花，就是看中了此处优良的生态和便利的交通。生态产业、尤其是软件业，非常强调土地的承载力。我们要降低软件谷北园开发密度，多做减法。同时，全区就应全面利用生态型的太阳能、风能、地热资源，以促进能源资源的集约环保利用。(2)智慧化。软件谷作为全国知名软件园区，科技人才优势明显，但园区智慧化程度较低。今后，应鼓励园区企业做APP，至少WIFI应覆盖软件大道和软件谷北园、南园。从远期看，整个雨花都应该是一个智慧园区。(3)宜居化。雨花有软件人20万，其中60%以上具有硕士以上学历。要吸引并留住软件人才，就要遵循“产城融合”的理念，将雨花建设成为以高新产业为龙头、田园风格浓郁、宜业宜居、充满活力的第四代科技园区。如何做强第四代科技园区？一方面，优先发展前沿生态产业。抢抓IC设计业从深圳向长三角快速移动的机遇，大力发展IC设计产业，引领全区信息软件产业发展；围绕南京南站，建设高档商贸商务区，打造雨花新的科技中心、办公中心和总部中心等。另一方面，促进生态产业的融合发展。包括：发挥高端商贸商务业的集聚效应，吸引更多的软件人才入住雨花；增加先进制造业中的信息软件技术支持比重；有效开辟医药销售的网络市场；依托软件产业打造更多的文化产业“雨花名片”等。

建议之三：大力倡导集约经营，“生态化”改造现有工业园区。梅钢板块、雨花开发区能源板块和板桥、西善桥等街道工业园区，除少数企业外，绝大多数企业规模普遍偏小、技术含金量低。特别是，“三高两低”企业在现有工业园区中占有相当比例。如何实施现有工业园区的生态化改造？一是引进和开发产业生态技术。借鉴盐城环科城的产业生态理念，鼓励企业将经济效益、社会效益和环境效益统一起来，注重产业生态发展，加快装备升级换代，促进整个行业的生态进步与优化。二是实现企业环境治理设施共享。考虑到现有产业园区企业废弃物和污染物类型基本一致的特点，加快建设共享的污水处理厂、环境治理等基础设施应成为现有工业园区生态化改造的重点。三是加快现有工业园区产业结构调整。对雨花开发区、西善桥、板桥等现有工业园区企业重新进行梳理，对“三高两低”企业，坚决予以关停并转。同时，积极实施高端战略和创新战略，引进研发类企业总部和销售总部，推进先进制造业的自主创新，提高市场份额和产品竞争力。

建议之四：培育生态产业示范工程，发挥生态产业园区的集聚效应。先进地区的生态产业发展实践证明，产业聚集效应将对促进区域生态产业起到关键作用。当前，雨花应以软件谷北园为龙头，引导优质企业向各生态产业园区聚集。一是培育示范园区。按国际科技园区标准，对全区各产业园区基础设施、硬件环境和园林景观等进行全面升级，吸引高新科技企业、创意文化企业和高端服务业等各类优质企业入驻。同时,树立“园区一体化”合作理念,实现政府、科研机构、金融机构一体化合作,打造以创新型总部经济为主的生态产业聚集区。二是培育示范企业。以邦宁科技、诚迈科技等一批本土企业为基础,扶持一批在软件业务细分市场和新兴领域具备竞争优势的特色企业,形成骨干企业“顶天立地”、中小企业“铺天盖地”的蓬勃发展态势。三是培育示范人才。当前,互联网产业的蓬勃发展,对雨花以信息软件为主的生态产业结构带来了巨大挑战。如何勇立新兴产业发展潮头?培育新兴产业领军人物至关重要。为此,要充分发挥社会资本的力量,“让资本之光照耀产业高地”,通过企业兼并重组,加快培育一批雨花本土“互联网家”,让科技信息服务业成为雨花软件产业发展的新“引擎”。

建议之五:加快完善公共配套,为生态产业发展提供坚实支撑。按照“国际化、生态化、智慧化”理念,优化生态环境和配套设施,建设一批布局合理、功能齐全的交通、商贸、居住等设施。一方面,着力提升商贸现代化水平。南京南站及软件谷东部要重点发展以时尚百货店为主的大型综合性购物中心,打造品牌聚集、业态丰富、功能齐全的综合商贸区。另一方面,打造宜居宜业环境。加快完善交通、卫生、文体等生活配套设施,努力聚集人气,为企业加快发展提供坚实的人才保障。当前,要积极推动软件谷丰盛商汇、创业创新城、启动区人才公寓等一批项目加快投入使用,构建“10分钟生活圈”,打造集产业研发、居住生活、商务商贸、餐饮购物、教育医疗、休闲娱乐等功能于一体的现代化专业园区,真正“工作8小时、娱乐8小时、休息8小时”,消除制约雨花生态产业发展的最大“短板”。

建议之六:发挥政府综合服务功能,全力营造生态产业发展环境。重点是强化各类公共服务平台建设,为生态产业发展营造良好环境。一是技术支持。紧紧围绕发展生态产业,积极引导驻宁高校、科研院所和企业等各方面的力量,帮助解决制约生态产业发展的诸多技术难题等。二是人才引进。完善生态产业人才队伍建设政策规定,设立专项资金,对生态产业方面的优秀人才给予奖励扶持。完善人才引进机制,重点引进领军人才和复合型专业人才,构筑人才高地,为生态产业发展提供良好的人才支撑。三是政策保障。加快制定扶持区域生态产业发展的政策性文件,形成政府、企业、社会共同推进生态产业发展的强大合力。特别是,政府需建立促进生态产业发展的激励与约束机制,重点将资金投向有利于生态产业发展的行业、项目和相关公共配套设施。四是服务环境。积极帮助生态产业企业开展规范化运营、企业中长期发展战略制定、新产品市场需求分析等创业辅导。进一步扶持创业服务中介机构发展,在企业发展策划、品牌推介、技术服务、成果转化等方面等,当好生态产业企业“保姆”。

概览

2016 YUHUA ALMANAC

Overview

基本情况

【地理位置】 雨花台区坐落在六朝古都南京城区南部，长江之滨，雨花台畔，东与秦淮区、江宁区接壤，南与江宁区毗邻，西隔长江与浦口区相望，北与秦淮区、建邺区相邻。雨花台区区名源于雨花台，雨花台系二三百万年前古长江及其支流古秦淮河的堆积物所形成，相传梁代高僧云光法师在此设坛讲经，感泣天神，落花如雨，故名雨花台。该区地理坐标为北纬31°53′50″~32°05′40″，东经118°36′00″~118°52′30″。全区面积132.39平方千米，户籍人口25.83万，其中2851人少数民族人口。

雨花台区是南京主城东进南延的重要发展区域，区内交通便捷，距离南京市中心新街口3公里，距长江新生圩港18公里，距离南京禄口国际机场20公里，是南京进出空港的必经之路。境内有黄金水道——长江和5条通江河道，宁合、宁芜、宁溧、宁丹、宁马、沪宁、绕城、绕越、机场高速路等20多条城市道路和公路穿区而过，京沪高速铁路、宁芜铁路贯穿全境。赛虹桥立交、长江三桥、南京地铁总站以及高铁南京南站等重要交通枢纽均位于该区，形成快速便捷的内部路网，成为南京连接江南与江北、主城与郊区的重要交通门户，辐射皖南、皖北、苏南、苏北、浙北的重要窗口和连接华东、华中、华南、华北的重要交通枢纽。

中国(南京)软件谷位于南京主城的西南部，整体隶属于雨花台区范围，城市设计分为东、西两个片区。东片区规划范围：东至卡子门大街、绕城公路、花神大道，南至秦淮新河、雨花台区行政边界，西至凤台南路、宁芜公路，北至纬八路；西片区规划范围：西、北至长江、秦淮新河，南至三山矶路，东至板桥大道、宁芜路、管道路、梅苑南路一线。产业规划“北园(软件大道两侧区域)、南园(铁心桥地区)和西园(雨花经济开发区)”三大功能板块。规划总面积约74.5平方公里，是南京市“一谷两园”软件产业集聚区核心区。雨花台区和中国(南京)软件谷实行区谷联动、一体运作、以区为主的运作模式。

【地质地貌】 雨花台区地处长江下游，地势东南高，西北低。属丘陵平原地区，境内有山、有水、有圩、有洲。地形可分为平原圩区、黄土高岗和低山丘陵三种地貌形态。

平原圩区。宁芜铁路以西，是广阔的平原，地面高程为5~9米，由长江、秦淮河冲积而成，分为长江圩区和秦淮河圩区。长江圩区包括板桥、西善桥等街道部分地段，由长江泥沙冲击而成的河漫滩地逐渐发育形成平坦的冲积平原。秦淮河圩区是平原。

低山丘陵。主要分布在东南部铁心桥、西善桥、板桥等街道一带，高程60~240米，以韩府山、将军山、虎头山、岱山、罐子山为主体，由于地势较陡，风化层较薄，是成片林木出产基地。素有“春游登牛首”美名的旅游胜地牛首山，坐落在辖区南部境界线上，主峰海拔242.8米，是南京市第三高峰。

黄土高岗。在平原与丘陵之间是一片岗地，由长江冲积平原随着地面三次抬升而形成一级比一级高的三级阶地。由于长期受水流冲刷被切割成零星分布的垄岗高丘。最高砂砾石岗地，分布在雨花、铁心桥、西善桥、板桥等街道部分地段，分布面积占全区总面积20.9%，顶部高程50~60米，蕴藏名闻遐迩的雨花石。

1985年和2011年，江苏省地质矿产局和南京市规划局先后2次明确雨花台砂砾石层自然保护区为全市唯一自然保护区。

【自然资源】 雨花台区位于南京南部主要绿色走廊之上，境内牛首山、将军山、韩府山自然植被保存完好。山丘植被被松、竹、茶、果、药材覆盖。2015年，全区森林覆盖率、林木覆盖率分别达26.5%、29.9%。

土壤资源。雨花台区行政区域总面积13238.84公顷，其中耕地面积1323.29公顷、园地面积435.54公顷、林地面积1212.01公顷、草地面积72.43公顷、城镇村及工矿用地7041.51公顷、交通运输用地1380.45公顷、水域及水利设施用地1671.71公顷、其他土地101.9公顷。按权属性质分国有土地面积8161.74公顷、集体土地5077.1公顷。

森林资源。主要分布在铁心桥街道韩府山、将军山、牛首山为主体的省级南郊森林公园和绕城公路、205国道、宁马公路、机场路、宁芜铁路两侧，树种主要以松、杉、柏、意杨、垂柳、杂阔等为主；近年着力打造铁心桥韩府山、将军山主题山头，大量栽种栾树、马褂木、香樟、紫叶李、广玉兰、红玉兰、枫香、女贞等树种。2015年，全区新增绿化成片造林46.06公顷。

矿产资源。区境东南为丘陵地区，东南山丘平均海拔25米，最高山岭183米(牛首山除外)。丘陵山区产片石、卵石、砂石、陶土和雨花石；铁矿资源较为丰富，境内梅山矿业公司是国内重点黑色金属矿山企业之一，梅山铁矿具有矿体集中、储藏量大、品位较高、易于开采等优势，具备年采选400万吨综合生产能力，储量可开采40年。

水资源。雨花台区境内2条水系流域范围内有主要骨干河道8条。其中，大江大河干流1条，即长江南京河段干流；大江大河分洪河道1条，即秦淮河干流的秦淮新河；通江、通秦淮河、秦淮新河河道6条，即板桥河、江宁河、工农河、南河、南南河、农花河。区域内有街道级河沟49条，全区水域面积941.03公顷。

旅游资源。雨花台区历史遗存众多，文化底蕴深厚，在古金陵48景中独占10景。有全国重点文物保护单位、全国爱国主义教育示范基地、国家首批AAAA级旅游景区——雨花台风景区，全国科普教育基地、国家AAAA级旅游景区——南京科技馆，宋代牛首山大捷古战场、国家AAA级风景区——将军山风景区，全国重点文物保护单位——浡泥国王墓，佛教名刹龙泉寺、天隆寺，另有菊花台风景区以及近年相继建成开放的板桥生态园、莲花湖体育公园、大石湖生态旅游度假区、三桥湿地公园等特色风景名胜20多处。

【气　候】 2015年，全年平均气温为15.8℃-6.9℃，年高温日数12天，极端最高气温为37.7℃，极端最低气温为-7.1℃；年降水量为1348.4毫米-1765.6毫米，年降水日数为116-150天，年日照总时数为1689.7小时-2061.9小时。全年降水量偏多，2月下旬出现连续阴雨雪天气，基本无有效日照，4月4-7日出现较强降水，较常年同期异常偏多1~3倍，11月11-24日，出现长达13天连续阴雨天气。6月24日入梅，7月13日出梅，梅雨量为174.0毫米-446.2毫米。入梅和出梅时间略偏晚，梅雨期正常略短。最高气温达到或超过35℃的高温天气日数为6-12天，较常年偏少3.4~8.5天。全年有3个台风对造成风雨影响，和常年持平，暴雨造成部分地区短暂受淹，对旱地农作物以及一些观赏农业有明显影响。1月28日夜里到29日白天，普降大到暴雪，积雪深度为3.7厘米-11厘米。强对流天气多发，其中3月17日出现初雷，4月28日出现大范围冰雹天气，受冷暖空气共同影响少量车辆被砸受损，部分树木刮倒。全年霾日227天，同比减少8天。

【建置沿革】 距今5000年前，雨花台区域便有居民生息繁衍，散布着原始聚落。春秋时属吴国，周元王四年（公元前472年），越王勾践灭吴后命范蠡在古长干里筑城，称越城。周显王三十六年（公元前333年），楚战败越国，属楚国金陵邑。秦代属秣陵县。汉代属丹阳郡秣陵县。三国东吴时，属建业。东晋及南朝宋、齐、梁、陈属秣陵和江宁县。隋朝属江宁县。唐属江宁（上元）县。从五代十国时期的杨吴、南唐至民国初年属江宁县。清代，辖区内设置乡、镇。民国元年（1912年），废上元、江宁县，属南京府。同年12月16日，复置江宁县。民国5年（1916年），江宁全县改划7市、9乡，今雨花台区区境在江宁市、凤台乡、江东乡等市和乡地域。民国16年（1927年），国民政府在南京建特别市后，始有区的建置。民国24年（1935年），燕子矶、孝陵卫、上新河等3个乡并入，南以铁心桥、西善桥、大胜关一线与江宁县为邻。民国34年（1945年）秋，在孝陵卫至上新河以东地区安德门一带设置南京市第十一区，上新河一带设南京市第十二区。民国38年（1949年）1月，将江心洲从第十二区划出，建南京市第十五区。

1949年4月23日，南京解放。以旧十一、十二区和旧十区之牌楼乡以及从江宁县划入的1镇、5乡，组成辖区基本范围，1955年8月成立雨花台区。1958年10月，撤销雨花台区，改并为南京市郊区。1963年4月分建雨花区（不久改称雨花台区）和江东区。1965年5月，江东区、雨花台区全部和中山陵园部分调整合并为雨花台区。1983年实行政社分开，重建各乡，雨花台区设5镇、9乡（雨花镇、七里镇、板桥镇、西善桥镇、上新河镇，石门坎乡、红花乡、雨花乡、江东乡、沙洲乡、西善桥乡、铁心桥乡、双闸乡、江心洲乡）。1984年2月，按《南京市城市总体规划》调整区界，区内通济门居委会、桥北生产队划归白下区；七里街、扇骨营2个居委会划归秦淮区；江东乡凤凰二队、三队、跃进生产队及上新河镇凤凰西街、茶亭等2个居委会划归建邺区。1988年12月，以共青团路一至五村范围建立全区第一个街道级雨花新村办事处。1992年，撤销铁心桥乡、双闸乡，分别以原辖区域建立铁心桥镇、双闸镇，实行镇管村机制，境内原属雨花镇、上新河镇管辖的居民委员会分别划归2镇管理；撤销七里镇，将原七里镇响水桥、双桥门、红花村、双桥新村、土城头和武定一至三村等8个居委会划归红花乡，海福巷一、二居委会和石门坎居委会等划归石门坎乡；撤销红花乡、石门坎乡，分别以其新辖区域建立红花镇、石门坎镇，实行镇管村机制；撤销雨花台乡，将其原辖区域并入雨花镇，镇政府驻雨花西路117号，将雨花镇管辖的牛首山、铁心桥居委会划归铁心桥镇管辖，云台山、凤凰山等居委会划归雨花新村街道办事处管辖；撤销西善桥乡，将其原辖区域并入西善桥镇，镇政府驻宁芜路芮村，原西善桥镇管辖的沙洲乡居委会划归沙洲乡管理；撤销上新河镇和江东乡，将其原辖区域合并建立江东镇，镇政府驻江东门北街27号，原管辖的双闸乡、江心洲乡居委会分别划归双闸镇和江心洲乡管理。2000年10月16日,成立工业集中区(2006年更名为南京雨花经济开发区)。2002年10月,南京市区划调整,雨花台区原江心洲镇、沙洲街道和双闸街道秦淮新河以北地区划入建邺区,全区设有宁南、板桥、铁心桥、西善桥、赛虹桥、雨花新村和梅山等7个街道,下设21个村委会、39个居委会。2003年3月19日,雨花台区进行部分调整,原板桥街道落星村、近华村,原西善桥街道吴村、四圩村、西寇村、天后村等划归工业集中区管辖,该区域面积26.69平方千米。2008年8月,组建成立板桥新城。2012年6月,雨花新村、宁南、赛虹桥等3个街道完成整合撤并(含行政和管辖区域):撤销雨花新村街道办事处,将雨花南路以南原雨花新村街道辖区(含邓府山居委会)和原宁南街道位于雨花南路与花神大道交会处西南侧望江矶3栋居民楼划入赛虹桥街道,将雨花南路以北原雨花新村街道辖区(含普德村、共青团路、能仁里、雨花台、凤凰山、云台山、吉山、青龙山等8个居委会)划入宁南街道,调整后的宁南街道更名雨花街道。

【行政区划】 至2015年末,雨花台区辖雨花、赛虹桥、铁心桥、板桥、西善桥、梅山等6个街道办事处和雨花经济开发区、板桥新城等2个管委会;有57个社区。区政府设在雨花街道地界内。

雨花台区和中国(南京)软件谷实行区谷联动、一体运作、以区为主的运作模式,中国(南京)软件谷管委会为南京市委、市政府派出机构,驻软件大道186号。

【人口民族】 至年末,雨花台区户籍人口258270人,其中男性132329人、女性125941人,男女性别比105.07:100。全年新生人口2968人,人口出生率11.64‰;死亡人口1438人,死亡率5.62‰;自然增长人口1530人,增长率6.02‰;全区常住人口42.69万,比上年增长1.8%。全区有回族、满族、蒙古族等24个常住少数民族人口计2851人。

2015年雨花台区行政区划表

表1

街　道	面积(平方千米)	人口(个)	社区(个)
合计	132.39	258270	57
雨花街道(花神大道3号)	12.06	72043	15个:康盛社区、翠竹园社区、翠岛花城社区、农花社区、丁墙社区、花神庙社区、雨花社区、共青团路社区、普德村社区、能仁里社区、雨花台社区、凤凰山社区、吉山社区、云台山社区、青龙山社区
赛虹桥街道(应天大街689号)	7.31	47210	8个:赛虹桥社区、长虹路社区、玻纤院社区、小行社区、菊花里社区、安德门社区、龙福社区、邓府山社区
铁心桥街道(铁心桥大街28号)	27.71	36333	9个:景明佳园社区、春江社区、铁心社区、尹西社区、定坊社区、高家库村社区、马家店社区、翠岭银河社区,新河社区
板桥街道(振兴路59号)	30.51	20740	7个:板桥社区、绿洲社区、建通社区、孙家社区、三山社区、永安社区、新建社区
西善桥街道(西善桥北路68号)	17.42	17847	5个:西善桥社区、油坊社区、古遗井社区、福润社区、西善花苑社区

续表

街　道	面积（平方千米）	人口（个）	社区（个）
梅山街道（梅山生活区 42 幢旁）	-	29328	5 个:中兴路社区、上怡新村社区、梅清苑社区、梅岭社区、梅欣社区
开发区（龙飞路 16 号）	26.69	17658	4 个:近华社区、天保社区、西寇社区、天后社区
板桥新城（宁谷路 1 号）	11.07	17084	4 个:柿子树社区、古雄社区、大方社区、新林社区

注:表中人口不含流动人口,面积不含河湖面积。梅山街道土地面积含在板桥街道、西善桥街道土地面积中

经济社会发展

【经济发展】 全年实现地区生产总值 406.58 亿元，增长 18%；公共财政预算收入 61.29 亿元，增长 12%；全社会固定资产投资 260.52 亿元，其中房地产投资 133.89 亿元；社会消费品零售总额 335.5 亿元，增长 13%；实际利用外资 1.71 亿美元，外贸出口总额 19.13 亿美元。

100 个区人代会重点项目累计完成投资 187.3 亿元。其中，推进 13 个市重大项目建设，润和国际研发基地二期等项目建成入驻，华为软件基地二期开工。引进京东智丰信息技术等重点项目 37 个，计划总投资 230 亿元。实施创新驱动战略，投入科技研发经费 14 亿元，同比增长 15%；实现高新技术产业销售收入 1670 亿元。累计引进领军型科技创业人才 253 人，新增高技能人才 656 人；建成众创平台 18 个，“创业家”“36 氪”等知名众创空间入驻楚翘城。雨花台区入选江苏省众创集聚区试点单位，紫金（雨花）科创特区获批省级创业示范基地。

实现软件和信息服务业收入 1650.49 亿元，增长 24.06%。新增涉软企业 139 家，总数 774 家；新增软件产业建筑面积 62.69 万平方米，总量605.41 万平方米；新增涉软从业人员 3 万人，总数 17.8 万人。新增商务商贸项目 24 个、设施面积 83 万平方米。推进南京南站高端商务商贸区证大喜马拉雅中心、绿地之窗等项目建设，楚翘城、新润泰市场一期建成运营。实施梅山片区工业布局调整，关停并转工业企业 15 家，万元工业增加值能耗下降 7%。生物医药产业销售收入 75 亿元，文化产业销售收入 100 亿元。

中国（南京）软件谷累计集聚世界 500 强和世界软件 500 强企业 9 家、中国软件百强企业 19 家。润和软件、诚迈科技等骨干企业快速发展，铱迅技术、泰通科技等挂牌上市。引进亚信科技、歌尔声学等重大产业项目 28 个，签约项目计划总投资 146 亿元。南京软件谷发展有限公司注册成立，参股控股公司 28 家，建成创业创新城等一批项目，三星、亿嘉和等 75 家知名软件企业入驻楚翘城，大数据产业基地签约企业超 100 家，明发科创城项目主体封顶。北大南京创新研究院等重点平台创成国家级博士后科研工作站。开展中国（南京）软件谷人才月、科技创新公开课（TIC）等活动 60 余场。获批全国产业集群区域品牌建设试点地区、江苏

省首批大数据特色产业园，被评为南京市高标准建设中国软件名城先进单位。

【区域环境】 推进"两桥"(铁心桥—西善桥)片区控详规划修编，完成"两桥"片区拆迁50.4万平方米。其中，龙翔核心区近30万平方米拆迁基本完成，龙翔大道西段完成路基建设，马家店安置房桩基进场，机场二通道北段具备施工条件。新增融资授信40亿元，以PPP模式(Public—Private—Partnership的字母缩写，又称为公私合营模式)成功运作机场二通道地面段项目。

开展《雨花台区近期建设规划》《板桥新城总体规划修编》等28个专项规划编制，实现城市建设规划全覆盖。启动48宗低效用地再开发，连续获评江苏省国土资源节约集约利用模范区。完成安德门大街改造拓宽工程，三山矶路以及铁路跨线桥建成通车，中兴路北延及跨秦淮新河大桥等项目加快建设。完成"智慧雨花"18个信息化基础项目建设。开展"生态雨花"建设，建成6个绿地游园，完成植树造林46.07公顷，全区林木覆盖率30%。完善区街联动、重心下移的城管执法体系，实施环境综合整治，南京南站地区城市治理考核连续三年保持全市窗口组第一。

【社会事业】 实施五项民生事业改革发展提升工程，城镇(44485.7元)、农村居民(20783.4元)人均可支配收入分别增长8.4%和10.1%，新增城镇就业1.16万人。完成8大类、34个为民办实事项目，安装新能源汽车充电桩760个，建成公共自行车站点84个，竣工保障房62.9万平方米，启动二次供水改造三年计划。区实验小学善水湾分校、雨花外国语小学花神庙分校建成投入使用，省市优质幼儿园比例85%，获批江苏省学前教育改革发展示范区和全国首批校园足球试点区。试点实施省卫计委"三个一"工程(每个家庭拥有一名合格家庭医生，每个居民拥有一份动态管理的电子健康档案和一张服务功能完善的居民健康卡)，雨花医院板桥新城院区开诊运行。启动雨花文化标志工程，开展第三届群众文化展演月等文体活动，创建省级公共体育服务体系示范区。全区登记类社会组织772家。建设14个精品社区，实现社区型基金全覆盖，城市和谐社区建设达标率99%，社区治理模式经验在全国民生工作会议上交流和推广。

【新润泰市场一期建成运营】 2015年，润泰市场建成运营，该项目为市政府规划重点建设项目——板桥市场群内首家建成入驻企业，商户签约入驻率超90%，经营门类包括机电五金、PVC管材、日用杂品、百货、油漆、陶瓷、灯具、地板、窗帘布艺等。

2012年，润泰市场被列入市委、市政府"363"计划重点项目——越城天地改造项目征收范围。2013年年底，润泰市场由秦淮区整体搬迁到雨花台区板桥原明发滨江原料城内过渡经营，同时启动新润泰市场重建，建设主体为南京润泰市场所属的商旅润粮投资有限公司，由南京沧溪建设工程有限公司总承包施工。新润泰市场总占地面积122262.42平方米，规划用地性质为商办混合用地。新市场为产权式综合性商业市场，包括集中式商业市场、街区式商业市场、办公、公寓等业态。新市场工程项目实行"一次规划，二期建设"。一期工程于2014年1月14日启动渣土外运，5月12日启动项目桩基工程，6月16日举行奠基仪式，10月4日开始基础开挖，2015年2月10日项目主体结构工程封顶，11 月 18 日，举行新润泰市场开业庆典仪式。建筑总面积 17 万平方米，总投资近 10 亿元，共 4 层，局部 5 层，共有 1733 个商铺。二期工程于 2015 年 6 月 20 日启动渣土工程外运，同时启动 12 幢近 6000 平方米的临时建筑的搭建。

南京大数据产业基地 (软件谷 供稿)

【楚翘城投入运营】 8 月 8 日，产业综合体楚翘城投入运营，该项目位于安德门大街 57 号，占地 5.13 公顷，总投资 10 亿元，建筑面积 17.6 万平方米，其中地上建筑面积 13.3 万平方米，地下建筑面积 4.3 万平方米，整体建筑由 4 座 12 层约 9.3 万平方米的写字楼，1 座 12 层约 1 万平方米的酒店及会议中心，以及 4~5 层约 2 万平方米的商业楼构成的产业综合体，其中地下一层为停车场，配有 1400 个停车位。楚翘城为中国（南京）软件谷商业配套项目，定位于为中国（南京）软件谷内 IT 人员、企业及周边居民提供餐饮、休闲、娱乐及商务会务等服务的产业综合体，不设置百货购物的商业零售模式。商业区域进驻 30 余家餐饮、超市、影院等；写字楼部分打造“江苏创业大街”，设立创业项目路演中心、众创空间、创业会客厅、创业咖啡等孵化平台，入驻创业家、36 氪、深创投、创客街、腾讯 O2O 研究院等 6 家孵化机构和 75 家软件企业。

【“定坊警务”微信公众号上线】 9 月 13 日，全市首个社区警务微信公众号“定坊警务”上线。“定坊警务”由南京市公安局雨花台分局和铁心桥街道定坊社区共同打造，整合公安、社区、物业等多家单位力量，设置公安模块“平安定坊”、社区模块“和谐社区”及互动模块“金点子奖”3 个一级菜单，接受社区居民非紧急的求助、报警事项，承诺 5 个工作日内反馈居民发送的诉求。

组织机构及负责人

·雨花台区·

区 委

书　记：张一新

副书记：李世峰

　　　　杨　明

常　委：李邦全

　　　　谢　山（女）

　　　　钱　维（女）

艾长青
谢祖国
倪兴龙
袁传军
蒋　冰
杨昌生
金　宏

区人大常委会

主　任：戎保忠(1月10日辞)
　　　　杨　明(1月10日任)
副主任：迟延安
　　　　郭幼佩
　　　　张　虎
　　　　赵明顺
委　员：王伟忠
　　　　王瑞军
　　　　王燕琴(女)
　　　　孔　建
　　　　艾宝祥
　　　　吴金涛
　　　　季昌锁
　　　　周远平
　　　　周春燕(女)
　　　　赵　冉(女)
　　　　俞　蓉(女)
　　　　袁利萍(女)
　　　　徐美如(女)
　　　　徐家保
　　　　郭　伟
　　　　章历明
　　　　葛建国
　　　　董　亮
　　　　程建平
　　　　褚堂琴(女)
　　　　魏宝林

区政府

区　长：李世峰
副区长：钱　维(女)
　　　　艾长青
　　　　倪兴龙
　　　　薛国安
　　　　汪东明
　　　　余　清(女)
　　　　凌向前
　　　　江　磊

区政协

主　席：黄唯佳(女)
副主席：何宗春(4月15日免)
　　　　陆景文(1月9日任)
　　　　于志珍(女)
　　　　孙晓燕(女,6月10日免)
　　　　杨广平
　　　　顾晓春
秘书长：钱　军

区纪委

书　记：谢祖国
副书记：黄伟国
　　　　顾华春
常　委：徐秋霞(女)
　　　　张良云
　　　　任伯亭
　　　　孙　跃

区纪委内设机构

办公室(9月7日加挂“宣传教育室”牌子)

主　任:张　骞

纪检监察干部管理监督室(9月7日设立)

主　任:田月华(9月30日任)

党风政风监督室(挂“区政府纠正行业不正之风办公室”牌子,不再保留“区行政效能投诉中心”牌子、“区纪委(区监察局)效能监察室”牌子)

主　任:孙　跃(9月24日任)

信访室(不再保留“区行政监察举报中心”牌子)

主　任:唐长泉

纪检监察一室(9月7日设立)

主　任:任伯亭(9月24日任)

纪检监察二室(9月7日设立)

主　任:凌　胜(10月8日任)

案件审理室

主　任:储世荣

执法监察室(9月7日撤销)

主　任:张良云(1月30日免)

党风廉政建设室(9月7日撤销)

主　任:孙　跃(9月30日免)

纪检监察室(9月7日撤销)

主　任:任伯亭(9月30日免)

宣传教育室(9月7日撤销)

主　任:田月华(9月30日免)

纠风室 (区政府纠正行业不正之风办公室,加挂区行政效能投诉中心、区纪委(区监察局)效能监察室牌子)(9月7日撤销)

主　任:郜叶红(女)(9月30日免)

第一纪检监察工作室

主　任:张良云(1月30日任)

副主任:管　艳(女)

第二纪检监察工作室

主　任:刘继忠

副主任:杨春新

第三纪检监察工作室

主　任:徐秋霞(女)

副主任:郑　强

第四纪检监察工作室

主　任:王兆强

副主任:李　平

监察局(与区纪律检查委员会合署)

局　长:黄伟国

副局长:张良云(2015年4月免)

　　　　郜叶红(女)

区委工作机构及直属单位

办公室

主　任:张亚军

副主任:邵军芳(女)

　　　　翟红军(1月外挂)

　　　　郑诗宁

政策研究室

主　任：暂缺

机要局(保密局)

局　长：邵军芳(女)

社会建设工作委员会

主　任：暂缺

副主任：庄兴海

信访局

局　长：郭治宇

副局长：许绍习

　　　　陈　萍(女)

督查专员：许绍习

组织部

部　长：袁传军

副部长：俞　蓉(女)

人才办公室(在区委组织部挂牌)

主　任：夏　风

副主任：李　云

组织员办公室

主　任：葛宗超

党代表联络办公室

主　任：俞　蓉(女,兼)

老干部局

局　长：李　南

副局长：陈　新

宣传部

部　长：谢　山(女)

副部长：许　慎

　　　　沈晓莺(女)

精神文明建设指导委员会办公室

主　任：暂缺

副主任：魏福春

互联网信息办公室

主　任：沈晓莺(女,兼)

副主任：空

统一战线工作部

部　长：蒋　冰

副部长：吴文根

　　　　张福喜

　　　　黄子权

民族宗教事务局(与统战部合署)

局　长：黄子权

台湾事务(侨务)工作办公室

主　任：张福喜

副主任：陈维炜(女)

工商业联合会

会　长：孙晓燕(女,兼,3月18日免)

　　　　陆景文(3月18日任)

副会长：孟　煜(女)

　　　　章万富

政法委员会

书　记：李邦全

副书记：陈明贵

　　　　程　康

社会治安管理综合治理委员会办公室

主　任：陈明贵

副主任：蔡亚锋（女，1 月 30 日免）

　　　　石　磊

国家安全领导小组办公室

主　任：周巧俊

副主任：胡顺喜

　　　　孙　伟（挂职）

机构编制委员会办公室

主　任：王德伟

机关工委

书　记：蒋　红（女）

副书记：肖　彬

纪工委书记：蒋　红（女）

党　校

校　长：杨　明（兼）

副校长：陈明太

群众团体

总工会

主　席：郭幼佩（兼）

副主席：程顺友

　　　　李来娣（女）

　　　　庄　捷（女）

团区委

书　记：刘　佳

副书记：赵　冉（女）

妇女联合会

主　席：李　茜（女）

副主席：林晓慧（女）

　　　　张　晔（女）

红十字会

会　长：孙红霞（女）

区政府工作机构及直属单位

办公室

主　任：周洪涛（1 月 30 日任）

副主任：翟高峰

　　　　陈志康

　　　　朱盘江

　　　　孙忠南

　　　　褚堂桂

　　　　陶龙波

　　　　张晓慧（女）

　　　　勾宏展

政务服务中心

主　任：翟高峰

副主任：暂缺

外事办公室

主　任：朱盘江（兼）

法制办公室

主　任：陈志康（兼）

副主任：刘　东

行政管理中心

主　任：孙忠南（兼）

发展和改革局

局　长：王永进

副局长：乔兰俊

尹湘麟

武永杰

蔡一菁（女）

党工委书记：王纯阳

党工委副书记：王永进

纪工委书记：王纯阳

经济和信息化办公室

主　任：王永进

金融发展办公室（在区发展和改革局挂牌）

副主任：暂缺

住房和建设局

局　长：赵道韦华

副局长：施晓明

杨　勇

管　平

党工委书记：鲍　黎（女，1 月 30 日任）

党工委副书记：赵道韦华

鲍　黎（女，1 月 30 日免）

纪工委书记：鲍　黎（女）

科学技术局

局　长：程道伟

副局长：黄　蓓（女）

俞巍蔚（女）

戴国强

党工委书记：缪文新

党工委副书记：程道伟

纪工委书记：缪文新

知识产权局

局　长：程道伟

科学技术协会

主　席：黄　蓓（女）

教育局

局　长：刘善海

副局长：盛云生

盛红霞（女）

党工委书记：穆耕森

党工委副书记：刘善海

纪工委书记：穆耕森

教育督导室

主　任：暂缺

民政局

局　长：宋海红（女）

副局长：陈宝华（女，1 月 30 日免）

杨　彬

党工委书记：暂缺

党工委副书记：宋海红（女）

纪工委书记：陈宝华（女，1 月 30 日免）

司法局

局　长：黄海泉

副局长：崔　臻

任金忠

财政局

局　长：贾乐实

副局长：纪博生

　　　　汤有国

　　　　项　前（女）

国有资产监督管理委员会办公室

主　任：纪博生

副主任：暂缺

人力资源和社会保障局

局　长：梁　汶（女）

副局长：蒋朝晖（1月30日免）

　　　　马俊生

　　　　朱震龙

党工委书记：蒋朝晖（1月30日任）

党工委副书记：梁　汶（女）

纪工委书记：蒋朝辉（1月30日任）

公务员局（在区人力资源和社会保障局挂牌）

局　长：蒋朝晖（1月30日免）

审计局

局　长：杨　凌（女）

副局长：丁伯龙

　　　　高金华

统计局

局　长：周洪涛（1月30日免）

　　　　张　波（1月30日任）

副局长：白　静（女）

　　　　董天荣（女）

物价局

局　长：尹　宏（1月30日免）

　　　　龚红旗（1月30日任）

副局长：杨和春

　　　　曹冬梅（女）

　　　　刘德政

安全生产监督管理局

局　长：李家祥

副局长：陈海淞

　　　　马翠平

环境保护局

局　长：吴昌发

副局长：朱永俊

　　　　马志伟（女）

城市管理局

局　长：王　强

副局长：戴稳喜（1月30日免）

　　　　刘　军（女）

　　　　王　钢

　　　　王惠强

党工委书记：暂缺

党工委副书记：王　强

纪工委书记：暂缺

城市管理行政执法局（在区城市管理局挂牌）

局　长：王　强

副局长：戴稳喜（1月30日免）

　　　　刘　军（女）

　　　　王　钢

　　　　王惠强

城市管理行政执法大队
大队长：王惠强

交通运输局
局　长：衡长华
副局长：刘章松(1月30日免)
党工委书记：沈　强
党工委副书记：衡长华
纪工委书记：沈　强

农业局
局　长：花如心
副局长：赵章进
　　　李正福
　　　耿殿元
　　　陈　兰(女,1月30日免)

区委农村工作委员会(与区农业局合署)
主　任：马丽敏(女,1月30日任)
副主任：陈兰(女,1月30日免)

农村集体资产管理办公室
主　任：花如心

水利局
局　长：顾晓春
副局长：许乐芬(女)
　　　娄　杰
　　　梅　军

防汛抗旱指挥部办公室
主　任：顾晓春

商务局
局　长：陈正儒
副局长：陶　文
　　　李古财
　　　宋玉会(女)
　　　韩秋林
党工委书记：张剑飞
党工委副书记：陈正儒
纪工委书记：张剑飞

投资促进局(在区商务局挂牌)
局　长：陈正儒

文化局
局　长：朱天燕(女)
副局长：孙　辰
　　　邵美玲(女,1月30日免)
　　　丁文隽(女)
　　　石明舟
　　　陈　兰(女,1月30日任)
党工委书记：徐建平
党工委副书记：朱天燕(女)
纪工委书记：徐建平

旅游局(在区文化局挂牌)
局　长：朱天燕(女)

卫生局
局　长：褚堂琴(女)
副局长：朱家翔
　　　刘文江
　　　张婉如(女)
　　　蒋宁卫
党工委书记：暂缺

党工委副书记：褚堂琴(女)
纪工委书记：暂缺

爱国卫生委员会办公室

主　任：暂缺

市场监督管理局

局　长：张心坚(1月30日任)
副局长：陈　忠(1月30日任)
　　　　裘　骏(1月30日任)
　　　　周慧芬(女,1月30日任)
　　　　沈建新(1月30日任)
　　　　张宋祥(1月30日任)
　　　　杨玉倩(女,1月30日任)
　　　　曹　钟(1月30日任)
　　　　陆伟栋(1月30日任)
党工委书记：王　庆(1月30日任)
党工委副书记：张心坚(1月30日任)
纪工委书记：王　庆(1月30日任)

人口和计划生育局

局　长：黄春平(女)
副局长：安彦霞(女)
　　　　谢声萍(女)

人民防空办公室

主　任：李　明
副主任：王国成
　　　　储　正
　　　　李建华

残疾人联合会

理事长：尹　宏(1月30日任)
副理事长：徐明桂

体育局

局　长：刘光琴(女)
副局长：潘建达

档案局

局　长：林文辉
副局长：胡建忠(兼)
　　　　过大江
　　　　张　镭(女)

档案馆

馆　长：林文辉

区委党史工作办公室

主　任：暂缺

地方志编纂委员会办公室

主　任：胡建忠

征收拆迁安置办公室

主　任：王瑞荣
副主任：陈礼正
　　　　薛　伟

区人大机关

办公室

主　任：徐美如(女)
副主任：张　伟
　　　　张晓东

财政经济工委

主　任：章历明
副主任：王　强

内务司法工委

主　任：徐家保

人事代表联络工委

主　任：袁利萍(女)

副主任：施怀强

科教文卫工委

主　任：丁以昌

城建环保工委

主　任：程建平

区政协机关

办公室

主　任：钱　军

副主任：姜　宁

　　　　黄　玲(女)

提案委员会

主　任：林志良

经济科技委员会

主　任：季昌锁

人口资源环境和城市建设委员会

主　任：陈天寿

教卫文体和学习文史委员会

主　任：暂缺

社会法制和民族宗教委员会

主　任：贾　静

委员工作委员会

主　任：郑荣英(女)

法　院

院　长：陈苏宁

副院长：金　晖

　　　　韩　芳(女)

　　　　祝　怡

　　　　王太高(4 月 14 日任，挂职)

　　　　纪检组组长：史　军

政治处主任：暂缺

专　委：暂缺

软件谷(知识产权)法庭庭长：费月华(女)

执行局局长：陈　晨

党组书记：陈苏宁

党组副书记：金　晖

检察院

检察长：张宁生

副检察长：顾晓宁

　　　　　张　峰

　　　　　何立超(女)

纪检组长：吴晓玉

专　委：吕齐斌

　　　　张明权

反贪污贿赂局

局　长：吕齐斌

街道(园区)

雨花街道

党工委书记：杨宝龙

党工委副书记：汪丹彦(女)

　　　　　　　董　亮

刘建功
马丽敏(女,1月30日免)
蔡亚锋(女,1月30日任)
纪工委书记:马丽敏(女,1月30日免)
蔡亚锋(女,1月30日任)
办事处主任:汪丹彦(女)
办事处副主任:刘建功
臧忠仁
樊　勇(治安)
王　建
王喜洲
尹申海
董　红(女,1月30日任)
人大工委主任:董　亮
人大工委副主任:黄景华(女)
政协工委主任:汪丹彦(女)
人武部部长:李帮建
副处级统战干事:李帮建

赛虹桥街道

党工委书记:宋玉强
党工委副书记:徐　立
欧仁谷
邵美玲(女,1月30日任)
纪工委书记:邵美玲(女,1月30日任)
办事处主任:徐　立
办事处副主任:欧仁谷
董善龙
蒋顺录
杨　浩
姚礼明(治安)
孙向东(1月30日任)
人大工委主任:杨荣海
人大工委副主任:暂缺
政协工委主任:徐　立
人武部部长:杨　浩
副处级统战干事:昝明霞(女)

铁心桥街道

党工委书记:房传安
党工委副书记:张海毅
朱汉奎
钱扬才(9月24日免)
魏　平(1月30日免)
夏玉祥(1月30日任)
纪工委书记:魏　平(1月30日免)
夏玉祥(1月30日任)
办事处主任:张海毅
办事处副主任:朱汉奎
钱扬才(9月24日免)
夏玉祥(1月30日免)
王庆华
施兴宝(治安)
王孝春
蒋　进(1月30日任)
人大工委主任:邓宁成
人大工委副主任:艾宝祥
政协工委主任:张海毅
人武部部长:艾宝祥
副处级统战干事:艾宝祥

板桥街道

党工委书记:杨　洋
党工委副书记:陈志新
赵　勇
俞建宁
纪工委书记:俞建宁
办事处主任:陈志新

办事处副主任：赵　勇
崔　伟(治安)
梁　震
贲存保(1月30日任)
刘吉清(1月30日任)
张思军
人大工委主任：欧宝华
人大工委副主任：暂缺
政协工委主任：陈志新
人武部部长：倪海啸
副处级统战干事：倪海啸

西善桥街道

党工委书记：王金玉
党工委副书记：朱向东
陈　涯
纪工委书记：陈　涯
办事处主任：朱向东
办事处副主任：邵春宝
刘　涛(女)
汪国勇(治安)
许发俊(1月30日任)
赵守阳(1月30日任)
人大工委主任：杨德生
人大工委副主任：暂缺
政协工委主任：朱向东
人武部部长：陈　涯
副处级统战干事：刘　涛(女)

梅山街道

党工委书记：施冬咏(女)
党工委副书记：孙雁飞(9月24日免)
钱扬才(9月24日任)
伍葵阳
骆付勇
纪工委书记：骆付勇
办事处主任：孙雁飞(9月24日免)
钱扬才(9月24日任)
办事处副主任：伍葵阳
徐　焱(女)
任晨慧(女)
王化平(治安，1月30日免)
李　军(治安，1月30日任)
人大工委主任：郝明英(女)
人大工委副主任：暂缺
政协工委主任：孙雁飞(9月24日免)
钱扬才(9月24日任)
人武部部长：周志明
副处级统战干事：任晨慧(女)

雨花经济开发区

党工委书记：黄　进
党工委副书记：娄　伟
陆苏燕
刘晓燕(女)
纪工委书记：刘晓燕(女)
管委会主任：娄　伟
管委会副主任：陆苏燕
范春生
王　鹏
熊康杰
傅传贵
杨世保(治安)
人大工委主任：唐明珠(女)
政协工委主任：娄　伟
副处级统战干事：范春生

板桥新城

党工委书记:孙　凯

副书记:李　睿

　　　戴　俊(女)

　　　杨春霞(女)

纪工委书记:杨春霞(女)

管委会主任:李　睿

管委会副主任:戴　俊(女)

　　　　　顾春晖

　　　　　缪小明(治安)

　　　　　周海平

雨花新城规划建设管理办公室

主　任:金海波

副主任:赵　涛

　　　黄　霞(女)

·中国(南京)软件谷·

中共南京市委中国（南京）软件谷党工委

党工委书记:张一新

党工委副书记:李世峰

纪工委书记:谢祖国

党工委委员:谢　山(女)

　　　　　杨昌生

　　　　　江　磊

　　　　　卞艳艳(女)

　　　　　王　辉

　　　　　黄敖齐

中国（南京）软件谷管委会

管委会主任:李世峰

管委会副主任:杨昌生

　　　　　卞艳艳(女)

　　　　　王　辉

　　　　　黄敖齐

中国（南京）软件谷工作机构及直属单位

党政办公室(党群工作局)

主　任:张建设

副主任:裴　鸿(女)

战略发展局

局　长:翟青尧(女)

副局长:施妙生

规划建设局

局　长:尹　波

副局长:张　盈(女)

招商合作局

局　长:张　晋(女)

副局长:翟云海

　　　李文华(女)

科技人才局

局　长:荣　飞

副局长:高建平

　　　邵旻杰

创业服务局

局　长:彭金斌

副局长:暂缺

财政国资局

局　长:贾乐实(兼)

副局长:夏红忠

尹清山

吴　莹(女)

土地储备中心

主　任:尹　波(兼)

副主任:彭庆东

紫金(雨花)科技创业服务特别社区办公室

主　任:朱后祥

江苏数字出版基地(南京园区)管理办公室

主　任:黄　进

副主任:王　鹏

·南京市铁路南京南站地区市政管养与综合服务中心·

主　任:蒋　冰(兼)

副主任:张苏海

魏　平(1月30日任)

综合处副处长:梁晓华(女)

副局长:赵永艳

张文杰

黄　莹(女)

纪委书记:陈建军

·南京市垂直管理机构·

雨花台区人民武装部

部　长:崔　宏

政　委:金　宏(兼)

南京市国土资源局雨花台分局

局　长:朱　健

副局长:李　军

陈　霞(女)

南京市公安局雨花台分局

局　长:蒋虻芒

政　委:尹志祥

区维稳办副主任:林　霞(女)

监察室主任:边伟荣

副局长:韩启忠

张礼祥

高增强

南京市雨花台区国家税务局

局　长:姜莱斌

副局长:吴勤锋

张迎乔

李　毅

党组书记:姜莱斌

纪检组长:马志奇

南京市地方税务局雨花台分局

局　长:王桃之

副局长:吕　艳(女)

邵龙喜

郭智怡(女)

南京市规划局雨花台分局

局　长:包考国

副局长:吕　倩

雨花消防大队

大队长:王志祥(5月25日免)

毕晓东(7月15日任)

教导员:刘春宁

副大队长：李文杰

张俊玲

交警八大队

大队长：路　宁

副大队长：郑延园

南京市烟草专卖局雨花台分局

局　长：朱迎江

副局长：董王林

张　波

中国（南京）软件谷　　（软件谷　供稿）

雨花年鉴

中国（南京）软件谷

2016 YUHUA ALMANAC

2016 YUHUA ALMANAC

China (Nanjing) Software Valley

综　述

【概　况】 2015 年，软件谷实现地区生产总值 229.36 亿元，同比增长 12.1%；公共财政预算收入 26.36 亿元，同比增长 31.1%；软件和信息服务业收入 1650.49 亿元，同比增长 24.06%，占全市比重近 40%。新增软件产业建筑面积 62.69 万平方米，总量达 605.4 万平方米；新增涉软从业人员 3 万人，总数达 17.8 万人；新增涉软企业 139 家，总数达 774 家。全国政协副主席马培华、全国政协副主席王钦敏等领导相继视察软件谷。软件谷通过一批自主项目动作，提升公司科学化、专业化水平，形成有效资产 50 亿元以上。通过外向引进、横向联合、纵向招股等方式寻求多方合作，会同南京中兴合盈创业投资基金(有限合伙)、南京紫金创投基金管理有限责任公司、深圳市创新投资集团有限公司完成投资项目 10 个。南京软件谷发展有限公司注册成立或参股控股公司达 28 家，融资规模 12.9 亿元。年内，软件谷被中国国家标准化管理委员会评为国家级服务业标准化试点园区，被工业和信息化部评为全国产业集群区域品牌建设试点地区，被中国软件行业协会授予“2015 中国软件园区最佳产业环境奖”，被人力资源和社会保障部、全国博士后管理委员会联合评定为国家级博士后工作站，被中国电子信息产业发展研究院等部门联合表彰为 2015 年度中国软件和信息服务领军产业园区；被南京市建设中国软件与新兴产业名城领导小组办公室评选为“2014 年度市高标准建设中国软件名城先进单位”，在全市软件产业集聚区中位列第一，是全市唯一连续 4 年获此奖项园区。

【软件谷获中国软件行业最佳园区】 5 月 27 日，在第 19 届中国国际软件博览会上，软件谷被工业和信息化部表彰为 2015 年度中国软件行业最佳园区。作为江苏展团参展的重要组成部分，软件谷参展面积 72 平方米，集体参展项目包括楚翘城、创业创新城、大数据产业基地、紫金科创特区等优质载体项目。

【软件谷通过国家知识产权集群管理试点验收】 6 月 1 日，软件谷通过 2014 年度国家知识产权局集群管理试点验收，在参与评比的全国 22 个试点单位中排名第 5，获园区建设试点专项经费 20 万元。

【国家级博士后科研工作站获批】 9 月 14 日，经人力资源和社会保障部、全国博士后管理委员会批准，软件谷获批设立国家级博士后科研工作站。此举标志软件谷自主创新载体建设进入国内一流水平。

基础设施建设

【概　况】 2015 年，软件谷有序推进天隆寺——花神庙文化旅游区规划、城市森林地块城市设计与策划，协助推进地铁宁和城际线铁心桥大街站、兴梅路站、天保路站、生态科技园站城市设计。“两桥”地区控详修编成果通过市规划委员会审核；安德门地块城市深化设计和西片区提档升级规划完成，拆迁面积超过 30 万平方米，完成土地挂牌出让4幅、划拨出让2幅,累计办理征地面积95.07公顷。华为路南段、邓府路南段、宁双路(南北向段)建成通车,杨家坟地块规划支路、梅苑南路、管道路、马定路等道路设计和前期手续办理完成,天隆寺地铁站过街通道项目开工建设。区人才公寓初具入驻条件。园区短驳交通规划启动。金证研发楼、小行小学、Q1Q2地块、金飞龙等4个项目召开初步设计审查会并获批复。软件谷全年完成各类规划审批876件次,发放选址意见29件次,选址面积99.5公顷;发放用地许可42件次,用地许可面积83.2公顷;发放建筑规划许可60件次,许可建筑面积291万平方米;发放市政许可99件次,许可管线长度137公里。办理配套费收取手续项目52个,累计收取基础设施配套费3.21亿元。办理牛首山风景区城中村改造C地块、北辅道北侧地块等征地项目17项,总面积86公顷。完成牛首山风景区A、B、C地块、丰盛大厦等批后实施项目9个,正在推进项目6个,总面积77.27公顷。管道路、梅苑南路、臧家巷华严寺等项目拆迁完成面积40万平方米。经营性用地挂牌地块4幅、划拨出让2幅。可返还出让金约29.2亿元。

【安德门大街通车】 (参见“城市建设与管理”类目,第115页)

【安德门地块城市深化设计】 6月,安德门地块城市深化设计由大象建筑设计有限公司编制完成,范围北至四季阳光花园小区,东至邓府山村,南至德安花园、安德门地铁站、菊花里地块,西至凤台南路,规划范围66.60公顷。该项城市设计主要是对安德门地铁站周边道路交通、用地结构、配套设施、景观空间实行优化,结合安德门地铁站点按照“TOD模式”(一种以公共交通为导向的发展模式)设计城市功能,将安德门地区打造成集居住、商业、办公、教育、休闲为一体的区域中心。

【楚翘城开业】 5月8日,楚翘城竣工交付,8月8日营业,入驻商户31家,办公楼宇签约企业63家,销售面积39122平方米,销售额58054万元。该项目位于铁心桥绕城公路以北、宁丹路东侧,占地面积5.13公顷,总建筑面积17.6万平方米,其中地上建筑面积13.3万平方米、地下建筑面积4.3万平方米,项目总投资9.5亿元。建设科研办公楼4栋,建筑面积10万平方米;商业楼2栋,建筑面积2.3万平方米;soho酒店及会议中心1栋,建筑面积1万平方米,规划打造满足软件谷IT人员及企业商务需求服务型城市综合体。

【IT企业春季专场招聘会】 5月9日,软件谷IT企业春季专场招聘会在南京市人才市场举行。美满电子、怡化电脑、富士通南大、宇龙酷派、江苏沁恒等95家软件谷企业参与招聘,提供就业岗位和部分实习岗位约2000个。参会企业线上线下收到简历约3000余份,达成初步就业意向1000多人次。

【软件谷人才公寓申报说明会】 8月19日,软件谷人才公寓申报说明会在软件谷管委会举行。华为、诚迈、润和、步步高、虹亚、酷派集团、中兴软创、幻云信息、多禾信息等60家企业代表参加。首期接受申请的人才公寓为1~5号楼,提供房源1004套,建筑面积50~100平方米,具备拎包入住条件。

【首场CEO沙龙】 12月8号,软件谷首场CEO沙龙在软件谷管委会举办。华为、富士通南大、亚信集团、润和软件、诚迈科技等10家软件谷知名企业CEO参加，围绕“提升软件谷创业创新服务水平、建立软件谷企业CEO联系与合作机制”主题展开讨论。会上，软件谷科技人才局、战略发展局分别介绍软件谷创业创新特色服务以及《雨花台区关于进一步促进软件和信息服务业发展的实施意见》(雨委发〔2015〕33号)相关产业政策。企业家对软件谷扶持软件产业发展“保姆式”服务表示认同。

招商引资与项目建设

【概　况】 2015年，软件谷实现项目计划总投资146亿元，引进亿嘉和智能机器人、歌尔声学、麦招信息科技、天天买电子商务等重大项目28个，完成年度计划127.27%。新引进三星电子(中国)研发中心1家世界500强软件企业，南京大族智能科技有限公司、亚信(中国)有限公司2家国内百强企业，谷内拥有世界500强和世界软件500强企业9家、中国软件百强企业19家，龙头企业影响力、带动力与日俱增，软件谷品牌效应日益显现。润和软件二期和金农信息项目建成入驻，怡化电脑华东研发中心、天溯自动化等8个项目建成封顶，华为二期、步步高等5个项目完成主体建设，14个区人代会项目(包含市重大项目8个)序时推进。

2015年，软件谷管委会在“2015中国·南京科技创业创新与重大项目洽谈会”、第19届中国国际软件博览会、第11届中国(南京)国际软件产品和信息服务交易博览会、第13届中国国际软件和信息服务交易会、2015中国南京金秋经贸洽谈会等重大招商活动平台上重点推介软件谷。与《创业家》杂志、36氪、车库咖啡等机构合作，举办2015软件谷移动互联网—新媒体技术峰会、2015软件谷产业互联网技术峰会、2015黑马大赛·南京站活动、第二届中国互联网智能电视开发者峰会等活动近百场。同时，与《南京日报》合作连续推出6期“运筹·软件谷”、10期“创赢·软件谷”专栏报道；与龙虎网合作，在首页推出“建设中国第一软件产业基地”宣传专栏。融资到账4亿元。

2015年软件谷重点项目建设情况一览表

表2

类　别	项目名称	总投资(万元)	建筑面积(平方米)	主　营
建成入驻	润和软件二期	49000	125000	软件研发与总部办公
	金农信息	30000	65000	软件研发
主体建成	怡化电脑华东研发中心	15600	106000	软件研发与总部办公
	天溯自动化	30000	75000	软件研发与总部办公
	新华科技二期	8000	22000	软件研发与总部办公
	江苏集群国际软件园项目	85000	148600	软件研发与办公
	中以智慧园	30000	60000	总部楼宇与软件研发

续表

类　别	项目名称	总投资(万元)	建筑面积(平方米)	主　营
在建项目	圣迪奥南京总部研发基地	150000	61500	研发办公
	中兴物联	16000	47000	互联网软件原发及办公
	步步高	35000	60000	软件研发及办公
	金证股份	27000	80000	软件研发及办公
	华为二期	95000	180000	软件研发及办公
	丰盛 A 地块二期	40000	65000	软件研发及商业办公
	丰盛商汇项目	150000	92000	软件研发及商业办公
新开工项目	宇龙酷派	50000	94000	软件研发及总部办公
	中兴三区项目(一期)	79000	305000	软件研发及办公

【亚信科技华东总部入驻】 2月13日,全球领先的通信软件和方案提供商——亚信科技华东总部入驻软件谷南京大数据产业基地,主要从事通信软件研发、总部办公及产业互联网业务,计划总投资4亿元,办公面积约1.5万平方米,办公人员3000余人。

【移动互联网—新媒体技术峰会签约项目10个】 4月24日,在"2015软件谷移动互联网&新媒体技术峰会"上,10个项目签约落户软件谷,计划总投资49.3亿元。其中,20亿元以上项目1个,即南京博州房地产开发有限公司签约王家村、集合新村地块;10亿元以上项目1个,即南京瀚威房地产开发有限公司签约南部新城丁墙路城市综合体项目;1亿元以上项目4个,分别是平安科技(深圳)有限公司、南京天天买电子商务有限公司、江苏万圣伟业网络科技有限公司、液化空气(中国)投资有限公司,涉及云计算、大数据、移动互联网、电子商务等领域。

【花神家居港地块项目】 7月,花神家居港地块项目由南京软件谷发展有限公司摘牌,至年末,正在办理各项前期手续以及设计方案比选。该项目位于软件谷A11-2地块,用地面积44723.49平方米,项目经营范围涉及软硬件技术研发、咨询服务,计算机系统集成、技术咨询及售后服务等。

【中国(南京)国际软件产品和信息服务博览会签约项目10个】 9月2日,软件谷在楚翘城会议中心举办第11届中国(南京)国际软件产品和信息服务博览会专场推介会,签约项目10个,计划总投资58亿元。其中4个重大项目分别是:江苏亿嘉和信息科技有限公司总投资10亿元打造电力运维智能机器人、无人机项目,深圳市元征科技股份有限公司总投资10亿元建设企业全国车联网总部,南京大族智能科技有限公司总投资10亿元建设能源项目,南京歌尔声学科技有限公司总投资9亿元建设电声、光电器件研发中心。

【明发科创城项目】 12月,作为软件谷重点项目之一的明发科创城一期Q3、Q4地块主体建设完工。该项目位于铁心桥街道大周路北侧、马丁路南侧、规划风渡路以东，占地14.47公顷，总建筑面积约59万平方米，其中地上建筑面积约41.47万平方米、地下建筑面积约17.53万平方米，计划总投资20亿元。项目建设分办公楼宇和商业楼宇，主要产业业态是互联网、物联网及通信产业，规划打造成为引领软件园区发展的产业科技创新中心及面向软件园区与城市的综合性服务中心。

平台建设

【概　况】 2015年，软件谷各类公共服务平台超过30个，涵盖企业孵化、投融资、人才服务、公共技术、创新服务、合作交流等八大类别公共服务。一批新公共服务平台落户、建成与投用。其中，江苏创业大街揭牌；南京超云中心参与建设运营扬州超云中心与溧水超云中心，在省内初步形成超云品牌影响力；SAP中小企业云服务平台建设完成，并以“行云”品牌正式运营；北京大学工学院南京研究院升级为北京大学南京创新研究院，引入第三方机构北京协同创新研究院共同建设；南大软件学院软件谷分院全年培养软件人才1000余人，并成功举办南京软件开发者大会；江苏省软件产品检测中心与谷内外近百家企业合作，为企业软件检测、人才培训和产品检测创造有利条件。

【南京大学软件学院软件谷分院】 2015年，南京大学软件学院软件谷分院主办第19届国际软件工程评估大会，牵头举办南京软件开发者大会。全年培养专业技能人才实训1134人次、全日制软件工程硕士学位研究生培养251人、在职软件工程硕士学位研究生培养813人。

【南京超级云计算服务中心】 年内，南京超级云计算服务中心营业额近1亿元，实现利税近200万元，参与建设运营扬州超云中心与溧水超云中心，在省内初步形成超云品牌影响力。该中心由软件谷管委会主导，软件谷开发公司、中兴通讯、奥可讯、省软件检测中心、赛联研究院、南京信息工程大学等7家单位合作共建。中心一期选址位于紫金科创特区，建筑面积2500平方米，建设资金约1亿元，一期机房拥有3000套服务器，达到200万亿次计算能力和PB级别存储能力，正在推进机房二期建设。

【天天买电子商务平台项目落户】 1月，南京天天买电子商务有限公司落户楚翘城，总投资5亿元，租赁办公面积约8500平米，主营电子商务平台研发、运营、销售、服务及本地电商运营及相关服务。

【北京大学南京创新研究院升级】 4月1日，北京大学工学院南京研究院升级为北京大学南京创新研究院，将北京协同创新研究院作为北京大学南京创新研究院共建单位，建立“研究院——众创空间和孵化器——基金”三位一体运行模式，推动北京大学南京创新研究院在知识、技术、产品与产业上深度融合。年内，北京大学南京创新研究院通过ISO 9001-2008资质认证；签署完成5个横向课题，实现合同金额240余万元，完成“BXCFD

流体力学仿真软件开发”等3项自主课题;获批江苏省众创空间备案等6个政府扶持项目,扶持资金约140万元。

【南京SAP中小企业云服务平台】 6月,南京SAP中小企业云服务平台运营,运行汽配行业和门店互联网+平台模式,入驻江苏、浙江、广东地区汽配生产厂家50家、汽配经销企业505家、江苏地区汽配服务企业785家,完成B2B(企业对企业)交易订单51036单,日均交易额1000多万元,总交易额近2亿元。该平台由世界领先用户/服务器商业应用领域供应商——德国SAP授权予江苏敏行信息技术有限公司,与南京雨花软件园发展有限公司共同出资成立建设,位于创智大厦,总投资约5500万元,办公面积700平方米。

【江苏创业大街揭牌】 9月2日,在“中国(南京)软件谷产业互联网技术峰会”上,副市长黄澜为“江苏创业大街”揭牌。江苏创业大街位于软件谷楚翘城,入驻创业家、深圳投资集团投资有限公司、36氪、创客街、腾讯大苏网、阿里百川等高科技孵化器6家。至年末,引进团队、入驻项目近40个。

【全国首家黑马全球路演中心启用】 9月18号,南京黑马全球路演中心在楚翘城江苏创业大街揭牌启用,占地面积1262平方米,属全国首家黑马路演中心。该中心集黑马孵化器、黑马路演中心、黑马之家于一体,为南京站创业黑马提供从项目展示、融资并购、资源对接、创业培训、创业沙龙、宣传推广等全方位服务。

技术创新改造

【概　况】 2015年,软件谷实现专利申请3471件,其中发明专利2918件;独立研发机构研发经费支出2.77亿元,科技服务业收入75.3亿元。服务企业获批各类科技项目62项,争取科技经费2050万元。引进领军型科技创业人才38人,培养科技创业家3人,集聚千人计划专家2人,培育入选省双创人才1人,入选南京市高端人才团队引进计划1家。组织申报国家高新技术企业33家,入选30家,入选数同期增长66.7%。新增省级民营科技企业和省级科技型中小企业103家。落户满一年以上106家企业中,全年实现收入500万元以上企业10家,百万元收入以上企业32家。5家领军型科技创业人才企业在南京联合产权交易所上市,1家科技创业家企业在新三板挂牌上市。中兴通讯“CoCloud云计算创新解决方案及产业化应用”项目首获中国电子学会科技进步一等奖,江苏省大数据存储及应用重点实验室首次获批筹建省级重点实验室,诚迈科技董事长王继平首获南京市最高科技奖——科技功臣奖,诚迈科技“基于4G移动通信技术智能终端平台的联合研发”项目首次获批国家国际科技合作专项。

年内,江苏润和公司业务收入首次突破10亿元,泰通科技、铱迅信息、吉美思、欣威视通4家企业成功挂牌新三板,中新赛克、诚迈科技等25家高成长型企业办理主板、新三板上市流程。软件谷推出创业创新主题活动,形成软件谷创业优培“UP”“TIC”科技创新公开课等自主活动品牌。

【新增CMMI认证企业10家】 2015年,南京洛尧智慧信息技术有限公司、南京慧智灵杰信息技术有限公司、南京怀业信息技术股份有限公司等10家软件谷企业获CMMI(集成的能力成熟度模型)Ⅲ级认证。至年末,软件谷拥有CMMIⅢ级以上企业45家、CMMIⅣ级以上企业4家。

【软件谷200余家企业获省市区软件专项补助】 2015年,软件谷200余家企业获省、市、区软件专项补助资金9000余万元。其中,14家企业获省级工业和信息产业转型升级专项引导资金1070万元;102家企业获市级软件和信息服务业发展专项资金2080万元;203家企业获区软件产业综合发展专项支持6000余万元。

【软件谷推出创业创新主题活动】 2015年,软件谷推出"UP"系列自主创业创新主题活动,包括UP微路演、UP学堂、UP招募合伙人, 利用活动平台整合创业资源要素,协助创业项目成功对接创业资源要素,助推创业企业壮大。全年软件谷开展UP微路演13期、UP学堂3期、UP招募合伙人3场,累计服务百家企业、30余支创业团队、近千人科技人才。举办"TIC"科技创新品牌活动11期,引入"企业选题、政府开课"众筹机制和"淘宝式"评价机制,总参会人数约800人。

【探索实践"互联网+"模式】 9月17-18日,软件谷创新创业系列主题活动——科技创新公开课连续3期在大数据产业基地举行,参会软件谷企业人数190人。会上,软件谷举行"TIC新品发布会",向软件谷企业介绍科技服务业评价机制方式及目的, 即引入 "企业选题、政府开课"众筹机制和"淘宝式"评价机制,以企业评价倒逼公开课内容及服务品质,主题、内容、讲课人、讲课方式由企业选择、提出或发起,软件谷负责落实。公开课及相关第三方服务成效建立考核评价机制,全程实行监管和品控。

【7家众创空间获省级资助】 12月,省科技厅公布全省拟备案资助的众创空间名单。企运网、紫金雨花创客汇、南京创新创业湾、中国手游联盟众创空间、新华·智汇工坊、易创空间、创新驿站等软件谷7家众创空间获首批省级拟备案、拟资助对象。至年末,软件谷聚集众创空间16家,在孵项目超过600个,孵化面积达1万平方米。

紫金(雨花)科技创业特别社区

【概　况】 2015年,紫金科创特区新增孵化器孵化面积11万平方米,新增在孵企业202家,累计在孵企业520家。在孵企业实现软件和信息服务业收入18亿元。孵化器毕业企业30家。全年专利申请量450件,其中发明专利申请量170件。新增科技创业投资项目4个,投资总额5000万元。培育国家高新技术企业、创新型企业5家,引进领军型科技创业人才4人,新增涉软从业人员2300人。开展招聘会、融资平台对接会、政策宣讲会、技术交流等活动30余场, 为70余家企业展开专业服务和指导200余次。年内,紫金科创特区在全市特别社区绩效考评中位列第一,科创特区大学生创业基地被江苏省人力资源和社会保障厅认定为省级创业示范基地。

【新增科技创业投资项目 4 个】 2015 年,紫金科创特区新增科技创业投资项目 4 个,分别是由北京洪泰助力创业投资中心投资 2000 万元注册的南京逗你学信息科技有限公司,主营在线教育;由南京游爱资产管理有限公司投资 1300 万元注册的南京多禾信息技术有限公司,主营网游;由上海磐石涵添投资有限公司投资 1200 万元的南京优通信息技术有限公司,主营 APP 客户端开发;由北京崇尚医智投资管理有限公司投资 500 万元注册的南京博纳睿通软件科技有限公司,主营医用软件。

【投融资项目路演】 6 月 26 日,由紫金科创特区、南京天纲投资咨询有限公司共同主办的软件谷科技创业加油站系列活动之“资本放光彩、创业有未来”投融资项目路演活动,在南京城市名人酒店举办。紫金科创特区英佰迪思、普惠恒丰、迪天等 10 家企业,中信证券、国信证券、东兴证券等 15 家券商,江苏省高投、瑞华投资、天星资本等 20 余家创投机构以及部分律师事务所和会计事务所参加该活动,旨在助推创业企业实现项目融资。活动中 6 家企业通过路演、推介等形式展示自身项目,并与创投机构或券商就投融资、新三板挂牌达成初步合作意向。

【财务平台创新交流会】 9 月 8 日,紫金科创特区办在软件谷大数据产业园举办软件谷科技创业加油站系列活动之互联网+时代财务服务平台创新交流会,旨在提高互联网+时代财务人员专业技能。南京市 5 家财务机构以及软件谷 80 余家企业代表等参会。财务机构专业人士为参会企业代表介绍财务平台创新做法。

【大学生创业基地获省级创业示范基地认定】 9 月 23 日,科创特区大学生创业基地被江苏省人力资源和社会保障厅认定为省级创业示范基地,是全市 20 个紫金科技创业特别社区中唯一获奖单位。基地建筑面积 1.5 万平方米。截至年末,累计引进入孵企业 170 家,其中成功孵化 94 家,创业园大学生 350 人,其中硕士学历 92 人、博士学历 23 人。园区专门组建大学生创业服务中心,配备工作人员 5 名,具体承办创业孵化服务。 (软件谷)

雨花经济开发区

·概　　述·

【概　况】 2015 年,雨花经济开发区持续推进产业转型和结构调整。全年实现地区生产总值 47.12 亿元,同比增长 123.3%;公共财政预算收入 6.06871 亿元,同比增长 115.7%;服务业增加值 35 亿元,同比增长 124.1%;全社会固定资产投资 58 亿元,社会消费品零售总额 38.5 亿元;软件及信息服务业收入 45 亿元;文化创意产业销售收入 39 亿元。申请专利 440 件,其中发明专利 118 件;专利授权 201 件,其中发明专利授权 10 件。认定国家级高新技术企业 3 家。展开城市设计方案优化和控详修编,完成闲置及低效利用地块规划调整、城市森林项目总体发展规划编制和生态科技园站周边地块城市设计,取得初步成果。年内,雨花经济开发区创建成为省级知识产权试点园区,近华社区被江苏省民政厅评选为省和谐社区建设示范社区。

基础设施建设。年内,雨花经济开发区拆迁面积47465.44平方米,为中兴路北延项目拆迁,拆迁农户3户、企业5家。中兴路北延跨秦淮新河大桥完成南北岸桩基、承台、墩台施工,凤仪路中分带、龙飞路4200米人行道改造完成。龙藏大道旁新建停车场1座,设标准泊位约400个。凤集大道、龙飞路、龙盛路、龙藏大道等主次干道破损路面维修33处,累计面积1180平方米,凤汇大道、龙翔路塌陷窨井修复10座。清理疏通4大主水系28条主次河道,海北圩泵站翻建(排洪能力由2个流量增加到4.5个流量)、中兴桥泵站外立面出新完工,滨江大道一期中分带、京沪高铁沿线雨花国际汽车商贸区段、天后社区公益林一期、天保社区方村拆迁段等地新增绿化面积14.8公顷。

招商引资与项目建设。全年引进总部企业3家,新增重大项目9个、涉软企业15家,新增商务商贸设施面积10.49万平方米、软件产业面积24.2万平方米。新增涉软从业人员1300人。上报“321人才”项目9个,通过综合评审1人。

【列入区人代会重点项目20个】 2015年,雨花经济开发区列入区人代会重点考核项目20个,其中新建项目12个、结转类项目8个,计划总投资65.95亿元,所有项目均达序时进度。其中江苏欧帝软件园项目、江洋贸易二期项目、南江变电站等7个项目主体建成,面积约4万平方米。

【新增税收企业】 年内,雨花经济开发区新增1000万元以上税收企业3家,分别是集分宝南京企业管理有限公司、泰通平台(含南京泰通科技股份有限公司及南京启泰物联网科技有限公司)、南京中旭电子有限公司;新增500万元税收楼宇2家,分别是国豪装饰(含南京国豪装饰工程股份有限公司、南京锦豪股权投资中心)、奥拓电子(南京奥拓电子科技有限公司、南京奥拓软件技术有限公司);新增100万元以上税收企业5家,分别是雨花经济技术发展有限公司、南京加豪新型建筑材料有限公司、南京丰盛酒店管理有限公司、丰盛科技集团有限公司、南京佳祺建设有限公司雨花分公司;新增50万元以上税收企业3家,分别是南京耀泉贸易有限公司、中传重型机床有限公司、江苏中驰汽车销售服务有限公司。

【江苏欧帝软件园项目一期主体封顶】 2月5日,江苏欧帝软件园项目一期主体封顶。该项目是2014年南京市重大考核项目,计划总投资1.5亿元,总占地面积约1.8公顷,总规划面积4.2万平米,主要从事液晶拼接系统研发生产。

【海能达软件研发基地项目奠基】 4月8日,海能达软件研发基地项目奠基。该项目是区人代会重点项目,由上市公司海能达通信股份有限公司投资兴建,计划总投资10亿元,总占地面积5.33公顷,总建筑面积28万平方米。项目建设包括海能达华东运营总部、海能达军工通信产品研发中心和海能达专业通信软件研发中心3个子项目。

【宝德云计算产业园开工】 5月27日,区人代会重点项目——宝德云计算产业园开工建设。

项目计划总投资7.6亿元，规划用地总面积4.33公顷,总建筑面积18万平方米。主要经营云计算技术及产品的研发和制造,计算机软硬件和接口设备、计算机配件、网络设备的开发、制造与销售,互联网游戏开发等业务。

【泰通科技挂牌新三板】 6月26日,南京泰通科技股份有限公司在新三板挂牌,属江苏省铁路通信行业首家登陆新三板企业。南京泰通科技股份有限公司旗下有北京凯普施通信技术有限公司、江苏启泰物联网科技有限公司2家全资子公司，主要从事轨道交通无线通信、信号系统产品研发、集成、制造、销售与服务,参与铁道部无线通信系统、智能通信机房系统等10余项通信标准制定。

【大胜关大桥项目通过竣工验收】 7月8日，大胜关大桥工程建设项目部组织召开大胜关大桥项目竣工验收会议。市住建委、市城管局、市政质监站等单位参加验收。经过工程实体勘查,与会单位一致认为工程建设达到竣工验收标准,同意通过竣工验收。该项目于2014年11月15日通过预验收并开放通车，有效减轻宁芜公路及绕城公路交通压力,缩短雨花经济开发区、雨花南部地区与河西新城区路程,实现扬子江大道通长江三桥无缝对接。

·江苏国家数字出版基地(南京园区)·

【概　况】 2015年,数字基地累计完成文化产业产值44.84亿元,文化产业增加值6.1亿元,税收1.36万。新增文化企业入库11家、限上文化企业1家,引进重大项目9个。组织5家园区企业申报省、市文化产业资金。投入资金约600万元，完成数字大厦2、3楼及3栋人才公寓装修。全年签约项目10个。年内,数字基地被中国产学研合作促进会评为2015年中国产学研合作创新示范基地,南京数字出版基地发展投资有限公司被授予南京数字出版协会理事单位铜牌。

【金股湾企业挂牌股权托管交易中心雨花孵化基地】 7月9日,南京金股湾投资管理有限公司被上海股权托管交易中心挂牌为雨花孵化基地,挂牌地址在数字大厦。该公司由上海金股湾投资控股有限公司投资，总投资约5亿元,注册资金1000万元,主要协助上海股权托管交易中心进行属地化市场开拓和业务宣介。

【宅优购入驻基地】 7月1日,宅优购电子商务有限公司在数字大厦举行揭牌仪式，入驻数字大厦3楼办公,总投资约5亿元,注册资金1000万,主要从事电子商务平台研发。该公司由苏酒集团(洋河股份)和美国柯莱特集团共同出资组建,属零售商业模式的O2O(将线下商务机会与互联网结合)电商企业。

(梁海山)

入驻企业选介

【江苏亿嘉和信息科技有限公司】 亿嘉和科技股份有限公司成立于1999年，是一家专业从事机器人研发、制造、销售于一体的高新技术企业。该公司在大数据、云计算等智能化领域一直处于国内领先水平，于2006年开始研发和积累智能机器人相关技术和产品,基于机器人、无人机和GIS系统开展广泛智能化业务。7月20日,江苏亿嘉和信息科技有限公司入驻软件谷,建立电力运维智能机器人、无人机企业总部,主要从事智能机器人、无人机研发中心项目,计划总投资10亿元,先期租赁软件谷楚翘城,办公面积15000平方米,办公人员约200人,截至年末营业收入1.5亿元。

【南京歌尔研发中心】 歌尔声学股份有限公司是国家高新技术企业、电子信息百强企业,主营业务电声器件、光电产品、电子配件和LED封装及相关产品研发、生产和销售。公司主要为全球顶级厂商提供产品与服务,客户涵盖三星、苹果、LG、谷歌、微软等。12月14日,南京歌尔研发中心项目落户软件谷楚翘城,属歌尔声学股份有限公司全资子公司,主要从事声学硬件和软件技术及其产品研发,计划总投资约5亿元,办公面积2000平方米,办公人员40人。

【三星电子(中国)研发中心】 三星电子是三星集团旗下最大子公司,于1938年3月在韩国成立,是世界100强商标。6月25日,三星电子(中国)研发中心签约落户软件谷楚翘城,主要从事核心应用平台与关键应用技术的先行研究和开发(智能手机平台、手机软件、智能电视平台等)业务,计划总投资5000万元,办公面积17000平方米,办公人员1000余人,截至年末营业收入3.68亿元

【大族能联南京公司】 大族激光科技股份有限公司是中国激光装备行业领军企业,国内软件百强企业,主要从事激光设备产品和工业机器人研发、生产和销售。11月30日,南京大族智能科技有限公司研发中心落户花神大厦,一期办公面积1200平方米,员工近百人,主营工业机器人、电网变电站自动化软件、光伏发电监控系统开发及光伏电站交易中心运营等业务,计划在软件谷内设立大族科技华东总部,规划用地1公顷,计划总投资10亿元。

(软件谷)

【南京中旭电子科技有限公司】 南京中旭电子科技有限公司创建于2007年1月,是在原南京半导体器件总厂基础上建立的一家股份制企业。该公司是总装备部、信息产业部、航天工业总公司、船舶工业总公司唯一定点军用霍尔元器件、霍尔传感器科研生产单位。截至2015年末,公司注册资本500万元,资产总额7256万元,全年收入5627万元。

【南京奥拓电子科技有限公司】 南京奥拓电子科技有限公司成立于2010年7月,是深圳市奥拓电子股份有限公司全资子公司,主要从事LED应用产品和金融电子产品的研发、生产、销售及相应专业服务。截至2015年末,该公司注册资本2000万元,资产总额1.48亿元,全年收入1.23亿元。

(梁海山)

雨花年鉴

2016 YUHUA ALMANAC

经济

2016 YUHUA ALMANAC

Economy

综　述

【概　况】 2015年,全区以"稳中求进、提质增效"为总基调,围绕决胜软件谷建设、决战"铁心桥—西善桥"地区(简称"两桥"地区)改造两件大事,克服当前宏观经济环境压力,保持经济平稳运行。全年实现地区生产总值406.58亿元,同比增长10%,其中第三产业增加值325.33亿元、同比增长11.8%。一般公共财政预算收入61.3亿元,同口径同比增长15.3%;全社会固定资产投资260.52亿元,同比增长9.9%;社会消费品零售总额335.5亿元,同比增长13%。三次产业比重调整为0.1∶19.9∶80,第三产业比重同比提升1.9个百分点。全区软件产业规模不断壮大,实现软件和信息服务业收入1650亿元,同比增长24%,占全市比重40%。新增软件产业建筑面积62.69万平方米,总量605.41万平方米;新增涉软从业人员3万人,总数17.8万人;新增涉软企业139家,总数774家。新增科技创业投资额超3亿元,新增股权投资机构2家、股权投资项目4个,新增注册基金规模2.4亿元。高端商务商贸业加快布局,以南部新城建设为契机,南京南站、赛虹桥、板桥新城及西善桥四大新兴商务商贸圈加快建设,全区新增商务商贸设施面积83.4万平方米。工业转型加快推进,规模以上工业企业综合能源消费量484.3万吨标煤,万元工业增加值能耗下降7%,全年关停并转各类落后产能工业企业15家,梅山片区工业布局调整规划编制完成。新兴产业增长较快,文化产业销售收入突破103.5亿元。全年60项经济社会指标按进度推进58项,100个区人代会重点项目序时推进95个。

【重大项目推进】 2015年,全区确定100个人代会重点项目,计划总投资743.25亿元,年末累计完成投资187.2亿元。其中,56个工商业项目投资95.4亿元,包含信息软件类项目28个、商务商贸类项目19个、生物医药类项目3个、文化创意类项目3个、制造业类项目3个;44个非工商业项目投资91.8亿元,包含商住类项目18个、基础设施类项目16个、公共服务类项目10个。13个项目列入市重大项目范畴,计划总投资261.4亿元。其中,实施类项目11个(5个新开工、6个在建),年度计划总投资55.3亿元;前期工作计划类项目2个。截至年末,13个市重大项目开工11个,实际投资54亿元。　(孙敏琪)

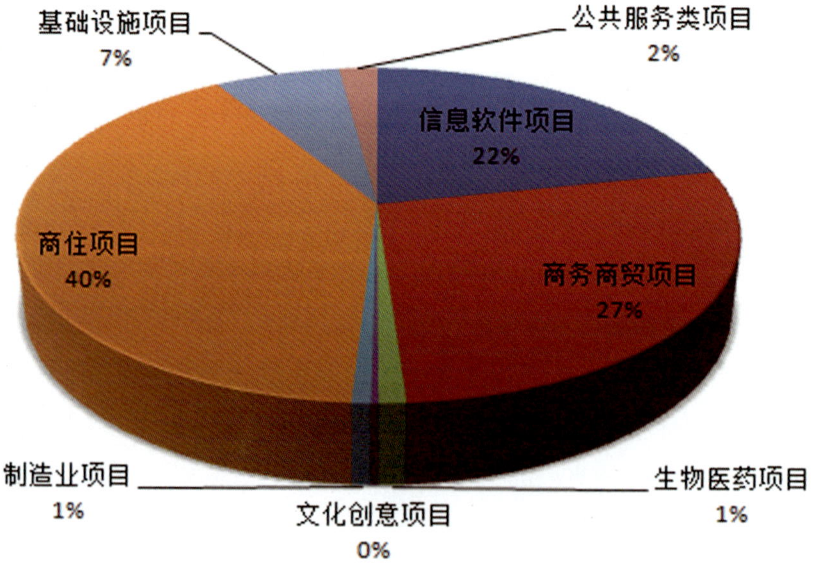

图1　2015年雨花台区人代重点项目年度投资分布图

2015年雨花台区列入市重大项目建设情况一览表

表3 　　　　**单位：万元**

<table>
<tr><th>类别</th><th>序号</th><th colspan="2">项目名称</th><th>计划
总投资</th><th>2015年度
计划投资</th><th>2015年建设进度</th></tr>
<tr><td></td><td colspan="3">合　计</td><td>261.4</td><td>55.3</td><td></td></tr>
<tr><td rowspan="8">开工类</td><td rowspan="3">1</td><td rowspan="3">软件谷信息软件产业总部园</td><td>步步高软件研发南京总部项目</td><td rowspan="3">10.2</td><td rowspan="3">3</td><td rowspan="3">部分项目基础施工，部分项目主体建设</td></tr>
<tr><td>金证南京研发中心项目</td></tr>
<tr><td>京东南京研究院项目</td></tr>
<tr><td rowspan="2">2</td><td rowspan="2">雨花科技研发产业园</td><td>海能达软件项目一期</td><td rowspan="2">17.7</td><td rowspan="2">3</td><td rowspan="2">部分项目基础施工，部分项目主体建设</td></tr>
<tr><td>宝德软件科技项目一期</td></tr>
<tr><td rowspan="2">3</td><td rowspan="2">“两桥”地区城市更新改造</td><td>龙翔路</td><td rowspan="2">26</td><td rowspan="2">5</td><td rowspan="2">道路建设及经济适用房基础建设</td></tr>
<tr><td>马家店48万平方米保障房</td></tr>
<tr><td>4</td><td colspan="2">中兴路北延跨秦淮新河大桥工程</td><td>4.4</td><td>1</td><td>开工建设</td></tr>
<tr><td></td><td>5</td><td colspan="2">南京华为软件基地二期项目</td><td>9.5</td><td>1.3</td><td>基础施工</td></tr>
<tr><td rowspan="11">在建类</td><td rowspan="4">6</td><td rowspan="4">软件谷科技研发、软件外包产业项目</td><td>江苏科技金融大厦</td><td rowspan="4">15.9</td><td rowspan="4">5</td><td rowspan="4">4个项目全部竣工</td></tr>
<tr><td>润和国际软件外包研发总部基地二期</td></tr>
<tr><td>南京天溯科技园</td></tr>
<tr><td>怡化华东研发运营中心</td></tr>
<tr><td>7</td><td colspan="2">南京信息安全产业园（A5地块）</td><td>20</td><td>3</td><td>主体建设</td></tr>
<tr><td>8</td><td colspan="2">南京软件谷明发科创城</td><td>13</td><td>2</td><td>Q3、Q4地块建筑主体建成</td></tr>
<tr><td>9</td><td colspan="2">南京雨花国际汽车商贸区项目（一期）</td><td>10</td><td>3</td><td>3家4S店及1家商业服务综合体主体建设</td></tr>
<tr><td>10</td><td colspan="2">板桥市场群一期项目</td><td>20</td><td>10</td><td>润泰市场一期建成，普迪市场一期主体建设，交运集团物流项目建成</td></tr>
<tr><td rowspan="2">11</td><td rowspan="2">南京南站区域商贸、金融功能提升建设</td><td>南京证大喜马拉雅中心项目</td><td rowspan="2">74.7</td><td rowspan="2">19</td><td>主体建设</td></tr>
<tr><td>绿地之窗项目</td><td>2、4、5地块部分主体建设</td></tr>
<tr><td></td><td></td><td colspan="2"></td><td></td><td></td><td></td></tr>
<tr><td rowspan="2">前期工作计划类</td><td>12</td><td colspan="2">尚都荟花园</td><td>30</td><td>—</td><td>完成立项、环评及规划等手续办理</td></tr>
<tr><td>13</td><td colspan="2">南京酷派信息港项目</td><td>10</td><td>—</td><td>完成立项、环评及规划等手续办理</td></tr>
</table>

工　业

·概　述·

【概　况】 2015年，全区规模以上工业企业82家，同比减少12家，实现规模以上工业总产值135.39亿元，同比下降4.9%；完成工业增加值36.44亿元，完成工业投资7.57亿元，同比下降8.7%。主营业务收入100.5亿元，同比下降7.7%，实现利税8.5亿元，同比下降12%，盈亏相抵，实现利润总额4.5亿元，同比下降7.5%。

全区21个行业大类产值排名前五位行业分别为非金属矿物制品业、汽车制造业、专用设备制造业、纺织服装服饰业、计算机通信和其他电子设备制造业，全年完成工业总产值63.85亿元，平均降低0.86%。计算机通信和其他电子设备制造业增幅最高，完成工业总产值7.95亿元，同比增长27.59%；非金属矿物制品业增幅为负，完成产值19.98亿元，同比下降17.92%。

【梅山片区工业布局调整】 2015年，雨花台区编制完成《南京市梅山地区工业布局调整规划》，上报市规划委员会审批。完成梅山片区3家被列入市关停或转型计划的工业企业整治，分别是南京舜康服装有限公司、南京绿洲船用设备配套有限公司、南京和木建材实业有限公司。严控梅山片区新项目审批，仅审批节能减排、清洁生产、排除安全隐患等技改新项目。结合梅山片区布局调整和片区规划定位，推进该片区城市化改造，启动梅山集资建房一期项目建设，计划总投资7亿元。

【节能降耗】 2015年，全区规模以上工业企业综合能源消费484.28万吨，同比下降6.55%，其中梅钢综合能源消费428.08万吨标准煤、同比下降3.78%。全区规模以上工业企业煤炭消费计划655万吨，实际消耗580万吨。

（孙敏琪）

·冶金工业·

【上海梅山钢铁股份有限公司】 2015年，梅山钢铁设有管理部门16个（不含工会、团委），生产厂及子（分）公司、中心18个，在岗员工12376人。生产生铁674.93万吨、连铸坯684.64万吨、热轧板卷640.63万吨、酸洗产品103.66万吨、冷轧产品83.51万吨、铁精矿259.29万吨，新热力、余热、干熄焦、TRT（炉煤气余压透平发电装置）累计发电15.35亿千瓦时，营业总收入245.40亿元，钢铁主业利润亏损11.83亿元，多元产业利润亏损5.81亿元。上半年通过“管理重心下移、关联绩效评价”管理机制，明确“谁买单、谁负责”主体责任，开展“我为吨钢降一分钱”全员行动，通过各工序自身挖潜、全体系协同驱动，实现目标成本改善4.6亿元，折算吨钢67.37元。下半年为应对市场急剧变化，启动“下半年吨钢成本费用较上半年再降100元”行动，以6月市场价格为依据，策划推进“吨钢成本费用再降100元”行动方案，推出优化配煤配矿、降低合金消耗、实施钢包加盖、提高热装比等措施，实现降本2.93亿元，折算吨钢83.45元。开发出以焦炉煤气为主的气体燃料辅助烧结技术，有效提升烧结矿产量、强度与还原性，改善高炉冶炼工艺技术，降低高炉焦比及生铁成本，实现国内首创。研制出转炉热渣循环技术，设计出“溅渣+调渣”

工艺方法，开发出公司特色少渣冶炼技术。通过对热轧工艺制度、压缩比和退火工艺等与性能相关的试验研究，掌握超深冲钢深冲性能机理，在梅钢卧式炉条件下，产品达到用户要求，产品性能合格率超97%。在第21届全国发明展览会上，梅山钢铁组织推荐"触发位可调式限位开关"等16个优秀职工创新成果参展，获金奖5项、银奖3项、铜奖5项。

【新品开发45个】 2015年，梅山钢铁开发新产品45个，其中全新型产品8个、改进型产品18个、降本型产品19个，实现新品效益5184万元。二代箱板有效解决极限规格轧制、平整张力等难题，实现快速量产；S28CB型精冲钢替代日系进口产品，42MH型工模具钢实现用户独家锁定；酸洗汽车钢通过7家用户认证，其中SPH440牌号酸洗汽车钢成功替代进口产品。拓展1.4毫米超薄和8.0毫米超厚产品，成为国内首个连续紊流酸洗8.0毫米规格接订厂。镀铝锌高强钢成为行业独有技术，液晶背板产品实现全尺寸供货；镀锡产品完成首单军用食品罐合同，成功开发无铬钝化产品。

【热轧产品出口销售创历史新高】 2015年，梅山钢铁实现热轧出口销售55.52万吨。出口产品以冷成型系列、抗硫化氢管线钢为主，出口面向南亚、东南亚及中东地区，主要国家包含越南、印度尼西亚、印度等。

【获评环保信用蓝色等级企业】 12月，江苏省环保厅组织全省环保系统对2014年度878家国控重点污染源企业环保信用进行评价。评价组经过现场核查，对梅山钢铁在环保设备管理、现场环境管控、厂容厂貌提升、建设项目合规等方面制定的有效管控措施给予肯定，评定梅山钢铁为2014年度环保信用蓝色等级企业。2015年，该公司吨钢综合耗能592.6千克标煤/吨，同比下降9千克标煤/吨；SO2(二氧化硫)、COD(化学需氧量)实际排放量同比下降9%和10%，创历史最好水平；工序节能量1.8万吨标煤，为预算目标225%。 (金　利)

【南京梅山冶金发展有限公司矿业分公司】 2015年，梅山矿业在岗职工2566人。其中，操作维护岗位2023人，占职工总数78.90%；技术业务岗位416人，占职工总数16.20%；管理人员127人，占职工总数4.90%。面对国家宏观经济下行、钢铁价格断崖式下跌、铁精矿市场低迷等严峻形势，按照"倒逼机制、问题导向、变革驱动"要求，在生产计划上执行目标倒逼，推行原矿1.43万吨、精矿8500吨日产常态化组织，以日产计划保证年度计划。重点解决爆破故障、截止品位控制、重选抛尾、浮选球磨机效率、铁精矿S(硫)、P(磷)波动、化工渣硫稳定等关键工序问题，确保资源回收和指标稳定。推进设备点检和检修实绩评价机制，提升点检、检修能力，保障生产稳定。全年生产原矿484.39万吨，同比增加30.32万吨；生产铁精矿259.28万吨，其中自产铁精矿246.46万吨，同比增加7.24万吨。对照效益指标和预算缺口，层层倒逼，相继开展"精矿制造成本≤300元/吨""付现费用下降""完全成本≤350元/吨""吨矿成本再改善10元"等改善经营专项行动。通过月度经营分析会、指标异常专题研究会等机制落实目标，实现成本精细化管控，改善成本，增强应对市场风险能力。精矿制造成本286.77元/吨，比预算降低23.23元/吨，同比下降37.66元/吨；铁精矿完全成本353.72元/

吨(剔除资源税和辞退福利影响),比预算降低26.54元/吨,同比下降39.83元/吨。全年实现销售收入10.04亿元,亏损1.15亿元。销售铁精矿261.08万吨,其中外销124.75万吨,销售副产品矸尾97.39万吨、铁尾砂30.88万吨。实现降本增效1.67亿元,付现费用同比下降8916万元,下降率12.31%,其中协力费用同比下降906万元,下降率10.79%。剔除辞退福利、协解费用、补税及价格因素等影响,利润值完成公司考核要求。年内,梅山矿业被国土资源部评定为第二批国家级绿色矿山。 (罗从启)

·电力工业·

【南京华润热电有限公司】 2015年,南京华润完成发电量313199万千瓦时,供热54.9556万吉焦;综合厂用电率5.39%,供电煤耗321.57克/千瓦时,同比下降2.85克/千瓦时。顺利通过NOSA(国际职业安全协会)五星安健环体系三星评审,累计连续安全生产4233天。完成4号发电机组检修任务,同步实施机组超低排放改造;逐步优化污泥干化焚烧项目,全年掺烧污泥30658吨。启动运营1座新进煤码头,增设2个5000吨级进煤泊位。年内,南京华润被南京市综合利用粉煤灰领导小组授予"南京市粉煤灰综合利用工作先进集体"称号。

【通过NOSA五星安健环体系"三星"评审】 5月29日,南京华润通过NOSA五星安健环体系三星外审,获NOSA五星安健环体系"三星"证书。年内,南京华润为成功创建NOSA五星安健环系统,完善安健环管理制度和标准,提高电力生产现场安健环可视化管理,查找消除生产现场各种安全隐患,强化全员安健环意识,公司整体安健环管理水平得到提升,安全生产稳定性加强。

【4号机组大气污染物超低排放改造项目验收通过】 12月16日,南京华润4号机组大气污染物超低排放项目通过省环保厅,市、区两级环保局及验收专家组现场验收。4号机组检修及超低排放工程改造于9月1日开工,10月25日完成一系列开机试验,一次并网成功,改造完工。该项工程除正常检修项目和大气污染物超低排放改造外,对汽轮机节能性能同时实行提效技术改造,降低煤耗约6.97克/千瓦时,提高机组核心竞争力。11月11日,该工程通过江苏省环境监测中心验收监测:4号机组烟囱入口烟尘、二氧化硫、氮氧化物排放浓度分别为2.3~2.5毫克每标准立方米、16~26毫克每标准立方米、26~33毫克每标准立方米,达到天然气燃气机组排放标准。 (杨海荣)

·装备制造业·

【南京中船绿洲机器有限公司】 2015年,中船绿洲生产船用起重机511台、船用锚绞机936台、分离机械379台、救生机械491台、环保设备490台,实现营业收入18.9亿元,同比增长11.76%,工业总产值21.8亿元,同比增长4.8%。组织申报国家国防科技工业局军转民项目、国家发改委新兴产业重大工程包、工信部高技术船舶专项项目、江苏省海洋局"带海上主动波浪补偿功能的系列化吊机与通用平台装置产业化"项目等。全年申请专利35项,其中发明专利13项,专利授权17项。年内,公司根据船东、船厂分布情况划分4个经营片区,形成区域经营管理模式。与中德(中国)环保有限公司签订合作协议,跨入城市垃圾焚烧发电市场,承接合同金额4000万元化工园区危险废弃物焚烧项目工程。参展第18届中国国际海事会,签订6条13000DWT型重吊船重型起重机合同,合同额1.5亿元。

【焚烧炉系统烟气排放达欧Ⅱ标准】 4月,中船绿洲为浙江闰土公司研制的化工废渣焚烧设备,焚烧后烟气排放达到欧Ⅱ标准,公司焚烧炉核心技术成功提档升级。该焚烧炉采用世界先进脱硝、脱硫技术以及美国戈尔公司专利滤袋技术实现二恶英低温催化还原,使精馏残渣、本质素废渣、废活性炭、编织袋等化工废渣焚烧处理后烟气排放减量化、无害化,高于国家环保新标准。

【海洋工程装备研发及产业化项目通过验收】 12月11日,中船绿洲首次承担的2项海洋工程装备研发及产业化项目通过国家发改委组织验收,项目分别是"1500米作业水深钻井船配套设备180吨定位绞车及系统研究开发与产业化""3000米水深多功能水下支持船配套锚绞车、鲨鱼钳等研发及产业化"项目。自2012年国家发改委批复该2项项目研制后,中船绿洲突破多项关键技术,完成工程样机研制及试验,获实用新型专利授权3项、发明专利受理3项。 (胡雨文)

【南京徐工汽车制造有限公司】 2015年,徐工汽车聚焦山东、河南等重点区域,持续推进产品、市场、营销模式转型。发布"HANVAN漢風"重卡品牌,打造徐工主品牌下第二层次重卡产业品牌。全年实现营业收入19.4亿元,利润总额1512.26万元,销售重卡5157台,同比增长2.87%,市场占有率提高0.32%。牵引车市场进入行业十强,成为行业唯一正增长企业。公司申报的管理创新成果——"以战略融合度为导向的国有企业转型升级"获第22届江苏省企业管理现代化创新成果二等奖。

【开拓东南亚市场】 2月,徐工汽车20辆牵引车与4辆混凝土搅拌车经上海港口装船发往东南亚市场。3月,徐工汽车开发改进的右驾矿用洒水车首次挺进东南亚,拓展徐工汽车右驾矿用车在东南亚市场销售领域,与东南亚市场签订40台自卸车、24台T系列牵引车订单。徐工汽车通过完善产品多元化出口结构,巩固东南亚市场主导地位。

【徐工汽车新基地投产】 3月,"徐州徐工汽车制造有限公司投产暨漢風重卡下线"仪式在徐工集团重卡新生产基地举行。徐工集团重卡生产基地落户于徐州国家高新技术产业开发区,总规划占地面积200公顷。新投产一期项目占地92.15公顷,建筑面积50万平方米,投资额25亿元;二期项目重点发展汽车及工程机械核心零部件产业。

【"智富路"挺进车联网】 3月,徐工汽车推出自有车联网品牌"智富路",即建立云计算中心,凭借车内网、车际网和移动互联网基础,依托卫星定位系统、移动互联网络、车载终端等技术和设备,采集车辆信息上传至云计算平台运行分析、整理,经车载屏、手机屏、电脑屏三屏融合,将信息全方位、立体式反馈至相关用户,提高整车电子化装备水平,为不同行业客户提供定制化解决方案及智能化车辆管理,提高车辆使用效益,实现整车厂、经销商、用户三方共赢。

【木材运输车首获批量出口订单】 3月,徐工汽车自主研发的木材运输车首次销往东南亚市场。该车型是针对海外细分市场需求开发研制的专用车辆,主车与挂车上装结构采用360度旋转U型框,U型框两端设计铰接式,通过钢丝绳拉紧,适应装卸各种规格木料。整车承载参数领跑行业前列。空车运行时,挂车固定于主车上,提高运输效率。

【QY25K起重机上车操纵室下线】 11月,徐工汽车为徐州重型机械有限公司配套的QY25K型起重机上车操纵室下线。该款上车操纵室造型配合下车驾驶室设计,内部操作空间增加40毫米,整车质量减少50千克,车门采用滑动方式,减少开启空间,车内配备伸缩踏步及4处上下车扶手,满足法规及人机工程,提高用户使用便捷性,顶部天窗取消横向护栏,扩大操纵视野。徐工汽车实现对徐州重型机械有限公司的重型起重机操纵室与驾驶室两室配套。 (徐金梁)

【南京高精传动设备制造集团有限公司】 南高齿主要从事研究、设计、开发、制造和分销应用于风力发电及工业用途的各种机械传动设备。2015年,公司销售收入98.46亿元,同比增长20.8%;毛利率32.5%;海外销售额21.62亿元,同比增长58.4%。至年末,获国家授权专利产品累计316项,受审专利52项。推进风电传动设备研发与生产工艺过程优化,加强风电设备业务。向客户批量供应1.5兆瓦、2兆瓦及3兆瓦风电传动设备,研发出的5兆瓦和6兆瓦风力发电齿轮箱产品达国际先进水平。风电客户包含国内主要风机成套商以及GE Energy(通用电气能源集团)、Nordex (恩德)、Senvion(苏司兰)等国际知名风机成套商。风力发电齿轮传动设备业务全年销售额78.04亿元,同长34.5%。公司重整工业齿轮传动设备业务,通过美国、德国、新加坡、加拿大等全资子公司发展全球市场,扩大全球化经营。工业齿轮业务全年销售额13.62亿元。公司牵头完成的“高端重载齿轮传动装置关键技术及产业化”项目获国家科学技术进步二等奖,成为国内机械传动类基础件首个获国家科学技术进步奖项目,入选2014年度江苏省自主工业品牌50强宣传企业。

【5000吨海监船配套推进系统海试成功】 2月,南高船(南高齿子公司)生产的主、侧推进齿轮箱成功配套于国内首艘5000吨级海监船——“中国海警2501”,通过负荷、机桨联调、航速试验及轴带发电机PTO/PTI★、侧推回转、联合操纵实验等,完成海试,各项性能稳定。“中国海警2501”采用的该主推进齿轮箱型号为CKH09505,属一进双出型式,输入端和轴带电机端均配置离合器。齿轮箱额定功率7000千瓦,最大输出扭矩343千牛顿·米,PTO功率2000千瓦、转速1500转/分。南高船成为国内首家掌握PTI软接排技术船舶主推进设备商。

★**链接** PTO即主机带轴带发电机发电输出功率。PTI即轴带发电机当电机用,轴带发电机需输入功率。

【1000吨渔政船配套可调桨系统试航成功】 3月,南高船为4条1000吨渔政船配套的可调

桨系统及主推进控制系统试航成功。该系列船舶主要用于中国200海里专属经济区和各所属渔区巡航及行政执法。推进系统为双机并车型式(2台主机驱动1条桨),可调桨输入功率为2×2720千瓦，采用南高齿自主研发的五叶桨,提升运行平稳性,降低振动及噪音。

【海工船固定桨改造可调桨项目完成】 5月，南高船为“海洋工程661”船改造的可调桨设备完成航海试验。该项目属旧船改造,船舶原动力系统为主机通过可逆转的齿轮箱驱动固定桨(FPP),改造方案保留原有动力系统的主机、齿轮箱、中间轴轴系,在船体结构不变基础上,将原船定距桨和艉轴更换为可调桨和艉轴,采用新轴配油机构,重新设计液压系统和控制系统。改造后船舶最大航速、轴系振动和设备可靠性得到提升。

【8000马力深水三用工作船首制船主推进系统海试成功】 7月，作为8000马力深水三用工作船的“海洋石油641”船海试成功。该船主推进系统由南高船设计制造,通过螺旋桨理论设计达到船机桨匹配，满足航速和系柱拉力要求,且选择合适盘面比、螺距值和叶梢设计降低螺旋桨振动和空泡。在南沙黄船码头进行的系柱拉力测试中,100%最大连续运行负荷功率下船系柱拉力大于船舶设计要求。海试中,主推进系统螺旋桨和轴系运转稳定,遵循欧洲标准生产,调距精度达国际先进水平。

【4项产品通过省级鉴定】 7月14日，南高齿齿轮集团研发的4项新产品通过江苏省经济和信息化委员会组织的专家委员会鉴定。4项产品分别为:亚洲首例最大功率卸船机差动齿轮箱、国内输出扭矩最大/卷板厚度最厚卷板机减速机、国内首次自主研发ZX320型水泥磨中心传动行星齿轮箱及应用于多种薄板生产线ESP（无头带钢生产)热轧板材高速剪用主齿轮箱。委员会通过听取产品试制及技术总结报告，审查产品图样、工艺、工装等技术文件，考察产品设计、制造、试验全过程和生产现场，一致通过该4项产品的技术鉴定。

【NGC型齿轮箱订单交付】 10月，南高齿NGC型齿轮箱订单交付。2艘预备在中国南海和中东水域运营的6500立方米非自航绞吸挖泥船采用由南高齿船用集团提供的NGC型品牌齿轮箱,传递舱内泥泵、水下泥泵和水下绞刀动力。产品包含2台舱内泥泵齿轮箱、1台水下泥泵齿轮箱及1台绞刀齿轮箱。舱内泥泵齿轮箱输入功率6000千瓦，输出最大扭矩197千牛顿·米。水下泥泵齿轮箱为双进单出型式，输入功率2×2600千瓦，输出最大扭矩180千牛顿·米,在水下2米作业,倾斜65度工作。水下绞刀齿轮箱为双进单出型式，输入功率2×2600千瓦，输出最大扭矩1655千牛顿·米,齿轮箱重量220吨,倾斜65°工作。　(居　明)

·材料工业·

【南京玻璃纤维研究设计院】 2015年,南京玻纤院营业收入13亿元，获国家科技进步奖1项、国家技术发明奖1项、省部级技术奖11项,获批国家高新技术产品4个,制定和修定玻璃纤维国家标准69项、行业标准10项、国家军用标准5项、国际标准3项。成功申请建设特种纤维复合材料国家重点实验室、江苏省企业研究生工作站和江苏省有机膜工程技术研究中心，获省五一劳动奖状、省厂务公开先进单位、建材行业标准化创新奖先进单位等称号。

【沙特延步日产3000吨海水淡化项目通过性能考核测试】 2月24日，沙特延步日产3000吨海水淡化项目通过性能考核测试，获沙特阿拉伯和以色列政府颁发的接收证书。该项目属南京玻纤院水务业务首个海外EPC(工程总承包)项目。反渗透技术应用是海水淡化发展方向，南京玻纤院水务业务自2013年在山东省寿光市实施50000立方米/天反渗透再生水项目，积累丰富反渗透项目工程实施经验；且在国内建成多个水处理项目，具有水处理项目实施的高效管理流程。

【1000吨隔板生产线项目通过72小时运转考核】 3月20日，南京玻纤院“1000吨隔板生产线”项目在中材科技膜材料公司泰安工厂通过72小时运转考核后投产，是继2012年2条750吨生产线的1条新建生产线。该项目的建成投产，有助于扩大膜材料公司产业化规模，提升湿法制品生产能力和技术水平。

【一项国家“十二五”科技支撑项目通过验收】 4月25日，中国建筑材料联合会受科技部委托，组织行业专家对南京玻纤院承担的国家“十二五”科技支撑计划项目——“玻璃纤维/高分子复合高性能滤料制备关键技术与示范”应用课题进行验收。专家组审阅验收资料、听取课题组汇报后，高度评价该项目成就，同意通过该课题验收，建议国家相关部门加大覆膜滤料产品推广应用力度。

【“高纯蒸发金制造技术”获全国建材行业技术革新奖一等奖】 5月24日，由中国建筑材料联合会和中国机冶建材工会全国委员会联合组织的2014年度“科达杯”全国建材行业技术革新奖评审揭晓，南京玻纤院申报项目“高纯蒸发金制造技术”获技术革新奖技术开发类一等奖。该新技术立足于已有贵金属制品技术及装备基础，开发建材行业新技术，产品广泛应用于LED照明半导体芯片。

【中材水务股份有限公司成立】 6月2日，南京中材水务股份有限公司首次股东会、董事会和监事会在南京玻纤院召开。南京玻纤院有限法人代表、董事长赵谦及其他30位自然人股东参会。会上南京中材水务股份有限公司成立。该公司由南京玻纤院及自然人股东现金出资发起设立，致力解决水务产业运营服务短板，提供市政污水、城镇污水及供水、中水回用、工业废水、城市污水污泥处理处置、海水淡化、垃圾渗滤液等水务项目运营服务。

【罗汉到南京玻纤院调研】 12月3日，国有重点大型企业监事会主席罗汉一行到南京玻纤院调研指导。董事长赵谦简要汇报企业基本概况、发展回顾、当期主要经营状况、“十三五”发展思路等，重点阐释企业“12345”发展战略和“六化”战略实施路径、四大主要产业升级与布局、锂电池隔膜、岩棉产业链、水务产业培育等情况。罗汉表示，南京玻纤院生产的玻璃纤维及其制品科技含量高，产品富有特色，满足国家战略战术武器装备研制及发展需求，为国家及民族发展做出贡献。

（俞　晓）

【南京旭建新型建材股份有限公司】 2015年，旭建新材实现营业收入22388万元，净利润3310万元，获发明专利授权4项，实用新型专利授权2项，认定2批计22名核心员工。公司自建自用的旭建大厦获全国绿色建筑创新二等奖。承担的江苏省建筑产业现代化示范基地项目被江苏省住房和城乡建设厅批准，获100万元财政资金支持。申报的4项企业研发费用加计扣除项目通过市科技局审核，年度投入研发经费约700万元。组织编制的企业技术标准《蒸压轻质加气混凝土(NALC)保温系统应用技术规程》通过江苏省工程建设标准站专家组审查。公司证券简称由"南京旭建"变更"旭建新材"，于6月19日启用。

【旭建新材定向发行股票】 5月4日，旭建新材审议通过股权激励定向发行股票方案，以非公开向特定对象(包括公司核心员工)发行新股的方式增加注册资本1000万元，公司注册资本由1.6亿元增至1.7亿元。10月16日，该方案获中国证监会《关于核准南京旭建新型建材股份有限公司定向发行股票的批复》文件核准。12月11日，取得全国中小企业股份转让系统《关于南京旭建新型建材股份有限公司股票发行股份登记的函》文件批准。

【旭建新材在境外设立控股子公司】 12月30日，旭建新材获江苏省商务厅颁发企业境外投资证书，在澳大利亚墨尔本投资设立控股子公司，即旭建建材澳大利亚有限公司，总投资额100万澳元，主要从事ALC制品(多孔硅酸研制品)及其他建材产品、辅助材料相关销售、技术服务、安装施工服务等。

(崇　睿)

·生物医药业·

【南京同仁堂药业有限责任公司】 2015年，南京同仁堂药业有限责任公司拥有全资、控股子公司3家，子公司下属全资国医国药馆及连锁大药房3家。公司通过采取"优化生产组织，坚持集中生产；优化生产批量，提高设备和人员利用率；深化工艺研究，为营销提供更多产品；适度改造，解决生产瓶颈"等措施，单月产值突破4000万元，第四季度产值1.03亿元。全年公司产值3743.4万元，同比增长46.7%；完成包装入库产品3609.5万盒，同比增长14.9%；主营业务收入32370万元，同比增长44.75%；实现净利1732万元，同比增长118.5%；上缴税金2722万元，同比增长38.38%；120个品种药品再注册。年内，该公司获首批"江苏老字号"企业称号；复审通过2013-2014年度江苏省"守合同重信用"企业考核，获评江苏省高新技术企业；通过2010版GMP(药品生产质量管理规范)现场认证检查，取得新版药品GMP证书；完成安全标准化生产，获安全生产标准化Ⅲ级企业证书。"一种炎热清颗粒的制备方法和用途"获国家知识产权局授权药品发明专利，"参梅养胃颗粒""六味地黄丸(浓缩丸)"被江苏省科学技术厅认定高新技术产品。　(李　月)

【乾元浩生物股份有限公司南京生物药厂】 2015年，乾元浩南京厂生产总量60.52亿羽份/亿毫升，销售总量51.85亿羽份/亿毫升，实现营业收入10320万元，其中主营业务收入9374万元；制定完善50个文号、52个产品内控质量标准，报中国兽药监察所业务处备案。与扬州大学联合申报的"鸡马立克氏病CVI988单价和二价活疫苗的研制及其规模化生产技术”项目获2014年度江苏省科学技术奖二等奖，工厂一车间马立克班组获中华全国总工会颁发“全国五一巾帼标兵岗”称号。

【“全国猪病防治科普宣传日”暨新产品上市发布会】 4月16日，乾元浩生物股份有限公司联合江苏省农科院、南京农业大学，在南京军区东苑宾馆举办“全国猪病防治科普宣传日”公益活动。乾元浩南京厂现场召开新产品上市发布会，推出圆环病毒2型灭活疫苗(SH株)、猪支原体肺炎活疫苗(168株)2项猪病防疫产品。国家“973计划”(国家重点基础研究发展计划)首席科学家杨汉春、江苏农科院党委副书记陆晓曦、江苏农科院兽医研究所所长何孔旺、中国动物卫生与流行病学中心主任王幼明等国家猪病防治机构领导及行业专家出席。

【“能力验证合格实验室”获评】 11月，中国兽药监察所组织行业内具有布氏菌病活疫苗批准文号的生产企业进行布氏病菌活疫苗活菌计数能力验证。乾元浩南京厂提交的布氏病菌活疫苗活菌计数测试结果经中国兽医药品监察所鉴定满意，实验室检测水平获中国兽医药品监察所认可，颁发“能力验证合格实验室证书”。(陈金鑫)

服务业

·概　述·

【概　况】 2015年，雨花台区招商选资、利用外资、服务外包、新增商务商贸设施面积、外贸出口、社会消费品零售总额等6大类8项指标中除服务外包2项指标及外贸出口总额指标外，其余6项指标均达序时进度，注册项目计划总投资、注册外资实际到账分别提前1个季度、半年完成全年目标。筹备参加“创洽会”“软博会”“金洽会”“南京高铁枢纽经济圈（深圳）推介会”等重大招商活动，宣介全区产业投资环境，招商效果显著。创洽会签约项目总投资64.5亿元，软博会签约项目总投资58亿元，金洽会签约项目总投资65.3亿元。

2015年雨花台区商务经济完成情况一览表

表4

序号	指　　标	2015年完成情况	占年度计划(%)
1	社会消费品零售总额增长	13%(总额335.5亿元)	100
2	注册外资实际到账	2.28亿美元	134
3	新增商务商贸设施面积	83.4万平方米	104
4	签约项目计划总投资	237亿元	119
5	引进重大项目个数	37个	116
6	外贸出口总额	19.13亿美元	86.6
7	服务外包执行额	26.7亿美元	86
	其中离岸服务外包执行额	11.48亿美元	83

【社会消费品零售总额增幅位列全市第一】 2015年，全区实现社会消费品零售总额335.5亿元，同比增幅13%，增幅在全市各区中位列第一，是全市唯一一家完成增幅和绝对量单位。其中，汽车销售业下行，汽车销售额占社会消费品零售总额比例下降至30%，餐饮业同比持平，生物医药产业同比增长21.3%，珠宝奢侈品同比增长19.8%，服装销售同比增长4.5%。

【创洽会签约项目12个】 4月24–27日，2015中国·南京科技创业创新与重大项目洽谈会在南京国际博览中心举行。雨花台区邀请150名客商参会，达成签约项目总投资64.5亿元。其中，市签约项目2个，计划总投资15亿元，分别是总投资10亿元的大族机器人和总投资5亿元的清华同方项目；区签约项目10个，计划总投资49.5亿元，包括总投资15亿元的南部新城丿墙路城市综合体、总投资24亿元的禹州地产王家村集合新村地块项目等。

【雨花供销投资发展有限公司成立】 8月26日，区供销合作联社组建南京雨花供销投资发展有限公司，地址位于软件大道180号南海科技园内，注册资本1000万元，主要职能是管理区供销合作联社参股、控股企业，尝试创新转变单一资产经营模式，通过新投资项目开拓资本运作市场，为软件园区入孵企业、人才提供优秀发展平台。至年末，南京雨花供销投资发展有限公司完成运作手续及办公场所的改造装潢，推进与南京天天买电子商务有限公司战略合作。

【中国(南京)国际软件产品和信息服务博览会签约项目10个】 （参见“中国(南京)软件谷”类目，第65页）

【金洽会签约项目22个】 9月21–25日，“2015中国·南京金秋经贸洽谈会”在南京国际博览中心举行。雨花台区于9月21日在楚翘城举行“雨花台区第三届高铁枢纽经济发展暨跨境电商研讨会”，推进南京南站CBD商圈发展，200余名中外客商应邀到会，签约项目22个，计划总投资80亿元，包括总投资30亿元的万科集团尚都荟花园、总投资20亿元的中南集团世纪城、总投资15亿元的中交万正南站综合体、总投资2亿元的颐阳智能公司智慧医疗研发和总投资2亿元的零浩网络科技公司信息技术开发项目等。

【南京高铁枢纽经济圈推介会签约项目9个】 10月30日，区商务局赴深圳参加“南京高铁枢纽经济圈(深圳)推介会”，宣传南京南站高铁枢纽经济圈。世界500强企业——绿地集团、香港招商局集团有限公司、中国港中旅集团公司、国民技术股份有限公司等企业总裁、董事长50余人参会。会上，雨花台区签约项目9个，计划总投资22亿元，包括总投资均为10亿元的大族能联和元征科技项目、总投资1亿元的深港产学研基地项目等。

【南京市“十三五”发展商机推介会签约项目2个】 12月3日，南京市“十三五”发展商机(北京)推介会在北京会议中心举行。雨花台区邀请2家央企[牧工商(集团)总公司、中国交通建设投资有限公司]及4家民营企业[金山软件公司、暴风微城科技有限公司、歌尔声学股份有限公司、北京联东投资(集团)有限公司]总裁参会。会上签约项目2个，计划总投资40亿元，包括总投资10亿元的南京歌尔研发中心、总投资30亿元的中牧国际生物医药产业园。

·商务商贸·

【概　况】 2015年，全区商务商贸业围绕区委区政府“建设现代化创新型生态新城区”总体要求，加大软件和信息服务业招商力度，以南京南部新城规划建设为契机，开展高端商务商贸招商，拉开南京南站高铁枢纽经济区建设序幕，逐步形成现代服务业集聚区，服务全区快速发展的软件支柱产业。区商务局全年捕捉有效招商引资项目信息123条，接待到访考察客商160批，引进重大项目37个，包括注册资金1000万元的浙江九好办公服务集团有限公司（淘宝后勤保障公司）、注册资金1000万元租赁雨花（国家级）服务外包基地的广安堂科技孵化器以及总投资5000万元的江苏鱼刺软件科技有限公司。注册项目计划总投资237亿元，占年度计划119%；注册项目征地30.6公顷，租用楼宇（厂房）9.17万平方米。辖区江苏科技金融大厦、润和国际软件外包研发总部基地二期、新润泰市场一期等项目建成入驻，步步高软件研发南京总部、南京证大喜马拉雅中心、丰盛商汇等项目实行主体建设。西善桥街道引入苏州博济产业园联合打造2.3万平方米博济聚创科技园，展开招商工作。2.35万平方米莲花湖电子商务大厦签约项目3个。全区新增商务商贸项目24个，其中新建（续建）项目18个、改造（装修）项目6个，新增商务商贸设施面积83.4万平方米，完成年度计划104%。

【全区引进重大项目37个】 年内，雨花台区引进明发浦泰置业房地产开发、南京京东智丰信息技术等重大项目37个，签约项目计划总投资230亿元。其中超10亿元项目5个，包括计划总投资30亿元的明发浦泰置业房地产开发项目、计划总投资各20亿元的南京京东智丰信息技术公司项目和中交集团南京中交万正置业房地产开发项目、计划总投资各15亿元的板桥新城和昌地产房地产开发项目和南部新城丁墙路城市综合体项目。在谈项目信息23个，计划投资总额40亿元，含10亿元以上项目2个。

【商务商贸设施面积新增83.4万平方米】 2015年，全区新增商务商贸设施面积83.4万平方米，建筑面积10万平方米以上项目9个。其中，建筑面积17.6万平方米的软件谷智慧园项目，新增建成面积5.2万平方米，项目主体封顶；建筑面积17.8万平方米的软件谷人才公寓项目，新增建成面积4.3万平方米，项目主体封顶；建筑面积20万平方米的雨花经济开发区苏宁电子商务项目，新增建成面积6.5万平方米，进行主体建设；建筑面积25万平方米的软件谷丰盛商汇项目，开工建设，建成面积7.3万平方米；建筑面积70万平方米的雨花经济开发区石林房地产二期项目，商业面积占8.5万平方米，进行前期建设，建成面积5.7万平方米；建筑面积18万平方米的板桥市场群普迪市场一期项目，开工进行基础建设；建筑面积17.2万平方米的润泰市场一期项目，新增建成面积10.1万平方米，竣工交付；建筑面积86万平方米的雨花绿地之窗项目，部分主体封顶，建成面积6万平方米；建筑面积63万平方米的证大喜马拉雅中心项目，建成面积5.9万平方米，一期结构主体封顶。

【楚翘城开业】 （参见“中国（南京）软件谷”类目，第63页）

【引进南京首家化工行业“互联网+”公司】 9月17日，江苏伊斯特威尔供应链管理有限公司运营。该公司位于赛虹桥万古科技园内，由江苏伊斯特威尔国际贸易有限公司和深圳市怡亚通供应链股份有限公司(国内首家在A股上市供应链服务企业)合资而成。公司以互联网为载体、供应链贸易为核心、上下游终端工厂为服务对象，依靠公司自身物流、信息流、资金流等资源向客户提供全套解决方案，属南京首家化工行业“互联网+”公司。 (刘小楚)

·烟草专卖·

【概　况】 2015年，雨花台区烟草专卖部门销售卷烟28444箱，同比增长0.51%；实现卷烟销售额10.67亿元，同比增长7.62%；卷烟平均单价150.11元/条，同比增长9.39%。全年查获各类涉烟违法案件171起，先行登记保存各类非法卷烟8337条，涉案案值197.46万元。年内，烟草四分局被江苏省烟草专卖局和江苏省公安厅授予全省卷烟打假先进集体，获南京市烟草系统“十二五”发展突出贡献奖。

【“灯会”卷烟市场专项整治】 2月，在第30届秦淮灯会期间，烟草四分局联合公安、工商执法部门在夫子庙、老门东、大报恩寺遗址公园等景区开展卷烟市场专项整治行动。重点走访景区中心、周边道路、停车场等区域，查漏补贴“12313”假烟举报警示标语，处理各类卷烟维权投诉5起，维护秦淮灯会期间卷烟市场秩序。其间，查处涉烟违法案件4起，先行登记保存各类卷烟70.4条。

【“3·15”消费者权益日】 3月，烟草四分局开展“3·15”消费者权益日系列活动。到社区宣传烟草专卖法，教授群众辨别真假烟技巧，发放“真假烟鉴别技巧”传单200余份，解答卷烟消费咨询40余起，处理消费者投诉3起。组织零售客户开展“卷烟经营注意事项”专题培训，宣传烟草专卖法律法规，督促零售客户自觉学法、遵法、守法。烟草专卖稽查人员在市场检查过程中有针对性的宣传新《中华人民共和国消费者权益保护法》《中华人民共和国行政复议法》，提升消费者法治意识。

【无证户取缔】 4月，烟草四分局联合区公安、工商执法部门清理取缔辖区无证经营卷烟户。通过排查、摸底统计辖区无证户信息，掌握违法事实情况。向违规经营户进行宣传教育，督促自觉整改，对屡教不改经营户联合执法。其间，查处无证照卷烟经营户6户，先行登记保存卷烟1300余条。

【“2·17”假烟网络案件宣判】 4月20日，区法院对“2·17”假烟网络案件涉案人员执行宣判，判决高某等3名被告2–4年不等有期徒刑，并处相应罚金。该案属于利用互联网销售烟草制品新型案件。办案过程中，烟草四分局联合公安网监部门依托服务器地址查询、支付宝、银行卡信息定位等现代化技术手段，围绕案件资金流、物流、人流追踪调查，于2014年2月17日收网，抓获涉案嫌疑人3名，涉案金额达110余万元。 (仇　斌)

·外资外包外贸·

【概　况】 2015年，全区新批外资项目21个(含增资、减资项目6个)，计划总投资4.82亿美元，协议注册外资3.41亿美元。注册外资实际到账 1.71 亿美元，提前半年完成全年目标，完成总量和完成进度创新高，主要依托项目是赛虹桥街道博洲房地产开发项目、软件谷南京丰茂股权投资企业项目、拍拍蓝天信息技术项目、南京新华科技发展项目等。全区拥有自营进出口权企业 309 家，其中有出口实绩企业 172 家。外贸出口总额 19.13 亿美元，同比下降 12.3%。其中，舜天集团出口额 7.18 亿美元，同比下降 24%；苏豪集团出口额 5.98 亿美元，同比下降 17%；梅山钢铁出口额 2.25 亿美元，同比增幅 50%；中船绿洲出口额 1822 万美元，同比下降 55%。苏豪、舜天 2 大集团外贸出口总额在全区占比 69%。

全年实现服务外包执行额 26.7 亿美元，同比增长 1.9%，完成年度计划 86%。其中，离岸服务外包执行额 11.48 亿美元，同比增长 1.7%，完成年度计划 83%；软件服务外包执行额 24.5 亿美元，同比增长 32.4%，完成年度计划 132%。全区服务外包执行额在 500 万美元以上企业 44 家，其中执行额超千万美元企业 24 家、执行额超二千万美元企业 12 家，华为软件技术有限公司、南京中兴软创科技股份有限公司和江苏润和软件股份有限公司执行额均超亿美元，重点企业执行额占全区比重超 98%。区商务局帮助中兴通讯、富士通南大等 20 余家企业申报各级外包专项资金 4122 万余元，获拨付资金 1072 万元。

【新批协议注册外资千万美元以上项目 4 个】 2015 年，雨花台区新批协议注册外资千万美元以上项目 4 个，分别是南京博洲房地产开发项目 27582 万美元、南京丰茂股权投资企业项目 3209 万美元、奥星制药技术设备项目 1628 万美元和红太阳工业原料城项目 1000 万美元。

【新建服务外包(电子商务)园区】 2015 年，区商务局筹备新建 4 万平方米服务外包(电子商务)园区重点项目，计划总投资 3000 万元。截至年末，建筑面积 2 万平方米板桥新城综合楼项目完成投资 1000 万元，主体完工，拟打造拎包入驻创业平台，招商工作有序展开；2 万平方米雨花商厦电子商务园项目完成投资 1500 万元，内部实施改造。

【第七届中国国际服务外包合作大会】 9 月，“第七届中国国际服务外包合作大会”在南京召开。其间，区商务局组织区域 40 家企业参加“服务外包高层峰会”，20 家企业参加“国际服务外包项目洽谈对接会”，30 家企业及培训机构参加“服务外包人才需求洽谈会”，重点推介雨花台区服务外包特色，展示园区和企业风采，帮助企业拓展外包业务。 （刘小楚）

旅游业

·概　述·

【概　况】 至 2015 年末，雨花台区拥有雨花台风景区、南京科技馆 2 家 AAAA 级旅游景区，将军山风景区 1 家 AAA 级旅游景区，梅山宾馆 1 家三星级宾馆。各类旅行社 33 家，其中新增旅行社 2 家、旅行社营业部 4 家，注销旅行社 2 家、旅行社分社 2 家、服务网点 3 家，搬迁旅行社、服务网点各 1 家。全年旅游景点接待游客 639.4 万人次，旅游营业收入 924.22 万元；旅行社接待游客 69535 人次，其中组团5063 人次、散客 64472 人次，营业收入

2015年雨花台区新增旅行社(含服务网点、分社)一览表

表5

序号	旅行社名称	地　址	备案时间
1	中青旅江苏国际旅行社有限公司梅山营业部	福润社区梅山农贸市场办公楼东侧商业综合楼19号	2月11日
2	南京市中国旅行社有限公司中兴路营业部	梅山生活区中兴路9幢3号门面房	4月10日
3	中青旅江苏国际旅行社有限公司梅山中兴路营业部	梅山生活区中兴路20-3号	4月29日
4	江苏省中山国际旅行社有限公司南京玉兰路营业部	玉兰路99号1幢1056室	12月7日
5	南京惠玩国际旅行社有限公司	长虹路222号1幢205室	5月28日
6	南京秾莜黑马旅行社有限公司	玉兰路99号明发广场1幢4031室	5月28日

2917.76万元。该区整合旅游、文化、软件资源,举办雨花“春牛首”踏青节及第八届雨花生态休闲旅游节等活动，打造雨花“生态名片”，并首次推出雨花旅游官方微信平台——“微游雨花”。

年内,南京申腾旅游有限责任公司申报市三星级旅行社评定,南京风之旅国际旅行社有限公司、南京坤驰国际旅行社有限公司申报市一星级旅行社评定，梅山宾馆通过三星级复评。区旅游局开展旅行社出境游、台湾游等专项检查175次,检查旅行社、服务网点及分社42家,出动人员350人次。在旅行社、宾馆和景区发放文明旅游出行材料300份。全年受理投诉41件，其中市旅游委员会转至区内投诉6件、“12345”旅游投诉工单13件、旅游电话投诉22件,处理率100%。

【将军山风景区】 2015年,将军山风景区接待游客41.5万人次,营业收入175万元。景区新增10条脚踏船，保障水上游乐项目正常经营；组织员工清理烧烤场地、茶园、养殖场周边环境,为经营项目增加和调整做好准备。植树节期间,组织中小学生、企事业单位、家庭开展“亲手种植、认养树木、收获果实”活动,参与游客2000人次,种植桃树600棵。

【“微游雨花”微信平台上线】 3月3日,区旅游局主办的“微游雨花”微信平台上线,内容涵盖区域人文历史、生态美食、旅游景点。年内，平台对外推送信息130期计微信346条,推送雨花老地名、境内名人诗词、出土精品文物原创帖130条,推出“我与樱花合影”送马卡龙礼盒、“随手拍雨花”、一周一题“我猜”、“微爱雨花”故事征集、“微爱雨花”形象大使征集大赛等线上线下互动活动。平台粉丝数破万。

【雨花“春牛首”踏青节举行】 4月14日,雨花台区在软件谷管委会召开新闻发布会,推出春季踏青新景点——牛首山北坡风景区，拉开“2015南京雨花春牛首踏青节”帷幕,新华日报社、南京日报社、现代快报社、扬子晚报社、江苏城市频道等10家主流媒体参会，实地走访报道牛首山北坡风景区。该届踏青节持续至5月13日，主题“一元复始春牛首,万象更新在雨花”。其间,区旅游局推出健步登山行、南京科技馆亲子互动、将军山风景区烧烤美食文化节等系列活动,各景区累计接待游客16.3万人次。 （祁　栋）

【南京科技馆免费开放】 5月16日，位于雨花台区的南京科技馆免费对外开放，开放首日游客量突破7500人。年初,南京科技馆被列入全国科技馆首批免费开放试点单位。南京科技馆经过2个月协调筹备,更新升级“声驻波”“听话的小球”“滚出直线”“雅各布天梯”等10余件场馆经典展品，自主研发出光学展区“万花筒”“莫尔条纹”等展品,推出科普讲座、科学实验秀、科普特效电影、科普游乐设施、品牌科普活动等科普游节目单,创新科普传播形式。

【“侏罗纪恐龙世界”大型主题展览】 9-12月，南京科技馆与南京电视台少儿频道、广州佶佶龙展览公司在南京科技馆南门湿地公园内联合举办“侏罗纪恐龙世界”大型主题展览。在占地面积约3万平方米森林绿地里,布展恐龙模型60余件,有霸王龙、梁龙、剑龙、阿玛加龙、慈母龙、赖氏龙等,大部分按1:1比例制作,吸引到馆参观游客万余人。展演体型最大恐龙属马门溪龙,体长25米,脖子长12米。场馆配套展出恐龙起源、恐龙时代、恐龙灭绝等科普知识牌。 （顾　璇）

【富力尚悦居环莲花湖欢乐跑】 12月5日，富力尚悦居环莲花湖欢乐跑暨“2015雨花台区旅游休闲节”开幕式在板桥街道莲花湖公园举行。该活动由区文化(旅游)局主办,富力地产公司协办。开幕式组织社区居民、IT企业员工等500余名健身跑爱好者参与“放松身心、共享运动”环莲花湖欢乐跑主题活动,环跑路线设计为富力尚悦居—莲花湖（体育公园)—环湖跑—富力尚悦居,全程约6公里。

（祁　栋）

·雨花台风景区·

【概　况】 2015年,雨花台风景区投资300万元翻新雨花台烈士纪念馆堡顶,拆除雨花台烈士群雕广场与雨花台烈士纪念碑广场两侧存在近20年的商业网点，重塑中心纪念区庄严肃穆形象。在安保中心新建视频监控分控中心,新增、更换景区高清监控摄像机25台。翻新茶地0.147公顷,新栽优质茶苗2万株,重点打造“雨花双绝”茶文化景观。新增、更换景区各类标志标牌44块，在景区东门及游乐活动区新建公厕2座。全年景区接待游客484.67万人次。

年内,雨花台风景区与市关工委、南京诗词学会举办“雨花忠魂颂”诗词朗诵会;与南京日报社推出《红色文化看传承·穿越时空的对话》系列报道；与市委宣传部等部门联合开展“给烈士回信”征文活动,收到书信作品2200封。走进南京港(集团)有限公司、先声药业、浦镇车辆厂等企业,举办“穿越时空的对话”分享会,共同讨论“当代年轻人如何传承红色文化”。与市广播电台联合开设“市民课堂”,以“英雄雨花”为主题,讲述恽代英、施滉、许包野等烈士英雄伟绩。与南京师范大学、南京大学、江苏省委党校等单位合作成立南京雨花英烈研究会。配合市委宣传部完成《信仰的力量——雨花先烈事迹选编》书籍选编,启动《雨花台烈士书信集》《雨花台烈士文集》整理出版工作。与文化创意公司合作,设计研发20余种具有雨花台特色的红色旅游产品，在雨花台烈士纪念馆幸福厅向游客陈列展示。年内，雨花台烈士纪念馆成为江苏省首批党性教育现场教学基地,雨花台风景区先后获“南京市城市综合治理标准化建设工作先进单位”“南京市平安景区创建工作示范点”“全市 2015 年安全生产优秀单位”等称号。

【雨花台烈士纪念馆堡顶屋面翻修】 1 月 19 日，雨花台烈士纪念馆堡顶屋面翻修改造工程通过监理单位、施工单位竣工验收。雨花台烈士纪念馆堡顶屋面由于风化等原因，屋面琉璃瓦及砂浆层老化剥落，雨花台风景区于 2014 年 9 月 10 日启动堡顶屋面翻修工程，总投资约 300 万元。翻修工程保持纪念馆立面效果不变，全部堡顶琉璃瓦按原状换新，主堡入口及边堡檐下砂浆预制块材质的莲花造型使用新型 GRC 轻质材料进行更换。

【中韩观赏石(寿石)联合展】 4 月 25 日-5 月 3 日，中韩观赏石(寿石)联合展——首尔、南京、济州观赏石(寿石)文化交流展在雨花台风景区内南京雨花石博物馆举办。展览展出南京 2014 年评选出的雨花石名石，安徽、徐州、扬州等省(市)精选奇石，韩国首尔、济州岛寿石等珍品 150 件，约 2000 名雨花石爱好者参观游览。

【首届雨花茶斗茶比赛】 5 月 1 日，由南京茶叶行业协会、雨花台风景区共同主办的“金陵踏春·雨花茶香”——首届雨花茶斗茶比赛在雨花台风景区南门广场举行。比赛邀请省农委、南京农业大学茶叶评审专家及国家一级评茶师作评委，采用企业互赛、大众评审方式角逐名次。斗茶比赛在少儿茶艺表演中拉开序幕，20 余家雨花茶企业提供特一级雨花茶样品，现场统一冲泡开汤，评审团根据外形风格、干茶色泽、汤色等六大标准，评审出“最佳质量奖”“最佳风格特征奖”“最佳内质奖” 等奖项。雨花台风景区茶厂“昊月牌”雨花茶获市民最喜欢雨花茶品牌奖。

【“三严三实” 专题教育展】 6 月 12 日，“学习雨花英烈，做‘三严三实’好干部”专题展在雨花台烈士纪念碑碑廊举行，市四套班子领导出席开展仪式。展览通过 23 位典型人物、183 张珍贵图片、60 个革命故事展现雨花英烈革命精神。7.1 万盆鲜花在雨花台烈士纪念碑前百级台阶上摆设出“忠诚”2 字。至年末，该教育展接待教育部机关党委、省委办公厅、省政府办公厅、省委宣传部、市委组织部、市委宣传部等 343 家部门(单位)23507 人参观。

【党性教育基地网上展馆开馆】 8 月 5 日，雨花台烈士纪念馆党性教育基地网上展馆建成上线。主页以“雨花祭”为背景音乐，分成基地概况、现场教学、“雨花档案”微课堂及在线互动 4 个模块，以图文并茂形式展示雨花台烈士纪念馆党性教育基地基本面貌、主要教学点、师资力量及馆内陈展等内容。其中，“雨花档案”微课堂版块陈列出 170 位雨花英烈事迹与《雨花文萃》《雨花魂》文字影像资料；在线互动版块设置“缅怀墙”“穿越时空的对话”，增强游客互动体验。

【南京雨花英烈研究会成立】 9 月 29 日，南京雨花英烈研究会成立会议在南京国际会议大酒店举行。市委副书记龙翔及研究会理事会代表出席会议。该研究会由雨花台烈士陵园管理局发起成立，理事会成员 56 名，分别来自市委宣传部、市社科联、市党史工办、南京大学、南京师范大学、市委党校、市广电集团及烈士亲属代表等。会议选举南京师范大学马克思主义学院院长、教授、博导王跃担任理事会会长。

（张亚蕾）

·牛首山北坡风景区·

【概　况】 牛首山北坡风景区东南至雨花台区区界，北至宁丹路，是牛首山文化旅游区北入口，占地面积60.72公顷，由南京软件谷发展有限公司承建，于2014年3月动工，总投资约5.5亿元，分2期建设。景区整体设计风格与牛首山文化旅游区东入口呼应，主打"新中式"建筑及景观风格，旨在营造禅韵深厚的当代新式佛教园林景区。2014年8月13日，牛首山北坡一期项目竣工并免费开放，项目包括圣象广场（山门）、菩提大道（上山道路）、栈道水系、绿化景观、临时游客中心等。

2015年，牛首山北坡风景区围绕牛首山文化旅游区佛顶宫的开园，完成山顶、山下售票处、临时游客中心项目改造，完成景区停车场、休息椅、垃圾桶、总导览图等标示标牌服务配套设施建设，完成景区游览车导游词编辑及游览车运营方案设计。与江宁区就一体化运营成功对接，佛顶宫开园两区实现统一运营管理。至年末，牛首山北坡风景区接待游客24万人次。

【"爱在软件谷相约牛首山" 青年交友联谊会】 6月6日，由软件谷管委会主办的"爱在软件谷　相约牛首山"青年交友联谊会在牛首山北坡圣象广场旁大石湖公园举行。活动设计"跑男撕名牌""老鹰捉小鸡""一见钟情""栈道约见"等游戏。华为、中兴、宏软、华博创意、润和、诚迈、富士通南大、酷派集团、敏行信息、银江股份、中科创达及周边学校、医院、银行、政府机关等80家单位400余名单身青年齐聚一堂。自2012年至今，软件谷累计举办交友联谊会4次。

【牛首山文化旅游区北入口开放】 10月31日，位于牛首山北坡风景区山顶的牛首山文化旅游区北入口开放，距离佛顶宫2千米，供游客直登佛顶宫。牛首山北坡风景区配备10辆接驳游览车，自圣象广场直达牛首山文化旅游区北入口。

（软件谷）

金融业

【概　况】 2015年，雨花台区发挥财政资金引导作用，带动社会资本、风险投资向重大项目倾斜，完善信用担保等社会化服务体系，牵头搭建银企合作平台，通过股权置押、票据贴现等形式拓宽市场化融资渠道。

区金融发展办公室通过实施小额贷款监管员制度，制定非现场数据分析法、现场取证法、现场检查流程，实现对担保公司、小额贷款公司的全方位监管。通过实施监管评级制度，鼓励评级高的小额贷款公司发展应付款保函、"开鑫贷"、融资性担保、现金池等业务，为小额贷款公司拓展中间业务。年内，全区开业小额贷款公司6家，注册资本9.5亿元，全年放款额约11亿元。该区外聘专业机构，对6家小额贷款公司开展评级检查，获AAA评级小额贷款公司3家。

【南京软件谷发展公司】 年内，软件谷管委会对南京软件谷发展公司实行集团化战略，将南京软件谷发展公司下属28个子公司分类管理，逐步实现全资子公司实体化运作。全年接受和报送预结算项目94项计3.35亿元，审核平均核减率15.13%，完成工程项目签证变更审核390项计4979.54万。创新融资渠道，开展银企合作，与10余家银行建立信贷关系及投融资平台，银行贷款实际下款到账18.159亿元，贷款余额33.059亿元。

【“两桥地区”资金供给保障】 （参见“城市建设与管理”类目，第114页）

【小微企业应急互助资金】 年内，区金融发展办公室联合区财政局、科技局调研南京联合产权（科技）交易所，了解小微企业应急互助基金现状、发展规划等，探讨该区对小微企业应急互助基金的应用和管理，帮助小微企业防范和化解因暂时性资金周转困难引发的整体资金链断裂风险，落实500万元财政引导资金。调研形成《雨花台区关于南京市小微企业应急互助基金使用的管理暂行办法》。

【江苏科技金融大厦】 5月，软件谷重点项目之一的江苏科技金融大厦项目竣工，6月底入驻办公。该项目位于软件谷A1-4地块，总占地2.07公顷，建设用地1.43公顷，建筑面积4万平方米，由江苏金农股份有限公司和江苏金创信用再担保股份有限公司共同出资建设，主要向全省微型准金融机构提供IT基础支撑、业务培训、融资咨询、资金调剂以及为小额贷款公司提供贷款和股权交易服务等，对软件谷软件及金融服务业发展起助推作用。 （孙敏琪）

农　业

【概　况】 2015年，雨花台区以服务“三农”（农业、农村、农民）为目标，落实扶农、支农、惠农政策，加大农产品市场监管和检查力度，提升农业技术指导和服务能力，推动区域农村经济发展。区农林部门开展农村财务票据、“三资”（资金、资产、资源）管理专项检查与调研，协调推进农村集体财务和集体资产信息化系统建设，规范农村集体资产化管理。健全“放心菜”工作责任网络，建立监测网点，定期组织检查，检测蔬菜样品5478份，合格率100%。为保障农畜产品食用安全，对养殖环节实行抽检，全年生猪尿检3163头份，未发现有使用“瘦肉精”等违禁物质。对6个涉农街道农机安全展开督查，打击“黑车非驾”等违章行为，彻底消除事故隐患。雨花台区全年农林牧渔总产值15834万元，同比下降4.4%，其中农业总产值2380万元、林业总产值11196万元、牧业总产值1330万元、渔业总产值928万元。区动物卫生监督所被授予市重大动物疫病防控先进集体称号。

【农业养殖分布】 2015年，全区生猪存栏4095头，家禽存栏17699只。生猪存栏50头以上规模养殖场（户）23户，存栏3055头，占全区生猪存栏总量75%；家禽存栏500只以上大户7户，存栏7793只，占全区家禽存栏总量44%。其中，铁心桥街道家禽养殖大户4户，存栏3100只；西善桥街道生猪养殖大户1户，存栏50头；雨花经济开发区生猪养殖大户20户，存栏2656头，家禽养殖大户1户，存栏4000只；

板桥街道家禽大户 2 户，存栏 693 只；板桥新城生猪养殖大户 2 户，存栏 349 头。全区生猪存栏 50 头以下散养户有 105 户，存栏 1040 头；家禽存栏 500 只以下散养户有 275 户，存栏 9946 只。其中，西善桥街道家禽散养户 4 户，存栏 39 只；板桥街道生猪散养户 78 户，存栏 559 头，家禽散养户 208 户，存栏 7758 只；板桥新城生猪散养户 27 户，存栏 481 头，家禽散养户 63 户，存栏 2049 只。

【农业生产】 2015 年，雨花台区发放农资综合补贴和粮食补贴 93.5 万元。印发《2015 年雨花台区蔬菜质量安全检测工作方案》至 5 个涉农街道办事处及园区，分解落实全区 6000 份蔬菜数量到 5 个涉农街道。举办 1 期蔬菜质量安全培训，全区各街道农业科负责人及村农技术员 130 人参陪。建立农产品质量安全工作责任人网络，明确分工，责任到人。为扼制境内加拿大一枝黄花繁殖蔓延，春季防除面积 80 公顷，秋季化除面积 53.33 公顷，人工割除 66.67 公顷。

【畜禽检疫】 2015 年，雨花台区动物卫生监督所根据年初制订的全年疫情监测计划，完成各项疫病抗体监测任务，疫病抗体合格率超 95%。开展重大动物疫病春季突击性免疫行动，全区重大动物疫病应免疫率达 100%，标识佩带率 100%，通过省组织的春季防疫验收检查。南京市动物疫病控制中心和雨花台区动物卫生监督所联合采集血清学抽样检测奶牛血样 65 份、粪孵奶牛 65 条、羊检测 80 条、生猪 80 头，检查结果均为阴性，超额完成南京市农业委员会兽医处下达的 200 份指标。雨花台区防治重大动物疫病指挥部办公室投入资金 4 万元，在秋季防疫时更新应急储备物资 12 个品种，确保发现 H7N9 甲型禽流感疫情及时果断处置。

【农畜产品质量安全检测】 2015 年，区农林局与辖区 2 家饲料生产企业签订责任书，实行“一对一”监管制度，从源头上杜绝添加“瘦肉精”违法行为。出动执法车辆 16 车次、执法人员 62 人次，督查饲料生产企业 32 家次、兽药经营户 17 家次，落实农畜产品质量安全检测监管每月全覆盖。检测蔬菜样品 5478 份，合格率 100%，未检测出有机磷农药残留超标蔬菜。

【农机安全监管】 年内，区农林局开展“送检下乡”活动，全区 60 台拖拉机参加年检(含 10 台变型拖拉机)，全部检验合格，58 名农机手参保驾驶员意外伤害险。组织 80 人次农机手观看安全宣传碟片 4 次，制作农机安全宣传横幅 25 条悬挂全区各街道主要路口，印发致拖拉机驾驶员一封信 1500 份，制作农机安全展板 10 块。开展 6 个涉农街道农机安全专项检查 10 次，出动检查人员 80 人次，检查机具 110 台次，发现一般农机事故隐患督促立即整改，发现重大农机事故隐患限期整改到位。

(周广均)

经济管理与监督

雨花年鉴 2016 YUHUA ALMANAC

2016 YUHUA ALMANAC

Ecological Environment and Construction

财政管理

【概　况】 2015年，全区一般公共预算收入(包括地方固定收入以及中央与地方共享收入中地方所得部分)完成61.3亿元。其中,国税收入14.75亿元，占收入总量24.1%，同比下降0.2%,减收0.03亿元;地税收入42.04亿元,占收入总量68.6%，同比增长21.2%，增收7.35亿元;财政收入3.12亿元,占收入总量5.1%,同比增长25.3%,增收0.63亿元。软件、商贸、制造业、房地产、建筑业、矿业和电力七大产业共税收收入54.5亿元,占全区一般公共预算收入的88.9%;软件、房地产业,税收增量5.6亿元,占全区收入增量70.9%。一般公共预算支出48亿元。其中,区级一般公共预算支出26.5亿元,增长4.6%,增支1.2亿元;街道(园区)一般公共预算支出15.9亿元,增长57.3%,增支5.1亿元;上级转移支付5.6亿元,增长33.3%,增支1.2亿元。"三公"经费(出国或出境费、车辆购置及运行费、公务接待费)同比下降25.2%。全区政府性基金预算收入*2.2亿元,完成调整预算的100%。政府性基金预算支出34.7亿元。其中,基础设施配套费2.2亿元,用于南京软件谷发展有限公司增资;上级专项转移支付32.5亿元,主要是土地出让金补助,用于拆迁、征地安置和基础设施建设。

★**链接**　政府性基金预算收入:是指各级人民政府及其所属部门根据法律、国家行政法规和中共中央、国务院有关文件的规定,为支持某项事业发展,按照国家规定程序批准,向公民、法人和其他组织征收的具有专项用途的资金。包括各种基金、资金、附加和专项收费。

【经济转型发展与科技人才支持投入安排】 2015年,区财政部门安排软件产业综合发展资金5.5亿元，促进全区软件行业、重点企业发展;安排人才专项资金0.3亿元,实施"321"人才计划 (3000名领军型科技创业人才,200名科技创业家,"千人计划"创业人才100名);安排财政专项资金600万元,实施"高端人才团队引进计划"和省"双创"人才计划;安排财政专项资金0.33亿元,引导风险投资资金和科技型企业上市融资发展。

【民生提升工程投入】 2015年,区财政部门支持教育、卫生、民政、文化和体育5项民生"改革发展提升工程"。教育投入6.8亿元,用于义务教育公用经费保障、幼儿助学、薄弱学校改造、教育信息化建设等义务教育均衡化发展，支持教育优质资源集团化发展;社保投入3.4亿元,用于城乡最低生活保障、城镇居民养老补贴、公益岗补贴、社会保险补贴等再就业政策;卫生投入1.9亿元,用于计划生育扶助、新农合、大病救助、雨花医院板桥新城院区、岱山社区卫生服务中心开办;文化建设投入0.3亿元,用于文化信息资源共享和特色文化建设；体育事业投入0.1亿元,用于全民健身、体育惠民工程。

【生态新城建设投入】 2015年,区财政部门全力改善区容区貌,推进城乡统筹发展。全年安排17.9亿元,用于软件谷和两桥地区基础设施建设、水环境治理、生态补偿和城乡综合管养机制;安排1.2亿元,用于水利设施建设、绿化管养和农资综合补贴等。

【政府采购】 2015年，全区采购规模3.68亿元，节约资金0.61亿元，资金节约率14.27%，其中国库集中支付2.02亿元。货物类、工程类、服务类项目采购规模分别为0.94亿元、2.67亿元、0.07亿元，分别占采购总规模25.54%、72.56%、1.90%。集中采购规模1.95亿元，占采购总额52.98%；部门集中采购规模1.60亿元，占采购总额43.48%；分散采购规模0.13亿元，占采购总额3.54%。

【绩效监督】 2015年，区财政部门推行全过程预算绩效目标管理，实行绩效目标申报、绩效跟踪和绩效自评价报告制度，对区级50万元及以上的预算项目实施绩效目标管理项目，涉及项目50个计2.77亿元，占年初部门项目预算38.05%。引入第三方评价与财政重点再评价相结合方式，对科技、农村公路养护、教师发展和教育技术装备等5个重点项目专项资金进行绩效评价。选择民生、科技、教育、卫生和城管等22个重点项目进行专项检查，涉及预算单位61家，检查财政专项资金2769.24万元。

【财政综合改革】 2015年，区财政部门推行政府购买服务，印发《雨花台区推进政府向社会力量购买公共服务工作的实施意见》，制定全区2015年政府购买服务目录，全年实现政府购买服务总额0.7亿元。启用“区经营性国有资产在线动态监督管理系统”，监督租赁行为、防范资产运营风险，全区16家单位148项资产，出租总面积8.1万平方米。南京雨花国资投资管理有限公司采取中票（中期短票）、短融（短期融资券）、私募（指向小规模数量合格投资者出售股票）等直接融资方式，首期发行中票10亿元，投入软件谷重点项目建设。按照国发〔2014〕43号文件要求，通过转贷地方政府性债券，对政府债务进行结构、期限、利率优化，盘活政府存量资产，逐步化解往年年度公益性债务。

（刘双华）

税务管理

·国家税务·

【概　况】 2015年，区国税局组织国税收入41.24亿元，同比减收1185万元，减幅0.80%。累计组织区级公共预算收入14.75亿元，同比减收358万元，减幅0.24%。区国税局围绕“彰显创新精神，实现和谐共进”工作目标，坚持组织收入原则不动摇，完成各项税收工作任务，被市局评为全市国税系统文明单位及先进基层领导班子称号，并实现税务现代化建设综合达标。

【税收收入】 2015年，区国税局密切关注经济税收动态，坚持组织收入原则不动摇，确保税收收入稳中有进。应用征管系统数据，坚持“应收尽收，应退尽退”原则，兑现各项税收优惠政策，累计办理各项退库2403户次、退税金额17.31亿元；结合雨花台区产业结构特点，对软件产业、商业综合体、重点税源企业政策变更进行追踪，深度挖掘税收数据及关联指标，分析其变化对区域经济税收影响，其中《“长江经济带”战略下促进南京软件业发展研究——基于税收视角》《雨花台区商业综合体税收专题分析》《南京市雨花台区国家税务局关于2015年1-3季度税收收入完成情况的报告》三篇调研论文分获2015年度南京税收科调研重点课题论文二等奖和南京国际税收优秀科研成果一等奖，全年撰写各类税收分析报告107篇；做好重点税源企业分析工作，加大重点企业、重点行业调研工作力度，强化重点税源企业网上直报系统数据质量。

【增值税发票系统升级版推行】 2015年，区国税局成立增值税发票系统升级版推行工作领导小组及办公室，制定实施方案细则与推行计划表，人员及设备准备到位。区局各部门各负其责、密切协作，形成工作合力，共同做好升级版推行工作；强化与税控服务单位合作，同时加强对税控服务单位监管，实现税控服务单位之间的有序竞争，加强对税务工作人员廉政风险防范，切实维护纳税人合法权益；通过多渠道、多形式向社会和广大纳税人做好宣传辅导工作。4月-7月，区国税局进行第一阶段增值税发票系统升级版推行，完成增值税一般纳税人和起征点以上小规模纳税人推行工作(不含使用税控收款机、使用冠名发票或卷式发票的纳税人)。8月-11月，区国税局进行第二阶段增值税发票系统升级版推行，完成其他增值税纳税人推行工作。

【一案双查】 2015年，区国税局以税收违法案件“一案双查”工作为突破口，坚持以问题为导向，组织力量抓深抓实抓细，发挥“规范执法行为、堵塞征管漏洞、预防职务犯罪”作用，有效预防职务犯罪。设“一案双查”工作组，针对不同案件制定工作方案，拟定问责方案，确定整改方案，监督整改落实，增强“一案双查”工作合力；对虚开发票、虚假登记、发票票种票量审批等高风险问题，作为“一案双查”工作焦点，分析以往案例，认清执法风险与廉政风险相伴而生基本规律，紧盯税收违法案件频发热点，聚焦基层干部容易出现廉政问题高风险点，对“一案双查”可能出现问题进行预判，制定切实可行方案；完善问责程序，丰富问责形式，针对不同情况，采用谈话、批评教育、目视管理和通报、调整工作岗位等多种问责方式；对企业开展全面分析，在规定时间内完成集中整改，实现“发现一个问题，解决一个问题”。2015年，区国税局税收违法案件“一案双查”问题发现率56%，税收违法案件“一案双查”案例被评为市国税系统优秀案例。

【服务集聚软件产业】 4月27日，在全国第24个税收宣传月期间，主题为“服务集聚软件

4月27日，区国税局在软件谷开展税收宣传活动 (区国税局 供稿)

产业,税收助推创新发展”税收宣传月活动在软件谷管委会召开。活动由区国税局主办,市国税局和软件谷管委会等部门参与,130 名企业代表参加。区国税局公布 2015 年定点服务举措。区国税局和软件谷财政国资局为软件谷优秀企业颁发“2014 年度中国(南京)软件谷十大纳税大户”称号。 (黄银柏)

·地方税务·

【概　况】 2015 年,区地税分局组织税收收入 606002 万元,同比增加 118916 万元,增长 24.41%。其中省级收入完成 4510 万元,同比减少 1397 万元,下降 23.41%;市县级收入完成 601491 元,同比增加 120295 万元,增长 25%;市县级公共预算收入完成 455992 万元,同比增加 89630 万元,增长 24.46%,完成市局下达计划 112.06%;完成公共财政预算收入(含教育费附加)420451 万元,与去年同期增加 73556 万元,增长 21.20%。完成区政府下达计划 420000 万元 100.11%。年内,区地税分局法规科、征科科、人事科、征收所等 4 个科所获市青年文明号称号。

【服务型税政建设】 年内,区地税分局开展综合税政调研,着力解决税收政策在执行过程中难点和薄弱环节。通过案卷评查抓好基础,对照税务行政执法案卷评查标准,开展税务行政执法案卷评查工作,促进法制基础建设。年内,完成所得税减免工作企业 44 户,完成加速折旧申报 118 户,完成市局下发高新技术企业复审工作 11 户,其他各类税收减免 101 户,为企业和个人办理各类退税 121 户,合计退还税款 1602.3 万元。

【多篇调研信息被采用】 年内,区地税分局发挥信息写作团队力量,多渠道挖掘工作中的亮点和特色,深入企业开展实地调研,加大对基础税收数据采集和归纳。完成信息积分 690.3 分,其中《春节后江苏各地企业用工情况》《江苏反映固定资产加速折旧政策切实减轻纳税人负担》《期盼进一步放大政策效应江苏基层关于小微企业税收优惠政策落实情况的调查》等 15 篇信息稿件被国务院办公厅采用,《南京市反映众创空间发展存“两难两少”问题需要系统性政策扶持》《江苏省各地对国务院确定进一步减税降费措施支持小微企业发展和创业创新的反映》等 6 篇被国务院领导批示,多篇稿件被省委省政府、省地税局采用。

【全面落实“三证合一”】 10 月,区地税分局成立“三证合一”(工商营业执照、组织机构代码和税务登记证三个证书合为一个证书的制度)工作小组,建立“三证合一、一照一码”工作联席会议制度,编制《雨花台地税局“三证合一”纳税人告知书》《“三证合一、一照一码”税收服务指南》,组织人员培训,经过两个多月磨合及运行,各项业务流程顺利走通。至年末,该局共计接收省、市、区三级行政大厅“三证合一、一照一码”新办户信息 550 户,接收省、市、区三级行政大厅“三证合一、一照一码”变更户信息 365 户,受理量位居全市前三。 (张淑卿)

审　计

【概　况】 2015 年,全区开展审计和审计调查项目 743 个,其中经济责任审计项目 21 个,预算执行审计项目1个，政府投资审计项目720个，其他审计和审计调查项目1个。查出管理不规范资金2.39亿元，收缴违规资金600余万元，完成政府投资工程造价审计10.64亿元，核减2.07亿元，完成拆迁跟踪审计面积55.66万平方，涉及补偿金额24.24亿元。审计发现问题110多个，提出审计意见和建议70多条，向纪检部门移送违纪线索2起，7人受到党纪处分。

区审计局被市审计局和区委、区政府表彰为"先进集体"；"雨花台区安监局原局长任期经济责任审计""《雨花台区征迁办原主任任期经济责任审计"2个审计项目，在市审计局2013–2014年全市优秀计算机审计项目评比中被评为三等奖。

【预算执行审计】 2015年，区审计部门对全区2014年度区级预算执行和其他财政收支情况进行审计。对区卫生局等7个部门和雨花街道、板桥新城、雨花经济开发区等8个街道(园区)进行预算收支总体情况审查，并对区综合养护所等4家预算外单位进行审计调查。审计查出管理不规范资金1.68亿元，指出问题28条，提出审计意见和建议11条。

【领导干部经济责任审计】 2015年，区审计局受区委组织部委托，对区编办、政府办、司法局、统计局、物价局、食药监局等单位离职领导20人开展离任经济责任审计，受市审计局委托，对区检察院检察长开展领导干部任中经济责任审计。共审计查出管理不规范资金7170万元，追缴违规资金600多万元，查纠各类管理不规范问题68个，提出审计意见和建议65个，向区纪委移交审计线索2起。

【政府投资审计】 2015年，区审计局开展政府投资审计项目720个，涉及项目资金95.99亿元。其中，完成预结算审计项目312个，送审10.64亿元，审定8.57亿元，核减2.07亿元，平均核减率19%；结束跟踪审计项目31个，跟审资金12.11亿元；完成企业和农户拆迁跟踪审计903户，面积55.66万平方米，补偿金额24.24亿元，涉及拆迁项目24个。

【全市百村（社区）经济运行情况审计调查】 5–9月，区审计局根据市审计局统一部署，开展全市百村(社区)经济运行情况审计调查，全区抽取板桥新城柿子树社区，板桥街道新建、孙家社区，铁心桥街道高家库、定坊、马家店社区作为审计调查对象。通过审计调查，摸清社区资源资产存量分布、经济结构、发展方式和经济运行现状，揭示社区在资源、资产和资金管理和运营中存在的突出问题，从体制和制度层面分析产生问题的原因，提出促进居民增收和规范社区权力运行等方面的对策和建议。

（陆国顺）

价　格

【概　况】 2015年，区政府设立价格调节基金100万元，保障辖区价格总水平基本稳定。完成43家行政事业性收费和68家政府制定价格经营性收费单位收费报告和清单制度落实；完成19家房地产企业44批次60.7万平方米普通商品住房明码标价申报备案手续；完成2家物业企业收费备案和38家停车场等级申报、7家民办幼儿园价格备案工作；完成刑事案件涉案财产价格鉴证81件，案值1327.67万元；调解价格纠纷15件，可统计争议金额2.56万元。全区建成农副产品平价直销店(区)18家，办理市网络问政、市长信箱、“12345”“12358”价格举报等工单385件，办结率100%。

【价格调控】 2015年，区物价管理部门落实区政府与24个责任单位签订价格稳定责任状，分解市政府下达的价格调控目标。强化价格调控责任制目标管理，把优惠政策落实到位，全年减免学生收费1270万元，区物价局、发改局、财政局等3个部门组成专项考核小组，按计划对相关责任单位价格调控进行日常考核、半年考核、全年考核等工作。年内，被评为2015年度南京市稳定价格和治乱减负目标责任制落实优秀区。

【价格监测】 2015年，区物价管理部门对可能引发价格异动的倾向性、苗头性问题，实时向上级部门报告预警。全年上报“36个大中城市主副食品价格监测表”49个品种15744组数据，“南京市主副食品价格对比表”33个品种3168组数据，“南京市主副食品价格测报表”35个品种6720组数据，“中闽百汇超市价格监测表”16个品种3072组数据，微博比价48期1460组数据，“汽车价格监测表”10次13个品种，“医疗能源价格监测表”10次8个品种。

【价格收费】 2015年，区物价管理部门完成19家房地产企业44批次60.7万平方米普通商品住房明码标价申报备案手续；通过与房地产企业的沟通，核减虚高房价金额9105万元。完成38家停车场等级申报，2家物业企业收费备案；完成7家民办幼儿园价格备案，减免学生各项收费1270万元，减免困难学生缴费910人次，发放各类助学券11895人次；完成该区居民生活用水基础数据调查、雨花医院板桥院区床位费审核、建通绿苑集资建房物业收费标准审核、雨花医院医疗价格改革调查和上报。

【农副产品平价直销店管理】 2015年，区物价管理部门完善《雨花台区农副产品平价店日常管理考评细则》，加强18家农副产品平价直销店(区)日常管理，每月定期2次量化考核，不定期进行现场巡查；每月发布一期《平价店日常管理考核情况通报》，每季度进行一次考核评比。探索农副产品平价直销店(区)配送与现代物流模式相结合的新途径，实行产销对接降低平价商店流通成本。全年，平价店销售平价蔬菜262万公斤，惠民价值445万元。

【价格监督检查】 2015年，区物价管理部门组织开展商品房销售明码标价、停车设施管理收费、医疗收费、宾馆饭店收费等专项检查。全年出动检查人员308人次，检查单位290家次，立案查处违法行为7件，罚没款16.98万元。督查全区61家中小学校、幼儿园的收费公示和收费政策执行情况。

【消费者权益日系列活动】 3月15日，区物价局在紫荆广场、红太阳装饰城开展“3·15”咨询服务日活动，宣传价格政策，接受群众现场价格投诉，解答价格咨询110人次，接受群众价格举报12件，发放宣传资料300余份；活动期间，成立4个市场价格秩序检查组，检查超市、平价店、农贸市场和餐饮业、停车场等70家，对违反规定3家单位下达责令整改通知书；联合区教育局成立5个教育收费督查组，督查全区 61 所中小学校和幼儿园春季开学收费工作。活动当天受理投诉举报 37 件，切实维护消费者权益。
（方忠润）

市场监督管理

【概　况】 2015 年，雨花台区市场监督管理局由南京市工商行政管理局雨花台分局、南京市质量技术监督局雨花分局、区食品药品监督管理局三家单位的机构、责任、人员整合而成，加挂雨花台区食品药品监督管理局牌子，为区政府工作部门。统一负责该行政区域内工商、质监、食品药品监督管理等市场监管职责，同时承担区政府食品药品安全委员会的具体工作。区市场监督管理局业务上分别接受市工商、质监和食品药品监管部门的指导和监督。中共南京市雨花台区委市场监督管理局工作委员会为区委派出机构，与南京市雨花台区市场监督管理局合署办公。区市场监管局内设 12 个科室、外派 8 个分局，直属 3 个事业单位。

2015 年，全区新成立公司制企业和非公司制企业法人 2558 家，新增资本总额 1479294.65 万元；成立个人独资企业 13 家，成立合伙企业 2 家。工商行程管理部门受理公司变更登记 2234 家，个人独资企业变更 13 家，合伙企业变更 3 家。全区办理各类企业及个体户名称预先核准 6241 件，办理各类股权出质登记 56 项，出质股权总额 113531.31 万元，为企业融资 1142602.5 万元。新办理组织机构代码业务 3016 件。完成商标注册数 960 件，其中省著名商标 9 件、市著名商标 16 件。全区申报南京市名牌产品企业 10 家、申报江苏省名牌产品企业 7 家；完成申报“市长质量奖”企业 3 家、“市长质量奖“个人奖 1 人；培育申报江苏省质量信用 AA 级企业 3 家。投诉举报受理中心受理相关平台工单 4486 件，为消费者挽回经济损失 879.33 万元。

【“多证联办”效率提升】 2015 年，区市场监督管理局利用窗口优势，积极向群众进行宣传引导；利用专业优势，帮助联办窗口人员快速掌握相关专业技能；此外，抽调专人专门办理“多证联办”业务，使“多证联办”办件量得到大幅提升，缩短办理时间。

【坚持服务创新，提高服务效能】 2015 年，区市场监督管理局注册登记窗口严格遵守“审批在中心、办结在中心”一站式服务制度，实现“服务群众、方便群众”功能。推出延时服务、服务联系和一次性告知，向首次前来办理注册登记的群众发放和展示联系资料，详细载明相关业务联系电话和办理流程，坚持业务咨询“一口清”和“一次性告知”，最大限度为群众节约办事时间，提高办事效率。

【计量用具检定】 2015 年，区市场监督管理局联合市计量监督检测院在全市率先完成该年度社区级卫生室、社会福利机构医用计量器具免费检定工作。对全区 20 家社区级卫生服务站、13 家社会福利机构 165 台（件）在用医用计量器具及 20 家实施“五统一”的集贸市场在用电子计价秤开展免费检定，对不合格计量器具要求整改。在雨花台区紫荆广场、康盛花园社区和雨花社区，向群众宣传《南京市计量监督管理办法》，发放“计量与生活小常识”“计量知识手册扑克”等宣传材料，提供免费检测血压计，免费黄金、珠宝鉴定等服务。

【标准化体系建设】 2015 年，区市场监督管理局对接南京地铁运营有限责任公司稳步开展试点工作，按照服务业组织标准化工作要求，建立企业标准体系，制定三大类共计 654 个企业标准，全面协调开展运营服务。指导 10 家企业进行企业产品标准信息公共服务平台网上备案；对 10 家企业参与国家和行业标准制定情况进行核实；跟踪 1 家国家级标准化试点示范项目，1 家省级标准化试点示范项目建设情况，协助解决问题和困难；严格履行企业产品标准备案审核职责，为 8 家企业 16 个产品标准办理备案手续。

【市场监督管理投诉举报中心成立】 2015 年，区市场监督管理局整合“12315”“12331”“12365”投诉热线，成立投诉举报中心，起草《雨花台区市场监督管理局投诉举报受理暂行规定》，规范举报流程，缓解多平台投诉、举报分流受理的压力，提高投诉举报工单办理速度、办理质量。“3·15”期间，该局举报以“携手共治　畅想消费”为主题宣传咨询活动，集中进行假冒伪劣商品展示、法规宣传和受理咨询服务活动。结合日常咨询、受理、调解工作广泛宣传理性消费理念，通过“四送”活动，发放宣传资料 3000 余份，提升消费维权的宣传质量。

【食品安全监管】 2015 年，区市场监督管理局围完成 11 项专项整治工作、2 次专项督查迎检任务、1 次重大活动的保障和 2 次突发事件的处置。摸清食品生产、流通、餐饮环节主体数，建立无照无证餐饮服务经营户台账、无证食品生产小作坊台账。明确无照无证餐饮经营，无证食品生产小作坊，集体用餐配送单位、中央厨房、大型餐馆、大型食品生产企业不履行主体责任，冷库仓储为 4 大隐患和风险点。和区教育局、环保局、卫生局对接完成学校、幼儿园、0~3 岁教育机构食堂安全检查机制、落实大气污染防治条例检查机制、餐饮单位使用合格餐饮具检查机制。

【清查非法使用含铝食品添加剂专项整治行动】 2015 年，由各街道协管员及各社区信息员逐一到管辖区的面点铺发放《关于清查非法使用含铝食品添加剂的告知书》，面对面向经营者宣教国家卫生计生委、食品药品监管总局等五部门在 2014 年 5 月联合下发的《关于调整含铝食品添加剂使用规定的公告》的相关内容，并请经营者在知晓告知书内容后郑重承诺、签字存档，下发告知书 600 余份。组织各分局对包子、馒头等面制品进行清查，确保在售的包子馒头等面制品中不含有明矾、含铝泡打粉等任何含铝添加剂。

【西善桥街道重拳打击“黑作坊”】 3 月 29 日，西善桥街道食安办联合街道城管科、福润社区对辖区内胡家庄鱼塘制作猪头肉“黑作坊”进行取缔。联合小组当场砸毁炉灶，没收制作工具，并对经营者进行告诫谈话和现场处罚。此次联合执法效果显著，目标明确，有效打击了“黑作坊”的违法制假行为。年内，各街道食安办开展不定期的巡查和回访复查，确保将食品小作坊安全隐患消灭于萌芽状态。

【参加“护安”专项行动】 8 月，雨花台区在全区范围内开展“护安”专项行动，由区综治办牵头，区市场监管局、公安分局、城管局、安监局、文化局、消防大队以及各街道（园区）共同完成。8月20日晚，在该区治安重点地区安德门民工市场周边开展"护安"集中清查行动。以流动人口、出租屋、群租房清查登记、治安防范检查和违法违规经营、假冒伪劣食品、药品、产品和安全生产、消防隐患、环境卫生等为内容。区市场监管局派出药械科、食品科、市场监管科、赛虹桥分局精锐力量对安德门地区食品、药品、医疗器械、保健品、化妆品产品安全及生产经营环境安全进行检查，对不符合要求行为当场进行规范。

【中药饮片专项检查】 8月，为防控中药材、中药饮片安全风险，全面提高各环节中药材、中药饮片的质量，对流通领域中药材、中药饮片专项监督检查。检查供应商是否合法，其资质材料、业务员委托书是否已过有效期；查看购进中药饮片票据索取、台账记账、入库验收、储存养护、装斗复核、处方审核、调剂使用是否符合规范；查看中药饮片存放条件、养护方式是否能够防虫、防霉变；查看在用中药饮片质量是否合格，外包装和合格证是否符合要求，查看是否有以次充好、染色增重、掺杂使假等情况，对可疑药品现场抽样送检。共检查中药饮片经营单位、医疗机构37家，中药饮片700余批次，抽样送检19批次，不合格3批次。

【江苏省执业药师安全合理用药服务周活动启动仪式在雨花台区举办】 9月6日，在雨花台区雨花街道花神湖社区，江苏省药学会、南京市药学会、南京市食品药品监督管理局、雨花台区市场监管局共同举办江苏省2015年执业药师安全合理用药服务周活动启动仪式。该项活动由执业药师走进社区乡镇服务群众安全用药活动。宣传贯彻国家执业药师制度，发挥执业药师在保障公众安全、合理用药上的积极作用；组织食品药品安全科普知识宣讲团，宣传安全用药、合理用药相关知识，到社区、学校、农村、机关、企业等开展食品药品安全知识讲座，提高群众安全饮食、合理用药常识；畅通咨询投诉举报渠道。9月1日至10月30日，国家食品药品监管局开通安全用药专家咨询热线，在工作日由药学专家每天8小时值守热线，回答公众的有关问题。同时继续宣传食品药品24小时投诉举报电话12331，受理制售假劣药品违法线索；向群众发放安全合理用药宣传册及执业药师服务手册。介绍家庭常用药品储存常识、高血压和糖尿病患者用药误区、家用医疗器械的选购和鉴别知识等，引导公众改变用药观念和习惯，减少和消除不合理用药给疾病预防和治疗所带来的不良影响及危害，提高人民群众的健康水平。

【美容机构经营使用化妆品、保健食品专项整治】 9–10月，雨花台区市场监管局由药械科牵头，联合铁心桥、赛虹桥、雨花等8个分局对本区美容行业经营保健食品化妆品情况进行专项检查。重点检查美容单位是否存在经营保健食品行为，完善美容单位监管档案。查看经营的保健食品及化妆品标签标识是否符合规范，重点检查减肥、祛痘、去黄褐斑等功效的产品，特殊化妆品、保健食品是否取得批准文号，产品是否有夸大宣传，标签标识有无宣传疗效、使用医疗术语和标注适应症；产品是否超过保质期等；发现可疑产品即进行抽样。查看进货查验、索证索票、台账记录等制度建立和执行情况。检查期间共排查美容机构73家。检查人员对存在的不规范行为现场提出监督改正意见。

【首张食品经营许可证发放】 12月2日，雨花台区首张食品经营许可证落户雨花经济开发区浩恩食品有限公司。根据省市有关部门部署，从12月1日起，在全市范围内推广食品经营许可"两证合一"，食品流通许可证和餐饮服务许可证由市场监管局统一印发食品经营许可证取代。新版许可证采用标注社会信用代码(个体工商户标注身份证号)的方式，对接"一证一码"新政。原证在有效期内继续使用，到期后换发新证。

【警务室进驻区市场监督管理局】 12月29日，南京市公安局雨花台区公安分局派出警务室进驻区市场监督管理局。警务室主要职责是指导涉刑食品药品案件办理、协调调动相关市县公安力量参与协助办案、参与重大食品药品违法犯罪案件的侦破、研究、确定侦察方向，协助完善食品药品执法办案制度。

(裴志华)

安全生产与监督管理

【概　况】 2015年，雨花台区安全生产工作围绕区委、区政府中心工作，严格落实安全生产责任制，突出问题导向，推进依法治安，大力开展企业安全标准化、智慧安监、打非治违、隐患整治等重点工作，建立健全安全生产长效管理机制，全年监管执法检查132家企业，主要涉及危化品、冶金、建材、机械、4S店、能源等行业。检查危险化学品许可经营企业60家。全面完成市政府下达的安全生产目标任务，实现执法工作计划执法检查覆盖率100%；事故隐患整改率100%；安全生产违法案件查处率100%；安全监管执法行政复议"零纠错"、行政诉讼"零败诉"。全区排查各类生产经营单位8301家(次)，排查整治一般事故隐患3853处，推进冶金等工贸行业重点领域安全监管工作。

【危险化学品监管】 2015年，雨花台区有化工生产企业7家、气体分装企业2家、易制毒经营企业14家、加油站19家(2家正在建设中)、特气站3家、危险化学品经营企业195家、涉及危险化学品罐区单位36家、罐区57个、储罐275个，其中化工企业危险化学品罐区单位5家、罐区12个、储罐76个，非化工企业危险化学品罐区单位14家、罐区28个、储罐112个，加油站危险化学品罐区单位17家、罐区17个、储罐87个。7家化工生产企业和2家气体分装企业已完成安全生产标准化建设，均完成三级标准化达标或复审工作。全年检查危险化学品生产、经营企业总计155家次，下达责令限期整改通知书21份，检查隐患84处。完成危险化学品经营许可80家，三类易制毒经营备案5家，加油站"三同时"(新建、改建、扩建工程的劳动安全卫生设施必须与主体工程同时设计、同时施工、同时投入生产和使用)审批2家。行政处罚违规储存危化品涉化企业1家计1.8万元。

【职业卫生监管】 2015年，区安监局建立督导、通报和数据核查制度，印制《江苏省用人单位职业卫生基本情况调查表》2万余份，开展职业病危害企业分布情况调查。确认全区2万余家用人单位涉及职业危害因素用人单位2208家，其中法人及产业活动单位996家、个体工商户1212家。主要分布在木质家具制造、建材石材加工、化工、建筑业、废弃资源利用、汽车维修、农副产品等51个行业。全区接触职业危害因素从业人员18893人。按性别分，男性15081人，女性3812人；按危害因素分，粉尘9485人，化学毒物6195人、物理有害因素11147人，生物因素43人，放射性物质250人。结合辖区生产经营企业特点，采取集中开会和个别传导的方式，告知企业职业危害因素防治责任及安全生产承诺内容，指导企业严格履行安全生产主体责任，同时发放《企业职业危害防治责任告知书》《企业职业危害防治责任承诺书》及《2015年企业安全生产承诺书》60余份。组织专题培训，讲解职业病危害因素识别知识要点，介绍职业卫生基本情况调查软件操作办法，全区各街道、园区安监办有关人员以及社区从事摸底调查工作人员112人参加培训。全年组织调查各类安全生产事故9起，检查用人单位职业卫生管理73家次，下发各类文书114份，行政处罚181.1万元。

【工贸企业安全监管】 2015年，全区有工贸企业479家，非煤矿山1家(南京梅山冶金发展有限公司矿业分公司)、冶金煤气企业1家(上海梅山钢铁有限公司)，涉氨制冷企业4家，粉尘涉爆企业3家，其余均为一般工贸企业。经统计，全区工贸企业存在有限空间1040处。全年排查各类生产经营单位8073家(次)，排查整治一般事故隐患3769处。

【企业安全生产建设】 2015年，雨花台区开展企业标准化建设。年内，全区创成一级安全标准化企业7家，二级安全标准化11家、三级安全标准化140家，小微企业安全标准化达标114家。495家(含危化)企业完成安全承诺和责任报告，260家企业在“南京智慧安监云平台”完成电子企业安全生产年度报告上报，其中雨花街道22家、板桥街道1家、西善桥街道59家、赛虹桥街道32家、铁心桥街道1家、雨花经济开发区管委会90家、板桥新城管委会49家。

【企业事故隐患自查自报】 2015年，区安监局“智慧安监”信息系统覆盖辖区企业495家(含危化企业)，推动企业在信息系统内录入事故隐患排查情况，录入隐患信息7000余条，通过现场执法检查、信息汇总分析等途径，定期每个月通报隐患自查自报开展情况，并对隐患上报情况进行分析，确保隐患自查自报工作开展持续稳定。

【涉氨制冷企业专项检查】 2015年，区安监局重点检查液氨存储、教育培训、持证上岗等内容，共检查企业24家(次)，下发责令限期整改指令书12份，约谈企业法人3家，关停存在重大事故隐患企业2家（南京雪山制冰有限公司，南京富博仓储有限公司)，涉氨制冷企业安全状况得到改善。

【有限空间专项检查】 2015年，区安监局开展工贸企业有限空间专项治理，检查企业贯彻落实国家安全生产监督管理总局第69号《有限空间安全作业五条规定》情况，重点抽查企业有限空间作业辨识、警示标示设置、基础台账建立、作业审批实施、现场管理等情况。针对检查发现问题，下发《责令限期整改指令书》,责令企业限期改正。行动排查梳理出有限空间作业企业 94 家、有限空间作业场所 1040 处,并依法实施行政处罚 1 家(南京顺宏玻璃有限公司)。

【粉尘使用场所防范粉尘爆炸检查】 2015 年,区安监局对辖区内所有涉及粉尘防爆的生产经营单位进行排查,排查出涉及粉尘防爆企业 2 家(嘉吉饲料南京有限公司、美耐家具有限公司)。加强隐患排查和风险辨识,督促企业检查除尘系统设计、安装、使用符合标准规范以及设置规范泄爆装置,按照规定采取防雷防静电措施、电器线路、劳动防护用品穿戴,落实粉尘防爆培训主体责任,做好从业人员粉尘防爆安全培训,切实增强粉尘防爆安全知识和管理能力,做到一企一档、一隐患一措施。在整治行动中,先后 2 次组织专家对嘉吉饲料南京有限公司粉尘作业场所进行解剖式检查,制定隐患排查清单,坚持企业自查为主、专家检查为辅的原则,将粉尘防爆工作纳入常态化管理,定期对重点单位进行督查,督促企业认真做好粉尘防爆治理工作,落实各项防护措施。在专项检查中,推动事故隐患多且整改难度较大的汉宁木业有限公司转产搬迁。

【安全生产培训】 2015 年,区安监局对企业主要负责人、安全管理人员、特种作业人员“三类人员”开展安全教育培训,举办企业专题培训班 11 期,培训企业主要负责人、安全管理人员、特种作业人员 1640 余人,举办街道(园区)、社区安全监管人员培训班 11 期,培训安全监管人员 300 余人;举办隐患排查自报系统、企业安全生产标准化、职业危害、防火安全等专项培训 5 期,参加培训人员 460 余人。

【特种设备检查】 2015 年,区安监局开展特种设备使用单位安全培训,全年累计培训 3 次,累计培训人员 180 人次。组织省级专家 2 名,市级专家 2 名不定期开展设备专项检查,针对现有电梯、叉车、压力容器等特种设备企事业单位 895 家,开展专项检查 2 次,检查企业 140 批次。

【“安全生产月”活动】 5 月,区安监局以宣传贯彻《安全生产法》为重点,悬挂“安全生产月”活动标语,开展知识竞赛、安全生产征文、“关注雨花安监、刷二维码答题”等一系列安全宣传活动。组织安全生产“宣传咨询日”活动,区安监局、住建局、市场监督管理局、消防大队等部门在板桥新城金地体育公园设置咨询台 9 处,宣传展板 60 余块,发放安全知识宣传资料 2000 余份,解答现场 400 余名群众关于安全生产政策法规、安全应急知识等咨询,开通“微信扫一扫,关注雨花智慧安监赢奖品”活动,吸引市民 300 余人参与。动用车辆 15 台、参演人员 110 余人、各类型救援设备 40 余台次,开展梅山钢铁炼铁厂高炉炉缸烧穿事故应急演练和增强群众安全防范意识和能力。通过“安全生产短信平台”向各街道(园区)、有关行业部门、社区以及 600 余家生产企业负责人发送预警短信、安全信息万余条,要求全区各单位加强暴雨天气建筑工地、化工储罐区、老旧厂房等重要部位安全巡查,落实各项生产安全防范措施。

(赵　文)

统　计

【概　况】 2015年，区统计局加强对全区综合经济、工业、投资、能源、房地产、贸易及文化产业、战略性新兴产业等重点领域敏感指标的监测预警。编发《南京市雨花台区基本统计资料(2014)》、公布《雨花台区2014年国民经济和社会发展统计公报》，完成各类经济运行分析12篇、街道(园区)经济运行调研材料9篇；完成全区国民经济核算、固定资产投资、房地产业、服务业、社会消费品零售总额、工业、劳动工资、文化产业、能源消耗等各类专业统计的月报、季报、年报；组织开展城镇居民住户调查、大城市月度劳动力调查、人口变动情况抽样调查、环境综合整治"9322"专项行动群众满意度调查、服务业小微企业抽样调查、企业价格和用工调查、南京市市民食品安全意识与食品安全满意度调查等专项调查。

【统计服务】 2015年，区统计局编写、印发《南京市雨花台区基本统计资料(2014)》，发布《雨花台区2014年国民经济和社会发展统计公报》，完成经济运行分析材料21篇，深入贯彻落实国家统一核算改革方案，加强对行业基础数据和地区国内生产总值(GDP)核算方法审核评估，对街道(园区)统计人员进行国内生产总值(GDP)核算业务培训，做好核算业务交流，提高统计数据质量。

【1%人口抽样调查】 2015年，雨花台区成立2015年1%人口抽样调查工作领导小组，在区统计局设立领导小组办公室。召开1%人口抽样调查领导小组成员会议，传达省市人口抽样调查会议精神；成立督查小组，深入社区和调查小区进行现场核实，加强对摸底和入户登记工作情况及宣传工作的核实，检查街道(园区)"两员"(指导员、调查员)及经费落实情况；依托区内媒体、街道社区电子屏、横幅悬挂等方式开展宣传宣传工作，制作横幅60幅，宣传照片60余张，信息动态13篇；完成小区地图绘制和摸底，实行每日一报制度，开展业务交流会。11月1日零时起，1%人口抽样调查入户登记工作正式启动，全区抽调人口抽样调查员44人。11月15日，完成入户登记调查任务，此次调查共涉及7个街道16个社区1795户常住人口4510人。

【基本单位名录库】 2015年，区统计局加强基本单位名录库维护更新工作，及时更新单位名录库。新增"四上"(规模以上工业企业、限额以上批发零售住宿餐饮业企业、资质以上建筑业企业、规模以上服务业企业)企业67家，净增加"四上"企业14家。新增限额以上个体经营户41家。

【中国统计开放日】 9月23日，区统计局、区1%人口抽样调查小组及各街道(园区)举办第六届"中国统计开放日"活动，让公众走进统计，引导公众正确认识、理解、信任和支持政府统计。活动期间，在区政府大楼、各街道、园区及社区服务大厅采取电子屏宣传标语滚动播放及开放日宣传标语横幅悬挂相结合的方式面向广大居民进行宣传；区统计局局领导带领部分业务骨干到企业进行面对面交流并听取企业对统计服务、统计发展意见。

(严　欣)

城市建设与管理

雨花年鉴 2016 YUHUA ALMANAC

2016 YUHUA ALMANAC

Urban Construction and Management

城市规划

【概　况】 2015年,雨花台区完成《雨花台区秦淮新河以北地区控制性详细规划》《南京市南部新城建设协调区控制性详细规划整合》《中国(南京)软件谷控制性详细规划》《南京南站地区控制性详细规划》等10项控制性详细规划编制,获市政府批复8项,控制性详细规划覆盖面积约85平方千米。依照《南京市城市设计三年行动计划(2013-2015年)》要求,完成南京南站、软件谷、凤台南路两侧、玉兰路两侧城市设计,秦淮新河以北及长虹路等重要片区城市设计编制中,完成和在编的片区、地段城市设计覆盖面积约90平方千米。年内,南京南站6平方千米范围内市政道路规划选址、用地、方案审批,岱山片区新建道路、消防站等一批市政基础设施规划审批,以及岱山保障房、社区服务中心等一批建成项目全部通过市政规划验收。

【重点工程规划审批】 2015年,南京市规划局雨花台分局办理"一书三证"365件次。其中,"建设项目选址意见书"38件次;"建设用地规划许可证"46件次,许可建设用地271.3公顷;建筑类"建设工程规划许可证"102件次,许可建筑面积309.84万平方米;市政类"建设工程规划许可证"179件次,总长度219.89千米。办理规划核实95件次,包括南京南站南广场、岱山保障房、城中村危旧房改造、城南生活垃圾转运站等民生和基础设施项目规划许可。

(陈慧民)

【"十三五"城建规划编制完成】 4-12月,雨花台区完成《雨花台区十三五城市建设规划》项目编制。该规划确定城市发展、交通现代化、城乡住宅建设、园林绿化、环境保护5项指标,拟定城市道路建设、桥梁与道口改造建设、黑臭河道治理、水环境治理、排水达标区建设、小区二次供水建设、棚户区(危旧房)改造、保障性住房建设、老旧小区整治等9项项目规划表。其中,主次干道、支路新增116条,计划总投资146.14亿元;棚户区(危旧房)改造项目28个,计划总投资118.69亿元;保障性住房建设项目8个,计划总投资95.85亿元;新建桥梁与道口改造12处,计划总投资13.51亿元。

(陈　杰)

城市建设

·概　述·

【概　况】 2015年,雨花台区围绕决战"铁心桥—西善桥"地区(简称"两桥"地区)更新改造、决胜软件谷园区建设的决策部署,确定3大类9项69个城建项目建设,总投资约300亿元。保障性住房开工面积30万平方米,竣工面积62.88万平方米;续建面积16万平方米。龙翔路一期、龙翔路东段、龙翔西立交、机场二通道北面地面段、管道路东延工程、管道路西段、兴梅路中段、梅苑南路等道路开工建设。国土局西侧道路、凤凰三道路、赛虹桥公交场站配套道路、绕城公路北辅道东延、板桥市场群中兴路南延二期及南环路工程,宁丹路北段(安德门大街)、龙西路拓宽改造工程,马定路环境综合整治工程等完工。全区新增绿地面积10万平方米，城市建成区绿化覆盖率48.7%；整治出新老旧小区2个，总投资额1400万元。

【保障性住房】 2015年，雨花台区开工建设保障性住房项目4个，总建筑面积30万平方米，含大定坊二期B地块10万平方米、马家店保障性住房10万平方米、古雄新林芳庭三期3万平方米、小行里51号7万平方米；保障性住房竣工建筑面积62.88万平方米，含大定坊二期A地块12万平方米、铁心桥小村经济适用房B地块8万平方米、板桥绿洲南路B地块16万平方米、锦华新城二期南片工程6万平方米、古雄新林芳庭三期3万平方米、紫金科创区东片区一期人材公寓17.88万平方米；续建板桥绿洲南路C地块16万平方米。

【城建项目行政审批】 2015年，区住建部门完成板桥新城三号街建设工程等10个政府投资城建项目立项审批，完成北窑岗村地块等6个项目初步设计审查，受理、审批和发放施工许可37件，跟踪服务中兴二期施工许可补证。与省市施工许可审批信息系统对接成功。

【工程招投标监管】 2015年，区住建部门监管政府投资限额以下(10万~100万元)招投标工程103个，累计中标金额5304.28万元。100万元以上区属施工公开招标项目91个，累计中标金额28.88亿元。直接发包项目25个，累计中标金额17.06亿元。

【建筑市场监管】 2015年，区住建部门接受质量监督工程421个、计建筑面积546万平方米；安监项目34个，其中软件谷备案项目21个。全年全区新开工建筑工程项目192个、计建筑面积266万平方米，竣工备案项目155个。组织建筑工地质量安全巡查321次，监督抽测149次，下发质量问题整改通知书29份、安全隐患整改通知单46份、局部停工整改通知单19份，红、黄牌挂牌警示项目2个。管理区属施工企业100家，其中总分包企业81家、劳务分包企业19家，建筑业总产值66.39亿元，营业额104.19亿元，超额完成建筑业税收3.5亿元。协调解决施工工程款清欠投诉55个，帮助民工讨要工资1149万元。

(陈　杰)

·征收与拆迁·

【概　况】 2015年，雨花台区以软件谷建设和“两桥”地区更新改造征收拆迁为重点，严格执行征收拆迁法律、法规及政策规定，落实拆迁公示、信访接待、责任承诺、举报、监管和责任追究制度，完成全年动迁任务。全年实施动迁项目18个，拆除房屋面积83.763万平方米，安置被拆迁户1988户，安置面积28.4万平方米。各动迁项目实施前，组织开展征拆项目适用政策解答，公开征拆政策信息，保障项目顺利实施。督导各街道(园区)按照拆除工地招投标管理规定落实房屋拆除队伍招选，加强拆除工地规范管理，执行安全和环保部门管理规定。结合南京市政府出台的《南京市国有土地上住宅房屋征收安置办法》《南京市征收集体土地涉及房屋补偿安置办法》新政策，举办1期全区动迁工作人员新政业务知识培训和征拆行业廉政教育。区征拆办全年办理“12345”工单、区委区政府督办件、信访件、“网络问政”件等230件，办结率100%。

2015 年雨花台区实施征收拆迁项目一览表

表 6

序号	所属街道（项目数）	计划拆迁总量（万平方米）	项目名称	已完成拆迁总量（万平方米）	启动时间	完工时间
合计	–	105.35	–	83.76	–	–
1	赛虹桥街道（5 个）	3.82	小行里地块	0.08	2014 年 3 月	2015 年 12 月
2			北窑岗二期	0.10	2014 年 6 月	2015 年 12 月
3			藏家巷、华严寺（农户）	2.40	2014 年 12 月	2015 年 12 月
4			华为路	1.01	2015 年 1 月	2015 年 4 月
5			地勘院	0.23	2015 年 1 月	2015 年 12 月
6	铁心桥街道（7 个）	22.81	管道路	4.08	2015 年 1 月	–
7			马家店保障房（集体）	2.20	2014 年 8 月	–
8			铁心吴尚地块	0.41	2014 年 11 月	–
9			凤翔地块	1.32	2014 年 12 月	–
10			马家店保障房（梅山矿业）	0.07	2015 年 5 月	2015 年 12 月
11			机场二通道	7.08	2015 年 9 月	–
12			定坊小学规划地块	5.36	2015 年 9 月	–
13	西善桥街道（3 个）	62.8	管道路、梅苑南路	11.80	2014 年 11 月	2015 年 4 月
14			龙翔启动区结转	16.80	2015 年 1 月	2015 年 12 月
15			龙西路以北地块	14.90	2015 年 1 月	–
16	开发区管委会（1 个）	4.6	中兴路北延	4.60	2015 年 3 月	2015 年 4 月
17	梅山街道（1 个）	0.52	梅山集资建房一期项目	0.52	2015 年 6 月	2015 年 12 月
18	板桥新城（1 个）	10.8	大方社区汤巷二、三组	10.80	2014 年 11 月	2015 年 4 月

【依法征拆】 7 月，《南京市国有土地上住宅房屋征收安置办法》《南京市征收集体土地涉及房屋补偿安置办法》颁布，强调征收拆迁的合法性审核及手续办理。区征拆办稳步推进各在拆项目实施进程，开展过渡期新老政策解释答疑，谋划新政实施后征拆项目启动流程。对不符合法规、没有拆迁计划和拆迁方案、建设项目前期手续不全、拆迁资金和安置房源未落实征拆项目，不实施动迁。至年末，全区征收拆迁项目均按规定办理征收拆迁许可手续，严格落实市政府关于征拆管理提出的跟踪审计制度、联合确认制度和信息公开制度等“三大机制”，推行依法拆迁、平安拆迁、阳光拆迁。

【臧家巷、华严寺“城中村”改造地块征拆项目】 2015 年，臧家巷、华严寺“城中村”改造地块征拆项目搬迁安置农户 63 户，安置面积 17850 平方米。该项目位于赛虹桥街道安德门社区，北至雨花南路，南至姜家营山体，东至警官学院，西至宁芜公路，属集体土地拆迁，占地12公顷，自2014年12月实施征拆。其中，农户71户，征拆面积2.4万平方米；工业企业1家，征拆面积9.6万平方米。

【管道路、梅苑南路征拆项目】 4月，管道路、梅苑南路征拆项目动迁完成。该项目拆迁范围西善桥街道福润社区戎村、石山徐组和小油坊桥组，属集体土地拆迁，占地11.8公顷，自2014年11月15日实施征拆。其中，农户106户（大户），征拆面积6.1万平方米；工业企业16家，征拆面积5.7万平方米。至年末，项目安置农户287户（小户），安置面积4.3万平方米，16家工业企业搬迁结束。（孙　馨）

【铁心桥吴尚一组拆迁项目】 3月，铁心桥吴尚一组启动拆迁，东至凤翔翠园、西至春江花园、北至规划龙翔路、南至铁心桥小学，占地面积6.92公顷，房屋建筑面积5.15万平方米，居民126户，规划用途商业、道路。至年末，拆迁面积4.82万平方米，拆迁居民118户。

（陈　杰）

·"两桥"地区改造·

【概　况】 2015年，雨花台区政府引入城市发展理念，把绿色、智慧作为"两桥"地区改造核心，逐步构建"顶层设计、底层创新"开放式PPP（公共私营合作制）平台。国开雨花公司从基金投资、产业导入、城市运营等方面一体化制定该地区经济定位及开发策略，推进"两桥"地区城市更新改造。年内，国开雨花公司新增融资授信48.8亿元，累计落实融资授信99.37亿元，完成"两桥"地区控制性详细规划修编，上报市规划委员会审批。启动地区范围拆迁150.9万平方米，累计拆迁完成约110万平方米。完成龙翔核心区周边近300万平方米成片区拆迁，在全市范围内首次实现当年拆迁当年安置。龙翔大道西段地面段开工；东段地面段工程可行性研究报告批复、地勘报告编制、环评等办理完成，启动初步方案设计。机场二通道北段地面段拆迁让地和施工图设计完工，具备施工条件。机场二通道跨秦淮新河大桥、兴梅路中段、梅苑南路北段、管道路西段可行性研究方案完成，办理选址意见书。龙翔西立交工程可行性研究方案送交河西管委会审批。"两桥"地区城市更新改造综合进度在全市同步启动的"五大片区"（下关滨江、"两桥"地区、燕子矶、铁北、麒麟）中位居前列。

【"两桥"地区控制性详规】 年内，国开雨花公司围绕项目远景、项目定位、投资开发、空间规划、交通导向设计、智慧城市、可持续发展等6个方面优化完善"两桥"地区控制性详细规划。GGDC规划团队★从商业轴线走向、支路网密度、滨水岸线设计、新能源、智慧城市建设等领域提出21条详细建议。国开雨花公司组织软件谷规划建设局、蕾奥设计院、GGDC规划团队进行多轮对接，经修改与完善，完成新一轮"两桥"地区控制性详细规划修编，上报市规划委员会审批。

★链接　GGDC联合团队——GGDC组建美国、澳洲、中国有丰富国际最佳实践及中国本土实战经验的联合专业团队，从经济产业定位、规划设计、开发、绿色基础设施和环境可持续发展以及智慧城市解决方案等方面，以多领域“一条龙”整合和整体优化创新方法，对“两桥”地区开发项目控制性详细规划提供修改建议。成员包括：联实建筑工程（上海）有限公司（Lend Lease）、全球绿色开发集团（GGDC）、晋思建筑咨询（上海）有限公司（Gensler）、宇恒可持续交通研究中心（CSTC）、恩莱特司各特战略咨询公司（ESA）、浙江中易和节能技术有限公司等多家专业规划设计团队。

【“两桥”地区资金供给保障】 2015年，“两桥”地区新增融资授信48.8亿元，累计落实融资授信99.37亿元，放款30.41亿元。年内，国开雨花公司创新基础设施融资模式，落实龙翔大道一期项目融资授信4.5亿元。通过探索PPP（公共私营合作制）融资模式，解决机场二通道3亿元项目融资贷款。成功申请国开银行第二批棚改专项贷款8.3亿元。落实江苏银行拆迁项目贷款3亿元、兴业银行项目贷款授信20亿元，配合雨花国资投资管理有限公司通过18亿元中票审批。针对公司资本金不足问题，通过多家金融机构股权融资方案比选，增资10亿元注册资本金，实现简单信用条件下较低成本融资。

【“两桥”地区拆迁】 2015年，国开雨花公司累计完成“两桥”地区农户、集体土地企业、国有土地企业拆迁110万平方米。龙翔核心区（机场二通道以西、宁芜铁路以东、绕城公路以南、华新路以北）周边近300万平方米成片区拆迁完成。“两桥”指挥部和相关部门通过采取拆迁细则前置研究、跟踪审计、五人小组会商决策等机制，保证拆迁公开公正、高效推进。

【实行当年拆迁当年安置】 2015年，国开雨花公司落实拆迁安置房2762套，面积约20万平方米。1月、8月，分2批次安置西善桥地区拆迁居民692户，交付岱山保障房1333套，在全市范围内首次实现当年拆迁当年安置。

【马家店保障房项目】 年内，马家店保障性住房项目核准决定书、总平审定意见、建设用地规划许可证等手续办理完成，于12月25日桩基进场施工。作为“两桥”地区改造的重要民生工程，该工程总投资26亿元，规划建设建筑面积48万平方米，其中地上建筑面积36万平方米、地下建筑面积12万平方米。

【龙翔大道一期工程】 5月25日，龙翔大道一期西段地面段开工建设，年末启动土方挖运和路基施工。该道路西起宁芜铁路东，东至西春路，全长2153.477米，计划总投资2.9亿元，全线设计双向8车道，时速50千米/小时。

龙翔大道是“两桥”地区路网骨干道路之一，西起绕城公路（接河西江山大街），东至花神大道（接南站宏运大道），全长6.6千米，规划红线宽60~66米。 （谢梦苑）

·市政建设·

【概　况】 2015年，雨花台区安德门大街拓宽改造工程及岱山保障房片区5条市政配套道路竣工通车；康盛花园人防地下车库等9个停车场所建成，新增停车位2990个。雨花街道、赛虹桥街道、铁心桥街道、板桥街道、雨花经济开发区范围内20个排水达标片区建成，新建污水管道12.2千米。翠岛花城、小行路20号等14个小区二次改水工程完工，三年（2014–2016

年）总目标完成率42.4%。双龙嘉园小游园、新农花河小游园等6个绿地游园工程完工，新增绿地面积6万平方米，总投资约1100万元。被列入区环境综合整治“931”“9322”行动河道整治项目——柿子树沟及铁心桥泄洪沟整改后投入使用。

【安德门大街通车】 9月，安德门大街全线通车。该工程于2014年4月9日施工，北起雨花西路安德门地铁站，南至绕城公路南匝道，全长3.07千米，工程建设总投资1.1亿元。改造后的安德门地铁站至软件大道段路幅拓宽至45米、双向6车道，软件大道至绕城公路南匝道段路幅拓宽至52米、双向8车道，设计时速50千米/小时，中分带宽3米，人行道宽3.5米，增设2米宽侧分带与港湾式交通设施，实现机动车与非机动车分离。中分带、侧分带及人行道上栽种香樟、金桂、樱花、紫薇等乔灌木26种计2167株，绿化面积18143平方米，景石布置53.5吨。全线拆除电线杆88根，迁移下地强电2900米、弱电2400米，清除沿线障碍物34处，拆除、出新破旧围挡围墙1980米。

（陈　杰）

改造后的安德门大街

【公共自行车设施建设】 5月，区交通运输局制订《雨花台区公共自行车发展工作方案》，结合地铁站点、地铁站周边居住区、大型居住区、商业区、公交站点等位置，征集采纳相关街道及当地居民合理建议，科学规划自行车租赁网点设置，妥善处理相关诉求49件。通过召开7次协调会，逐点解决自行车租赁站点接电问题。全区设定83个自行车租赁站点，6月启动施工建设，除三江学院点采用电瓶接电外，其余82个点均24小时供应电源。11月18日，首批3500辆公共自行车安放到位并投入使用。

（杨云头）

·房产建设与管理·

【概　况】 2015年，雨花台区启动18块棚户区（危旧房）拆迁改造，总占地面积425.44公顷，其中房屋建筑面积172.9万平方米，涉及居（农）户3000户、工企72家，安置房源10235套。至年末，10个地块拆迁完成，累计房屋拆迁面积131.08万平方米，居民拆迁2748户、企业搬迁57家。完成征地拆迁户保障性住房安置5971套、“双困户”公租房安置67套、廉租房安置28套，“双困户”租赁补贴发放497户，其中“两桥”地区1400个拆迁户实现当年拆迁当年安置。市3个跟踪考核项目——铁心桥吴尚一组、凤翔组、马家店地块，总房屋建筑面积9.32万平方米，年内市级考核房屋改造建筑面积指标3万平方米，实际完成5.24万平方米。翠玲银河小区、春江新城新河苑一期、二期及贾西新苑小区等一批经济适用房“两证”(土地证、房产证)办理难题解决,22725户居民具备办证条件。全年房屋租赁税征收2.03亿元,首次突破2亿元,同比增长24%。

【小区整治出新】 2015年,区住建部门整治出新2个老旧小区,主要实施外立面出新、公共部位翻修等。其中,郁金香小区工程出新面积10.6万平方米,投资1200万元;凤台南路51号小区出新面积0.72万平方米,投资200万元。

【小行里51号危旧房改造】 2015年,作为区人代会重点建设项目的小行里51号危旧房改造项目拆迁工作结束,拆迁居民200户。项目完成工程设计单位、商业策划方案、场地平整工程等招投标工作,启动前期手续办理和工地桩基施工。该地块东至小行路,南至地铁高架,西至南京中牧实业公司生活区,北至中牧实业公司办公楼和小行医院,占地面积2.01公顷,房屋面积1.2万平方米,属市、区两级危旧房改造重点工程,自2013年启动拆迁。

【房产物业管理】 2015年,区住建部门完成79个小区17个房产物业方面整治,小区物业管理覆盖率超96%。受理物业维修资金申请项目158件,审批132件,拨付经费212.71万元;排查老旧危楼7359幢计建筑面积431.3万平方米,涉及鉴定房屋38幢计建筑面积2.144万平方米,疑似存在房屋安全隐患房屋102幢计建筑面积14.01万平方米。公房屋面维修4538平方米,落水管更换685米,外墙渗水维修404平方米,共用部位平屋面维修2740平方米。

【马家店片区棚改项目】 1月,马家店片区棚改项目启动拆迁,东至安德物流,南至大周路,西至罐子山、岱山,北至秦淮新河,占地面积37.8公顷,房屋面积36万平方米,居民363户、工业企业24家(含集体土地企业5家和国有土地企业2家),规划用途商业、科研。其中,涉及“两桥”地区范围拆迁住宅36户,房屋建筑面积17.82万平方米。至年末,累计拆迁建筑面积30万平方米,居民搬迁363户,工企搬迁18家。

(陈　杰)

城市管理

·概　述·

【概　况】 2015年,区政府将城市治理考核成绩纳入年度经济和社会发展考评目标,出台全区网格化管理实施办法,实行网格责任、联动执法、考核促进管理机制,突出提升“门前三包”考核比重;制定《雨花台区城市治理标准化工作实施方案》,明确7个子体系建设任务。区城管局协调街道(园区)和相关部门开展4次城市环境综合整治行动,组织区城市治理委员会公众委员座谈交流,参与区重大建设项目论证,听取城市长效管理方案实施意见。对区公众委员反映的梅山街道203道口交通拥堵、中兴人才公寓门前菜市场扰乱秩序和铁心桥街道停车难等突出问题,组织区、街两级公众委员和相关部门现场调研,解决难题。通过采取重点监控市立案件、会诊突出问题、公众参与监督等方式,创新城市治理考核形式。全年组织70次市立案件核查,抽查1197个问题菜单；整理发放城市治理考核通报12期，组织开展4次城市长效管理点评会，推动城市长效治理工作上新台阶。建设10个环卫工人“安康驿站”，提供日常工作生活便利设施。年内，雨花台区被南京市城市治理委员会表彰为城市治理工作优秀区（城区组），区城管局被南京市城市治理委员会表彰为2014-2015年度《城市治理》杂志通联工作优秀单位。雨花台区在全市城市治理标准化建设考核中成绩排名第一。

【数字城管建设】 年内，区城管局将数字城管建设列入“智慧雨花”建设重要项目。制订数字城管建设实施推进计划，将数字城管存储纳入全区大数据中心，以“1+8+N”（区级+8个街道园区+相关部门）模式，按照“两级监督、两级指挥”运行机制和评价体系，完成区、街两级平台建设，建成市、区、街道、社区四级平台互联通数字考核系统。建立区城市管理综合信息平台，完善和更新13个专项信息窗口管理数据。建成视频数字监控平台，共享雨花“智慧眼8900系统”642个定点视频信息。区级网格化巡防车辆安装4套车载移动监控系统。润雨清洁服务有限责任公司94台环卫车辆安装GPS定位系统，与市城市管理综合信息平台对接。

【市容市貌管理】 年内，雨花台区购置10台新式环卫作业机械车、4台机扫作业车、11台新能源环卫车，实现道路机扫率87%。全年清运生活垃圾11万吨、各类偷盗建筑垃圾200吨，收运餐厨垃圾3234吨。实现小区垃圾分类覆盖率80%，减少垃圾量1950吨。改造升级4座垃圾中转站，淘汰非密闭收集垃圾车184辆。

【行政执法】 年内，区城管局开展门前三包专项执法，按照“道路全覆盖、对接无缝隙”标准，联合属地街道与店家签订“门前三包”责任书，下发《致沿街企事业单位、店家一封信》4500份。全年查处“门前三包”案件1828起，处罚73起，罚款5500元。整治占道经营232次，取缔违章午夜市排挡559个、违章早餐点264个，规范倚门出摊2583次，取缔水果（蔬菜）车占道经营1306起，规范清理各类占道经营行为3495起，查处违章占道施工作业29起，查处占道堆放649起，整治自发性质菜市场78个。实行渣土运输24小时巡查，街道（园区）落实属地化管理。展开“渣土四乱整治”“渣土专项整治月”等联合专项整治行动32次，查扣违规车辆116辆，扣证720套，查处违规工地10处，发现清理偷倒乱倒32起，组织清运乱倒垃圾1780立方米。

【全区户外广告信息普查启动】 2015年，区城管局启动户外广告信息普查。对辖区各类户外广告设施数量、审批情况、产权单位以及广告设置现状等进行调查摸底并梳理汇总，据此制订全区户外广告设置控制性规划，推进户外广告市场化运作。全区户外广告牌387块，面积35238平方米。其中，有审批手续114块，面积15180.2平方米；无审批手续273块，面积20057.8平方米。

【城市防汛】 年内，区城管局对全区地下雨水排水管网进行摸排，制定以主次干道、重点地段逐步向街巷推进的地下雨水管道清疏方案，完成雨花西路、雨花南路等22条管道及边缘街巷道路地下雨水排水管网清疏，累计清疏绞拉干管101千米，疏通支管46.54千米，清理窨井550座、雨水井775座,更换维修雨水框盖54套。检测辖区4座泵站行车,完成集合村泵站4台泵机与西善桥泵站4座移动泵机维修及西善桥新河泵站配电房建设。制订城市防汛应急抢险工作预案,成立区养护管理所城市防汛工作领导小组,汛期执行24小时值班制度。在凤台南路亿源商城及周边、卡子门家乐家等易积淹水地段定人定点巡查。汛期未出现大面积淹水险情。

【岱山保障房片区停车管理】 5-7月,区城管局与西善桥街道开展违法停车联合整治行动。在岱山保障房片区16条道路上施划1800个临时停车泊位,安装禁停牌和"小客泊位内除外"标识牌128块,设置"电子眼"40个,有效解决岱山保障房片区停车秩序混乱难题。

(刘春勇)

·南京南站地区管理·

【概　况】 2015年,南站综管办与城管、客管、运管、站前派出所、高铁派出所、交警八大队等部门联合,将常态化联合执法与突击整治相结合,推行抓线管块、以点带面,优化站区交通秩序。节假日、重大活动时期,与站区各成员单位保持密切沟通,重点保障北落客平台、江南路交通疏导。全年牵头组织联合执法260次,查处出租车违规站外带客310起,驱赶和查处非法接拉客823人次,打击"黑车"30辆、"摩的"78辆,清拖违停非机动车21辆,查处工地违规施工、渣土车不按规定处置建筑垃圾21起,盘查可疑人员130人,查获管制刀具20件。执行职能处室一日两巡查、督查处每日督查两级督查制度。全年联系成员单位整改问题隐患10余次,发放"整改通知书"20份、"整改函"8份,办结市、区两级数字城管菜单270余条,回复满意率超96%,办理市"12345"平台转办投诉工单91件,办结提速率、结果满意率位列全区考核前列。

年内,南站综管办制作建立《南京南站地区城市治理标准化建设体系资料》,完成电力南站项目部整改、4个泵站标准化改造、电梯智能化监控改造及消防南站项目部养护制度标准化建设。引入第三方考核,对市政设施养护企业实行双月考核,推动与南京市铁路投资建设有限责任公司对接涉及重大安全隐患的系统整改和养护作业的正规化。划分站区环卫网格,增配作业人员和作业车辆,按照市级一类道路标准,开展站区道路常态化养护,养护单位实行分片包干。南京南站环卫工作累计6次位列全市月考核成绩第一名。督促维保单位日常维护电梯、电力和消防设施,新增维保人员30余人、专业维保设备20余套、维保设备车辆3台。增设泵站、重点安全部位监控20个、电梯监控18个,实现站区盲区全覆盖。组织各级各类消防、电力、电梯展开夏季安全大检查和故障试验,消除各类安全隐患40处,修复消防、电力、电梯损坏设备90件。年内,南站综管办被南京市城市治理委员会办公室评为2015年度南京市城市治理工作优胜窗口单位,《扬子晚报》于12月18日专版刊发《中国高铁站区管理有了"南京南站模式"》。

【南京南站南落客平台启用】 1月15日,南京南站南落客平台启用,南北双向平台实现全面贯通。南落客平台设计双向8车道,隔离栏外侧设置3股由西向东车道,内侧设置5股由东向西车道。为配合南落客平台开通,南站综管办增设61块道路指示标识，架设1座龙门架，安装520米护栏、347个泄水孔过滤网与井盖、105个路灯电箱盖、276块花岗岩道板，新增30名保安按需分布在南、北落客平台、站房和主要道路等。在金阳西街以南、绿都大道以东，新建P6临时停车场，增设停车位340个。

【春运保障】 2月4日–3月4日春运期间，南站综管办成立春运保障小组，统一指挥站区环卫、市政、绿化部门保障工作。每天开展巡查，发现问题及时汇报、处理，保障旅客顺利出行；组建夜间执法保障服务队，重点保障客流高峰和"红眼"高铁应急处置，协调公交公司预留备用车辆，防止旅客滞留。站区实行24小时管控，牵头组织开展联合执法，查处"黑牛"接拉客行为108起、"摩的"27辆、"黑车"14辆、出租车站外带客行为7起。春运期间，铁路南京南站发送旅客222.5万人次，同比增长16%；汽车客运南站发送旅客99.4万人次，同比增长1.88%；地铁南京南站进站207.4万人次，同比增长29%，出站179.8万人次，同比增长11%。

【地铁3号线"南京南站"开通运营】 4月1日，地铁3号线开通运营，途经南京南站。当日，南京南站进站乘坐3号线2.7万人次，出站2.3万人次。南京南站实现地铁1号线、3号线、机场线同站换乘。

【南京南站南面区域临时管理边界明确】 10月20日，市政府办公厅第118号会议纪要《关于铁路南京南站地区南面区域管养有关问题的会议纪要》明确规定南京南站南面区域临时管理边界。江南路以西，以金阳西街为界，金阳西街以北区域纳入南站地区综合管理；江南路以东，以博爱路为界，博爱路以北区域纳入南站地区综合管理。若雨花台区、江宁区在该区域行政区划发生调整，或南京南站南面发展变化，届时根据实际情况调整该管理边界。

【南京南站南侧4条循环道路通车】 11月12日，南京南站南侧江南路南段(金阳西街至宏运大道段)、六朝路南段（金阳东街至开明街段)、诚信街(江南路至六朝路段)、开明街(明城大道至六朝路段)4条循环道路通车，六朝路通向南落客平台、南落客平台下江南路2条匝道开通。南京南站南北地面交通实现循环，北落客平台交通压力得到缓解。

【出租车禁止站外带客区域调整】 11月25日，南站综管办联合市交通局客管处召开新闻发布会，对南站地区出租车禁止站外带客区域实行调整。调整区域为：以南京南站为中心，东起明城大道，西至绿都大道，北至玉兰路与丁墙路红绿灯路口，南至博爱街(包括南落客平台和相关匝道)。12月10日施行。

（任姝婕）

城市环境综合整治

【概　况】 2015年是雨花台区环境综合整治3年(2013–2015年)行动规划收官之年。年内，雨花台区完成"再干两百天"专项行动后100天整治；以减排建设、生活垃圾集中处理建设为重点，推进完成区环境综合整治"931""9322"行动年度任务。辖区环境整治效果显著。

"再干两百天"专项行动后100天整治任

务涉及15个方面706个菜单，包括河道清淤整治类、住宅区物业管理类、建设工地类、排水达标区创建、市容景观类、动迁类、城中村、危旧房改造类、绿色通道管养类、拆违类、市政、园林整治类、占道经营行政执法类、渣土管理行政执法类、规范停车秩序行政执法类、拆迁工地类、河道长效管理类。

区环境综合整治“931”“9322”行动项目涉及14个方面49个项目。其中，“931”行动项目涉及8个方面15个项目，项目包含改善型城郊结合部整治项目1个、老旧小区整治项目1个、背街小巷整治项目2个、低洼易淹易涝片区整治项目4个、建设工地整治项目2个、农贸市场整治项目1个、停车设施建设项目3个、户外广告整治项目1个（含41个子项）；“9322”行动项目涉及9个方面27个项目，项目包含城中村改造项目3个、老旧小区改造项目1个、背街小巷整治项目10个、城市河道整治项目5个、建设工地整治项目2个、经营疏导点整治项目1个、停车设施建设项目3个、排水达标区建设项目1个、动迁项目1个。该区自施压力，自增动迁、拆违、城中村改造3个方面7个项目整治，项目包含城中村改造项目1个、动迁项目5个、拆违项目1个(含63个子项计36301平方米)。

【承担市重点动迁项目6个】 2015年，雨花台区环境综合整治动迁行动承担完成市重点动迁项目6个，分别是管道路和梅苑南路(西善桥段)、“两桥”地区改造马家店保障房、铁心桥吴家跳组、臧家巷和华严寺、中兴路北延、“两桥”地区改造油坊地块（龙西路以北地区改造），拆迁房屋面积累计60.22万平方米。其中，拆迁居民1377户，拆迁房屋面积32.22万平方米；工业企业拆迁53家，拆迁房屋面积28万平方米。

【城中村危旧房改造项目4个】 2015年，雨花台区环境综合整治涉及城中村危旧房改造项目4个。其中，板桥街道205国道新建段以西地块，占地面积5.18万平方米，房屋建筑面积12万平方米，住宅870户；大方社区汤巷二、三组地块，占地面积10.8万平方米，房屋建筑面积3.96万平方米，住宅104户；板桥街道新建社区徐家场地块，占地面积78.46万平方米，房屋面积27.85万平方米，住宅170户；凤翔村地块，占地面积2.23公顷，房屋建筑面积2.23万平方米，居民66户。至年末，该区完成房屋改造建筑面积44.36万平方米。

【“再干两百天”后100天环境整治任务完成】 4月，雨花台区完成“再干两百天”专项行动后100天环境整治任务。城中村、危旧房改造15.6万平方米，动迁76.3万平方米，拆除违建87处计4.93万平方米；清除垃圾箱招贴520余处，拆除LED单色显示屏125块，拆除乱设门头店招牌、违规广告牌140处，整治户外广告34处，拆除绕城及高速公路沿线高立柱8个，拆除道旗、悬挑广告牌5块，清理各类横垂条幅68条计740平方米，拆除楼顶镂空字165处。补签“经营户门前三包”责任书489份，整治违反“门前三包”责任区制度店家和单位2623家。制定下发《雨花台区关于“再干两百天、环境再提升”工地管理专项集中整治行动方案》《关于开展“再干两百天、环境再提升”工地环境整治联合检查工作计划》，对93个建设工地实行规范化管理。向71个居民小区物业管理展开专项检查，建设完成8个排水达标区管网。集中清理辖区内河道垃圾杂物、随意种植等，实施河道截污改造和清淤疏浚 17 处计 14.36 万立方米，对 66 条河道实施长效管理。“四路一铁”(机场高速、绕城公路、绕越公路、宁马高速和京沪高铁)5 条绿色通道沿线绿化整治面积 26.13 公顷，栽植乔木 3817 株，铺设草坪 0.43 万平方米。修剪凤台南路、应天大街、长虹南路、卡子门大街、雨花路、雨花南路等行道树 3828 株，灌木补植 3.1 万株。雨花广场、凤台广场、开源广场、73 号巷小游园等草坪地修复 1000 平方米。清理主次干道广场游园垃圾、落叶 600 车，浇水及扬尘冲洗 4.5 万吨，喷洒病虫害防治药水 0.3 吨，施肥 25 吨。实施街巷道路专项整治 88 处，取缔非法占道经营、流动摊贩、倚门出摊等违规行为 500 余起。

【环境综合整治“931”“9322”行动任务完成】 12 月，雨花台区完成环境综合整治“931”“9322”行动任务。其中，完成市下达背街小巷整治任务 12 条，长度 7590 米；拆除动迁项目建筑面积 60.22 万平方米，拆迁居民 1377 户、工业企业 53 家；对辖区 4 家建设工地实施监管。新增到户支管建设 12.2 千米，拆迁城中村危旧房项目建筑面积 44.36 万平方米，拆除违建 62 处计 35901 平方米。完成 5.2 平方千米高家库片区环境整治，拆除违棚 300 平方米，清理垃圾 15 余车，补种樱花 3000 余棵。出新凤台南路 51 号、郁金香小区 2 个老旧小区建筑面积 11.32 万平方米，修整破损道路 385 米，补建绿化植被 20 株，增添停车位 20 个。改善低洼易淹易涝片区 4000 余平方米排水系统。取缔春园路农贸市场 1000 平方米范围内违章搭建、占道经营、乱停乱放行为，整治农花河、四号沟、圩区小河、刘村沟河道 6.75 千米。投入资金 5 万元，在板桥街道广场路苏果超市社区店旁，设置水果经营疏导摊位 8 个约 260 平方米。新建板桥中学、牛首山北坡风景区、新润泰市场、蓝岸尚城、景明佳园、春江新城 6 处停车场，新增车位 1880 个。清理未审批、违规设置户外广告 32 处。（卞新凤）

国土资源管理

【概　况】 2015 年，雨花台区行政区域总面积 13238.84 公顷，其中耕地面积 1323.29 公顷、园地面积 435.54 公顷、林地面积 1212.01 公顷、草地面积 72.43 公顷、城镇村及工矿用地 7041.51 公顷、交通运输用地 1380.45 公顷、水域及水利设施用地 1671.71 公顷、其他土地 101.9 公顷，按权属性质分国有土地面积 8161.74 公顷、集体土地面积 5077.1 公顷。国土分局全年办理规划预审项目 43 个计面积 162.2 公顷；征地报批项目 21 个计面积 93.47 公顷，其中批次项目 4 个、单独选址项目 3 个，获批准项目 14 个计面积 65.8 公顷。考核完成 2014 年度批后实施项目 19 个计面积 84.87 公顷。勘察治理辖地质灾害点区 11 处。国土分局被市国土资源局评为市国土资源系统 2015 年度工作先进单位。

【重大项目保障】 2015 年，全区被列入市级重大项目 15 个。其中，软件谷科技研发、软件外包产业基地、南京信息安全产业园(A5 地块)、雨花科技研发产业园等 8 个项目完成供地，取得土地证；宁和城际、南京南站市政配套与铁路建设等 7 个项目推进中。国土分局督促并协助用地单位完善用地手续。

【耕地和基本农田保护】 2015年,《雨花台区耕地保护责任目标考核暂行办法》制订并实施。明确规定耕地保护考核对象为承担耕地保护责任的相关街道(园区)及其行政辖区主要领导,并从建立耕地保护制度和措施、耕地保护情况、基本农田保护情况、涉及耕地保护信访事件4个方面对责任主体实行考核。国土分局落实年度基本农田保护计划和保护制度,制定《雨花台区城市周边基本农田划定工作方案》。该区全年完成基本农田保护面积313.47公顷;耕地保有量1307.8公顷,同比减少31.77公顷,减少耕地属取得正式用地批文的建设占用地。

【土地执法监察】 2015年,国土分局在全天候遥感监测和动态巡查中,发现3宗基础设施项目过程性违法用地,总面积8.47公顷,经督促整改报批,2宗取得用地批文,1宗组卷报批。全年全区新动工项目18宗,除1宗办理征地报批手续,其余17宗均为合法用地。

【土地规划管理】 2015年,国土分局制订全区土地利用总体规划调整完善工作方案,开展"两规"(城市总体规划和土地利用总体规划)合一前期工作,完成实施评估。完成铁心桥街道、西善桥街道、板桥街道土地利用总体规划局部修改方案,并获省政府批复。全年办理项目规划预审43个,总面积162.2公顷。

【农转用计划落实】 2015年,国土分局完成农村集体土地所有权确权登记发证扫尾工作。配合市国土资源局,对辖区新增建设项目用地土地权属、土地性质、用地现状等情况展开前期调查摸底,调查宗地19个,保障重点工程项目正常运行。全年出具土地权属证明13份,变更集体土地使用证2宗。

【土地供应及监管】 2015年,国土分局供应工业(研发)用地6宗,面积19.01公顷,完成全年工业用地供地计划127%;协助供应经营性用地9宗,面积31.53公顷。督促12家受让单位加快办理开工、竣工延期手续。全年办理临时用地审批8宗计面积4.53公顷。

【存量土地专项清理】 2015年,国土分局经调查摸底编制完成低效用地再开发专项规划及2015年低效用地再开发年度计划,确定汪海大厦等5个项目预先试行。开展存量土地专项清理,完成批而未征项目清理13宗计面积100.67公顷,完成存量土地供应项目7个计面积33.73公顷。 (史 越)

水 务

【概 况】 2015年,雨花台区境内2条水系流域范围内有主要骨干河道8条。其中,大江大河干流1条,即长江南京河段干流;大江大河分洪河道1条,即秦淮河干流的秦淮新河;通江、通秦淮河、秦淮新河河道6条,即板桥河、江宁河、工农河、南河、南南河、农花河。区域内有街道级河沟49条;城市特小型湖泊2个,即花神湖和莲花湖;重点塘坝4座,即安堂凹、静明寺、大石湖、龙泉寺。全区水域面积941.03公顷,堤防长度66.6千米,排涝泵站47座,累计排涝能力155.94立方米/秒。

年内,雨花台区围绕政府职能转变、水利

现代化目标，统筹建设“安全、资源、生态、法治、人文”五个水利工程，推进水务一体化和水利工程管理体制改革，提升全区水利基础设施水平与防灾减灾能力。投入资金5363万元，完成区防汛仓库一期、海北圩泵站、河道清淤及重点水生植物栽种、堤防灌浆等工程建设。以“世界水日”“中国水周”为契机，开展水法宣传，提升驻区群众水资源保护意识和水法治观念。首次聘请有资质专业养护队伍为骨干河道进行专业养护，对区管骨干河道、街道级河道长效管养及小型水利工程管理体制实行改革。构建防洪减灾安全保障体系，落实闸站维修养护、防汛检查、防汛责任制，保障全区安全度汛。区水利局被市水务局评为2015年度水利改革建设先进单位。

【水利执法巡查】 年内，区水利局坚持每周不少于4次河道堤防巡查。全年铲除各类违章种植2600平方米，拆除违章搭建650平方米；查处石林大公园二期在板桥河堤防埋设临时排水管道及南京报业集团在河堤违章建设护栏2起水事违章事件。依法办结“小行金浦地产”“现代汽车江苏东源4S店”“东风标致汽车4S店”“华为南京软件基地二期”“南京明发普泰锦东地块”等5件水土保持项目的编制与审批。指导西善桥小学和景明佳园小学完成节水型学校创建。

【河道管养和小型水利工程管理体制改革】 2015年，“区管骨干河道和街道级河道长效管养”被列入雨花台区水利项目计划，核拨区级财政养护经费313万元。区水利部门首次通过招投标，选取有资质专业养护队伍对板桥河、江宁河等4条骨干河道实行养护，聘请监理人员对养护队伍日常管养情况进行监督，彻底实现“管养分离”。雨花台区成立深化小型水利工程管理体制改革工作领导小组，出台《雨花台区深化小型水利工程管理体制改革实施方案》，对全区小型水利工程现状进行调查摸底，展开全面普查。

【防汛开展】 年内，区水利部门逐级开展6轮防汛大检查，修订完善防汛防台风工作预案，按照数量充足、种类齐全、存放地点便捷原则，储备防汛物资、器材等，组建20支计1850人防汛应急抢险队伍。组织开展四套班子领导防汛大检查和防汛实战演练，对防汛薄弱地段和易淹易涝片区明确防汛责任人，树立责任公示牌，接受社会公众监督。落实水雨情、险工情会商制度及市防汛指挥部系列防汛指令，制定防汛不同时段防御重点，启动相应应急处置机制。6–7月连续多次成功应对强降雨及强台风侵袭，全区安全度汛。

【海北圩泵站改建】 1月8日–6月16日，位于雨花经济开发区近华社区的海北圩泵站由区水利部门实施改建，9月11日通过区级竣工验收。改建工程拆除原设计流量2立方米/秒老式泵站，新建设计流量4.5立方米/秒泵站，配套建设90平方米泵房、154平方米配电房（含管理房）、拦污栅桥、进水口、出水管等。汛期，该泵站发挥重要作用。

【河道清淤及重点水生植物栽种工程】 3月17日–5月15日，雨花台区实施河道清淤及重点水生植物栽种工程，累计清淤9条沟、2面塘，涵盖雨花经济开发区圩区小河、保双河、刘村沟、金胜沟、西寇沟、五号街沟、五胜沟、曹村沟，铁心桥街道路线河，板桥街道严村莲花塘、严村池塘，河道总长度14.1千米，清淤、挖土15.81万立方米，清理杂草10.91万平方米，栽种水生植物5276平方米、坡面植物15940平方米，种植乔木、灌木491株。（王新奎）

交通运输

【概　况】 2015年，雨花台区境内公路总里程282.313千米，公路密度209.74千米/百平方千米，其中高速公路8.5千米、一级公路86.887千米、二级公路46.199千米、三级公路49.473千米、四级公路91.254千米，桥梁83座，隧道1座。

公路建设。全年全区交通基础设施投资4360万元。县乡村道养护总投入2028.7982万元（含大中修）；农村公路提档升级改造1条，即宁水路东延工程，长0.612千米，总投入2000万元。水泥化工程投入含在养护总投入内，里程3.311千米。全年小修保养投资173万元，维修县道面积1625平方米，农村公路安保工程投入52万元，完善农村公路安保设施10.32千米。全区农村公路总养护里程223.230千米，其中县道56.909千米、乡道123.861千米、村道42.460千米。雨花台区通过省、市交通局农村公路建设管理办公室对2014年农村公路提档升级工程的第二次验收检查，完成2015年区农村公路间隙式交通量观测。

运输管理。全区有运输业户4339户，同比减少234户；营运车辆7049辆，同比减少52辆，驾驶员从业资格2506人。办理年审业户4186户、道路运输车辆6983辆；办理新增车辆1477辆，清理注销长期未审验道路运输业户425户、车辆454辆。

维修行业管理。办理汽车维修许可企业28家，其中二类维修企业9家、三类维修企业19家。审核驾培学员培训记录22572人，向驾校发放结业证6611张。辖区36家汽车维修企业获省交通厅“信誉企业”称号。

航运管理。全区航道总里程9千米，属6级航道，设置码头3个，码头泊位6个，码头总延长240米。辖区水路运输企业4家，船舶15艘，总载重36.45万吨。水路运输服务业9家，船舶代理量283艘，货物代理量58.71万吨；港口码头内河企业3家，年吞吐量2.8万吨。

交通安全监管。2015年，区交通运输局开展“打非治违”“平安交通”等道路运输市场专项整治行动。其间，运政出动检查车辆750台次、稽查人员1600人次，集中整治板桥地区货运集散地大型货车，查处违章车辆548台次；路政出动执法人员1300人次，检查涉嫌超限运输车辆1000余辆，确定超限运输并接受处罚668辆，教育放行47辆，驳载货物5859.04吨。组织215人次展开道路、在建工程、水上、危化品运输等安全专项检查，排查安全隐患123项，下发“整改通知书”81份，整改率100%。

年内，区交通运输局被市交通运输局授予“2015年度南京交通12345政务热线办理工作先进单位”“平安工地示范工程”称号。

（杨云头）

【板桥汽渡】 2015年，板桥汽渡管理处渡运规费征收4865万元，安全渡运车辆80万辆，日均2213辆，渡运航次7万次，渡运总吨位数1863万吨。1~6号渡船通过海事部门和市船舶检验局的年度检验，“板桥汽渡4”渡船全回转舵桨电气控制系统改造完工。全年未发生责任事故，渡运形势安全平稳。（曹　燕）

【新能源汽车充电桩建设】 1月，区交通运输局启动新能源汽车充电桩建设。通过与区招投标办对接，细化评标细则，对投标企业资质、资金投入、企业业绩、技术自主创新、后期运营方案等技术指标综合评分，评选出建设单位——南京能瑞电力科技有限公司。至年末，全区新能源汽车充电桩安装716个，投入使用150个。

【黄砂码头综合整治】 1月，区交通运输局启动沿江及内河黄砂码头整治。其间，加大与区环保局、水利局、板桥街道、雨花经济开发区等部门联动，召开协调推进会16次。8家有证黄砂码头累计投入整治资金2000余万元，安装喷淋设施、冲洗平台及监控设备等，设立防沙、防尘网1.6万平方米，场地及道路硬化15万平方米。12月，该8家黄砂码头在全市率先通过市环保部门验收。 （杨云头）

环境保护

【概　况】 2015年，雨花台区环境质量总体稳定。全年空气质量达到国家二级标准217天，达标率59.5%，同比增加33天。首要污染物PM2.5年均浓度57微克/立方米，同比下降18.6%；PM10年均浓度98微克/立方米，同比下降23.4%。PM10、PM2.5年均浓度下降主要原因是相关部门和街道（园区）加强对工地扬尘的监管力度。超标天数大部分出现在春、冬季，因大气较稳定，不利于污染物扩散，并受外来污染源输送影响。降尘量年均值5.16吨月/平方公里，同比下降17.4%。全年区域降水82次，出现酸性降水（pH<5.60）6次，酸雨频率7.3%，同比下降42.8%。

水环境变化不大。秦淮新河雨花段、板桥河水质稳定，但水质劣于《地表水环境质量标准》（GB3838-2002）Ⅳ类要求。秦淮新河雨花段主要超标因子为化学需氧量、总磷、氨氮、总氮，板桥河主要超标因子为总磷、氨氮、五日生化需氧量和高锰酸盐指数，超标原因雨污未分流。南河水质同比略有好转，但水质劣于《地表水环境质量标准》（GB3838-2002）Ⅳ类要求，主要超标因子为总磷、总氮、五日生化需氧量和高锰酸盐指数，超标原因与沿河居民生活污水直接排放有关。花神湖、华严寺（地下水）水质基本达到《地表水环境质量标准》（GB3838-2002）Ⅲ类要求。对51条街道级河道的监测数据显示，21.6%河道达标，超标河道均为黑臭河道，超标因子氨、氮。

功能区、区域环境、交通等三类噪声分别达到声功能区标准。雨花西路、南京玻纤院2个功能区噪声达标率100%。区域环境噪声昼间平均值54.9分贝，同比下降0.7分贝，达到《声环境质量标准》（GB3096-2008）Ⅱ类标准。8个交通噪声昼间年平均等效声级达标（67.3分贝），同比上升2.2分贝，噪声最高点位于雨花西路路段，主要受地铁和高架车辆影响。

年内，区环保部门办理生态环境人大建议、政协提案10件，查办各类环境信访投诉2330件，办结率100%，满意率超85%。雨花台区在市环保依法行政和环境执法责任目标考核中被市环保局评为2014年度依法行政和环境执法先进单位，区环保局在2014年度南京市环境监测工作考核中被市环保局评级为优秀。

【环境监测】 年内，区环保部门对涉嫌违法排污及设施不正常运转企业，采取突击检查等方式展开监测，超标行为企业被移交相关执法部门查处。完成楚翘城、富士通等33个建设项目竣工环保工程验收监测，出具验收监测调查报告33份。配合环保大检查及信访（应急）工作，对板桥河油污染、南京戴斯国际酒店噪声扰民等信访投诉实施监测，出具监测报告35份。完成各类地表（地下）水、功能区噪声、区域环境噪声、交通噪声、降尘、扬尘及降水等例行监测，获环境监测数据3024个；实施监测73家属国控污染源、区控污染源、省重金属整治污染源企业，出具监测报告193份，其中水报告131份、气报告23份、声报告39份。

【环保专项行动】 年内，区政府召开常务会议专项部署环保大检查工作。区环保部门组织4场专业培训指导8个街道（园区）、200余家企业开展环保大检查业务。对辖区所有企事业单位污染源展开调查摸底与联合执法检查，发现违法行为严肃查处、上限处罚。开展建设项目清理和“一企一档”建设工作，推动产业结构调整和转型升级。全年全区组织出动检查人员800人次，检查大小各类企事业单位环保法律法规执行、污染治理设施运行、污染物排放情况等1000余家次，其中重点企业234家次。对南京市餐厨垃圾处理厂等55家存在突出环境污染问题单位发出限期“整改通知书”，立案处罚121件次环境违法行为，申请法院强制执行2件次、移送公安部门3件次，处罚金额280余万元。

【污染减排】 年内，区环保部门协助区发改部门完成“三高两低”“两高一资”企业*及梅山片区重点污染企业关停整治任务。对48家单位排污口规范化整治开展“回头看”监督检查，确保企业排污符合规范要求。全年削减化学需氧量2.6765吨、氨氮0.064吨、二氧化硫63.26吨、氮氧化物5.798吨，超额完成年度减排目标。

★**链接** “三高两低”企业指高投入、高消耗、高污染、低水平、低效益企业。“两高一资”企业指高耗能、高污染、资源性产品企业。

【工地扬尘管控】 年内，区环保部门构建街道、社区、工地三级扬尘网格化管理体系，加强扬尘管控联合执法。全年开展扬尘防治联合检查100余次，检查工地620家次，责令限期整改90家次，立案查处违法工地70家次。扬尘污染防治考核成绩自上年全市综合排名第6名上升至第3名。

【黄标车淘汰】 2015年，区环保部门在机构、任务、标准、目标等均不变的情况下，加大黄标车淘汰力度，重点攻坚营运黄标车淘汰。全区4341辆黄标车淘汰4184辆，淘汰率96.38%。

【危险废物管理】 年内，区环保部门完成对梅山化工总厂拆迁遗留的4000余吨库存固体废弃物跨省安全转移，被《中国环境报》《南京日报》等多家媒体作为先进典型宣传报道。有效处置和应对润滑油泄漏板桥河突发环境事件，协助雨花经济开发区安全转移1桶遗弃危化品金属钠，协助区公安机关安全处理60余吨被查扣废铅酸电池。全年监督检查56家医疗废物、66家危险废物生产单位和26家核辐射单位，危险废物规范化管理抽查合格率超90%，医疗废物规范化收集处理和无害化处置率100%。

【重点项目环评审批】 年内，区环保部门为软件谷、“两桥”地区重点新建项目(区看守所迁建、雨花台中学人防、雨花外国语学校、机场二通道) 开通环保审批绿色通道减化审批流程，缩短办理时限。完成岱山经济适用房、楚翘城、区检察院业务综合楼、康盛花园人防工程等 40 个项目环保“三同时”(同时设计、同时施工、同时投入使用)验收。为板桥市场群 G1、G2 地块、南部新城玉兰路西侧 3 号地块等拟招拍挂出让的 12 个地块出具环保初步审查意见。无缝对接华润热电厂项目审批、环境安全、污染减排、固废处置市权下放。 (束子达)

生态建设

【概　况】 2015 年，雨花台区新种植成片林 46.06 公顷，其中干线公路绿色通道 15.4 公顷、县乡公路绿色通道 5.07 公顷、工业生态防护林 11.33 公顷、河道防护林 3.33 公顷、产业林 10.93 公顷，林木覆盖率突破 30%，超额完成全年植树造林目标 38.2%。无害化清理病死树 2140 株，有效控制病死树扩散与蔓延。药物喷洒防治绿色通道杨树食叶害虫，维护绿色通道建设成果。对征占用林地逐项登记造册，明确地点、面积、用途。全年办理完成 3 个征占用林地项目及 4 个林木采伐项目林政许可手续。雨花有线电视开设生态专栏，宣传“绿色雨花”建设成果。

【绿化工作】 年内，区农业局实施 5 个游园绿地建设工程，分别是新农花河小游园、梅清苑市民广场、莲花湖公园西南山顶环境整治及翠岭银河、南京宏腾化工装备有限责任公司绿化整治，新增绿化面积 6 万平方米。联合板桥街道、软件谷科技人才局、驻地软件企业代表等近 300 人次，组织开展 3 场全民义务植树活动，种植高杆女贞、垂柳、水杉等苗木 1500 株。举行 2 场广场护绿宣传活动，发放“尽义务植树，献绿化爱心”宣传画 150 张、“同种一片绿树，共建美好江苏”宣传册 300 份，赠送居民吊兰、孔雀草等盆花 1000 盆，倡导居民“植绿、护绿、爱绿”，现场咨询 350 余人。 (周广均)

【生态红线保护】 年内，区环保部门落实《南京市生态红线区域保护规划》《南京市生态红线区域保护监督管理和考核暂行办法》相关要求，完成全区 2014 年度省级生态红线区域监督管理评估考核自查及省级生态红线保护区域优化调整。启动区级生态红线区域保护规划编制，形成初稿。雨花台区有省级生态红线 7 处，总面积 11.26 平方千米，其中占地 400 平方米的雨花台砂砾石层自然保护区属一级管控区，生态红线区域总面积占全区国土面积比例由 7.33%增加至 8.37%。 (束子达)

【南京南站绿化养护】 2015 年，南京南站外运建筑垃圾、土方 2520 立方米，维修出新沥青路面、人行道 6770.7 平方米，疏通、清淤道路明沟、排水管道 3.8 千米。全年补植、合并灌木 5.1 万株，修剪、调整行道树 900 棵，喷药、追肥 60 吨。组织开展植树节，种植灌木 800 棵、月季 1000 株。更换玉兰路、北广场等区域草花 1 万盆。在江南路、六朝路、锦绣街和玉兰路等核心区域重新铺设草皮 2250 平方米，设置园艺小品 10 组，放置草花 2 万盆，迁移灌木 3000 平方米，新增喷灌系统灌溉。整治双龙街隧道、双龙嘉园环境，清理碎石、垃圾等300车，补植各类乔灌木1万株、草皮5000平方米、草花1万株，铺设草坪砖8500块。南京南站地区绿化工作位列市园林绿化养护管理工作窗口地区组第一。 （任姝婕）

【森林防火建设】 至2015年末，雨花台区累计建设消防蓄水池10个、防火通道70千米、生物隔离带10千米，购置消防水车3辆、消防巡逻车5辆，建立森林防火远程监控和数字化超短波无线通信系统。区、街道、村三级设立防火应急物资仓库15个，配备风力灭火机124台、灭火弹2500枚、铁扫把1700个，组建16支计220名半专业消防扑救队员，在高危火险期与区消防大队、南京警备高炮团、梅山消防大队联防联动，确保实现火灾“打早、打小、打了”。2015年全区未发生森林火灾事故。

【大胜关大桥绿化一期项目完工】 6月19日，位于雨花经济开发区的大胜关大桥绿化一期项目完工，绿化大道与河西地区无缝对接，景观效果融为一体。大胜关大桥绿化工程南起凤集大道、北至长江三桥，全长约1.8千米，占地面积5.2公顷，于3月开工，由常州宇翔园林建设有限公司承建，计划总投资204万元。其中，一期工程为中分带绿化工程，栽植杆径28~30厘米大规格香樟146株，空隙铺设果岭草，两头栽植红叶石楠、罗汉松、苏铁、金桂、南天竹、大叶黄杨球及景观石，绿化面积约8000平方米。

【5条林荫道入选市首批绿色廊道】 7月13日，雨花台区5条城市林荫道入选市首批50条绿色廊道，分别是雨花路、雨花东路、共青团路、雨花南路、花神大道，道路人行道及非机动车道绿化覆盖率超90%。5条道路两旁树木树种、规格基本一致，均以法桐、雪松、香樟、银杏、水杉、枫杨为主，树冠大、树荫浓、树干直，与两侧绿地景观相协调，达到国家住建部考核标准。 （周广均）

牛首山北坡风景区

公共服务

雨花年鉴 2016 YUHUA ALMANAC

2016 YUHUA ALMANAC

Public Service

教　育

·综　述·

【概　况】 2015年,雨花台区有中小学32所,其中公办学校30所(高级中学1所,完全中学2所,独立初中6所,九年一贯制学校1所,中等职业学校1所,区教师发展中心1所,青少年活动中心1所,小学17所)、民办学校2所;在校学生33818人(中学在校生12406人、小学在校生19173人);在编教师2189人(中学971人、小学1059人);幼儿园53所,其中公办园19所、民办惠民园17所、普通民办17所,在园幼儿15723人,教职工2169人。

年内,雨花台区实验小学善水湾分校和雨花外国语小学花神庙分校开办,与琅琊路小学达成在开发区联合开办分校协议。制订下发《关于进一步推进雨花台区中小学德育工作的指导意见》《关于进一步加强雨花台区学校未成年人保护工作的指导意见》,成立"一组两中心"(区级德育工作指导中心组、心育工作指导中心、班主任成长指导中心)。中华中等专业学校完成布局调整及资源整合,开设软件信息专业。开展2015年全民终身学习活动周活动,居民参与社区教育活动参与率60%,老年教育受众面占老年人比例12%。主要劳动年龄平均受教育年限12.23年。

2015年,雨花台中学高考本二以上达线率74%,第11年获市高中教学发展性评估综合奖,同时获教学质量优秀奖、学校管理奖和教学质量突出奖;板桥中学第三次获市高中教学综合奖,梅山高级中学本科上线率67.9%,全区普通高校录取率90.36%。通过教育部全国义务教育基本均衡区督导检查,获江苏省学前教育改革发展示范区称号;首批被确定为全国青少年校园足球试点区;雨花台中学等4所学校通过市"智慧校园""装备管理示范校"验收;区教育局获南京市初中发展性质量考核一等奖、南京市普通高中教育发展性评估一等奖。全区17名教师分获市"斯霞奖"、市优秀教育工作者和市优秀班主任称号。212位教师获区优秀教育工作者、优秀青年教师、区首席班主任称号。在市职初教师(工作0–5年的教师)考核抽测中,中华中等专业学校总分位居全市第一;在市优秀青年和市先进教研组评比中,通过率全市第一。

【21所学校被认定为市依法治校示范校】 3月13日和12月18日,市教育局"依法治校示范校"考核组分两批对该区申报创建市依法治校示范校的21所中小学进行现场考核。第一批考核学校为共青团路中学、中华中等专业学校、梅山第二小学等七所,第二批考核学校为雨花台中学岱山分校、金陵中学岱山分校、孙家中学、力小金地自在城分校、雨花台区外国语小学西善花苑分校、古雄小学等14所。考核组采取听取汇报、查阅资料、校长答辩、现场考查等方式进行评估,21所学校全部通过考核。

【接受教育部县域义务教育均衡发展督导检查】 6月4日,教育部县域义务教育均衡发展督导检查组在国家督学(由教育部聘任的依法执行教育督导公务的人员)、陕西省人大常委会委员、督导组组长杨希文带领下到区检查义务教育均衡发展工作。省教育厅高教处处长徐子敏、市委教育工委书记刘莅等参加督导检查。此次抽检分为工作汇报、查看资料、分组检查三个阶段。汇报会上,区长李世峰致欢迎辞,副区长薛国安作该区推进义务教育均衡发展工作情况汇报。杨希文代表督导组对该区在加大教育投入、优化学校规划布局、推进教育资源整合等方面取得成效给予肯定。督导组分三组对雨花台中学、雨花外国语小学等6所学校进行实地检查。

【雨花外国语小学花神庙分校开办】 8月31日,雨花外国语小学花神庙分校开学典礼暨一年级新生入学礼在学校操场举行。区教育局局长刘善海、区教育局党工委书记穆耕森、雨花外国语小学集团校长李维斌、雨花外国语小学花神庙分校校长叶梅等相关及部分媒体代表参加活动。区教育局党工委书记穆耕森致辞,区教育局局长刘善海和南京铁路投资建设有限责任公司书记李超为学校校名揭牌,随后举行一年级新生入学礼。雨花外国语小学花神庙分校为雨花外国语小学集团内学校,是农花经济适用房项目配建公办小学。学校占地面积1.6公顷,校舍总面积1万余平方米,设计规模3轨18个教学班。

【区实验小学善水湾分校开办典礼举行】 9月28日,雨花台区实验小学善水湾分校举行开办典礼,雨花台区政府副巡视员钱颐,区教育局局长刘善海、党工委书记穆耕森等出席开办典礼。区实验小学善水湾分校校长宋锦华致欢迎词,区教育局局长刘善海,安居集团总经理邹勇刚为学校校名揭牌,西善桥街道党工委副书记陈涯代表西善桥街道向学校捐赠图书。区政府钱颐副巡视员代表区委区政府向雨花台区实验小学善水湾分校开办表示祝贺,希望学校秉承区实验小学"践行生命化教育,致力于学生全面和谐、创造性地发展"的办学理念,逐步形成自己的办学特色,努力打造优质品牌学校。雨花台区实验小学善水湾分校占地面积2.95公顷,校舍总面积18280平方米,设计规模4轨24个教学班。

【2015年中小学教学工作会议召开】 10月23日,雨花台区2015年教学工作会议在雨花台中学召开。区教育局局长刘善海、党工委书记穆耕森等出席。区教育局行政办公会成员,全区各学校校级领导、获奖教师代表,以及区教师发展中心教研员等200余人参加会议。区教育局党工委书记穆耕森主持会议。区教育局副局长盛云生作2015年度教学工作报告,雨花台中学高三年级部主任瞿田东、古雄小学校长陈其华、梅山第一中学校长温忠、孙家中学副校长叶正虎先后代表学校作大会交流发言,区教育局副局长盛红霞宣读区教育局《关于表彰2015年教学功臣、教育教学先进个人及教学质量评估先进集体的决定》,局领导向获奖代表颁奖。书记穆耕森代表区教育局对2014–2015学年度获省、市级奖项先进集体进行通报表扬。局长刘善海作讲话,党工委书记穆耕森要求各学校认真学习传达本次会议精神,实现该区教育教学质量再提升。

·学前教育·

【概　况】 2015年,全区有幼儿园53所,其中公办园19所,民办惠民园17所,普通民办园17所。新增幼儿园7所,新增学位2835个;新办、转办公办幼儿园4所,转办民办惠民幼儿园6所。创建省优质园7所,市优质园6所,省、市优质园比例80%,幼儿入公办园和民办惠民园比例80%。在园幼儿15723人,幼儿园教职工2169人,学前三年入园率100%。至年末,区财政对公办园补助经费1280万元,对民办惠民园补助经费685万元,对创优园奖励110万元;拨付幼儿助学券经费1189.5万元,特困生经费70万,总计奖补经费3334.5万元。

全年,幼儿园集体获奖155项,其中国家级27项,省级14项,市级21项;教师个人获奖506人次,幼儿获奖5067人次。其中小行小学附属幼儿园获"第五批国际生态学校绿旗荣誉",普德村幼儿园获"江苏省巾帼文明示范岗"称号,岱山实验幼儿园获"南京市足球特色幼儿园"称号。板桥街道永安花苑小区配套幼儿园成为全区区街道办园中第一所具有独立法人资格的全民事业单位。

【七所幼儿园通过省优质幼儿园创建验收】 12月22–25日,省优质幼儿园验收专家组分成两组对该区家禾幼儿园、翠岭银河幼儿园、翠岛花城幼儿园、软件谷幼儿园、金苹果幼儿园、观云国际幼儿园、宏图上水幼儿园创建省优质幼儿园进行验收。评估专家组全面了解各幼儿园保教队伍、办园条件、安全卫生、保教水平、管理绩效等五个方面情况,对幼儿园工作进行全方位评估。评估专家组对各创建园办园方向、园务管理、办园特色给予肯定,对教育环境、幼儿一日活动、安全卫生工作,以及教师队伍、师生关系、台账资料等给予好评。此次接受创建验收7所幼儿园为民办园,其中5所为民办惠民园,均通过验收。

【推进名园建设】 2015年,全区幼儿园申报课题36项,其中国家级课题2项,省级课题12项,市级课题19项,其他课题3项;教师申报区级以上个人课题37项;全区幼儿教师论文获奖163篇,其中18篇在市级以上刊物发表。实施课程改革,加强省市课程游戏化项目建设,充分发挥8个项目园示范带头作用,组织幼儿园开展新一轮学习贯彻《3–6岁儿童学习指南》。开展管理创新奖评选,《PDCA管理模式在教师园本研训中的有效运用》《体验式家长会》《民办幼儿园教师职业发展双通道建设的探索及实践》等在《南京教育》杂志上刊发。开展特色活动,举办"小小雨花石,七彩童年梦""聚焦园长课程建设领导力""走进地球村、做世界小公民"三场省优质幼儿园"特色项目"展示,促进幼儿园办园品质提升。

·初等教育·

【概　况】 2015年,雨花台区有小学20所(含春江学校小学部和南京民办实验学校小学部),在校学生19173人;教育部门办小学18所,在校学生16935人;民办小学2所(含南京民办实验学校小学部),在校学生2238人。全区小学阶段入学率、巩固率100%,残疾儿童入学率100%。

【联合国教科文组织"观花项目"*南京启动仪式举行】 8月11日,联合国教科文组织青少年自然科技教育项目——"观花项目"启动仪式在雨花外国语小学举行。联合国教科文组织专员汉斯·萨尔斯瑞普、中国绿色环保与生物多样性基金会专家魏琳、市教育局副局长张利明等出席,全市各区教育局、试点学校代表参加。区教育局局长刘善海主持。该活动由联合国教科文组织、中国绿色环保与生物多样性基金会主办，江苏省外事办公室、南京市教育局、南京市外事办公室承办。雨花外国语小学等全市20所中小学校成为“观花项目”的试点学校。

★**链接** “观花项目”：由联合国教科文组织驻华代表处自然科学项目专员汉斯·萨尔斯瑞普引荐到国内，南京是首个试点城市。该项目由联合国教科文组织提供学术指导、绿色基金会参照联合国教科文组织“观沙项目”设计而来，以借助观察花卉生长过程作为载体，旨在培养学生对于大自然和人居环境的关注，致力于开发中国中小学生科学观察和批判性思维能力的教育项目。

【“魅力校园”社团嘉年华活动】 11月20日，雨花台区2015年“魅力校园”社团嘉年华暨“志愿者行动”颁奖典礼在雨花外国语小学举行。市教育局体卫艺处处长秦雯，区教育局局长刘善海，区红十字会会长孙红霞等出席。全区各中小学校长、红领巾“志愿者行动”获奖代表、演出学生及家长代表等800余人参加。区教育局对获2015年志愿者行动“十佳”志愿者、“十佳”志愿辅导员，以及优秀志愿者、优秀志愿辅导员、优秀志愿服务队荣誉称号的学校、老师和学生进行表彰。该社团嘉年华活动分为静态社团展示、动态社团节目展演和大型节目表演三个部分。在静态展示区，全区11所中小学安排展台，其中有雨花台中学水墨小品社国画作品展、孙家中学巧手坊社团剪纸作品展、铁心桥小学花灯和面塑作品展等；大型节目表演区，雨花外国语小学行进管乐团《变形金刚》《夏威夷冲浪》、西善桥小学舞龙社团《舞龙小子》和雨花台中学春江分校空竹社团《律动的空竹》表演；在主会场舞台，由各中小学选送节目，如区实验小学足球俱乐部和小精灵舞蹈团表演的情景剧《放学了》、共青团路小学小天使乐队手风琴齐奏《友谊地久天长》、中华中等专业学校汉服表演队和梅山第一小学茶艺社联合表演的《礼仪之邦》等。活动现场同时开展义卖活动，义卖所得捐献给区红十字会，捐献者获“慈善爱心天使”证书。

【“卢志英中队”*命名60周年主题队日活动】
12月16日，“留住红色记忆　继承优良传统听党话跟党走”南京市“卢志英中队”命名60周年主题队日活动在雨花台区实验小学举行。共青团市委副书记、市少工委主任王慧，区教育局局长刘善海，团区委书记刘佳，团市委学少部部长、市少先队总辅导员刘璇，雨花台区实验小学“卢志英中队”第一任辅导员丁芝秀，以及少先队顾问团的领导、专家等参加活动。区实验小学卢志英中队队员们寻访“卢志英中队”第一任辅导员丁芝秀一家三代人，了解英雄中队创建故事，雷锋中队舞蹈《我们要做雷锋式的好少年》，考棚小学周恩来中队队员展示《学伟人风范　扬翔宇精神》；中山小学高玉宝中队队员《我要读书》；浦厂小学王荷波中队合唱《永远的丰碑》。出席队日活动的领导为雨花台区实验小学新一届英雄中队授旗。

★**链接** 卢志英中队：卢志英烈士1932年曾任中共地下党南京市委书记，由于叛徒出卖于1947年被捕，1948年牺牲在雨花台。“卢志英中队”创建于1955年，当时丁芝秀老师担任辅导员的中队被南京团市委命名为“卢志英中队”，成为全国最早以英雄名字命名的少先队中队。60年来，在南京市“卢志英中队”已有34个,“卢志英中队”的队员超过2000人。

·中等教育·

【概　况】 2015年,全区有普通中学12所,在校生12406人。其中,初级中学8所(含铁心桥中学、春江学校初中部),在校生8785人;完全中学2所, 高级中学1所, 民办中学(高中)1所,普通高中在校生3621人(教育部门办学校在校生3051人、民办学校在校生570人)。普通中学有教职工1199人, 其中公办教师971人、民办学校教职工228人。初中在校生巩固率100%,普通高中阶段教育毛入学率100%。

【全省首家“南师大协同创新实验学校”挂牌】 1月12日,全省首家“南师大协同创新实验学校”在金陵中学西善分校挂牌。南京师范大学教育科学学院教授委员会主任、协同创新中心主任胡建华和区政府副巡视员钱颐为实验学校揭牌。南京师范大学教育科学学院副院长冯建军, 南京师范大学教育科学学院系主任吴永军,市教育局中教处处长周鹏,区教育局局长刘善海等出席。金陵中学西善分校校长高文萱作学校开展小班化教育十年来办学情况汇报; 南师大教科院教授委员会主任胡建华介绍“2011协同创新”实验项目情况。区教育局局长刘善海对金陵中心西善分校小班化教育办学成果予以肯定, 希望通过该项目的合作助推金中西善分校实现小班化教育名校。刘善海与南师大协同创新中心主任胡建华签订合作备忘录, 区政府副巡视员钱颐与南师大协同创新中心主任胡建华为 “南师大协同创新实验学校”揭牌,南师大教科院副院长冯建军与市教育局处长周鹏为该校“专家工作室”揭牌。

【区教育局再获市普通高中教育发展性评估一等奖】 2月10日, 在南京市普通高中教学工作会议上,市教育局通报2014-2015学年度南京市普通高中教育发展性评估结果,区教育局获区高中教学管理奖一等奖。雨花台中学连续第11年获市普通高中教育发展性评估综合奖,连续第二次获教学质量突出奖,同时获学校管理奖。板桥中学第三次获市普通高中教育发展性评估综合奖, 再获教学质量优秀奖;南京民办实验学校获教学质量优秀奖。梅山高中参加上海高考取得优异成绩获特别奖。雨花台中学瞿田东等12名教师获市普通高中教育教学先进个人等称号。

【第五届中学生合唱比赛举行】 11月25日, “民族魂·中国梦·灿烂阳光下”纪念“一二·九”运动80周年雨花台区中学生合唱比赛在雨花台中学学术会堂举行,全区11所中学11支合唱队600多名学生参加。梅山第一中学、梅山高级中学和梅山第二中学获得金奖,雨花台中学、共青团路中学、雨花台中学春江分校和板桥中学获得银奖,孙家中学、金陵中学岱山分校、金陵中学西善分校和南京民办实验学校获得铜奖。

·职业教育与社会教育·

【概　况】 2015年,雨花台区职业教育坚持走特色发展、校企合作办学之路,积极推进学校专业品牌建设,持续提升办学质量。至年末,全区有职业学校2所,南京中华中等专业学校和南京开放大学雨花分校。在校学生2239人，其中中华中等专业学校2104人（中职1050人，高职1054人），南京开放大学雨花分校135人。全区终身学习网络教育覆盖率95%，城市居民社区教育活动年参与率51.3%。，全区主要劳动力受教育年限12.23年。

中华中等职业学校软件信息专业学生参加全国及江苏省职业学校技能大赛，总成绩位居全省和全市第一方阵，被省教育厅表彰为江苏省职业院校技能大赛先进学校。

【南京中华中等专业学校“十二五”江苏省教育科学规划课题结题】 12月29日，南京中华中等专业学校召开“十二五”江苏省教育科学规划课题“基于校企合作的五年制高职专业教学团队建设的实践研究”结题论证会。南京市职业教育与成人教育研究室主任章宏、南京市教育科学研究所教育科学规划办公室主任姚慧、南京市职业教育与成人教育研究室科长张玲、南京市教育科学研究所教师发展中心主任李洵等专家参加论证会。会上，学校课题组负责成员作课题工作报告和研究报告，课题组成员作《课题研究促专业发展——课题研究案例》发言。研究报告3万余字，对学校优秀教学团队发展现状及存在主要问题进行初步梳理分析，构建校企合作模式与策略；概括基于校企合作五年制高职专业教学团队建设等11个方面的内容与途径；初步探索五年高职专业教学团队建设绩效评价原则、基本方法，以及五年高职专业教专业教学团队建设的实施路径和实践操作范式。发表11篇论文、获奖论文19篇。专家组同意该课题结题。

【南京中华中等专业学校新增“软件技术(服务外包方向)”专业】 5月15日，江苏省教育厅印发《关于公布2015年全省五年制高等职业教育专业设置评审结果的通知》(苏教职〔2015〕21号)，南京中华中等专业学校申报的“软件技术(服务外包方向)”专业，通过专家初审和江苏省五年制高等职业教育专业设置与建设指导委员会评审，被批准为江苏省五年制高等职业教育新增专业，专业代码590108。江苏联合职业技术学院南京中华中等专业学校办学点6月首次招生开班，招生计划数30人，实际招生数41人。该专业与东软睿道教育信息技术有限公司合作办学，东软睿道参与人才培养方案的制定，渗透企业专业课程，提供专业课师资保障，并为学生提供实习实训场所。

【全民终身学习活动周】 10月16日，2015年雨花台区暨梅山街道全民终身学习活动周启

10月16日，雨花台区暨梅山街道全民终身学习活动周启动仪式在梅山街道梅岭社区举行　　(区教育局　供稿)

动仪式在梅山街道梅岭社区举行，活动周主题为“发展全民终身学习，推进法治社会建设”。省教育厅副处长罗厚礼、省成人教育协会副会长唐厚元、市教育局职社处调研员王广礼，区委常委、宣传部部长谢山等领导出席。梅山街道党工委书记施冬咏、区教育局局长刘善海先后致辞。区教育局局长刘善海与梅山矿业公司工会主席陈清波为梅山书画院揭牌。启动仪式上，分别对获市金陵学习之星、市社区教育优秀志愿者、区学习之星、区社区教育优秀志愿者等称号先进个人给予表彰。各街道社区教育中心现场展示社区教育成果。

·教师管理·

【概　况】 2015年，雨花台区在职公办教师2189人，其中中学教师971人、小学教师1059人、职业学校103人、区教师发展中心29人、幼儿园23人、招考办4人；幼儿园教职工2169人；离退休人员875人。2015年招聘、引进录用教师132名。

全区有229名教师受到市、区级表彰。其中，南京市第五届“斯霞奖”1名，南京市优秀教育工作者12名，南京市优秀班主任5名，雨花台区首席班主任12名，雨花台区第八届优秀青年教师47名，雨花台区2015年优秀教育工作者93名、2015年雨花台区优秀班主任30名、雨花台区2015年班级管理先进个人11名，雨花台区第八届教坛新秀19名。全区申报高级教师职称27人，通过21人；申报中级教师职称54人，通过39人；参加初级教师46人，全部通过。至年末，全区有正高级职称教师2人，中小学及幼儿园高级职称教师321人，高级讲师10人，讲师13人，一级教师941人，占专任教师的65.4%；有省特级教师8名，市学科带头人24名，市优秀青年教师61人。73名教师在区内交流，占符合交流条件教师数的11.1%，其中14名校长参与交流。学校、幼儿园申报省级“十二五”教育规划滚动立项课题12项。雨花台区教育局、区教师发展中心与南京师范大学签署合作开发“根基工程”项目协议，全区260名优秀学科骨干教师分别参加语文、数学、英语、音体美、综合类培训。

全区103名教师在全国、省、市赛课和教学基本功比赛中获奖。259篇学科教学论文在《江苏教育》《南京教育》等刊物上发表。在市教师网络团队教研竞赛中，雨花台中学初中化学和初中美术、板桥中学初中语文和初中数学、小行小学数学教师网络团队获一等奖。

【全区教育系统负责干部暑期研修班举办】 8月4–6日，雨花台区教育系统负责干部暑期研修班在市委党校举办。副区长薛国安、副巡视员钱颐出席开班仪式。区教育局局长刘善海、工委书记穆耕森，副局长盛云生、盛红霞，副调研员刘立龙，全区各学校校长、支部(党委)书记，以及直属幼儿园园长，教育局各科室的负责人参加学习培训。副区长薛国安在开班仪式上作动员讲话，回顾近十年来雨花教育发展历程和进步，对当前雨花教育发展面临形势和任务进行分析，重点围绕一流教育强区建设，从学校建设、质量提升、集团化办学、教育开放，以及机关作风建设等五个方面对未来五年全区教育发展提出要求。依照课程安排，邀请江苏省行政学院钮维敢教授作《美国亚太“再平衡”战略与中国的应对》，江苏省特级教师、江苏省海安实验小学校长徐金贵作《行走在“名”与“未名”之间》，江苏省特级教师、省督学、南通一中校长成锦平作《学校管理与校长领导力》,南京师范大学教授魏南江作《教育管理干部的形象塑造》专题讲座。培训期间,组织分组讨论与大会交流。雨花台中学春江分校副校长赵光辉、春江幼儿园园长谭凤瑛、小行小学校长王静和梅山二中支部书记张涛在大会上作交流发言。

【区教育系统后备干部研修班开班】 4月23日,雨花台区2015年教育系统后备干部研修班在南京晓庄学院教师研修学院开学,南京晓庄学院教师研修学院院长黄宁生,区教育局局长刘善海、党工委书记穆耕森出席开班仪式。开班仪式由党工委书记穆耕森主持,南京晓庄学院教师研修学院院长黄宁生致辞,区教育局局长刘善海作动员讲话,学员代表雨花台中学孙进主任作表态发言。此次培训分理论学习、住校研训和科研指导三个阶段进行,为期一年,全区中小学50位青年后备干部参加培训。

【学校"管理创新奖"评比*现场答辩举行】 2月3日,雨花台区学校"管理创新奖"评比(中小学组)现场答辩活动在雨花外国语小学举行,区教育局局长刘善海、党工委书记穆耕森等出席,全区各学校校长,分管校长、分管主任和项目负责教师参加活动。聘请市教研室调研员特级教师刘永和、市小教培训中心主任古力、市教科所原副所长宋宁和省特级教师张爱平担任评审组专家。梅山一中《以有效练习系统为载体,促进学校教学改革》,小行小学《基于"乐行文化"的地铁科技创新特色课程项目建设》、板桥中学《探索微型校本教研新模式》、雨花台中学《雨花石文化课程开发与实施》、区实验小学《"温馨教室"——生命化教育实践的又一种形态》、金陵中学西善分校《"面向每一个"的小班化教学管理策略》等12所学校的12个项目的答辩组成员依次上台,分别从项目设计、实践过程、主要创新点、项目成果(理论成果、实践成果及社会影响)等进行陈述,并接受评审组专家现场提问。学校"管理创新奖"(幼儿园组)现场答辩独立进行,区实验幼儿园等13所幼儿园获一、二等奖。

★链接 学校"管理创新奖"评比:包括教育教学(含教学改革、课程建设、德育管理、师生评价等)、队伍建设、后勤管理、党建工作、工会工作等类别,从方法创新、课程创新、制度创新、文化创新等维度提炼总结。由学校、幼儿园自行选择一个项目向区教育局申报,区教育局聘请资深专家担任评委,分中学组和幼儿园组进行评审,经材料初评和现场答辩,专家组根据相关材料和答辩情况给出评审意见,并经区教育局考评领导小组讨论确定最终获奖学校,评审情况与结果在雨花教育网公示。

【"启航杯"师德辩论大赛】 11月7日,由区教师发展中心承办的"启航杯"师德辩论大赛在雨花台中学举行。区教育局局长刘善海、党工委书记穆耕森,区教师发展中心张红校长等参加。此次辩论大赛分三场举行。辩论主题分别是"良好师德的形成主要靠自律"和"良好师德的形成主要靠他律""教师教学中可以有一些惩罚性措施"和"教师教学中不应有惩罚性措施""学生给老师撑伞,不违师德"和"学生给老师撑伞,有违师德"。南京师范大学道德教育研究所博士生导师孙彩平、市教研室特级教师刘永和、市教育局办公室副主任唐晓娟分别从不

11月7日，雨花台区"启航杯"师德辩论大赛在雨花台中学举行
（区教育局 供稿）

同角度对三个主题的辩论情况作点评。南京大学新闻传播学院院长助理、博士生导师胡翼青作总结性点评，就各位辩手在辩论大赛中的表现进行分析与指导，帮助教师打开辩题思路，掌握辩论语言艺术。国家督学、原江苏省教育科学研究所所长成尚荣作师德主题讲座。

雨花外国语小学、板桥中学、雨花台中学分别获胜，金地自在城小学、雨花台中学（春江校区）、西善桥小学三位教师获"最佳辩手"称号。（钟家燮）

·三江学院·

【概　况】 2015年，三江学院设有二级学院16个、本科专业43个、专科专业31个，有国家综合改革试点专业2个、省级重点专业建设点2个、江苏省"卓越工程师教育培养计划"试点专业1个、省级品牌特色专业建设点2个、省级重点建设学科2个和省级实验教学示范中心4个。开办全国首家"网络文学编辑与写作"本科专业，机械电子工程、表演等两个专业通过教育厅学士学位授权评审，新闻学、电子信息工程两个专业入选江苏高校品牌专业建设项目A类、C类，新闻传播学、设计学两个一级学科以良好等级通过教育厅考核验收。有教职工1148人，其中专任教师920人、高级职称489人；江苏省"青蓝工程"优秀骨干教师和学术带头人培养对象15人。有全日制本专科在校生18893人，其中本科生18222人、专科生671人。年内招收本科生5786人，本、专科毕业生5126人，毕业率96.19%，学位率96.14%，就业率97.64%。

年内，学院发表论文308篇，其中SCI（美国《科学引文索引》）论文3篇、核心期刊论文97篇。获纵向科研项目立项37项、横向科研项立项21项，项目资助经费204.2万元。12项国家级和35项省级大学生创新训练项目中45项创新训练项目通过结题验收。获腾讯网"2015年度综合实力民办大学"、新华网2015大国教育之声"中国社会影响力民办高校"称号。

【民办高校首家马克思主义学院成立】 6月9日，三江学院举行全国民办高校首家马克思主义学院成立大会。教育部社会科学司、江苏省委宣传部、江苏省教育厅等单位领导和南京大学、东南大学等在宁高校相关学院负责人出席大会。会议由校党委书记丛懋林主持，教育部社会科学司副司长徐艳国、省委宣传部部务委员双传学共同为马克思主义学院揭牌。徐艳国对三江学院成立马克思主义学院予以肯定，认为此举是对思想政治课落实内涵的延伸，对于民办高校意识形态工作开展具有独树一帜的意义，是民办高校党建工作和思想政治工作深入开展的重要举措。首任院长由中国伦理学会副会长、南京师范大学公共管理学院教授王小锡担任。

【参加中华全国学生联合会第26次代表大会】 7月，全国学联第26次代表大会在北京举行。三江学院学生会主席朱寿羽作为代表参加大会。该校继全国学联二十五大之后，再次成为江苏省唯一参会民办高校。

【参加第八届大学教学改革研讨会暨在线开放课程建设工作推进会】 11月20日，全国第八届大学教学改革研讨会暨在线开放课程建设工作推进会在陕西省西安市举行。三江学院副校长吴中江参会并作题为《民办本科院校推进在线课程建设　大力发展混合型教学的探索》专题报告。

【在校大学生专业比赛中获佳绩】 2015年，学院组织学生多次参加全国各项技术、体育比赛。在首届中国自动化大奖赛中，该校学生参赛作品"智能机械手臂"获一等奖；在第六届"蓝桥杯"全国软件和信息专业人才大赛中，获一等奖2项、二等奖5项、三等奖15项；在第六届全国高等院校"斯维尔杯"BIM软件建模大赛总决赛中，获专项二等奖1项、专项三等奖4项、全能三等奖1项；在第七届"亚龙杯"全国大学生智能建筑工程实践技能竞赛中，获三等奖1项。在2015江苏省第二届大学生跆拳道锦标赛中，获女子品势组冠军、男子54公斤和58公斤冠军、男子68公斤冠军；在"高科"杯南京高校仙林站大学生龙舟赛中，获200米、500米第二名，团体总分第二名。微电影作品《电波情怀》获江苏首届国际微电影大赛优秀入围奖。

(周勤瑾)

·江苏省新闻出版学校·

【概　况】 2015年，江苏省新闻出版学校设有专业教研室4个，开设五年制高职专业4个，三年制中专专业3个，三年制技工专业3个，在校生1699人(高职356人，中专、技工1343人)；招收新生555人，毕业生平均就业率83.5%。

师资队伍建设。学校有1项省级课题获立项并开题；全年公开发表论文10多篇；先后推荐5位教师参加南京市说课比赛，其中2位教师获二等奖，1位教师获三等奖；组织7名专业教师参加2015年度省级培训；组织42名教师参加南京市教育局网络培训；暑假期间安排19名教师深入企业一线参加实践锻炼；报送1位青年教师参加讲师评审获通过。

学生综合职业技能素养培养。全年安排2011级高职3个班、2013级中职5个班300余名学生到企业实习。招生就业办公室联系近60家单位到校招聘，组织召开"毕业生供需见面洽谈会"，毕业生供需比1:3。年内学校与江苏教育出版社共建凤凰教育数字出版合作基地，与省新闻出版局及雨花社区联合举办"书香社会"大型文艺汇演活动，开展校内各项文体比赛活动。

继续教育培训平台建设。全年完成北印函授6个班241人的教学任务，办理82名函授生毕业手续；与泰州文化广电新闻出版局、沭阳县文化广电新闻出版局、无锡新华书店、凤凰传媒等单位联办7期各等级培训班，培训学员 546 人次;完成平版印刷、装饰美工、出版物发行员 3 个工种 28 批次职业技能鉴定工作,鉴定 1624 人。

【召开毕业生供需见面洽谈会】 3 月,2015 年毕业生供需见面洽谈会在校园内召开来自省内近 60 家用人单位参会,毕业生供需比 1:3。学校共有印刷技术、印刷图文信息处理、出版与发行、包装技术与设计、电脑艺术和动漫等专业毕业生 391 名,其中高职 194 名,中职 197 名。

【承办全国新闻出版系统职业学校 2015 年骨干师资能力提升培训班】 10 月,学校承办全国新闻出版系统职业学校 2015 年骨干师资能力提升培训班。来自全国新闻出版系统 17 所职业学校的领导、系部(室)主任和骨干教师近 60 人参加培训。国家新闻出版广电总局人事司副司长李宏葵到会作讲话,江苏省新闻出版广电局党组副书记、副局长沈建国出席开班仪式。

【参加市职业学校学生汉字书写比赛】 12 月,学校选拔 5 名学生组成代表队参加市职业学校学生汉字书写比赛,此次比赛由市出版与发行教研室举办。该校获团体二等奖,3 名学生获二等奖,2 名学生荣获三等奖,1 位教师被评为优秀指导教师。

【第四届学生技能比赛】 12 月,学校举办第四届学生技能比赛,在校班级均参加比赛。比赛设十项赛事,包括文化基础类征文比赛、硬笔书法比赛;专业基本技能类印刷操作(装版、装纸)比赛、素描比赛、五笔字型录入比赛;专业综合能力简报设计比赛、贺卡设计比赛、图书选题策划比赛;与全国行业大赛、职校联赛对接平版制版排版比赛、平面广告设计比赛。896 学生参加各项赛事,176 名学生获奖,获奖率 19.6%,130 名获奖学生获学分奖励。(李 娣)

科 技

·概 述·

【概 况】 2015 年,雨花台区继续推进科技进步与创新各项工作,实现高新技术产业销售收入 1672.53 亿元,同比增长 23.77%;独立研究与开发机构研发经费全年支出 3 亿元,完成年计划 100%;R&D 研发经费(Research&Developmen 的缩写,指企业在产品、技术、材料、工艺、标准的研究、开发过程中发生的各项费用)支出 14 亿元,同比增长 15%;实现科技服务业总收入 88 亿元,完成年计划 110%;33 家企业被认定为国家高新技术企业,完成年计划 412.5%;76 家企业获江苏省民营科技企业资质,31 家企业获江苏省科技型中小企业资质;全年新增孵化器面积 10.85 万平方米,完成年计划 101%;紫金(雨花)科创特区累计在孵企业 520 家,完成年计划 162.5%;新增在孵企业 322 家,完成年计划 123.8%;孵化器毕业企业 44 家,完成年计划 169.2%;新引进南京优尼苏思信息科技有限公司(优尼苏思-IBM 云平台)、京东集团旗下拍拍网总部等 2 家高端研发机构,完成年计划 100%;全区完成专利申请 6429 件、专利授权 1690 件、发明专利申请 2814 件、发明专利授权 212 件，分别完成全年目标任务 173.8%、100%、182.7%、132.5%。

9 月 29 日，依据《关于公布 2014 年度国家级科技企业孵化器考核评价结果的通知》（国科火字〔2015〕182 号），雨花台区科技创业中心被科技部火炬中心评定为 A 类国家级科技企业孵化器。12 月 10 日，依据《关于确认第二批省级众创空间备案和首批省级众创集聚区试点单位的通知》（苏科高发〔2015〕286 号），雨花台区众创集聚区被评为江苏省首批众创集聚区试点单位，考评成绩排名全市第一。

【国际科技交流与合作】 2015 年，区科技局组织 11 家企业参加中国（南京）国际软件产品和信息服务交易博览会“2015 韩国 IT 技术项目江苏路演”专场对接会；组织 6 家企业参加以色列节能环保技术中国巡回展对接会；与江苏省科技厅、南京市科学技术委员会联合举办“2015 江苏—韩国 ICT 对接交流会”，组织该区 25 家企业与韩国企业进行对接交流，6 家企业与韩方达成初步合作意向；在南京市科学技术委员会开展的“推进‘一带一路’（“丝绸之路经济带”和“21 世纪海上丝绸之路”）建设科技创新合作”项目征集中，该区征集到以色列、尼泊尔、印度等国家合作项目 8 个。

【研发机构建设】 2015 年，雨花台区推动区内 38 家大中型企业研发机构建设。对区内全球 500 强和中国 500 强研发机构引进情况进行调查摸底，组织京东商城南京公司完成南京市高端研发机构集聚计划申报。推进全区科技公共技术服务平台和工程技术研究中心建设，组织申报江苏省级工程技术研究中心 11 家，南京市级工程技术研究中心 10 家，江苏省级研究生工作站 6 家。江苏润和软件股份有限公司、诚迈科技（南京）股份有限公司等 7 家省级重点研发机构通过省级重点企业研发机构能力提升项目绩效考评，其中诚迈科技（南京）股份有限公司和江苏润和软件股份有限公司 2 家获考评优良。

【创新创业人才】 2015 年，雨花台区 52 名人才入选南京市领军型科技创业人才引进计划；科技创业家企业平均纳税 350 万元，同比增长 33%；1 家人才企业在新三板上市，5 家人才企业在 O 板（南京联合产权交易所）挂牌，3 家人才企业获评为江苏省高新技术企业。全区自主培养并入选国家“千人计划”★人才 6 人，入选江苏省“双创计划”★人才 23 人、江苏省“创新团队”3 个、江苏省“双创博士”4 人。在南京市级项目中，累计入选并落地领军型科技创业人才 239 人，入选南京市科技创业家 27 人。

★链接 国家“千人计划”：围绕国家发展战略目标，从 2008 年开始，在国家重点创新项目、学科、实验室以及中央企业和国有商业金融机构、以高新技术产业开发区为主的各类园区等，引进约 2000 名人才并有重点地支持一批能够突破关键技术、发展高新产业、带动新兴学科战略科学家和领军人才到华创新创业。

江苏省“双创计划”：自 2007 年组织实施“江苏省高层次创新创业人才引进计划”（简称江苏省“双创计划”）。围绕江苏省优先发展重点产业，每年面向海内外引进约 200 名高层次创新创业人才或团队，一次性给予每人 100 万元资金支持，着力打造一批竞争优势明显的高新技术产品群和企业群。

【科技人才服务】 2015年，雨花台区认定3家科技创业家企业9人核心团队成员，组织新入选3名科技创业家参加第四期科技创业家南京大学研修班；组织推荐5人申报南京科技创业家创业导师，诚迈科技（南京）股份有限公司首席执行官王继平入选；3家企业3项新产品入选《南京科技创业家企业新产品目录》，享受政府采购优惠；组织25家企业、90人次参加各类产品、资本、技术对接会。

【科技创业家政策兑现】 2015年，区科技局帮助13家科技创业家企业获贷款贴息488.1万元；协助3家企业申报高新技术企业所得税补贴81.9万元；组织11家科技创业家企业申请兑现科技创新券220万元；科技创业家企业全年新增自主知识产权108件、自主创新产品3个；3家企业10项新产品入选政府采购目录；南京铱迅信息技术有限公司新三板上市，南京易司拓电力科技股份有限公司通过高新技术企业申报；举办雨花台区科技创业家论坛活动，其间，组织区内科技创业家参观诚迈科技（南京）股份有限公司和南京沁恒电子有限公司，并就新常态下企业发展的问题与路径进行探讨。

·高新技术产业·

【概　况】 2015年，雨花台区加强高新技术企业、创新型企业、拟上市科技型企业、省民营科技型企业和技术先进服务型企业资质培育，推进全区高新技术产业发展，提升产业集群核心竞争力。年内，在驻区企业中33家被认定为国家高新技术企业，76家被认定为江苏省民营科技企业，33家被认定为江苏省中小型科技企业；完成省市科技项目立项52项，其中省级科技项目12项、市级科技创新券项目16项、市平台及研发机构项目24项，累计获各类项目扶持资金1566万元；7家省级重点企业研发机构通过江苏省科技厅能力提升项目绩效考评，其中江苏润和软件股份有限公司和诚迈科技（南京）股份有限公司获考评优秀；新增3家省级工程技术研究中心和19家市级工程技术研究中心；新引进优尼苏思-IBM云平台和京东拍拍网等2家500强高端研发机构。南京中兴软件有限责任公司“新一代高性能以太网交换机”等6个项目获省市科学技术进步奖。

附：

2015年雨花台区新认定国家级高新技术企业名录

南京国高电气自动化有限公司
南京博纳睿通软件科技有限公司
南京康曼电子科技有限公司
南京迅云网络科技有限公司
南京智数科技有限公司
江苏省地矿地热能有限公司
南京东明电子设备有限公司
江苏苏威尔科技有限公司
南京索弗威信息技术有限公司
江苏飞博软件技术有限公司
南京厚建软件有限责任公司
南京板桥消防设备有限责任公司
南京轴承有限公司
南京创维信息技术研究院有限公司
南京中科创达软件科技有限公司
绿金在线电子商务有限公司
南京世泽科技有限公司

南京迪天环境技术有限公司

江苏恒翔智产信息技术有限公司

羲和太阳能电力有限公司

南京骏博特信息科技有限公司

南京斯丹美数码科技有限公司

江苏大泰信息技术有限公司

江苏苏测软件检测技术有限公司

南京苏迪科技有限公司

金证财富南京科技有限公司

南京凯瑞得信息科技有限公司

南京三叠色信息科技有限公司

南京优玛软件科技有限公司

南京易司拓电力科技股份有限公司

南京融泰信息技术有限公司

江苏南大先腾信息产业有限公司

南京矽汇信息技术有限公司

【高新科技企业培育】 2015年,区科技局对全区20家计划申报本年度高新技术企业、17家三年到期复审企业和9家六年到期重新申报的企业进行摸底调查,纳入高新技术企业培育库重点培育和服务,指导高新技术企业申报和复审工作。全区组织完成新申报高新技术企业37家,获认定公示33家,9家三年到期复审企业通过第一批复审,9家6年到期重新申报的企业全部通过认定。提升企业新产品研发水平和知识产权创造力,全区76家企业获江苏省民营科技企业资质,31家企业获江苏省科技型中小企业资质。

【科技项目培育和管理】 2015年,区科技局组织并协助企业开展2015年度省市级科技计划项目申报,推荐申报重点研发计划项目、创新资金项目、国际合作项目、创新能力建设项目等计划32项;组织62家企业申请南京市科技创新券★,其中2项创新基金、2项重点研发计划项目、1项企业重点实验室、1项科技公共服务平台和1项服务骨干机构能力提升项目获江苏省科技厅立项支持,南京丰盛超导技术有限公司、南京中旭电子科技有限公司等7家企业通过国家、省、市科技项目考察验收。

★链接 科技创新券:是针对科技型中小企业普遍存在的创新资源缺乏、经济实力有限、创新需求不足而设计发行的科技代金券,是一种事前补贴企业、事后兑现服务的政府购买方式和需求导向的新型创新政策工具。

2015年雨花台区获省市科学技术进步奖项目一览表

表7

公司名称	项目名称	项目编号	奖　项
南京中兴软件有限责任公司	新一代高性能以太网交换机	20150584	江苏省科学技术进步三等奖
华为软件技术有限公司	云化数字经济收入管理系统	20150585	江苏省科学技术进步三等奖
诚迈科技(南京)股份有限公司	BYOD移动智能终端应用及管理系统研发	20150509	南京市科学技术进步三等奖
南京中兴新软件有限责任公司	基于大数据的智慧政务云	20150515	南京市科学技术进步三等奖
南京美辰微电子有限公司	1.25G突发模式GPON光通信跨阻放大器(MG2000)	20150517	南京市科学技术进步三等奖
江苏博智软件科技有限公司	面向云计算环境的安全漏洞扫描与评估系统	20150524	南京市科学技术进步三等奖

【科技企业金融服务】 2015年，区科技局帮助科技型企业获批各类科技贷款2.6亿元，完成年计划的260%。经该局申请的南京市科技贷款项目133项7.73亿元，年内放款91项2.16亿元；组织25家企业申报“苏科贷”*项目，申请和审批贷款金额分别为6900万元和5600万元。

★链接 “苏科贷”：全称为江苏省科技成果转化风险补偿专项资金贷款，是由省、地科技部门联合商业银行以低息贷款的方式支持科技型中小微企业发展的一种政策性贷款，重点解决科技型小微企业首贷难题。截至2015年年底，已设立省财政风险补偿专项资金6.5亿元，带动全省60余个市、县(区)设立地方风险补偿专项资金近6.6亿元，合作银行达10家，累计支持3186家科技型中小企业，发放贷款总额198.79亿元。

【组织企业参加第五届江苏省科洽会】 10月，根据省科技厅和市科委关于第五届江苏省科洽会组展工作要求，遴选20余家驻区企业参会，其中，南京微模式软件有限公司、南京伟思医疗科技有限公司等10余家企业在现场与相关科研院所及专家达成合作共识。

·知识产权与保护·

【概　况】 2015年，雨花台区知识产权局帮助驻区企业申报各类知识产权补助资金482.48万元，发放区级专利奖励和补助309.38万元、软件著作权补助0.6万元。专利申请量6621件，其中发明专利申请量2869件；专利授权量1158件，其中，发明专利授权量250件。

年内，该局被江苏省知识产权局评为知识产权工作先进集体，被南京市知识产权局评为执法先进单位。

【知识产权补助申报】 2015年，区知识产权局帮助驻区企业申报各类知识产权补助资金482.48万元，其中，南京泰通科技有限公司获2015年度“企业知识产权战略推进计划”扶持资金30万元、江苏吉美思物联网产业股份有限公司等4家企业获“江苏省知识产权局知识产权管理标准化示范企业”补助20万元、南京伟思医疗科技有限公司获“江苏省知识产权管理标准化示范企业”绩效评价补助5万元、南京鑫翔新型建筑材料有限责任公司获“江苏省企业知识产权管理标准化示范先进单位”补助10万元、南京泰通科技股份有限公司获“南京市知识产权局重大专利技术二次开发专项补助”20万元。南京普斯迪尔电子科技有限公司获“南京市知识产权局企业知识产权战略推进专项补助”20万元、华为软件技术有限公司等20家公司获“江苏省知识产权局高价值专利补助”67.5万元，发放区级专利奖励和补助309.38万元、软件著作权补助0.6万元(不含软件谷范围内专利及软件著作权补助)。

【示范创建】 2015年，区知识产权局组织工作人员深入企业宣传贯标工作，江苏吉美思物联网产业股份有限公司等6家企业完成申报创建工作，南京鑫翔新型建筑材料有限责任公司被评为2015年度江苏省企业知识产权管理标准化示范先进单位。推进省级“正版正货”示范街区创建工作，南京虹悦城获市级“正版正货”创建示范街区，同时申报江苏省“正版正货”示范街区。

【市区联合专利行政执法检查】 6月10日，区知识产权局联合南京市知识产权局对板桥新城辖区内商贸流通企业开展专利行政执法检查活动。检查人员对该区内华润苏果、益丰大药房、筑康药房内部分日用品、儿童玩具、公牛插座等500余件商品进行检查，核对专利标注情况真实性、合法性和有效性。检出专利商品80余件，对涉嫌假冒专利42件商品现场拍照取证和信息登记，并进行检索核查，根据核查结果依法作出处理。

·科　普·

【概　况】 2015年，区科协开展社区科普大学活动12场次，各类科普讲座65期，“送科普进基层到学校”活动25次，科技人才培训和救灾演练12场次，征订《江苏科技报》201份；推动全媒体科普阅览屏建设，在街道、社区公共服务大厅、园区食堂等公共场所配发安装科普阅览屏18台，全区科普阅览屏总数55台。

【科技素质培训】 2015年，区科协围绕网站建设、农家乐接待服务、苗木新品种新技术、苗木与农家乐产品开发等主题，举办6期培训，培训人员近350人次；围绕农业科技主题，组织7期农产品质量安全和植保专业培训、3期畜牧水产专业培训、4期林业专业培训和4期农机专业培训，培训人次2950人次；开展向群众送种子、农药、肥料惠民活动，投入经费4万元；免费赠送农业科学技术书籍1200余份、农林科技印刷品1600余份。

【科技宣传周活动】 5月16–24日，区科协组织开展以“创新创业，科技惠民”为主题2015年全国科技活动周暨第二十七届科普宣传周活动。全区举办科普宣传活动40余场、制作科普展板80余块、宣传横幅70条、发放各类宣传资料1万余份，受益群众5万余人次。区科协组织近200名学生、家长、社区群众参观南京市科技馆观，组织辖区内12所小学开展百米长卷科幻绘画比赛和“小哥白尼”小学生科普知识选拔赛，组织街道(园区)科技干部参观南京古生物博物馆、紫金山天文台、汤山古猿人博物馆；在西善桥街道西善花苑社区广场开展送科技图书、科普资料等活动，免费向居民发放《肠胃病吃什么》《如何预防糖尿病》《知识产权基础知识问答》《如何预防高血压》等科技书籍300余册，发放科普宣传资料800余份。

【全国防震减灾日】 5月，第7个“全国防震减灾日”宣传活动期间，区科协在区有线电视台连续7天播放防震减灾知识宣传片，并刻制成光盘分发至各街道、社区、学校播放；制作70条宣传横幅在各街道、社区悬挂；制作52块科普宣传板报，在区政府、软件谷和街道(园区)巡回展出；在雨花街道康盛社区为群众开展防震减灾知识宣传普及活动。5月8日，区科协联合区红十字会和梅山街道举行以“阳光上怡·幸福家园”为主题雨花台区第7个全国防灾减灾日暨第68个“5·8”世界红十字日宣传活动，开展科普志愿服务、模拟防震救护、防震减灾和应急救护知识有奖互动、观看文艺演出等活动。5月12日，区科协联合板桥新城新林社区开展以“5·12”汶川地震七周年纪念为主题防灾减灾科普宣传宣传活动，展出防震减灾知识宣传展板20余块，发放《防震避震常识》《地震应急自救互救手册》《防灾应急小手册》等宣传资料200本、手提环保袋300个和科普读物1000份。

（于　安）

文　化

·概　述·

【概　况】　2015年，区文化局举办各类群众文化活动500余次，其中大型活动40余次。全年采购省木偶剧团和市京剧团、民乐团等专业剧团演出4场，邀请市文化拥军慰问团到辖区部队演出。举办“多彩雨花——和谐文化社区行”活动，对2014年度8个星级示范文化团队、8个街道文化活动品牌和获奖文艺作品予以表彰；举办第三届群众文化艺术展演月，开展民族民间舞蹈展演、声乐专场演出、戏曲票友联合演出、书画摄影展等活动20余场，近千名群众演员参加演出；举办纪念反法西斯战争胜利70周年活动，与辖区部队联合举办知识竞赛，邀请南京理工大学设计艺术与传媒学院教授胡正强讲授《抗日战争时期中国共产党的漫画宣传》，与南京海上国际影城联合举办“致敬抗战老兵——‘他们当年的威虎山’”公益摄影展等大型文化活动40余场。区文联、西善桥街道文联联合在南京市美术馆为辖区画家何晓晴举办个人工笔画展，展出工笔画作品58幅；为该区文史专家杨新华《我的山河岁月》举办新书见面会暨研讨会。开展第一次全国可移动文物普查，普查1400余家企事业单位，发现4家收藏单位有藏品4000余件，其中2344件被认定为文物；公布不可移动文物保护名录61处。

年内，该区获全国文化先进区、江苏省有线电视数字电视城乡一体化整转先进区、江苏省“无小耳朵社区”先进区称号。

【原创音舞诗画剧*《花神赋》】　9月30日，大型原创音舞诗画剧《花神赋》在第三届雨花台区群众文化艺术展演月开幕式上进行首演。该作品被誉为全市首创区级文艺精品，取材于雨花台区传统故事，由辖区群众策划、编写、演出，全区150余位百姓演员谱写“花神”地域民俗文化之美，整台节目分“花神”“喜”“怒”“哀”“乐”5大篇章19个节目，时长80分钟，融合器乐、舞蹈、朗诵、独唱、重唱、表演唱、大合唱、情景表演等艺术形式，被誉为全市首创区级文艺精品。

★链接　音舞诗画剧：由诗歌朗诵发展而来，增加了音乐、舞蹈、表演画面，是一种新的文艺表演形式，比诗歌朗诵更丰富，更活泼，更具有观赏性。

9月30日，大型音舞诗画剧《花神赋》在第三届雨花台区群众文化艺术展演月开幕式上首演
（区文化局　供稿）

·公共文化服务·

【概 况】 2015年,区文化局采购省木偶剧团和市京剧团、民乐团等专业剧团演出4场,邀请市文化拥军慰问团到辖区部队演出,开展送春联、放电影等活动,1万幅春联、1万个"福"字、近300场电影送到社区。举办"和谐文化社区行"启动仪式,对2014年度8个星级示范文化团队、8个街道文化活动品牌和获奖文艺作品进行表彰;举办第三届群众文化艺术展演月,搭建平台让群众做主要演员,分别举办民族民间舞蹈展演、声乐专场演出、戏曲票友联合演出、书画摄影展等20余场活动,近千名群众演员参加演出。评选出"爱在金秋·活力翠竹""赛虹文化惠民直通车"等10个群众喜爱社区文化活动品牌。区图书馆开通网上图书馆、设立特藏书库杨新华文史著作专架、在街道建成4个区分馆;开展"悦读生活·和谐社区"迎新春知识竞答、"雨花群文大讲堂"进社区校园、寻找"书香人家"等阅读推广活动。

【基层文化活动】 2015年,雨花台区评选出"爱在金秋·活力翠竹""赛虹文化惠民直通车"等10个社区文化活动品牌。辖区群众围绕身边事创作小品《种菜风波》《赌博》《无效婚姻》、曲艺表演《说平安》《赞夕阳》和舞蹈《草原奶香飘》《春风三月》等文艺作品。

【公共文化服务平台】 2015年,区文化局开通"雨花大看台"公众微信,发布文化资讯和活动预告信息等381条。依托雨花台区"小茉莉"少儿艺术培训基地等9家机构开展系列培训,根据社区需求提供"定制"文艺辅导服务,为锦华新城、梅岭社区等社区编排节目、提供艺术辅导。引导成立14家文化服务类民办非企业单位(组织),走进社区、参与社区治理、服务社区居民;组建由21名艺术教育志愿者教师组成的文艺志愿者服务队,开展"最美文艺志愿者"评选,评选出11名街道认可、群众喜爱的"最美文艺志愿者"。

【全民阅读推广工作推进】 2015年,区图书馆在梅山街道梅岭社区举办全区全民阅读推广活动启动仪式暨梅岭社区第五届学习节开幕式,向全区广大群众发出全民阅读倡议,对梅岭社区6个书香人家进行表彰并予以赠书,表彰社区学习之星和学习团队,聘请8名全区首批全民阅读推广志愿者并颁发聘书,开幕式现场发起"大家一起来读书,幸福生活每一天"签名活动。开展"朗读雨花"古诗词诵读活动,与西善桥小学联合开展"朗读雨花"系列诵读活动第一季,在学校开办《群文大讲堂》古诗文诵读讲座,选出30首代表性名家诗文由学生进行颂读,选拔出10首优秀诵读作品配上动画、文字,通过去图书馆微信、网站平台展示;开展"纪念中国人民抗日战争暨反法西斯战争胜利70周年"全民阅读进军营活动,开设《抗日战争时期中国共产党的漫画宣传》专题讲座;在"73911"部队开展读书知识竞赛活动,驻区部队战士和各街道大学生村官组成6支参赛队参与知识竞赛环节;开展"书香茉莉"读书征文活动,收到全区征文73篇,选送8篇参加市征文评奖。7月,区图书馆岱山保障房文化中心分馆建成,区图书馆为分馆配送新书1万册。

【"青年文明号便民社区行"广场志愿服务】 7月18日,区文化局"青年文明号便民社区行"活动走进铁心桥街道定坊社区广场。省级青年文明号、雨花台区广播电视台等15家青年文明号集体及窗口单位在广场开展“送服务、送文艺”活动。各青年文明号单位结合岗位特点编排文艺节目,登台亮相。尹西艺术培训中心、秋枫艺术团等文艺团体,现场表演舞蹈、快板、架子鼓、笛子独奏等节目。演出活动中,参加活动的青年号文明单位向铁心桥居民提供便民义诊、推拿按摩、义务理发、手机贴膜、法律咨询等服务,志愿服务,惠及群众400余人。

【第12届中小学生“红领巾”读书征文演讲比赛】 10月30日,区文化局举办主题为“爱护环境从我做起”——雨花台区第12届中、小学生“红领巾”读书征文演讲比赛,全区24所学校24名中小学生参加比赛。参赛选手围绕环保主题,对生活小事、亲历故事发表演讲。经评委打分,梅山第二小学学生郭可和梅山第一中学杨博分获小学组和中学组冠军。该活动收到征文63篇,其中5篇获省级二、三等奖。

·文化遗产保护·

【概　况】 2015年,雨花台区理清历史文化脉络,做好第一次可移动文物普查工作,完成3家藏品单位2860件可移动文物信息采集、录入填写文物基本信息卡。编制《雨花台区文化遗产保护与利用专项规划》,完成招投标工作,建立定期碰头工作制度,区文史资料完成对接。5月区文化局联合省六朝史研究会举办“六朝建康城,东方大都会”高层国际论坛,国内外40余名学者到区考察。年内,区文化局明确文物保护责任体系,成立由区、街道、社区文保员、志愿者组织成近百人全区文物保护巡查队伍,定期进行巡查。

【文化遗产保护进校园】 2015年,区文化局选取岱山实验小学为对象与南京博物院联合推进“文物进课堂”项目,协调出资支持该小学建设“文物探索馆”。在西善桥小学建立“西善民歌纪念馆”,建立“西善民歌助学金”,指导学生学唱10首改编民歌,并举办专场演出。编辑整理历代文化名人诗词歌赋,推荐给西善桥中学等作为语文教学辅助教材,选取最具代表性的作品在全区开展“朗读雨花”活动,把地域文化融入教学。建立家庭档案馆,动员小学生收藏家庭老旧用品,开展集中展示交流活动。

【区“文化标志工程”让市民重拾“雨花”记忆】 2015年初,区委区政府启动“文化标志工程”,通过立碑说明形式让市民感悟、认知雨花台区悠久历史和文化,重拾“雨花”记忆。区文化局经过调查摸底、征集讨论、组织约稿、征求意见、专家评审等5个环节,筛选出辖区内各级文物保护单位、文物资源点和老地名、老山名、

雨花台区“文化标志工程”让市民重拾“雨花“记忆
（区文化局　供稿）

老河名等57个老地名。7月“望江矶”“能仁里”“毛家巷”等14个老地名说明碑向市民展示。至年末，雨花台区57个老地名说明碑竖立工作完成。

【文化遗产保护】 2015年，区文化局完成省级文物保护单位——刘智墓保护维修方案、市级文物保护单位——明福清公主维修工程、区级文物保护单位——天界寺的维修；完成龙翔大道考古勘探工作，启动“两桥”地区考古勘探和考古发掘工作，考古勘探面积30万平方米，出土古墓20余座，其中铁心桥街道尹西社区六朝家族张迈墓葬群出土南京市唯一一座保存完整的南宋初期仿木结构砖雕壁画，出土六面印、步摇金饰、青瓷盘口壶、铜镜等珍贵文物150余件。

【文化遗产展示】 2015年，区文化局多渠道、不间断对外展示雨花台区丰厚历史，用“微游雨花”公众微信号每周推送老地名、名人诗词、出土精品文物等原创帖；借助南京广播电台新闻资源设置“雨花时空”栏目，于每周五播送；开设“雨花瑰宝”系列讲座，请专家学者进社区、进学校普及优秀历史文化2场；4月，开展“朗读雨花”活动，诵读李白、谢朓、王安石等名人诗词佳作，制作微视频10个在区图书馆公众微信平台展示。

·文化市场管理·

【概　况】 2015年，区文化局完成全区68家网吧、45家印刷企业、40家出版物零售点、6家电影放映单位年度审验复核及23家娱乐场所换证工作。行政许可证办理13家，其中出版物网上零售6家、零售1家、网吧3家、歌舞娱乐场所2家、游艺游戏场所1家。完成网吧、歌舞娱乐场所、游艺场所、电影院、出版物零售店等八类文化市场行业单位近100家基本台账制作；汇编《依法行政实用手册》资料，梳理依法行政执法主体、执法依据、权力事项等明细清单。联合区公安、城管等部门取缔卡子门世纪广场非法演出1家，处理市局转至全国“扫黄打非”办公室交办的案件1件。

年内，雨花台区4件文化市场执法案卷在全市文化行政执法案卷评选中获奖。

【文化市场行政审批“绿色通道”】 2015年，区文化局整合文化市场行政审批职能，组织文化市场执法人员培训近20场次；开展预约上门服务，指导文化企业完善申报资料，确保受理、审批、办证手续办理实现“一条龙”服务，缩减审批时间。推动审批公开透明，制作“文化市场服务对象权利清单”，纳入故意拖延、推诿、乱收费等8类行为20余项行政审批项目全部网上公开，公布电话，接受社会监督咨询。确保行政服务零投诉，定期召开座谈会，开展问卷调查，及时了解相关单位需求；开展进企业、进社区活动，接受群众各类咨询220余人次，发放各类法规政策宣传材料1000余份。年内，文化市场行政许可申请办结率100%，群众满意度100%。

【暑期出版物市场整治】 8月，区文化局开展暑期整治全区出版物市场专项活动，重点查处政治性非法出版物、宣扬暴力恐怖色情书刊等。文化市场稽查人员对南京南站片区、雨花台烈士陵园里、全区中小学校周边出版物市场管理混乱中小印刷企业开展重点整治。通过开展整治活动，收缴非法书刊60余册，警告出版物零售点3家。

【网吧业主培训】 6月17日，区文化局在区委党校组织开展网吧业主法规知识及安全生产培训。邀请市文化综合执法总队副总队长葛弈进行专题辅导授课，从“依法治国建设法治社会”大局阐述文化市场管理者依法行政和经营户守法经营重要性和必要性，通报上半年区网吧管理工作情况，从4个方面提出暑期网吧安全管理具体要求。48家网吧老板或负责人参加该培训。

【4件文化市场执法案卷在全市获奖】 12月，2015年度南京市文化行政执法案卷评查结果揭晓，区文化局选送的4件案卷获奖。其中，《南京市雨花台区音浪练歌房申请设立娱乐场所》被评为许可卷宗二等奖，《华为软件技术有限公司申请出版物网络零售》被评为许可卷宗三等奖，《南京戴斯国际酒店擅自在本单位的有线电视系统中传送所接收的境外电视节目》《南京易猫网络服务部接纳未成年人进入营业场所》被评为处罚卷宗三等奖。

·文化产业·

【概　况】 2015年，区文化局联合宣传等部门赴江宁区调研方山艺术营、J6创意产业园，横向了解兄弟区“文化加科技”“文化加旅游园区”运作模式。全年走访企业50余家次，文化产业名录库总入库企业500余家，“四上”（规模以上工业企业、资质等级建筑业企业、限额以上批零住餐企业、规模以上服务业企业等这四类规模以上企业的统称）企业42家。成立南京大数据产业协会，梳理基地入园企业85家，其中文化企业占比75%。

【大数据产业集群建设】 2015年，该区成立南京大数据产业协会，发挥行业自身联动效应，梳理基地入园企业85家，其中文化企业占比75%，园区入住率95%以上。跟踪楚翘城招商项目，做好对接服务，签约项目50余家，达成合作意向10家。

【文化产业政策】 2015年，区文化局组织南京艾迪亚动漫艺术有限公司等3家企业参与中央文化产业专项资金申报；组织指导江苏国家数字出版基地、南京迅云网络科技等12家园区、企业参与省文化产业专项资金申报；配合区文化产业办公室参与市级文化产业专项资金申报。推荐2人次分别参与省市“五个一批”人才申报。指导南京邦诚科技有限公司等三家企业申请文化金融贷款600万元；组织南京艾迪亚动漫艺术有限公司、江苏图格信息技术有限公司、南京分子移动应用软件有限公司3家企业参加南京市第四届文化人才专场招聘会，30余人达成合作意向。为楚翘城中影影城等文化项目沟通协调，精简办事流程。优化服务环境，为“321”企业——黄嘉教育科技从落地、初期规划、起始运营等方面提供一站式服务。

【文化产业发展】 2015年，区委宣传部首次在各街道（园区）尝试建立文化产业工作项目申报制，评出文化产业重点工作项目6个、工作项目8个。通过抓督查、抓考核，引导街道园区找准发展文化产业切入点。响应党和国家“大众创业、万众创新”号召，依托软件谷资源优势，与南京支点信息科技有限公司、36 氪（北京协力筑成金融信息服务股份有限公司）等企业合作，打造首批示范文化创意众创空间，加快孵化文创项目和小微企业，建设运营水平位于全市前列。邀请市文化产业"产业融合、公共技术、创意设计和文化金融"四大公共服务平台负责人到该区宣讲，为小微文创企业提供支持。结合第二届省"紫金奖"评选申报工作，举办宣讲会，参与活动企业 40 家。组织 6 家企业参加全市文化人才专场招聘会，提供岗位 80 个。借助重洽会、金洽会、软博会、"不落幕文交会"等平台，推动文化园区和企业与项目、资本对接。利用区级新闻媒体平台为企业和文化人才做好宣传，组织开展集中推介活动，邀请 13 家省市主流新闻媒体集中采访报道移动互联细分领域突出成果。 （杨毅君）

·广播电视·

【概　况】 2015 年，雨花台区人民广播电视台围绕全区"两会"、区委扩大会议精神、"两件大事"等宣传重点，报道相关新闻、专题、宣传片等 1000 余条。开设《决战决胜两件大事》《聚焦两会》《欢乐楚翘城》等栏目 8 个，重点宣传软件谷建设 98 篇、"两桥" 片区更新改造 75 篇。开设"机关作风在路上""贯彻落实作风建设会议"等专栏，宣传各街道（园区）、部门贯彻落实会议精神等情况，报道《区住建局：改进作风 提高标准 为民办实事》《软件谷作风建设常抓不懈 注重实效》等新闻稿件 13 篇；跟踪拍摄反腐败相关案例，协助区纪委完成警示教育片拍摄和制作。摄制完成《雨花石申遗》《求新求实，汇聚雨花发展正能量》《强化作风建设，保障"两件大事"》等专题片 5 部；参与拍摄新年音乐会、原创节目"花神赋"、讲座"雨花讲坛"、广场宣传活动"法润雨花，平安家园"等 13 个文艺演出约 1440 分钟。

【专题节目质量提升】 2015 年，区广播电视台开设"身边好人""雨花好人"等栏目，围绕"两件大事"报道软件企业新动向、社会组织新风尚；开设服务特性联办栏目及专题节目"雨花娇点好味道"等 214 期；开设"雨花剧场"栏目，每天播出电视剧 2 集。参与区级电视联盟协作体发展，策划制作播出春节特别节目"主持人大拜年""我在这里过年""抗战诗歌展播""乐游南京"栏目 4 档，上传联盟合作体新闻稿件及视频 30 余个，采编播出"环城民生在线"栏目 18 档 60 余篇。联合市广播电视台新办"雨花时空"栏目，联合相关部门同办"环城民生在线"栏目，配合区纪委、区级机关工委开展电视宣教，播出《南京！南京！》"一把手腐败犯罪警示录""中国梦"等专题节目 15 档；播放"图说价值观"等公益广告 180 条，播出 1626 条次。

【有线电视安全传输】 2015 年，区广播电视台完成元旦、春节、"两会"、国庆等重大节日、敏感时期有线电视信号安全无事故传输。开展非法电台监听治理，多次组织力量对辖区内电台进行监听，配合市广播电视局拆毁非法电台 1 个。

【有线电视服务】 2015 年，区广播电视台完成梅山片区网络双向化改造，优化用户35000 户；推进广播电视新技术，发展高清互动电视节目和宽带接入，满足群众对文化生活新需求；自建 24 小时呼叫平台，通过电视、横幅、行风评议等方式公布有线电视监督电话，接受用户投诉。年内,全区建成有线电视干线环网、小环网11个,管道127.56千米,其中光缆1125.67千米,光缆联网率100%;传送有线电视节目免费标清83套、付费标清54套、免费高清14套、付费高清45套;有线电视数字用户132375户(在档户),农村用户3500户(待拆迁),其中数字电视户数97.4%。 (杨　华)

·档案管理·

【概　况】 2015年,区档案工作根据《2015年全市档案工作要点》,围绕《南京市2015年度各区档案局(馆)重点工作要素评议细则》,结合该区实际,各项重点工作有序开展。组织开展广场宣传服务、档案进社区等档案宣传服务活动;监督指导全区58家一级立档单位2015年度归档工作;监督各街道(园区)对所辖社区档案工作履行指导职能;为软件谷提供建档服务;完成扫描馆藏文书档案80万幅,馆藏档案全文数字化比例85%;完善信息共享平台,提供跨馆出证48人次。全年接待查档3479人次,调卷3289卷次,为公民确定工龄、办理保险、贷款购房等提供相关凭证材料,4家单位(赛虹桥、铁心桥、西善桥街道和雨花经济开发区管委会)通过江苏省AAAA级数字档案室创建验收,6家单位通过档案工作省一星创建验收,2家单位通过档案工作省三星级复查。

年内,区档案局被区委、区政府评为“雨花台区2014年度先进集体”和“雨花台区2014年度12345政务热线工作先进单位”。

【馆藏档案数字化推进】 2015年,区档案局围绕数字档案馆建设目标完成80万页档案全文数字化扫描年度任务,馆藏档案全文累计扫描220万页,数字化率85%;丰富专题目录数据库,对新接收的退伍和公证档案开展专题目录数据库建设,形成退伍档案专题目录数据15681条,公证档案专题目录数据21714条。年内,与63家单位室藏目录数据及全文数据进行备份,并委托市档案局集中送往哈尔滨档案局进行档案数据异地备份。区档案局异地备份数据8.9TB(室藏数据量442.3GB),其中包括63家单位文书、基建和会计等专门档案案卷级目录数据,10家单位数字档案室全文数据,文书、照片、实物、光盘等特殊载体档案文件级目录数据和独生子女、拆迁、任免、表彰等专题目录数据。

【开放档案目录网上发布审查】 2015年,区档案局根据国家和省市档案局《关于在档案开放利用中审慎进行划控、鉴定工作的通知》要求,对馆藏1985年前,68个全宗、148个目录的5092卷开放档案,逐卷、逐页进行上网发布审查,从已开放档案中撤出不宜开放部分,确保上网档案信息不涉及国家秘密、工作秘密、商业秘密和个人隐私,无损于党和国家的形象和社会稳定,保障上网档案信息安全,方便社会公众查询。审查后开放档案1526卷,开放目录25486条。

【社区归档文件整理】 2015年,全区51家社区整理2014年应归档文件材料11054件(张),其中文书档案9985件、照片档案985张、实物档案75件、光盘档案9张。社区档案收集同比提高至98%,计划、总结、会议记录、大事记等反映社区组织活动的基础性文件材料均收集归档。

【全区归档文件综合检查】 4–7月，区档案局按照《2015年区机关归档文件整理综合检查评分标准》，从组织管理、基础业务、信息化建设、开发利用四个方面，对全区机关55个单位进行一轮普查、两轮复查，并给予百分制评分和排名通报。检查档案21121件(盘·张)计14123卷。其中，文书档案19954件(党的群众路线教育实践活动档案2370件)，照片档案988张，实物档案86件，光盘档案93盘；诉讼档案10430卷，会计档案3638卷，环保、审计档案55卷。

【《南京市雨花台区档案馆档案收集范围实施细则》出台】 5月，区委、区政府出台《南京市雨花台区档案馆档案收集范围实施细则》，从收集原则、收集范围、收集门类与载体形式、时限要求等四个方面对区档案馆档案收集工作做出明确规定，并科学划定收集档案范围，为完好保存和有效利用本地区档案资源提供制度保障。

【"6·9"国际档案日宣传】 6月，区档案局参加省、市、区三级档案部门联合举行的广场档案宣传服务活动，在鼓楼区天妃宫广场宣传家庭建档、开展现场咨询、发放宣传资料等，普及家庭档案知识。组织各街道(园区)同步设点开展档案宣传咨询服务活动。该区展出宣传挂图72幅，悬挂宣传标语8幅，发放宣传资料638份，档案宣传环保袋326个，接待群众咨询保险、工龄、家庭建档等问题132人次。在区政府一楼大厅举办《档案利用实例》《档案——与人类文明同行》《档案管理违法违纪行为处分规定》宣传挂图展，利用政府大厅电子屏幕滚动播出宣传主题和加强档案工作实施意见主要内容。

(任卫红)

·地方志·

【概　况】 2015年，区方志办贯彻落实《地方志工作条例》精神，围绕区委、区政府中心工作和省市地方志办公室工作部署，完成年度工作任务。调整年鉴框架，开展年鉴业务培训，完成2015年《雨花年鉴》编纂出版任务；筹备、启动区环境综合整治成果编制年鉴编撰，搭建组织架构、制定工作方案，并于年内完成区环境综合整治大事记初稿。

3月，在全省地方志系统中开展的第三届江苏省年鉴奖评比中，《雨花年鉴》(2013)获"市、县(市、区)综合年鉴"二等奖(综合奖)和装帧设计奖(单项奖)。3月6日，《板桥街道志》在省地方志协会、江苏省方志馆联合举办的首届江苏省优秀乡镇(街道)志、村志评选中获综合类三等奖、篇目设计(单项类)三等奖和记述正确(单项类) 三等奖。12月2日，《雨花年鉴》(2013)(2014)获省档案局主办的江苏省档案文化精品奖三等奖。12月31日，在省方志办组织的全省综合年鉴优秀框架设计和条目评比中，《雨花年鉴》(2015)获整体框架三等奖、"教育概况"条目获综述性条目三等奖(苏志办发〔2015〕40号)。

【《雨花年鉴(2014)》发行】 3月，《雨花年鉴(2014)》发行。该书由雨花台区委主持、区政府主办，区地方志编纂委员会编纂，方志出版社出版。全书65万字，内设27个类目、117个分目、60个副分目，合计1001个条目；附彩页21页，彩照52幅，随文图片79幅，表格73幅，主要载录2014年雨花台区政治、经济、文化、社会、生态等各方面发展情况。区地方志编纂委员会办公室按照年鉴编纂出版质量标准,结合雨花台区工作实际,对年鉴框架进行调整和修改;通过区各类文件报告、《雨花信息》、各单位网站等收集雨花政治、经济、文化情况,同时加强与撰稿员通讯联系,采取上门组稿、特约组稿等方式拓宽渠道。通过一年一度年鉴编写规范培训会,提升各部门单位年鉴供稿质量,通过请市志专家专题指导,请方志出版社审稿,进一步提升年鉴撰写品质。

【《〈南京年鉴〉·雨花台区概况》(2015)编纂任务完成】 4月,根据宁政办发〔2014〕139文件要求,雨花台区承编完成《南京年鉴》(2015)中《雨花台区概况》组稿、撰稿任务。区地方志办公室按照市、区政府任务要求,制定编写实施计划,安排专人负责组稿、撰稿,并通过市方志办审核。《〈南京年鉴〉·雨花台区概况》(2015)全文3000余字,分基本情况、经济发展、区域环境、社会事业等6个条目,综合反映2014年度雨花台区自然、政治、经济、文化、社会等各方面的基本情况。

【资料长编编纂工作业务讲座举办】 5月14日,区方志办在区党校举办资料长编编纂工作业务讲座。原江浦县方志办主任刘海东应邀讲课。全区70个一级承编单位主要执笔人或办公室主任近一百人到会听讲。刘海东结合雨花台区实际情况和本人工作经验体会,就资料搜集和编写两个方面问题进行讲授。市方志办编纂处处长乔明鸣及机关人员参加讲座并提要求。

【《雨花台区环境综合整治工作年鉴(2012.8–2015.12)》编撰工作启动】 8月初,为进一步落实市环境综合整治指挥部《关于南京市环境综合整治成果编制有关工作的通知》(宁综指办〔2015〕38号)和《关于开展南京市城市环境综合整治成果汇编的通知》精神,区环境综合整治指挥部制订《雨花台区环境综合整治工作年鉴(2012.8–2015.12)方案》(雨综指〔2015〕8号),该区成立环境综合整治成果编制工作领导小组,明确各承编单位主要领导为第一责任人。8月中旬,区方志办按照工作要求,组建年鉴编纂队伍,落实具体人员、编纂工作分工、合理安排时间,严格按照时间节点和目标任务要求,定期讨论、汇总年鉴编纂工作情况,正式启动编纂工作。

【《雨花年鉴(2015)》出版】 12月,《雨花年鉴(2015)》出版,由雨花台区委主持、区政府主办,区地方志编纂委员会编纂,方志出版社出版发行。该书设特载、专文、雨花概况、领导机关、中国(南京)软件谷、社会生活、街道·园区、大事记等24个类目、113个分目、61个副分目,合计901个条目,66万字,记述2014年雨花台区自然、政治、经济、文化和社会生活等方面基本情况,并结合2014年雨花台去工作实际,新增"党的群众路线教育""青奥宣传与服务保障""国家公祭日""'两桥'片区改造""城市环境综合整治"等栏目。全书刊载宣传彩页96幅,随文图照71幅,表格68张。 (张　玄)

卫　生

【概　况】 2015年,雨花台区卫生系统吸纳、承载省中医院、市第一医院等三级甲等医院(简称三甲医院)优质资源,开展区域医疗联合体建设,建立慢性疼痛康复科、康复医学分中心等

10余个社区工作基地;新板桥社区卫生服务中心建成开诊,岱山社区卫生服务中心和2个社区卫生服务站开诊,新铁心桥社区卫生服务中心建设规划完成。建成区域心电会诊中心,与省人民医院实时会诊;探索实施“健康雨花”微信公众号,“趣医网”“大象医疗”等手机软件建设。

至年末,全区政府办医疗卫生机构8个,其中二级医疗机构1个(南京市雨花医院),一级医疗机构4个(铁心桥社区卫生服务中心、板桥社区卫生服务中心、西善桥社区卫生服务中心、岱山社区卫生服务中心),疾病防控、卫生监督、妇幼保健机构各1个(区疾病预防控制中心、区卫生监督所、区妇幼保健所)。8家医疗卫生机构有职工690名,其中卫生技术人员575名;固定资产8018.34万元,其中10万元以上设备80台(件)。根据省卫计委《关于大力实施“三个一”工程的意见》,该区被确定为“三个一”工程试点区。

年内,雨花街道通过“国家卫生街道”复查;区卫生局在全国“全民健康素养知识大赛”获总冠军;区卫生局探索实施的公共卫生与社区卫生合作新模式,在全省基层卫生工作会上交流推广。

【“健康口腔　幸福家庭”二期项目启动】 2015年,该区完成为期三年的首期国家“健康口腔　幸福家庭”项目后,继续成为全省唯一承担二期项目(2014–2016)的区县,赛虹桥小行社区、邓府山社区,西善桥福润雅居社区和铁心桥定坊社区等4个社区被纳为项目试点社区。区卫生部门召开项目启动暨培训会,正式启动该项目工作。赛虹桥、铁心桥、西善桥街道项目社区负责人、社区卫生服务中心、区疾控中心相关工作人员参加培训会。培训会上明确相关街道、社区、医疗卫生单位职责分工及具体工作人员工作任务。至年末,完成二期项目基线入户调查,社区居民口腔知识讲座,中小学校、幼儿园健康教育课程等工作。

【“智慧医疗”★品牌建设】 2015年,区卫生系统初步建成全区卫生数据中心,配备数据库、应用服务器、IT运行维护等各类服务器软硬件设备,集中存储全区居民健康档案等信息。在雨花医院板桥新城院区建立卫生数据中心灾备机房,实现核心数据冗余及备份,增加冗余防火墙设备,实现线路双保障。基层医疗卫生机构全光纤接入市卫生专网,基本实现同一网络、同一平台医疗卫生业务信息采集、管理、分析和挖掘等功能,建成区、街、社区三级卫生信息网络。建设区域卫生信息平台,对接基层医疗卫生信息系统及区属二级医院系统,实现标准化数据交互,全区统一标准推进,实现平台互联互通基础功能。打造“健康雨花”微信公众号,实现在线预约挂号及电子健康档案查询,以家庭医生为抓手,依托分级诊疗平台,实现家庭医生签约管理。

★链接　“智慧医疗”:简称WIT120,通过打造健康档案区域医疗信息平台,利用最先进的互联网技术,实现患者与医务人员、医疗机构、医疗设备之间的互动,逐步达到信息化。

【新型农村合作医疗】 2015年,区卫生部门按照市卫生部门要求,建立以政府补助为主,农民个人合理负担新农合资金动态增长机制。农民参保率100%,参保人数1.61万人。个人、社区、街道、区级资金全部到位,筹资总额1351.29万元,人均实际筹资830元,保持筹资水平居全市首位。全年门诊报销 11.01 万人次，补偿 570.75 万元。住院补偿 1043 人次，补偿费用 711.35 万元。大病补偿实际支付比例 58.5%。实施大病补充保险政策，全年 29 人获大病补充保险 16 万元。对重大疾病患者发放“大病救助卡”，落实“五免五减半”（免收普通门诊挂号费、普通门诊治疗费、注射费、住院诊疗费、住院护理费，减半收取床位费、检验费、住院一般检查治疗费、手术治疗费、X 射线检查费）优惠政策，减免 3723 人次，减免 20 万元。对该年度参加合作医疗的人员中 2 型糖尿病、高血压病人，享受国家基本药物目录内的免费口服降血糖药并每月接受团队医生康复指导，发放降糖、降压药 1767 人次，药品费用 9.13 万元。全年合作医疗补偿 11.11 万人次，支出 1327.77 万元。

【雨花街道通过“国家卫生街道”复查】 2015 年，区卫生局协助雨花街道迎“国家卫生街道“复查，组织爱卫科、区疾控中心按计划、分时段开展全方位指导。组织开展以心理健康、伤害预防为主题行业健康教育，邀请省市专家每年两次对街道、社区、驻地单位工作人员进行指导培训，居民、学生、职工健康基本知识知晓率为 87%、94%、88%。推进病媒生物防治，完善食品行业、学校、企业食堂除“四害”基础设施建设，开展环境治理，消灭、控制“四害”孳生；辖区内投放毒饵站 2500 余个，每两周更换一次毒饵，在各小区安放灭蝇笼 600 余个，投放灭蟑药 100 余公斤，喷洒灭蚊药 50 余公斤。利用社区广场活动开展控烟宣传，组织志愿者发放“吸烟危害健康”宣传册 7000 余份，在公共场所设置禁烟标志。落实国家免费免疫规划项目，加强预防接种登记管理，加大医疗机构传染病预检点和感染科监管力度，开展高血压、糖尿病等慢性病随访管理，在雨花台风景区设立健康步道，培养居民养成健康行为生活方式。10 月 20–21 日，国家检查组对雨花街道“国家卫生街道”称号复查验收通过。

【医疗惠民新途径】 2015 年，区卫生部门与市三甲医院制定开展“院府合作”“院院合作”激励政策保障措施。西善桥、赛虹桥社区卫生服务中心与省第二中医院签订紧密型医疗联合体合作协议；铁心桥社区卫生服务中心慢性疼痛康复科与省中医院开展紧密型合作；岱山社区卫生服务中心与市中医院开展紧密型合作，成立市中医院岱山诊疗分中心；雨花医院康复科与市第一医院开展紧密型合作，成立市第一医院雨花康复分中心；雨花医院与省人民医院、鼓楼医院合作成立心电图、影像科远程会诊中心。群众医疗卫生满意度提升，基层卫生服务能力加强。

【中医药服务】 2015 年，全区实施基层中医药服务能力提升工程，完善中医药服务体系，加强中医药服务内涵建设，推广中医药适宜技术，推进“三名三进”（培养名医，创造名科，建设名院，中医药进农村、进社区、进家庭）项目建设，加强中医肛肠等 15 个中医药特色专科专病和中医康复科建设。举办中医药适宜技术专题培训 4 场，组织开展中医药知识、文化进社区巡讲活动 8 次。

【卫生监督】 2015 年，全区卫生审批部门新办食品、公共场所等卫生许可 740 件、复核412 件，办结及时率、满意率 100%。开展卫生监督检查 1950 余户次，监督覆盖率 100%，平均监督频次208%，取缔无证经营单位54户次，立案查处20起。处置各类投诉举报案件107件，规范办结率、及时率100%，全区无饮用水安全责任事故。实施《2015年南京市公共卫生重点监督检查计划》，与市卫生监督部门联合开展学校卫生专项检查，招标采购生活饮用水快检测设备，完成对44家二次供水单位监督检查和现场快检任务，发现消除各类安全隐患6起；严格医疗机构许可准入制度，对20家医疗机构违法违规行为进行行政处罚；完成“中高考”“国家公祭日”“国庆节”等重大活动和重大节日公共卫生安全保障工作16次；全区公共场所卫生许可证、健康证规范管理率98%。

【疾病预防与控制】 2015年，卫生部门完成血防查螺1760万平方米，未发现活螺；巩固灭螺面积217万平方米，查治病2247人次。发放《致沿江村民一封信》2万余份；设置“防急感”警示牌56块，血防电子语音警报器5个，血防智能监控系统1套。对830多户居民家庭、社区活动室、户外垃圾站点等重点场所进行消杀，累计消杀面积20余万平方米。开展艾滋病防治，累计进入娱乐场所610家次，干预2300人次；VCT（艾滋病免费自愿咨询检测）检测882人次，检出初筛阳性17例，确认阳性13例，阳性率1.5%。开展入监（所）人员艾滋病抗体检测，检测率100%，检测927人次，检出阳性1例。管理肺结核患者131例，其中复发涂阳结核病患者10例；全区各医疗单位报告本区疑似肺结核患者119例，转诊119例，转诊率100%；完成密切接触者筛查151例，密切接触者筛查率100%。推进岱山、板桥社区卫生服务中心预防接种门诊指导及拟上岗人员培训，加强全区常规接种率监测，全年接种一类疫苗120238针次。全区无甲类传染病发生，乙类传染病发病数378例，发病率94.74/10万人次，无死亡病例，无甲乙类传染病暴发疫情，全年甲乙类传染病发病率控制在120/10万人次以下。

【基层卫生】 2015年，岱山社区卫生服务中心开诊；新板桥社区卫生服务中心从雨花医院（板桥新城院区）剥离，实现独立开诊服务；推进赛虹桥社区卫生服务中心易地改扩建工程实施。全区建立居民电子健康档案359031份，规范管理高血压患者34404人、糖尿病患者11967人，完成全区65岁以上老人体检35836人，筛查已建档严重精神障碍患者929人。

【妇幼保健】 2015年，区卫生部门组织对全区53所托幼机构开展夏季卫生保健专项检查。掌握各托幼机构卫生保健情况、膳食营养情况、环境卫生状况、饮用水安全及疾病控制情况，依法督促其履行卫生保健职责。推进重大妇幼卫生项目实施，提前完成10018名妇女“两癌”（乳腺癌、宫颈癌）筛查初筛工作任务，任务完成率100.1%。实行属地化管理，按服务街道分片，调动全区妇幼卫生服务技术资源，完成全区“六一”儿童健康体检14600人。通过开展技能竞赛、普训与轮训、现场指导等方式，提升基层妇幼专业人员专业素养与服务能力，促进全区妇幼保健整体水平提升。全年孕产妇死亡率零，婴儿死亡率2.27‰、5岁以下儿童死亡率2.89‰，新生儿出生缺陷发生率3.8‰，婚检率80.21%。

【第27个爱卫月系列宣传活动】 4月，区爱卫办以“全民参与爱国卫生 共建共享健康中国”为主题，在西善桥街道开展第27个爱卫月广场宣传活动。市工商局、环保局、质监局、城管局、卫生局、药监局等20余位专业人员参加活动并向市民开展健康咨询和义诊服务，宣传各类卫生防治知识，咨询解答H7N9型禽流感和食品安全等问题，引导居民群众建立科学健康生活方式。铁心桥、板桥等街道邀请社区医疗专家，先后组织6场广场义诊活动，答疑解惑，宣传做好预防工作。活动期间，全区举办健康讲座进社区10余场，制作横幅30余条、电子屏20余条、展板26块，更新健康教育橱窗80余块，发放宣传彩页2000余份，接待咨询1500余人，义诊500余人。发放禁烟标贴200余份，禁烟标志卡座100个。（刘雅辉）

体　育

【概　况】 2015年，雨花台区投入75万元，新建10个社区体育健身工程点，改建20个社区体育健身工程点，全区人均公共体育设施面积达3.05平方米。全年举办区级以上赛事31场次，全区体育人口比率56%。组织承办板桥新城全国航空模型（南京站）大赛、中国壁球巡回赛总决赛（南京站）活动，中国（南京）软件谷羽毛球、乒乓球企业联赛，区老年人体育节、青少年网球积分赛等赛事。全区获市体育局认可运动员在编人数62人，位居全市各区前列。

年内，该区被评为第一批“省级公共体育服务体系示范区”，区国民体质测试站成功创建“省级体质测定、运动健身指导站”。

【“体育产业发展特色区”建设】 2015年，全区新增南京金仕堡资产管理有限公司（健身类）、南京英皇体育管理有限公司（体育中介类）等12家企业，全区体育产业企业72家。莲花湖体育产业基地举办全国航空模型大赛（南京站）活动、青少年网球积分赛、中国（南京）软件谷足球联赛等重大体育赛事。推动体育产业与软件产业融合，以大数据、移动互联网、云计算等现代信息技术为基础，推动体育产业“互联网+”进程，培育南大富士通等一批涉体软件研发企业。在区有关部门指导下，对体育健身气功站点设立、举办体育健身活动审批2项许可事项进行合并，把经营高危险性体育项目许可、健身气功站点审批2个行政审批事项由事前审批改为事后审批和管理监督，体育类行政许可事项仅保留4项。（魏以远）

【首届“区长杯”校园足球联赛举办】 4月18日–5月7日，依据中国足球协会最新审定

4月18日，雨花台区首届“区长杯”校园足球联赛开球仪式在雨花台区实验小学东校区举行
（区教育局　供稿）

的《足球竞赛规则》采取双循环联赛制，雨花台区首届“区长杯”校园足球联赛在该区举行。该联赛分初中组和小学组两个组别，全区53支足球队比赛96场。其中初中组10支队伍参赛，分北赛区、南赛区两个赛区进行40场比赛；小学组43支队伍参赛，分男子组和女子组，按高中低三个年段分北赛区、中赛区、南赛区三个赛区进行56场比赛。雨花台中学一队获初中组冠军，板桥中学和雨花台中学二队分获第二、三名；西善桥小学获小学男子低年级组冠军，雨花台区实验小学（东校区）分获小学男子中、高年级组冠军；古雄小学获小学女子中年级组冠军，西善桥小学获小学女子高年级组冠军。

（钟家燮）

【区第九届“板桥杯”垂钓比赛】 6月11日，由板桥街道承办雨花台区老年体协第九届“板桥杯”钓鱼比赛暨板桥街道老年人体育节开幕式在板桥生态园举行。全区8个街道（园区）代表队各派3名选手参加此次比赛，24名选手年龄均在61岁以上，最长者年龄75岁，区老年体协主席吴本忠参加活动。比赛时长100分钟，垂钓个人冠军钓鱼32条15.5斤。

【全民健身日活动】 8月8日，雨花台区组织多场体育健身活动。在板桥新城莲花湖体育公园羽毛球馆举办“江苏省‘全民健身日’雨花台区全民健身特色节目展示分会场活动”，区体育局局长刘光琴、副局长潘建达及板桥新城管委会相关领导出席活动，各基层代表队表演赛虹大鼓、拐杖操老年迪斯科、快乐健身球操、广场舞等8个节目。表演结束后，出席活动领导现场向健身点代表赠送广场音响机等体育器材；在区国民体质监测站为全区200名市民进行体质测试，并根据测试结果对各人提出科学健身针对性意见；组织100名社区体育指导员到江宁区参加“2015年江苏省暨南京市‘全民健身日’活动启动仪式”。

（魏以远）

【雨花台区入选首批全国青少年校园足球试点区*】 8月，教育部公布2015年全国青少年校园足球特色学校及试点县（区）名单，雨花台区入选全国青少年校园足球试点区，成为南京市唯一入围城区。同时，该区雨花台区实验小学、古雄小学、西善花苑小学、梅山第二小学、板桥小学、梅山第一小学、铁心桥小学、西善桥小学、雨花台中学、金陵中学岱山分校、孙家中学、雨花台中学春江分校等12所中小学被确定为全国青少年校园足球特色学校。

★链接 首批全国青少年校园足球试点区：《教育部关于公布2015年全国青少年校园足球特色学校及试点县（区）名单的通知》（教体艺函〔2015〕5号），认定并命名北京市崇文小学等8627所中小学校为全国青少年校园足球特色学校，北京市延庆县等38个县（区）为全国青少年校园足球试点县（区）。其中，江苏省江阴市、南京市雨花台区、张家港市被认定为全国青少年校园足球试点县（区）。

（钟家燮）

【2015板桥新城全国航空模型公开赛举行】 10月11–12日，2015年板桥新城杯全国航空模型公开赛（南京站）暨第六届全国水上航空模型公开赛在板桥新城莲花湖体育公园举行。此次比赛为期两天，分航空、水上、表演等9个项目，全国各地100余名航模爱好者参

赛，有航空器和器材100多架（具），现场观摩人数近千人。该航模比赛已连续在板桥新城莲花湖体育公园举行五届，目前该项赛事已成为南京地区品牌赛事。南航代表队韩杰星、刘舒霆分获无线电遥控特技飞行（P3A-2）、无线电遥控多轴飞行器第一视角飞行（固定翼飞行器FPV）、无线电遥控多轴飞行器第一视角飞行（多轴飞行器FPV）组别第一名，鲲鹏航空模型俱乐部高在思等分获其余4组别第一名。

【中国（南京）软件谷第四届乒乓球、羽毛球比赛】 11月21日，2015年中国（南京）软件谷第四届乒乓球、羽毛球比赛在雨花台区体育中心开幕。赛事由中国（南京）软件谷管委会主办，雨花台区体育局、软件谷科技人才局和雨花台区体育总会承办。雨花台区人大常委会副主任郭幼佩、区体育局副局长潘建达等出席开幕式。比赛分为乒乓球和羽毛球两个大项，其中乒乓球设团体、男单、女单三个小项，羽毛球分设团体、男单、女单、男双、混双五个小项。华为、中兴通讯、东软集团等26家谷内外著名企业参赛，参赛队员426名。

【力学小学金地自在城分校网球校队成立】 9月22日，“费雷罗中国行”南京站活动暨力学小学金地自在城分校网球校队成立仪式在该校体育馆举行。前世界网球冠军费雷罗率领的费雷罗国际网球学校团队以及区教育局、区体育局、板桥新城管委会相关领导等参加活动。费雷罗国际网球学校专业团队现场指导学校网球队员球技，并与球队队员合影留念。力学小学金地自在城分校有高、中、低年级三个网球梯队，队员60余人。 （魏以远）

人力资源

·概　述·

【概　况】 2015年，雨花台区全年新增城镇就业11868人，完成目标任务136.40%；新增城镇就业大学生占比66.06%，超目标任务3.12%；开展各类职业技能培训班，培训6461人次，其中高技能软件人才培训656人；社会保险净增单位养老保险参保4625人，征收社会保险费18.5亿元；全年审查集体合同610份，办结劳动纠纷案件599件，受理劳动人事争议仲裁案1803件，调解率80%。

年内，区人社局社保中心被市总工会评为“五一”巾帼标兵岗。

【“春风行动”开展】 2–3月，区人社局在全区范围内开展以“搭建共需平台，促进转移就业”为主题“春风行动”。组织近400家用人单位，举办女性专场、残疾人专场、公益性岗位专场等各类专项招聘会、综合招聘会14场，提供岗位5000岗次，发放“春风卡”等宣传资料8000余份，为农村劳动者提供免费职业介绍服务7000人次，成功介绍672人。

【“就业援助月”活动】 2月，雨花台区开展“就业援助月”活动，推行就业援助“一条龙”服务。区人社局通过走访摸排，建立辖区内困难群体实名制台账，对“零就业家庭”实行动态管理；根据就业援助对象不同需求，提供有针对性职业指导和技能培训，活动月期间，提供就业岗位2500余岗次，发放再就业政策宣传单2000余份，实现困难群众就业409人次。

·劳动就业·

【概　况】 劳动就业。2015 年,雨花台区按照“劳动者自主就业、市场调节就业、政府促进就业和鼓励创业”就业方针,以社保补贴、岗位补贴、失业金发放、小额贷款为重点,落实就业创业扶持政策,通过从岗位开发、服务保障、政策激励、资金扶持等方面改进服务模式,构建智能化服务平台,提高劳动就业服务效能。全年,新增城镇就业 11868 人,实现再就业5453 人; 举办招聘会 101 场, 入场企业 1728 家,提供空岗信息 14820 个;促进该区户籍单位就业 16151 人; 发放失业金 6756 人次、4436 万元,发放大龄延长失业金 2024 人、1200 万元。

职业培训。2015 年,区人社局完成电脑操作、电工、电焊工、创业指导、就业指导等各项技能培训 6461 人次。其中,利用软件人才培训实训基地和软件人才培训联盟,结合该区经济发展状况和软件人才缺乏情况,在大学生中开展高技能软件人才培训 656 人次。与各种培训学校合作,组织 3 期创业培训累计培训 180 人次。3248 名企业职工与高校应届毕业生参加技能培训和职业技能鉴定。

2015 年,雨花台区成立区劳务派遣行业协会, 搭建劳务派遣网络平台,30 家企业加入成为会员。全年办理劳务派遣审批 24 家、职业(人才)中介 6 家、民办非企业职业培训学校许可 12 家。办结案件 599 件,为劳动者追回工资等待遇 3034 万元, 督促补缴社会保险费 352 万元;受理劳动人事争议仲裁案 1803 件,调解率超 80%。

【创业载体建设】 2015 年,雨花台区贯彻《国务院办公厅关于发展众创空间推进大众创新创业的指导意见》(国办发〔2015〕9 号)、《省人力资源和社会保障厅关于做好 2015 年省级创业示范基地和大学生优秀创业项目申报推荐工作的通知》(苏人社函〔2015〕157 号)文件精神, 开展创业孵化基地和大学生创业园等创业载体建设的帮扶指导。11 月,在 2015 年度省级创业示范基地评选中,南京大数据产业基地入选江苏省创业孵化示范基地,紫金(雨花)科创特区大学生创业基地入选江苏省大学生创业示范园。同月,该区启动省级充分就业示范社区创建申报工作, 按照创建标准筛选出符合条件的丁墙、梅岭、龙福 3 个社区确定为创建申报对象。按照社区自查、定期巡查和互相检查的工作模式,加强综合服务大厅设备建设和台帐管理, 促进软硬件水平达标。至年末, 该区通过落实创业政策, 推进创业载体建设, 培育自主创业者 1038 人,创业带动就业 9076 人,发放小额贷款 22 笔计 376 万元。

【大学生就业管理】 2015 年, 区人社局对 248 名该区户籍离校未就业高校毕业生实行实名制动态管理, 及时提供职业技能培训、就业见习、岗位推荐或公益性岗位安置。年内,全区登记应届高校毕业生数 1259 人,实现就业率 95.86%。发放大学生创业小额担保贷款 2 笔 100 万元,各类职介、岗位、社保补贴 16.89 万元; 新增城镇就业 11868 人,其中大学以上学历人数 66.06%。大学生自主创业 395 人,入选大学生创业优秀项目 15 个。

2015 年雨花台区就业再就业目标完成情况一览表

表 8

序　号	市政府下达的年度目标任务	完成数	完成进度(%)
1	新增城镇就业 8700 人	11868 人	136.4
	其中:大学以上人员占比 62.94%	66.06%	-
2	实现再就业 3900 人	5453 人	139.8
3	帮扶就业困难人员 300 人	409 人	136.3
4	农村劳动力转移就业 200 人	306 人	153.0
5	培育自主创业 600 人	897 人	149.5
6	创业带动就业 4600 人	7720 人	167.8
7	大学生创业 220 人	420 人	190

2015 年雨花台区职业培训目标完成情况一览表

表 9

年度目标任务	完成数	完成进度(%)
新增高技能人才 600 人	656 人	109.3
创业培训 300 人次	300 人次	100.0
再就业培训 1500 人次	1534 人次	102.3
农村劳动力转移培训 1100 人次	1635 人次	148.6
在职职工培训人数 8200 人次	8550 人次	104.3
新生劳动力培训 300 人次	303 人次	101.0
职业技能鉴定取证 1900 人	3179 人	167.3

【劳动监察执法】 2015 年,区人社局指定专人把来访接待及投诉举报信息录入省“12333”投诉举报平台,全年信息录入量 8699 条。梳理并向用人单位发放书面审查通知书2316 份,发放法律法规宣传手册 3500 余册。定期开展各类专项检查,春节前完成对全区 180 家企业检查摸底,涉及农民工 22890 人,对 21 处重点工地开展监督检查,涉及农民工 5705 人;对全区 22 家劳务派遣企业开展摸底调查,涉及派遣员工 10722 人。妥善处理多起企业集体欠薪案、拖欠民工工资案件,配合区清欠办公室立案处理南通四建集团有限公司、南京东郦百货市场有限公司、南京宁净润贸易有限公司拖欠民工工资案件,追回欠薪 2503 万元。全年,接待咨询 3113 余人次、处理省平台流转案件 207 起、处理“12345”工单 47 起,立案 253 件、行政处理 3 起、按期结案率 100%。

【劳动仲裁】 2015 年,区人社局联系相关街道、部门,指导企业正确处理劳资关系,减少和避免劳动争议发生。强化基层劳动调解组织建设,调解关口前移,在铁心桥、板桥、梅山街道设立巡回仲裁庭。年内处理劳动争议案件 1326 件,立案率 100%,调解、撤诉结案成功率70.9%，全年涉案金额650万元。

【区劳务派遣行业协会成立】 2月12日，区劳务派遣行业协会成立并搭建劳务派遣网络和平台，区劳务派遣企业会员单位30余家、部分用工单位代表近70人参加成立大会，市人社局局副局长陈建宁出席并讲话。市人社局劳动关系处处长巴坤亚、区人社局局长梁汶、区民政局副局长等参会。成立后的协会，将作为政府和企业的的桥梁和纽带，以非赢利性、政治性、独立性、自愿性等特点的机构性质，凝聚社会各界力量，开展行业信息提供、人力资源对接、劳动用工维权等服务，扶持合法经营企业做大做强，维护劳务派遣行业的公平竞争与市场秩序，促进劳务派遣市场的规范发展。

2月12日，雨花台区劳务派遣行业协会成立　　（区人社局　供稿）

【江苏聚众力纺织品有限公司工资拖欠清偿】 11月19日起，区人社局劳动保障监察大队（以下简称监察大队）陆续接到江苏聚众力纺织品有限公司职工3批次、33人次的咨询和投诉（其中7人为书面投诉且已立案），反应该单位已关门歇业，面临破产清算，因单位银行账户已被法院冻结，现33名职工均被拖欠2个月工资。接到咨询和投诉后，监察大队联系辖区街道人社所实地调查、拍照。及时联系单位法人和职工代表平等协商，最终一致同意尽快通过法院清偿拖欠工资。监察大队根据劳资双方希望尽快通过法院解冻单位银行账户，优先清偿拖欠工资的核心诉求，通过区劳动争议仲裁委联系区法院调解庭。12月1日由法院调解法官在监察大队为33名职工提供现场受理服务，并于次日形成法院调解书，以最快的速度进入法院执行庭清算程序。通过监察大队的努力，使上述职工避开较长时间的监察立案程序和更繁琐的法院诉讼程序，实现“为群众排忧解难”、提供人性化服务的目的。

2015年雨花台区劳动维权工作完成情况一览表

表10

年度目标任务	完成数	完成进度(%)
集体合同审查600份	610份	101.7
仲裁委立案处理案件结案率94%	100%	–
劳动保障书面审查单位1800户	2270户	126.1
联动平台举报投诉案件按期运行率95%	100%	–

2015 年雨花台区受理劳动争议仲裁情况一览表

表 11

受理劳动争议案件类别	数量(件)
合　计	1326
解除劳动关系	817
确认劳动关系	21
工　资	371
工　伤	40
社会保险	56
其　他	21

2015 年雨花台区劳动争议案件结案情况一览表

表 12

结案类别	数量(件)	占结案数(%)
合　计	1326	100
仲裁裁决	380	28.7
仲裁调解	595	44.9
仲裁决定(含申诉人撤诉)	351	26.4

·人才建设·

【概　况】 2015 年,区人社局申报领军型科技创业(简称"321")人才 214 人,其中 53 人入选,5 年累计引进人才 254 人, 注册 240 人,科技型企业落地 165 家,投入扶持资金 1.1 亿元,免费提供 2.1 万平方米工作场所。

【高端人才团队申报】 2015 年, 区人社局比照申报公告要求,联合区人才办、软件谷科技人才局等单位审查区内企业, 筛选出符合条件企业名单 32 家。组织开展申报工作培训,详细解读申报政策,18 家重点企业参会交流。上门走访企业 10 家, 进一步解读申报细则,更深层次解企业申报意愿。为申报企业提供"一对一"专家辅导服务,全程指导项目包装、计划书优化、团队成员预审资格等,确保申报质量。年内,南京天溯自动化控制系统有限公司、南京中兴软件有限公司、南京友智科技有限公司、江苏博智软件科技有限公司等 4 家企业完成网上申报,其中 1 家通过综合答辩,完成专家实地考察。

【"TIC"系列公开课】 2015 年,为主动对接市领军人才创业训练营,助力科技人才提升创业创新能力,雨花台区以中国南京软件谷为主阵地,推出"TIC"系列公开课(Technology Innovation Class 的英文首字母缩写,意为科技创新)。公开课坚持"企业选题、园区开课","发挥龙头企业带动效应,强化协同创新”以及“内容接地气,形式聚人气”等三大办课特色,以人才、企业、行业专家、园区科技工作者等多维视角对科技人才创业创新中的难点、热点问题进行立体阐释,用“故事分享”、“实战推演”等活泼形式展开。全年举办课程 11 期。

【留交会雨花专场推荐活动】 4 月 25-26 日,第八届中国留学人员南京国际交流与合作大会(简称留交会)在南京国际博览中心举办。该区以软件产业为重点,集中推介创新成果和创业服务,凸现软件谷区位、交通、人才、政策等各方面创业优势。16 名专业人才工作者现场接待,对接海外留学人员 216 人。联合创业服务机构“创业邦”,举办“移动互联网产业的创新与突围”为主题的沙龙。3 位嘉宾、4 位创业导师做主题演讲,与现场 42 家企业负责人、86 名留学海归互动交流。邀请 47 位海外专家参加该区“聚力未来——IT 人才雨花行”专题活动,实地参观软件产业博览馆、创智大厦、楚翘城、南京南站。与该区达成落户(入园)意向留学海归 17 人。

【3 家驻区企业入选市创业训练营】 4 月 24 日,首期南京 321 引进计划市级创业训练营启动。在全市 152 家报名企业中,选拔出 28 家企业获得入营资格。雨花台区三家驻区企业(南京图索信息技术有限公司、南京探思信息技术有限公司、华沃通讯南京有限公司)获得选拔入营资格,参加为期 6 个月的专业化创业辅导。通过训练营 21 次集中辅导培训和 8 次公开培训课,得到创业导师一对一咨询服务,从梳理经营思路、制定经营计划、调整产品设计、开拓用户市场、投融资方面,量身定制企业解决方案,达到企业快速成长目标的实现。

·人事管理·

【概　况】 2015 年,雨花台区出台《街道(园区)行政辅助类人员工资待遇调整方案》,提高基本工资标准,建立岗位绩效工资制度,规范街道(园区)行政辅助类人员工资待遇。公开招考公务员 14 名、事业编制人员 194 名(其中教育系统 129 人、卫生系统 43 人、其他事业单位 22 人)。接收安置 2015 年军队转业干部 26 人,其中安置至行政单位 25 人、事业编制人员 194 名(其中教育系统 129 人、卫生系统 43 人、其他事业单位 22 人)。接收安置 2015 年军队转业干部 26 人,其中安置至行政单位 25 人、事业单位 1 人。通过单位申报、初审、复核等程序,任命科级非领导职务 35 人。办理政府部门副处以上领导干部任命手续 51 人次,区内调动手续 12 人次,调出本区 1 人次,科级非领导职务免职手续 1 人,公务员辞职手续 2 人,公务员提前退休审批手续 3 人。完成 2014 年度公务员考核审核备案工作,考核党政机关单位62 家、公务员(含参照管理人员和机关工勤人员)1260 人,评出优秀公务员 162 人,优秀工作人员 2 人,嘉奖优秀公务员 141 人,对连续三年优秀的 21 名公务员记三等功表彰。

【公务员能力提升工作】 2015 年,区人事管理部门出台《关于进一步做好 2015 年度公务员培训工作的通知》,完成公务员依法行政专题培训和测试。组织 42 名街道(园区)和系统党工委人事干部及分管领导业务培训,从公务员管理、事业单位三项基本管理制度和工资福利待遇测算等方面提高人事干部业务水平。召开2015年军转干部座谈会,组织1期军队转业干部红色教育培训班,汇编33篇心得体会。

【职称工作】 2015年,根据市人力资源与社会保障局下发《2015年南京市职称工作要点》,该区完善职称工作申报评审流程,坚持事业单位“有岗才能评”底线(以考代评的系列除外),确保公平公正。全年完成初定初级职称81人,其中教育系统46人,其他系统35人;申报中级职称69人;申报高级职称52人,其中卫生系统31人,教育系统21人。(数据核实)

【事业单位岗位设置】 2015年,区人社局对全区事业单位岗位设置情况进行梳理。根据事业单位社会事业发展、单位功能调整实际,在区机构编制委员会调整编制前提下,征求各事业单位意见,与市人力资源与社会保障局协调,及时对岗位设置方案进行优化调整。全年对18家事业单位岗位进行重新设置,对3家尚无岗位设置单位进行岗位设置备案。

社会保障

【概　况】 2015年,雨花台区社会保险管理中心围绕社会保险各项目标任务,以深化改革为核心、以扩面征缴为重点,规范管理、创新思路,各项工作都取得新成效。全年企业职工基本养老保险净增缴费人数4625人,征收社会保险费10.35亿元,清理历年欠费361万元。落实城乡居民养老保险,劳动年龄段人员参保1663人,养老年龄段人员4940人全部享受老年补贴,补贴发放率100%。推进失地人员进保工作,板桥新城非规范失地人员2919人纳入南京市被征地人员社会保障范围,全区462名新征地人员纳入南京市被征地人员社会保障,8998人调整养老保障待遇,15141人享受企业职工社会保障待遇。开展退休人员社会化服务。开展“夏送清凉”活动发放慰问品3.8万份,组织2.1万名退休人员参加免费体检,组织退休保山参加“敬老月”庆祝、企业退休人员诗词创作、春季健身等活动。

年内,区人社局社保中心被市总工会评为“五一”巾帼标兵岗。

【城乡居民养老保险新政】 2015年,区人社局根据《南京市城乡居民基本养老保险办法》,在各社区增设经办网点,提供咨询、参保、补缴一条龙服务。同时加强宣传,发放《致城乡居民的一封信》等宣传资料7000余份。以低保、残疾人等困难人员群体为重点服务对象,提供上门咨询、参保服务。全年参保率由70%提升至95%。

【扩面征缴专项行动】 2015年,区人社局全面贯彻落实《中华人民共和国社会保险法》和《劳务派遣暂行规定》,采取市、区社保经办机构与劳动保险监察联动的形式,对部分重点行业的用人单位和劳务派遣单位开展用人单位遵守用工及保险法律法规的检查,全年完成53家单位的实地稽核,清缴保费105.3万。

(顾菲凡)

2015 年雨花台区社会保障工作完成情况一览表

表 13

年度目标任务	完成数	完成率(%)
企业职工基本养老保险净增缴费人数 3700 人	4625 人	125.0
社会保险重点缴费人员续保人数 1201 人	1295 人	107.8
五项社会保险费征收总额 115583 万元	175332 万元	160.7
五项社会保险清理历年欠费 351 万元	361 万元	102.8
第四轮免费体检人数 18200 人	21159 人	116.3
城镇居民基本医疗保险缴费人数 38000 人	42196 人	111.0
城乡居民基本养老保险参保缴费人数 1500 人	1575 人	105.0

民政工作

【概　况】 2015 年，雨花台区与民政部政策研究中心、中国社会治理研究会签署《南京市雨花台区"三社联动"机制建设研究课题合作协议》，完成国家级综合减灾示范社区建设工作，城市和谐社区建设达标率 99%。全年发放城乡低保金 3680.8 万元，投入 79.64 万元为全区在册户籍居民购买人身和家庭财产保险。投入 455 万元引进社会组织入住社区，为居民开展 130 项公益项目服务。

年内，区民政局被市民政局评为南京市2014 年度殡葬改革工作优秀单位。

【社会救济】 2015 年，雨花台区全年发放城乡低保金 3680.8 万元，城乡最低生活保障标准由 660 元/月提高到 700 元/月；为 2.5 万人次低保家庭及低保边缘家庭重病患者发放大病救助金 1014.4 万元；为 258 户因病、因灾致贫家庭发放救助金 67.88 万元；认定低收入住房困难家庭 172 户；为 8 名大屠杀幸存者发放生活补贴 1.68 万元。全区农村五保对象 68 人，其中集中供养 46 人，供养标准 1200 元/月；散居供养22 人，供养标准 910 元/月；春节困难家庭走访慰问惠及人群 37 类计 5879 户 9124 人，发放慰问金 625.535 万元。

【社区治理】 2015 年，雨花台区通过政府购买服务方式实现社区治理。投入 455 万元引进"上海屋里厢""北京永真公益基金会"等 95 家社会

4 月 30 日，全国社区治理和服务创新试验区评估会在区召开
（区民政局　供稿）

组织入驻社区，为居民开展130项公益项目服务，打造14个精品社区。与国家民政部政策研究中心、中国社会治理研究会合作开展“三社联动”课题研究，于10月14日签署《南京市雨花台区“三社联动”机制建设研究课题合作协议》。组织街道(园区)、社区的专职社工积极参加市“全科社工”技能大赛，提升社工职业素养、专业服务技能以及社工理论知识水平。

【社会组织】 2015年，全区登记类社会组织767家，每万人拥有社会组织18.28个，排名全市第一。应评估社会组织223家，实际参评158家，参评率70.8%。实现社区型基金在全区57个社区全覆盖，西善桥街道办事处、雨花经济开发区管委会自筹200万元成立社区型基金会。制订区公益创投项目指引清单，2015年度区级(含街道、社区，不含省市级)范围内政府购买社会工作服务资金数量1146.1万元。制订雨花台区2015年公益创投项目指引清单，对各街道(园区)上报的公益招投标项目指引清单进行梳理，对七大类38个项目进行汇总和排列。新西善慈善基金会(街道级)于4月28日登记成立。

【社会事务管理与服务】 2015年，全年区民政部门办理结婚登记3739对，离婚登记1657对，补办结(离)婚证549件，出具婚姻登记证明6106件。组织开展清明祭扫安全保障活动，接待祭扫群众180余万人次。全年完成福彩销售13635.86万元。

2015年雨花台区地名命名一览表

表14

街道(园区)	地　名	类　别	命名月份
雨花街道	尚都荟花园	楼　盘	4月
雨花街道	星立方广场	楼　盘	4月
西善桥街道	月和园	楼　盘	4月
赛虹桥街道	钱家巷	道　路	5月
赛虹桥街道	菁华园	楼　盘	5月
雨花经济开发区	金厦商业广场	楼　盘	8月
雨花经济开发区	湾景花园	楼　盘	9月
赛虹桥街道	世纪锦苑	楼　盘	9月
板桥街道	龙藏大道(南延)	道　路	9月
板桥街道	龙飞南路	道　路	9月
板桥街道	龙翔南路	道　路	9月
板桥街道	普润路	道　路	9月
板桥街道	三山矶路	道　路	9月
板桥街道	殷富路	道　路	9月
赛虹桥街道	怡康街	道　路	10月
赛虹桥街道	吉庆里	楼　盘	10月

续表

街道(园区)	地　名	类　别	命名月份
铁心桥街道	定坊嘉苑	楼　盘	11月
板桥街道	恒江路	道　路	11月
雨花经济开发区	梦幻家园	楼　盘	11月
雨花经济开发区	天驰路	道　路	12月
雨花经济开发区	天顺路	道　路	12月
雨花经济开发区	天欣路	道　路	12月
雨花经济开发区	雨瑞路	道　路	12月
雨花经济开发区	雨盛路	道　路	12月
雨花经济开发区	雨辉路	道　路	12月
雨花经济开发区	集思路	道　路	12月
雨花经济开发区	广益路	道　路	12月
雨花经济开发区	扬子江大道(南延)	道　路	12月
雨花经济开发区	博运路	道　路	12月
雨花经济开发区	国睿路	道　路	12月

【自然灾害救助体系建设】 6月,区民政局下发《雨花台区自然灾害救助应急预案》及《雨花台区民政局抗击自然灾害应急预案》,组织全区灾害信息员培训。为全区在册户籍居民购买人身和家庭财产保险(9.02万户、25.17万人),投保资金79.29万元。6月,全区2014户因暴雨受灾家庭获赔保险金65.35万元。

2015年社会救济情况一览表

表15

救济项目		平均人数(人)	金额(万元)
合　计		5631	4302.79
城镇社会救济	临时救济	23	3.5
	最低生活保障救济	4595	3156.9
	小　计	4618	3160.4
农村社会救济	临时救济	258	575.2
	最低生活保障救济	745	555.9
	小　计	1003	1131.1
精简退职老弱残职工救济	原工资40%救济	10	11.29
	其他精简退职老职工救济	–	–
	小　计	10	11.29

老龄工作

【概　况】 2015年，全区老年人口总数（按户籍统计）50481人，同比增加1621人，占全区总人口19.54%。全区养老机构新增床位190张，护理型床位占养老机构床位比60%，区级养老机构民营化率80%。新建22个医养融合型社区居家养老服务中心，市AAA级社区居家养老服务中心17个，社区居家养老服务中心实现全覆盖，社区级养老机构民营率65%。

年内，区老龄委被江苏省民政厅、江苏省老龄工作委员会办公室评为全省老龄宣传工作先进单位。

【养老事业】 2015年，雨花台区对"12349"区级紧急呼叫系统提档升级，建立区级为老服务、心理质询、法律援助热线；为生活困难老年人扩装安康通紧急手机5200台，免费发放智能腕表手机1000部。新建22个医养融合型社区居家养老服务中心，市AAA级社区居家养老服务中心17个，社区居家养老服务中心实现全覆盖，民营率65%以上；以社区卫生服务中心为基础，建立医疗服务联系点，为社区老人建立健康信息档案，提供贴心服务。对辖区内已有民办养老机构建立考核和评级制度，对达到AA级至AAAAA级标准的机构给予一次性奖励。全区养老机构新增床位190张，护理型床位占养老机构床位比60%，养老机构民营化率80%，养老护理员持证上岗率95%。为5276名老人免费办理"江苏省老年人优待证"；举办"12349"助老嘉年华主题活动20场；开展雨花台区"关爱老人、传递爱心"公益拍摄活动，为全区近7000名80周岁及以上老人免费拍照。

(佘义维)

【社区养老服务】 2015年，区老龄委落实每个社区有40%服务用房作为居家养老服务中心要求，并免费提供给专业组织运营。至年末，辖区内新建22个医养融合型社区居家养老服务中心，市AAA级社区居家养老服务中心17个，社区居家养老服务中心实现全覆盖，民营率超65%；以社区卫生服务中心为基础，建立医疗服务联系点，为社区老人建立健康信息档案，提供贴心服务。与省《老年周报》合作，对西善桥社区、梅岭社区养老综合体进行试点工作。

【机构养老发展】 2015年，该区对全区养老机构进行多次拉网式排查，重点检查消防、用电、煤气和食品安全等；协调小行医院、梅山二院进行医养融合改革工作；推动铁心桥松椿养老院前期筹备及板桥舒心养老中心运营试点。落实财政补贴政策，对民办养老机构建立考核和评级制度，对达到AA级至AAAAA级标准的给予一次性奖励。至年末，全区养老机构新增床位190张，护理型床位占养老机构床位60%，区级养老机构民营化率80%，养老护理员持证上岗率95%。

【优待政策落实】 2015年，区老龄委完成"南京市为老服务时间银行试点区"系列工作，为志愿者建立健全档案完善服务制度；实现尊老金按月"按月"打卡发放；为5276名老人免费办理"江苏省老年人优待证"；举办20场"12349"服务热线助老嘉年华主题活动；开展雨花台区"关爱老人、传递爱心"公益拍摄活动，为全区近7000名80周岁及以上老人免费拍照；借助社会力量，举办全国第三个敬老月暨南京市第29个“老人节”等系列活动。

【养老机构安全生产检查】 8月15日，区民政局开展辖内养老机构安全生产检查。对辖区内12家养老机构的资质证书、安全管理、安全设施、老人及员工安全等方面进行全面检查。重点检查各养老机构煤气、电器设备安全隐患、消防器材、易燃易爆物品、食品安全等，以及各项应急预案等是否完善；要求各养老机构夏季高温时采取有效防暑降温措施，利用现有设施，开辟专门避暑纳凉场所，在气温达35度以上时，上午10:00–下午4:00要在公共活动区域开启空调；加大对服务对象和员工在防中毒、防火、防触电、食品卫生、传染病防治等方面的宣传教育力度，提高安全防范、自救互助能力。 （邹巍巍）

2015年雨花台区老龄人口状况一览表

表16

指标名称	数量(人)	占老年总人口比率(%)
一、总人口数	258270	–
二、老年人口总数	男性:22717	45.01
	女性:27764	54.99
	城镇:50481	100
1.60～69岁老年人口数	28282	56.02
2.70～79岁老年人口数	15403	30.51
3.80～89岁老年人口数	6169	12.22
4.90～99岁老年人口数	619	1.23
5.百岁以上老年人口数	8	0.015

残疾人扶助

【概　况】 2015年，区残联向全区1441名各类残疾人共发放生活救助431.51万元。其中，为408名城乡无固定收入重度残疾人、17名“一户多残”人员发放救助318.89万元，为231名低保重度残疾人员发放救助27.63万元，为446名“重度残、老养残、一户多残”残疾人发放救助53.13万元，为105户纯农户残疾人家庭发放补贴6.165万元，为234名贫困重度残疾人发放护理补贴25.695万元。完成500家企业年审及保障金征缴任务1300万元。组织200余名残疾人参加各类培训，组织10家企业参加市残疾人雇主培训班，为34名基层残疾人就业指导员举办培训班，为60名农村残疾人举办农业实用技术培训。建成区、街道(园区)两级托养机构10个，全年集中全托19人，日间照料207人。西善桥街道办事处被江苏省人民政府残疾人工作委员会评为“全省扶残助残先进集体”。

【社区康复服务】 2015年，全区各街道(园区)建有残疾人康复室6个、社区残疾人康复站35

个。区残联与市 19 家康复训练机构签订“南京市 0–6 岁残疾儿童抢救性康复三方协议书”，与市 7 家康复训练机构签订“南京市 7–14 岁残疾儿童抢救性康复三方协议书”；开展“四进家庭”(解释)康复服务 305 户，指导盲人“定向行走训练”56 人；开展“三助一给”(助行、助听、精神病免费给药)工程，向肢体障碍人员捐助轮椅 45 辆、拐杖 73 支、假肢 6 例，捐助盲杖 103 支、助视器 14 个，向听力障碍人员捐助助听器 47 台；向 217 名精神障碍者提供免费给药服务，建立精神障碍者社区工疗站，对 20 余名精神障碍者进行康复托养。街道康复室覆盖率 100%，社区康复站覆盖率 100%。

【残疾人教育补贴和助学奖励】 2015 年，区残联为 15 名中高等院校残疾学生发放省教育专项补贴 1.9 万元，为 28 名中高等院校残疾学生发放区级助学奖励 8.6 万元，为 12 名中高等院校残疾学生发放市级助学奖励 2.4 万元，为 10 名残疾学生及残疾人家庭子女申领“施宪纲爱心助学金”6000 元。全区适龄残疾儿童、少年入学率 100%，全区残疾学生均享受“两免一补”(免费提供教科书、免除杂费，补助一定生活费)政策。

【残疾人文化体育活动】 2015 年，区残联在区有线电视台全年播出手语新闻节目 20 档、《关爱》专题栏目 10 档，组织相关协会共同开展各类助残活动、节日纪念活动 12 场，举办第六届全区残疾人文化体育艺术节、全区第三届残疾人运动会，组织区残疾人代表队参加市第三届残疾人运动会、全国第九届残疾人运动会。在市第三届残疾人运动会上，获团体总分第五名、田径总分第一名；在全国第九届残疾人运动会上，该区乒乓球运动员雷丽娜、石艳平分获 TT9 级女子单打第二名、TT4 级男子轮椅单打第三名和 TT4、TT5 级团体第三名。

【全省扶残助残先进集体】 2015 年，西善桥街道办事处被江苏省人民政府残疾人工作委员会评为“全省扶残助残先进集体”。西善桥街道办事处为残疾低保、低保边缘户及困难户生重大疾病和患慢性病残疾人 100%实施救助保障、持证残疾人 100%享有医疗保障、为困难残疾家庭实施住房保障工作，实现有就业能力有就业愿望残疾人 100%就业。

【助残招聘】 1 月 12 日–2 月 13 日，区残联开展以“就业帮扶、真情相助”为主题区残疾人就业援助月活动。活动期间走访登记残疾失业人员家庭 20 户、失业残疾人员 25 人，组织残疾人专场招聘会 3 次，帮助残疾失业人员实现就业 22 人，帮助残疾人享受专项扶持政策 30 人。3 月 19 日，在区残联组织专场招聘会上，20 名残疾人与用人单位签订就业劳动合同。11 月 25 日，在由省、市、区残联主办残疾人专场招聘会中，该区进场招聘企业 2 家，提供工种 2 个、岗位 6 个，到场咨询残疾人 33 人，与单位达成就业意向 5 人，与单位签约 1 人。

【第 16 次全国“爱耳日”】 3 月 3 日，第16次全国“爱耳日”以“安全用耳，保护听力”主题，活动期间区残联联合街道残联利用公共媒体，在残疾人服务机构主要路口悬挂主题宣传横幅发布“活动消息。向辖区居民发放相关科学知识宣传资料，宣传非职业性噪声对听力健康损害，提醒辖区居民养成安全用耳习惯，教育辖区居民科学使用音响功能电子产品，防护各类娱乐性噪声听力损害。

【第三届残疾人运动会】 4月26日，在雨花台中学初中部举办区第三届残疾人运动会。此次运动会是区第25次全国助残日系列活动之一，110名残疾人运动员参加田径、游泳、羽毛球等3大项，20余个小项角逐，选拔出25名运动员参加市三届残运会。市残联副巡视员陈沙沙，副区长主任余清出席此次活动。市残联副巡视员陈沙沙代表市残联党组、理事会向参加运动会残障人士表示祝贺，对雨花台区文体工作给予肯定。副区长、区残工委主任余清致辞，对参赛运动员提出殷切期望。

【黄丝带助残关爱中心】 5月22日，板桥新城黄丝带助残关爱中心注册成为社会组织。黄丝带助残关爱中心是立足于板桥新城柿子树社区，服务于板桥新城街道残障人士的大学生村官项目，同时联合区残联、街道残联、残疾人服务专业社会组织、街道青年志愿者、社区工作者等开展助残行动。向有物理康复需求的肢残人士提供康复训练指导，组织残障人士开展读书交流会、“黑暗中对话”、播放无障碍电影等活动，设立创意手工坊，制作手工灯笼、爱心香囊、抽纸盒等手工活动。关爱中心自成立以来组织各类活动37场，服务残障人士1500余人次。

【残疾人农业技术培训班举办】 6月19日，区残联在板桥街道永安社区举办2015年残疾人农业实用技术培训班，全区50余名残疾人参加培训。此次培训邀请区农林局农艺专家向残疾人讲授苗木栽培、家禽及水产养殖、蔬菜种植技术培训指导。向残疾人免费发放化肥、种子等农资2万余元。

（程　霞）

5月19日，板桥新城黄丝带助残行动开展　　（板桥新城　供稿）

红十字工作

【概　况】 2015年，雨花台区红十字系统有基层组织72个，其中街道6个、社区31个、学校15个、机关单位5个、社会团体13个、园区2个；志愿者服务基地2个；红十字会员2573人，其中成人会员735人、青少年会员1838人，团体会员290人，志愿者804人。全年筹集资金66.9万元，物资11万元，实施救助79.24万元。梅山街道上怡新村“阳光驿站”项目获省红十字资金8万元；梅山街道“手牵手”居家养老中心的失能老人救助项目获中国红十字基金会资助升降床、空调、电视等价值20万元物资。

年内，区红十字会对积极参加《雨花台区红十字备灾救助资金》进行捐赠的美耐家具有限公司、朝中食品有限公司等企业给予表彰；聘请该区第一位成功捐献造血干细胞女性志愿者林萍为“雨花台区红十字爱心大使”；组织该区学生参加全国青少年防灾减灾知识大赛，获全国红十字青少年自救互救知识竞赛三等奖。共青团路中学和南京中华中等专业学校分别被评为省级、市级红十字示范校。

【应急救援】 2015年，区红十字会根据《关于建立雨花应急救援志愿服务网络的方案》，对全区76家社区、学校、文明单位以及高危行业76支应急救援队进行复训，同时新成立24家应急救援队，纳入区文明办“雨花台区志愿服务组织”范围，统一参加全区志愿服务活动。5月7日在区红十字会在梅清苑社区开展防灾疏散演练及创伤救护演习；5月8日在梅山街道广场开展纪念“5·8”世界红十字日及“5·12”防灾减灾日广场宣传活动；9月12日，在铁心桥街道春江新城广场，开展以“急救与老龄化人群”为主题举办纪念“世界急救日”广场活动。各街道(园区)组织相应广场宣传等纪念活动，南京市古雄小学、南京雨花外国语小学等9所中小学组织“防震减灾”应急逃生演练活动。

【应急救护】 2015年，区红十会把红十字基础知识和急救知识等培训内容，纳入全区社区学堂讲座菜单内，由社区结合实际进行点题授课，并联合区中医院、妇幼保健医院等单位走进社区，讲授急救、保健等知识。围绕青奥会志愿服务需求，积极探索适应创新救护培训方式。推进“学救护迎青奥”系列培训活动，在社区、学校举办以心肺复苏、创伤救护及意外伤害等急救知识为主要内容专题培训。全年，培训师资4名，持证救护员759名，普及培训7630人。

【人道救助】 2015年，区红十字会逐步完善捐赠人数据库、项目数据库建设。依托红十字信息化工作平台，加大向捐赠人反馈信息力度。组织“博爱送万家”和助医、助学、助困、助老、助孤、助残等人道救助活动。春节期间发放博爱救助资金40万元，其中弘阳装饰城组织辖区商户捐资10万元开展春节博爱送温暖活动；首印文化集团博爱助学金资助36名困难家庭在读大学生，该集团首轮三批累计资助100名困难大学生，并达成第二轮为期三年捐助意向；国成律师事务所捐资2万元慰问全区大病和困难儿童；润和软件在感恩节为22名困难家庭的中小学生送去电脑、衣服等物资：为3名大一新生和一名大病儿童联系爱心人士每年资助5000元；"葫芦娃假日小队"、人民银行工会、爱心企业等团队在春节、儿童节等开展红十字慰问、服务活动等。全年筹集资金66.9万元，物资11万元，实施救助79.24万元。

【无偿捐献活动】 2015年，区红十字会拓展造血干细胞捐献志愿者报名新渠道，组织以"让生命在爱中延续"为主题造血干细胞宣传活动，在梅山街道等地进行现场宣传。春节期间，对全区成功捐献造血干细胞志愿者进行慰问。"6·14"献血者日期间，与团区委联合，在梅钢公司组织团员青年进行无偿鲜血和造血干细胞入库知识讲座和志愿者征集活动。8月26日，组织区级机关、街道干部开展无偿献血活动，当日有650人参加体检，525人成功献血13.37万毫升。61名志愿者加入中华骨髓库采样。积极为大病献血者申报市级补助。

【世界红十字日系列活动】 5月8日为世界红十字日，区红十字会以"5·8"世界红十字日为主题，整合资源开展各类活动。5月8日，区红十字会在梅山街道广场开展纪念"5·8"世界红十字日及"5·12"防灾减灾日广场宣传活动；5月9日在小行社区时光浩韵广场开展"爱的奉献"广场宣传活动。活动期间，区红十字会对该区2013–2014年度红十字会系统先进集体、先进个人和优秀志愿工作者进行表彰。该区13所学校参加"博爱校园行"活动，通过爱心义卖筹集博爱资金，为35名困难学生送去"金陵博爱宝宝"救助金；共青团路中学学生沈同学家突发大火，使原本贫困的家庭"雪上加霜"，区红十字会为其送去棉被、毛毯及1000元慰问金。扩大高一新生军训期间普及救护培训规模和水平，培训610名新生。

【世界急救日活动】 9月12日，区红十字会在铁心桥街道春江新城广场开展以"急救与老龄化人群"为主题举办纪念"世界急救日"

9月12日，纪念"世界急救日"广场活动在铁心桥街道春江新城广场举办　　（区红十字会　供稿）

广场活动，宣传现场救护理念，普及自救互救知识，倡导志愿服务，弘扬“人道、博爱、奉献”红十字精神。市红十字会副会长刘霞参加活动。此次活动通过歌舞表演、有奖竞答、现场演示心肺复苏术、免费测量血压等形式与居民形成积极互动，活动中还发放宣传册500余份。

【“白金十分钟”科普活动】 10月10日，区红十字会联合省人民医院和南站综管办，在南京南站一楼大厅举办第六届“急救白金十分钟——全国自救互救日”活动。急诊领域开拓者、省人民医院终身教授王一镗现场为市民讲解“急救白金十分钟”含义，志愿者现场演示心肺复苏术、止血包扎等急救技术以及自动体外除颤仪使用方法，广泛普及推广急救知识和技能。

（罗　敏）

人口与计划生育

【概　况】 2015年，雨花台区出生政策符合率年均99.82%，孕前优生健康检查覆盖率年均91.13%，出生人口性别比控制在正常值范围内，人口和家庭公共服务机构覆盖率年均95.2%，人口和计划生育奖励扶助政策覆盖率年均100%，人口和计划生育依法行政工作达标率年均100%，家庭健康服务达标率年均96%，人口文化建设达标率年均95.6%，流动人口管理服务率年均95.8%，人口信息化建设达标率年均95%，人口和计划生育机构队伍建设达标率年均100%，人口和计划生育经费财政投入增长幅度达标，群众满意率年均98%，社区人口计生服务管理网格化覆盖率年均98.4%，人口和计划生育群众自治合格率年均96.2%，世代服务幸福家庭工程建设达标率年均95%，人口文化和谐家园工程建设达标率92.6%，0-3岁儿童早期工作推进率为91.12%，完成省、市下达人口计划和计划生育各项目标任务。

【省人口协调发展先进区评估】 2015年，雨花台区制订《关于开展创建省人口协调发展先进区实施方案》，成立创建工作领导小组。3月26日，区政府召开人口工作领导小组会议，要求街道（园区）和机关部门启动创建工作，切实强化各级领导、机关部门创建意识和创建责任，分解创建目标任务。5月，区人口工作领导小组进行创建工作再部署和督查，确保创建任务落实到位，统筹解决人口问题举措、人口和家庭公共服务体系建设、信息化建设、利益导向、流动人口均等化等问题。8月，市人口发展工作领导小组对全区创建工作进行全面评估，各项创建指标达标，省人口协调发展先进区评估通过。

【婴幼儿早期发展】 2015年，雨花台区建成10个区街级精品亲子活动室，16个社区级亲子活动室；扶持社会办育儿园4个，发展计时制亲子园4个，重点培育南京南站幼儿园和春江新城幼儿园2个全日制优质幼儿园；投入资金70余万元，针对“居家型、入园型”等不同人群，采取发放免费体验券、入户指导、举办“百场早教知识”进社区等形式提供服务；为辖区内6214户13-36月婴幼儿家庭提供一年4次免费亲子体验活动，依托0-3岁婴幼儿指导阵地开展亲子活动1800

余场，发放《0–3 岁婴幼儿家庭指导手册》6000 余册。

【人口文化建设】 2015 年，雨花台区组织开展市十佳幸福家庭和幸福家庭建设示范街道评选活动，20 户家庭被评为市幸福家庭，铁心桥、雨花街道 2 个街道评选为幸福家庭建设示范街道。区人口计生局联合区卫生、公安等部门对全区医院妇产科、B 超室和药店进行“两非”(非法鉴定胎儿性别，非法选择胎儿性别终止妊娠的规定)检查，同时开展“关爱女孩”行动和“婚育新风进万家”活动。全区各级计生部门开展知识讲座、走访慰问及技能培训等各类活动 86 场次，发放宣传折页 7.9 万余份，宣传品 4.8 万余份。

【落实流动人口基本公共服务均等化】 2015 年，雨花台区成立流动人口工作领导小组和流动人口管理办公室，各部门每周集中办公 2 天。与区公安分局联合出台《雨花台区流动人口计划生育信息服务管理协作办法（试行）》，建立流动人口统一信息采集、统筹财政投入、统一绩效考评的信息服务管理协作机制。下发《关于下发流动人口计划生育基本公共服务均等化操作流程的通知》和《关于政府购买计划生育技术服务项目的实施办法》，把流动人口已婚育龄妇女纳入生殖健康项目服务。176 对流动人口新婚夫妇享受孕前优生健康检查，203 名流动人口育龄妇女享受国家规定的基本项目。通过个案录入和导入等方式，全员信息库中流动人口由原来 3.6 万增加至 11.6 万人，增量 190%；与 58 个市县计生部门签订流入人口计划生育双向管理服务协议书，通过区域建信息通报为 175 名流动人口开具相关证明，简化外来人员办证程序和办事成本；查证验证(包含发放催办通知书)3.43 万人次；查出伪造避孕节育报告单 5 起；办理“一孩生育”服务登记 47 人。完成 200 户流动人口家庭全国流动人口动态监测的编框、抽样、培训、调查及上报录入工作。

【信息化建设】 2015 年，区人口计生局建立“单独两孩” 政策实施月报表制度，每月填报“单独两孩”政策受理、审批、孕产数情况，并对“城市单独”“原双独”“农村单独” 人群进行分类。完善政策实施动态分析制度，每季度对“单独两孩”政策实施情况进行总结分析，每半年对人口形势及发展趋势、计划生育工作进展、调整完善生育政策的效果进行分析。建立数据质量通报制度，每季度对街道下发“人口数据评测分析”，根据数据测评结果对系统内数据进行修改维护。补充完善“单独两孩”夫妇个案信息，根据再生育申请，及时补充录入全员人口信息。

【各项计生奖扶落实】 2 月，雨花台区投入 1.96 万元，为 196 名失独家庭父母购买计划生育特困家庭关怀保险。5 月，对农村部分计划生育家庭奖励扶助人员（农扶）进行登记审核工作，享受农扶人员 271 人，发放扶助金 200.17 万元。9 月，对全区达到特扶(特别扶助)人员进行登记审核工作，享受特扶人员 475 人。年内，完成持证城镇居民一次性奖励宣传、审核与登记工作，全区符合条件城镇居民 5966 人，资金 2147.76 万元。发放计划生育公益金和生育关怀基金，对 48 户发生重大变故计划生育家庭给予关怀和救助，发放计划生育公益金 9.6 万元，发放生育关怀基金 0.4 万元。

【优质服务开展】 3月、9月,区人口计生局通过在全区各社区宣传栏、居民小区张贴宣传单及发送短信等形式,告知广大育龄群众积极参与避孕节育、生殖健康、知情选择和两癌(乳腺癌、宫颈癌)筛查等"月服务"检查。全区5.86万人次(含流动人口)参加"月服务",投入经费100.8万元。通过电视、网站、企信通、社区宣传栏以及上门发放宣传单等形式向群众进行普及性宣传,动员全区拟怀孕夫妇接受孕前健康检查,对全区1067对夫妇进行免费孕前健康检查。区各个社区均建有人口家庭公共服务中心,同时建成花神庙社区、福润雅居社区、古雄社区等14个社区级服务精品点。 (李 文)

3月9日,雨花台区计划生育志愿者为居民提供便民服务

(区人口计生局 供稿)

2015年雨花台区各街道(园区)人口与计划生育指标完成情况汇总表

表17

单 位	出生政策符合率(%)	家庭健康服务覆盖率(%)	流动人口管理服务率(%)	人口和家庭公共服务体系覆盖率(%)	社区人口和计划生育服务管理网格化覆盖率(%)	人口信息化建设指数(%)	人口和计划生育奖励优惠政策兑现率(%)	人口和计划生育依法行政达标率(%)	人口和计划生育群众自治合格率(%)
全区平均	99.98	97	96.5	96.6	98	95	100	100	97
雨花街道	100	97	97	98	98	95	100	100	99
赛虹桥街道	100	97	96	97	97.5	95	100	100	98
西善桥街道	100	97	97	97	98.5	95	100	100	97
板桥街道	100	98	96	98	98	95	100	100	96
铁心桥街道	100	98	96.5	99	98.5	95	100	100	99
梅山街道	100	96	97	95	98	95	100	100	95
雨花经济开发区	100	96	96.5	95	97.5	95	100	100	96
板桥新城	99.42	97	96	94	98	95	100	100	96

政治

2016 YUHUA ALMANAC

Politics

中国共产党南京市雨花台区委员会

·概　述·

【概　况】 2015年，区委以“三严三实”专题教育为契机，围绕铁心桥—西善桥（简称“两桥”）地区改造、软件谷建设，实施五项民生改革发展提升工作，全面从严治党，强化科学运作，全力干事创业。全年实现地区生产总值406.6亿元，同比增长10%；全区财政总收入首次突破100亿元，一般公共预算收入61.3亿元，同比增长15.3%，增幅位居全市前列；完成全社会固定资产投资260.5亿元，同比增长9.9%；注册外资实际到账1.7亿美元。城镇居民人均可支配收入44485.7元，农民人均纯收入20783.4元；软件和信息服务业收入1650.5亿元，同比增长24.06%；服务外包执行额26.7亿美元，离岸外包执行额11.5亿美元。社会消费品零售总额335.5亿元，同比增长13%，增幅位居全市前列。全区三次产业比0.22:19.76:80.02。引进亚信软件等重大项目28个，签约项目计划总投资146亿元。江苏润和业务收入首次突破10亿元，泰通科技、铱迅信息、吉美思、欣威视通4家企业新三板成功挂牌，中新赛克等25家高成长型企业在走主板、新三板上市流程，软件谷发展公司成立或参股控股公司28家，会同深创投、紫金创投等完成新增股权投资企业6家，楚翘城、科创城、创业创新城、人才公寓等一批自主运作项目运营良好，累计形成有效资产超50亿元。推进“两桥”地区改造，加快龙翔启动区、龙翔南片区、马家店安置房等项目拆迁，加快龙翔大道西段地面段等道路建设，累计落实融资授信91.07亿元，完成拆迁面积98万平方米。推进区实验小学扩建、小行小学异地新建、宁南规划小学新建等工程，就与琅琊路小学在雨花经济开发区联合开办分校达成协议。雨花医院板桥新城院区开诊，与省中医院、省人民医院、市第一医院等“三甲”医院联合共建特色专科10余个。通过“全国社区治理和服务创新实验区建设”中期评估，开展培育社会组织、助力社区治理工作，实现每万人拥有社会组织数18.28个，位居全市第一。启动文化遗产保护利用规划研编工作，推进雨花文化系列丛书编纂、文化标志工程实施等工作。

【常委分工】 2015年12月，根据雨委〔2015〕62号文，区委常委分工如下：

区委书记张一新主持区委、软件谷党工委全面工作，负责整治建设工作、党的建设工作、全面深化改革工作，分管区人大、区政协、软件谷工作，分管干部工作、人才工作。

区委副书记、区长李世峰主持区政府、软件谷管委会全面工作，分管经济建设、生态文明建设工作，分管机构编制、人民武装工作，分管编制委员会办公室。

区委副书记杨明协助书记负责党的建设工作，分管农业农村农民和城乡统筹工作，协助分管机构编制工作，分管双拥、机关思想作风建设、全面深化改革、综合考核考评工作，分管区委办（机要局、保密局）、党校、机关工委、农工委、党史工办、残联、红十字会。

区委政法委书记李邦全负责区委政法委工作，分管社会建设工作，分管政法、维护稳定、社会管理综合治理工作，分管区法院、检察院、社会管理综合治理办公室、依法治区领导小组办公室、610办公室、维稳办、信访局。

区委宣传部部长谢山负责区委宣传部工作，分管意识形态、精神文明建设、文明城区建设、文化产业工作，教育、科技、文化旅游、卫生和计划生育、体育方面党的工作，分管区文明办、网络信息工作办公室、文联、科协。

副区长钱维负责区政府常务工作。

副区长艾长青负责人力资源和社会保障工作。

区纪委书记谢祖国负责区纪律检查委员会工作，分管党风廉政建设、行风建设、督查工作。

副区长倪兴龙负责城市建设工作，分管为民办实事、城市规划建设、交通运输、拆迁、环境保护、人防工作，联系国土资源分局、电信分局、南京供电公司营销部。

区委组织部部长袁传军负责区委组织部(人才办、组织员办)工作，分管组织、干部人才、基层党建工作，分管工会、共青团、妇联工作，分管老干部局、老年大学、关工委工作和总工会、团区委、妇联。

区委统战部部长蒋冰负责区委统战部工作，分管统一战线、民族宗教、民主党派、工商联、侨、台工作，分管南京南站综合管理办公室。

软件谷管委会副主任杨昌生外派暂不参与分工。

区人武部政委金宏负责人武部工作，协助分管双拥工作和协调服务驻区部队。

【“三严三实”专题教育】 5月，根据中央和省委市委部署，全区开展“三严三实”专题教育，涉及区、谷五套班子，61个区管班子，全部处级以上领导干部。依托雨花台烈士陵园、“蚁贪”警示教育馆等资源开展现场式、体验式、互动式党性教育。开展专题调研，全区处级以上领导干部联系基层社区、站所、企业151家，累计下基层调研1226天，走访慰问群众4150人。召开专题民主生活会，区委常委班子专题民主生活会查摆4方面13类问题，从5方面制订整改措施。坚持边查边改，制订落实问题清单、整改清单和责任清单，开展“四项排查”，用专题教育激发全区上下干事创业动力。全年，全区上专题党课356场次，各级领导班子开展交流研讨300余场次。

【区委十届二十次全体(扩大)会议】 7月28日，区委十届二十次全体(扩大)会议召开。全会总结上半年工作，部署下半年任务，对推动全面从严治党迈上新台阶作出部署，动员全区上下进一步解放思想、转变理念、改进作风、提高标准、干事创业，全面完成全年和“十二五”规划各项目标任务。会议听取审议区委书记张一新代表区委常委会所作《坚持全面从严治党推动雨花科学、正确、理性发展迈上新台阶》工作报告。全会提出，2015年下半年，全区要紧紧围绕贯彻落实习近平总书记系列重要讲话精神，按照省、市委总体要求和“五个迈上新台阶”系列部署，始终坚持发展第一要务，突出把“五型经济”作为加快雨花转型升级的战略重点和主攻方向；推进软件谷建设，以一谷带动雨花转型发展；推进“两桥”地区改造，提升城市功能品质，加快社会事业改革发展提升，推动雨花台区全面从严治党迈上新台阶。

【区委十届二十二次全体(扩大)会议】 12月30日，区委十届二十二次全体(扩大)会议召开。全会回顾总结2015年全区工作和“十二五”工作，科学谋划“十三五”发展，全面部署2016年工作任务，动员全区上下统一思想、转变理念、改进作风、提高标准、干事创业，完成各项目标任务。会议听取审议区委书记张一新代表区委常委会所作《高起点谋划大力度推进全面开启雨花"十三五"建设新征程》工作报告。明确"十三五"期间全区要在率先全面建成小康社会基础上，基本实现现代化建设目标。贯彻落实党的十八届五中全会、中央经济工作会议、全省经济工作会议和省委市委全会精神，按照"十三五"发展要求，统一思想、转变理念、改进作风、提高标准、干事创业，全面深化改革创新，全力推动科学运作，确保经济社会持续平稳健康发展，为率先基本实现现代化奠定坚实基础。围绕推动全区各项事业"再上新台阶"目标，突出以全新的思路理念为先导、以全新的体制机制为保障、以全新的运作模式为动力，科学展开全区工作布局，坚持决胜软件谷建设，坚决决战"两桥"地区改造，推动社会事业发展提升，全面提升党建科学化水平，塑造雨花台区科学、正确、理性发展新形象。

【综合协调】 2015年，区委办围绕区委中心工作，做好综合协调和保障服务工作。完成区委常委会、常委扩大会、专项工作会等各类会议会务工作，做好会议议题、议程、报告起草、文件资料制发、会议通知、会场布置、人员报到、会议记录、会场服务、宣传报道，会后及时印发通报或编发信息等工作。完成文件收发工作，全年制发各类文件、纪要230件，发放通知120件，收发上级文件520件。

【调研工作】 2015年，区委办做好区委全会、区委工作务虚会、全区负责干部大会、区委常委会等各类会议和重大活动文稿工作。全年编发《雨委办通报》14期、《区委常委会议纪要》18期、《专题会议纪要》7期、《雨花内参》31期。重点围绕软件谷建设、"两桥"改造等，做好全年调研工作，并在日常工作中加强与基层调研骨干联系，在省市级刊物发表调研文章5篇。

【信息工作】 2015年，区委办信息工作紧紧围绕区委中心工作，做好领导工作调研活动后续跟踪，及时将雨花台区经济社会发展、软件谷建设、"两桥"地区改造、五项民生改革发展提升、重大项目推进、环境综合整治、从严治党、"十三五"规划编制等全区重点工作情况上报省、市、区。全年编发《雨花信息》90期、《雨花信息》专刊9期；上报信息被省、市委办公厅采用687条(篇)，其中省委办公厅《江苏信息》采用108条，市委办公厅《南京快报》采用194条、《南京快报》专刊采用9篇、《舆情动态》采用73条、《今日重要信息》采用240条、"问题建议类信息"采用26条；全年获省委市委主要领导批示22篇。同时，加强信息制度和信息员队伍建设，全年开展信息交流培训8期，完成各街道信息工作人员轮训工作。

【督察工作】 2015年，区委督察工作重点加强对项目建设、执行中央八项规定、拆迁拆违、民生工程等全区重点工作督察，全年办结督察件58件，其中省、市领导批示交办件10件，区委主要领导批示件44件。月度督察软件谷重大项目推进、区实验小学校区扩建等专项工作；季度督察区委常委会全年工作要点情况；专项督察"两桥"地区基础设施建设情况、全区拆迁工作月度推进情况、区委全会精神贯彻落实情况等。完成省委市委主要领导到该区视察接待工作，全年完成不同规格来访人员接待任务10余次。

(李兴时)

·组　织·

【概　况】 2015年,区委组织部深入学习习近平总书记系列重要讲话精神,贯彻中央省委市委组织工作会议有关部署,坚持全面从严治党,推进领导班子、干部队伍、基层党组织、党员队伍和人才队伍建设。

领导班子和干部队伍建设。坚持区委提出的"重德行、重实干、重业绩"用人导向,按标准定取舍,不降格以求。结合市委规范干部选拔任用的"1+5"文件,梳理制定干部选任工作流程。严控干部职数配备,按照编制、职数任用干部。推行实名推荐制度,各街道(园区)和部门通过班子集体研究、"一把手"签字署名、党工委推荐材料加盖公章等方式,向区委实名推荐干部27名。加大对试用期干部考核力度,要求每人每月以书面形式向区委述职。

干部监督。严格执行干部选任全程纪实相关规定,在坚持干部档案凡提必查、个人有关事项凡提必核同时,实行廉政监督关口"前置",在考察对象最终确定前,征求纪检监察部门意见。严格执行外出报批、班子重要情况报告、干部选拔任用有关事项请示报告、区管干部个人有关事项报告等制度。完善多部门联动监督机制,坚持组织、纪检、信访、审计等部门定期联席会议制度,实现监督信息及时共享。建设完善干部监督数据库,要素涵盖个人有关事项报告、经济责任审计、出国境审批等17个方面,提高干部监督实效。

干部教育培训。协调党校统筹全区办班计划,强化过程管理和督促检查。通过"雨花讲坛"培训平台,开展十八届四中、五中全会精神和习近平总书记系列重要讲话为主题的系统培训,轮训干部2000余人次。举办新任职区管干部培训班、纪检干部培训班、入党积极分子培训班、党务干部培训班、青年干部培训班等主体班次,加强干部党性教育、职业道德教育、业务能力教育。组织全区系统党工委书记、街道(园区)专职副书记、组织干事、党务干部及青年干部等分5批次赴沂蒙革命老区开展党性教育,组织新任职区管干部到区检察院反贪局警示基地开展学习。

基层组织建设。至年末,全区有基层党组织658个,其中党委17个,党总支66个,党支部575个,比上年增加29个;党(工)委22个,党组6个;社区57个,其中社区党组织53个。在有党组织53个社区中,以市委组织部统计口径界定,涉农社区党组织26个,城市社区党组织24个、厂居党组织3个;以组织设置归类,党委8个、党总支39个、党支部6个。在岗大学生村官55名,其中女性33名。

党员队伍建设。至年末,全区有党员17999名,比上年净增1106名。其中,预备党员162名,占党员总数1%,较上年增加3名;少数民族党员177名,占党员总数1%;女党员5820名,占党员总数32%。台湾省籍党员1名。35岁以下党员4999名,占党员总数28%,比上年净增297名;具有大专以上学历党员10091名,占党员总数56%;非公有制经济组织党员4839名,占党员总数27%,比去年增加1个百分点。全年新发展党员104名,其中女性党员49名、35岁以下党员76名、具有大专及以上学历党员91名。

人才队伍建设。坚持组织部门牵头抓总、相关部门密切配合的人才工作格局,定期召开科技人才工作联席会议,提高人才工作整体合力。完善人才工作绩效考核机制,定期开展创业人才年度监测和绩效评估,提高人才企业落地孵化后的成长性与贡献度。建立创业导师制度,开展创业辅导活动,提高人才创业创新能力。年内,全区有52名人才入选市领军型科技创业人才引进计划;科技创业家企业平均纳税350万元,同比增长33%;1家人才企业在新三板挂牌,5家人才企业在南京联合产权交易所挂牌,3家人才企业获评为省高新技术企业。全区自主培养并入选国家“千人计划”人才6人,入选省“双创计划”人才23人、省“创新团队”3个、省“双创博士”4人;在市级项目中,累计入选并落地领军型科技创业人才239人,入选市科技创业家27人。

【党的建设】 2015年,区委组织部贯彻中央和省委、市委、区委全面深化改革的总体部署和全面从严治党的系列要求,抓好党的建设制度改革。制订《雨花台区深化党的建设制度改革工作方案》《关于印发推动落实全面从严治党责任的实施办法（试行)》《关于防治为官不为推动干部担当作为的实施办法(试行)》等制度文件;强化责任体系,明确各级党组织书记亲自抓、负总责,开展党建工作“联述联评联考”和社区党组织书记履职评议,把工作责任落实到人头。

【干部人事档案专项审核工作】 2015年,根据上级组织部统一要求,区委组织部开展全区干部人事档案专项审核工作,重点核查“三龄两历一身份”,即年龄、工龄、党龄,学历、经历和身份信息。专门制订工作方案,对审核时间进度、工作流程、保密注意事项等作出规定。核查中,分批次核查在职干部个人档案近1200卷,完成重要信息缺失补齐和问题登记。依据市委组织部要求,对审核登记的问题严格认定并进行集体研究、综合研判、统一认定。坚持干部选拔任用前档案预审制度,对所有拟选拔任用干部做到“凡提必审”,杜绝档案有问题干部“带病提拔”。

【社区为民服务专项资金落实】 2015年,根据市委组织部统一部署,区委组织部按照每个社区20万元标准和市区两级财政1:1配比,设立为民服务专项资金。联合区民政局、财政局等部门具体实施,落实52个社区为民服务资金1040万元。按照《南京市社区(村)为民服务专项资金使用管理办法(试行)》文件要求,严格把关项目摸排、群众参与、审核评议、资金拨付、公示实施等环节,督促指导各社区为民服务项目实施和推进,全区8个街道(园区)完成涉及环境类、活动类、管理类、公益类等4类项目379个,建立党员居民议事平台60个,吸引社会资源投入资金约80万元,直接或间接惠及群众约24万人。

【大学生村干部培养】 2015年,区委组织部加强大学生村干部培养。成立大学生村干部联合会和理事会,6名理事分别联系6个片区,以片区为单位开展各类活动。建立大学生村干部理事会议、财务管理、活动报告审批等6项制度,围绕“融合”开展党性教育活动1场、主题活动3场、片区活动12场。建成“马塘灵芝园”大学生创业基地,完善全区村干部动态信息库,打造“板桥新城大学生村干部工作室”“思莹音乐坊”等特色品牌15个。全年,全区有大学生村干部55名,其中进入社区党支部委员会和社区居民委员会班子19名,选拔使用7名,使用率47.27%。

【党组织书记抓基层党建述职评议考核】 1月16日，区委组织部召开2015年度街道（园区）党工委书记抓基层党建工作述职评议会。8位街道（园区）党工委书记从履行第一责任人职责、严格党员教育管理、抓“三严三实”专题教育情况等九个方面展开述职，区委书记张一新点评各党工委书记抓基层党建情况，提出要认真研究“基层党建是什么？基层党建有哪些具体内容？基层党建需要什么样的手段和路径？基层党建需要建立什么样的制度和机制？如何定期检查和改进基层党建工作？”等问题，推动基层党建责任落实。市委统战部副部长、市工商联党组书记毛卫华出席会议并讲话。与会代表对各党工委书记抓基层党建工作情况进行现场评议，会后对评议情况作通报反馈。12月底，各街道（园区）召开社区党组织书记抓党建工作述职评议会，组织人员进行评议，各社区党组织召开党员大会，开展党组织书记履职情况报告评议工作。

【党员组织关系排查工作】 10月，区委组织部完成全区党员组织关系集中排查。全区党员17971名，其中有失联党员309人、空挂党员149人、流动党员377人。通过整合资源、联动力量查找，有298名原失联党员重新取得联系，工作取得“底数清、情况明、信息准”阶段性成效。在排查工作中同步规范党员日常管理，针对非公企业党员，联合企业人事部门修改《党员离职流程单》，实现组织关系与人事关系同步转移；落实党员出国请销假手续办理，填写《雨花台区党员出国请（销）假登记表》；向新转入党员发放《党员须知》《党组织生活安排计划表》，列出党员权利义务清单。

（李文卓）

·宣　传·

【概　况】 2015年，区委宣传部贯彻落实党的十八大，十八届三中、四中、五中全会和习近平总书记系列重要讲话精神，按照区委、区政府《文化事业发展提升工作意见》《推动文化建设迈上新台阶的实施意见》文件要求，推进各项工作。全年完成文化产业销售收入96亿元，完成年计划的106.7%，文化产业增加值占GDP比重提高到5.2%。年内，该区被省委宣传部评为2015年度全省基层党员冬训工作示范区，梅山街道获全省基层党员冬训工作示范街道，区委宣传部冬训案例“建三级冬训咨询站，解基层冬训新难题”获全省基层党员冬训工作创新项目奖；雷建功获第五届南京市道德模范称号，代贤伟获第五届南京市道德模范提名奖，农阳等7人当选第十三届“南京好市民”，陈小云等4人获2015年“南京好人”称号。

【理论武装】 2015年，区委宣传部下发《区委中心组2015年专题学习方案》《2015年全区各党（工）委中心组理论学习和区管领导干部自学理论安排意见》，制订区、街道（园区）两级中心组理论学习计划。组织区委中心组召开学习会，学习讨论习近平总书记在江苏调研时讲话内容、省市委学习贯彻讲话精神和“四个全面”战略思想。按照《雨花台区党委中心组学习工作量化标准》，开展区委中心组学习笔记抽查工作，各党（工）委在学习计划、学习次数、学习记录、学习考勤方面基本符合标准要求。组织区委中心组成员、全区处级以上干部及部分党员干部1300人观看大型情景音舞诗话《雨花颂·信仰》。为区委中心组成员、各党（工）委主要负责人配发《“四个全面”学习读本》《习近平用典》《中国历史的教训》《影响力》等 12 套理论著作、辅导读本和音像。全年编印《雨花台区委中心组调研成果汇编》，收录区委中心组成员调研文章 22 篇，组织区委中心组集中学习 20 次；组织各类主题宣讲和形势政策教育活动 48 场，培训党员干部 5000 人次。

【文明创建】 2015 年，区委宣传部下发《雨花台区培育和践行社会主义核心价值观行动方案》，开展针对核心价值观公益宣传的专项督查和围绕文明城市创建工作常态化的市民督导团定期督查。梳理登记全区范围内 376 处自有宣传阵地，明确长年要有社会主义核心价值宣传内容。加强公益广告宣传，在全区 22 条主次干道添置公益广告道旗 1100 套，在 58 处公共场所通过大型广告牌、墙景彩绘、文化墙等形式进行宣传。建立健全区级层面创建考核机制，针对集贸市场、老旧小区环境等薄弱环节，采取重点整治、专项督查、领导点评等措施，解决重点难点问题，推进文明城市创建工作。评选宣传市民典型，其中吴凤军获第五届江苏省道德模范提名奖，雷建功获第五届南京市道德模范称号，代贤伟获第五届南京市道德模范提名奖；农阳等 7 人当选第十三届“南京好市民”，陈小云等 4 人获 2015 年“南京好人”称号；费悦等 5 名学生荣获第三届南京市“百名美德少年”称号，其中雷建功和代贤伟分获 2015 年“中国好人”称号。

【志愿服务体制建设】 2015 年，区委宣传部首次将全区志愿服务队伍按照专业特长科学分类，制成服务名录公开发布，提供给社区居民，对接服务需求、接受社会监督；成立 8 个街道（园区）志愿服务总站和南京日报志愿者服务站（岱善润福城分站），其中西善桥街道志愿服务总站作为全市优秀代表，接待全国各级文明办领导参观考察；各街道志愿服务总站对空巢老人、留守儿童、农民工、残疾人等困难人群，开展便民利民、全民健身、环境美化、治安防范、应急救助等志愿服务活动 100 场。

【获全省基层党员冬训工作示范区】 2015 年，省委宣传部总结表彰 2014–2015 年度全省基层党员冬训工作，该区被评为全省基层党员冬训工作示范区，梅山街道获全省基层党员冬训工作示范街道，区委宣传部冬训案例“建三级冬训咨询站，解基层冬训新难题”获全省基层党员冬训工作创新项目奖。年内，区委宣传部坚持在 QQ 咨询站每天发布一条“理论创客观点”；坚持按月在雨花宣传网上《理论视野》栏目发布 1 篇理论研讨文章，解读最新理论观点；发挥社区学堂影响力，整理发布《2015 年雨花台区社区学堂讲座菜单》，点击率超 2 万人。冬训期间，区委冬训咨询站互动交流 1500 余人次，分类答疑解惑 1178 个。

【宣传工作】 2015 年，区委宣传部围绕全区中心工作，实施主题宣传。软博会期间，在《南京日报》刊发头版头条报道及专版宣传；开展第五届“新媒体雨花行”、城市政务新媒体微盟行动参访软件谷、“飞越雨花”航拍摄影大赛等活动，其中“飞越雨花”航拍摄影大赛收到参赛作品 300 多幅，网络投票参与人数 6000 多人次；在鼓楼广场户外大屏播放软件谷宣传短片；推出《运筹软件谷》《创赢软件谷》系列主题报道。做好“迈上新台阶、建设新南京”之“雨花”篇、

“雨花”迈进“地铁3.0时代”、金洽会雨花台区专场活动等主题宣传。在首届南京网友节期间，举办“‘互联网+’时代的信息安全之路”主题论坛，获评最佳活动创意奖；全年，全区在各类新闻媒体发稿800篇/次，其中在《新华日报》发稿25篇，在《南京日报》发稿302篇。

【舆论引导】 2015年，区委宣传部实施雨花台区干部队伍媒体素养提升计划，拓展培训广度、深度和准度，有针对性地选择受训部门(人员)、培训主题、授课专家，确保培训取得实效。推进“二桥”地区改造、拆迁拆违等全区重点项目，做好舆论保障。妥善处置“某学校老师被曝体罚学生”“邓愈墓变身‘杂草园’”等舆论事件。主动邀请省市媒体提前介入敏感工作项目，召开小行里51号强拆、雨花实验小学西校区扩建、雨花社区综合服务中心项目建设媒体通气会等。全年开展培训10场，培训2000人次；稳妥处置各类负面新闻、网帖、微博等1250条，同比增长22.4%，其中网络问政帖文1005条，同比增长47.6%。

【新媒体宣传】 2015年，区委宣传部在成功运营“@金陵微雨花”政务微博基础上，开通“@金陵微雨花”政务微信平台，以“新雨花，微发布，心服务”为主旨，通过“头条+副刊”形式，打造“@金陵微雨花”政务新媒体品牌形象。开展网络安全问题调查、“世界环境日”环保小知识问答、欢乐庆“六一”微雨花校园“三行诗”大赛、“爱在七夕”老照片征集等线上线下互动活动，增强粉丝粘性。借助“南京发布”“南京日报”等政务、媒体大号微信转发重点内容，吸引网友和微信公众号关注。全年，“@金陵微雨花”政务微博发布微博6265条，粉丝数量15万人；“@金陵微雨花”政务微信推送微信404条，平均阅读量1091次，粉丝数量2252人。

(杨毅君)

·统 战·

【概 况】 2015年，雨花台区统一战线深入学习中央、省委、市委统战工作会议和习近平总书记系列重要讲话精神，围绕区委区政府中心工作，发挥好统一战线作用，提高统战工作科学化水平，为全区经济社会稳步发展提供力量支持。

提升统战制度化、规范化、科学化水平。召开部务会和全员会，深入学习领会中央、省委、市委统战工作会议精神，并向全区各民主党派基层支部、工商联负责人和无党派人士代表通报中央统战工作会议和《中国共产党统一战线工作条例(试行)》精神，号召全区广大统战成员准确把握统战工作蓬勃发展对广大统战成员新要求。组织各民主党派、工商联和无党派人士围绕全区经济建设和社会发展深入开展调研，全年确定调研课题6个，完成调研文章10篇，收集党外人士意见建议70余条。在区社会主义学院举办全区统一战线代表人士培训班，系统学习中央最新方针政策、统一战线知识、贯彻落实统战工作会议精神和《中国共产党统一战线工作条例(试行)》精神。

提升统战服务区委中心工作成效。组织做好金洽会、软博会期间区委、区政府交办的相关工作，组织25家区外客商参加金洽会，充实南京南站枢纽经济圈企业家联盟，搭建经济发展平台。全年完成3个团组赴台开展经贸交流活动，通过组团赴台，邀请海外客商等方式，有计划、有组织开展一系列“造势”活动，吸引台商、台企来雨花落户。组织6位企业家赴台湾参加海峡两岸经贸交流会，分别组织区内企业参加市联组织的“新常态下金融改革创新发展论坛”、“西班牙投资”推介会、“善用香港优势·开拓海外市场”投资推广研讨会、“走进海南——绿色养生新概念”投资推广研讨会。与百度公司在戴斯国际酒店联合举办2015百度“‘翔计划’助力中小企业成长峰会”，90余家中小微企业参加。

提升统战服务群众水平。按照中央、省委、市委和区委统一部署，开展“三严三实”专题教育活动。推进“同心万家民企帮万户”工程活动，参与企业148家，促进就业家庭61户、扶持创业家庭19户、解决助学家庭106户、紧急救助家庭107户、解决困难家庭207户。走访台胞台属约70人次，送去慰问金慰问品约2万元。对区内侨界代表人士、困难归侨侨眷记性走访慰问，走访侨界代表人士8户、困难归侨侨眷24户，发放慰问金近2万元。

【万家民企帮万户活动开展】 2015年，区委统战部引导发动辖区所有非公企业参与“万家民企帮万户”工程活动，采取“一帮一”“一帮多”“多帮一”等手段，通过促进就业、扶持创业、资助学业、改善生活、解决困难等帮扶方式，改善全区被帮扶的困难家庭生活条件。全年，促进就业家庭61户、扶持创业家庭19户、解决助学家庭106户、紧急救助家庭107户、解决困难家庭207户。

【无党派医疗专家义诊】 5月13日，区委统战部协同市里组织无党派留学人员医疗专家，在雨花经济开发区锦华新城开展义诊活动，来自南京胸科医院、鼓楼医院、东南眼科医院、脑科医院8名无党派医疗专家参加。活动通过在社区设立眼科、中医科、呼吸道科、心血管科等窗口方式，免费为居民们提供诊疗服务，约150位居民到场就健康问题向医疗卫生专家咨询问诊。

【徐锦辉调研区统战工作】 7月14日，市委常委、统战部部长徐锦辉一行到区调研统战工作情况，实地调研梅山街道上怡新村社区、铁心桥街道龙泉寺、宏图三胞集团总部等地，详细了解该区在开展少数民族特色活动、民营企业非公党建等工作情况。区委常委、统战部部长蒋冰参加调研。

【银企对接会举办】 8月28日，区委统战部举办银企对接会，为中小微企业“私人定制”融资方案，全区69家企业参加会议。对接会上，渣打银行根据中小微企业特点，有针对性地推荐银行信贷、贸易融资、资金管理等服务。与国内银行不同，渣打银行推出的无抵押小额贷款服务不需要公司抵押，只需要企业达到3年以上经营年限，并提供年营业额600到8000万元证明。年内，通过开展银企对接活动，全区中小微企业实现融资额2.2亿元。 （王　翔）

·党史研究·

【概　况】 2015年，中共雨花台区委党史研究工作坚持围绕中心、着力服务大局，完成党史征编研究和党史宣传普及等各项工作。完成《中国共产党江苏省南京市雨花台区组织史资料（1995.01–2012.12）》（第三卷）初稿，组织党史宣传教育“六进”系列活动，并参与省、市委党史工办组织各项党史宣教调研工作。

【《中国共产党江苏省南京市雨花台区组织史资料(1995.01–2012.12)》(第三卷)初稿完成】 2014年年初,区委党史工办在全市11个区中率先开展区级"组织史资料"(第三卷)编纂工作,启动《中国共产党江苏省南京市雨花台区组织史资料》第三卷征编工作。按照"广征、核准、精编、严审"编纂方针,经过修改、核查,于2015年年底完成全书初稿。该书是《中国共产党江苏省南京市雨花台区组织史资料》第一、二卷续编,收录时限为1995年1月至2012年12月;以概述开篇,以编后记收尾;分南京市雨花台区党组织、雨花台区区级政权机构、政协机构、地方军事系统、群众团体系统、中国(南京)软件谷6个部分及附录;每个部分单独设章、节,共6章、21节,另附图表5张。至年末,区委党史工办查阅历史文件和档案资料数万卷(件),摘录相关资料30余万字,收录中共雨花台区党组织约230个组织机构沿革发展情况、3410条领导人任职时间名录,计约20.5万字。

【组织党史宣传教育"六进"系列活动】 7月7日,南京首家社区"金陵书屋"在梅山社区开馆,区委党史工办向该书屋赠送《中国共产党南京市雨花台区历史大事记(1989–2008)》《中共南京市雨花台区地方史(1949–2008)》《中共南京市雨花台区委执政实录(2009–2012)》等党史书籍和重要文献40余册。年内,区委党史工办分别向区四套班子领导和各党工委、总支、机关支部赠送各类党史书籍500余册,方便全区党员干部学习党史知识,发挥党史工作资政功能与服务价值。　(徐清平)

·党　校·

【概　况】 2015年,区委党校以党的十八大和十八届五中全会精神为指导,贯彻执行区委十届十八次全体(扩大)会议精神,以提升全区干部执政能力为目标,发挥党校党员干部教育主阵地、理论研究集中地、政策制定建言地、决策宣传宣讲地作用,完成年度各项工作任务。《印象雨花——贯彻区委十八届二十次全会精神之区情篇》的社区宣讲报告代表该区冬训讲师团上报市委宣传部。编印《学习参考——依法治国专刊(2015)》。完成省委市委党校立项课题结项工作3项。发挥后勤服务管理保障作用,做好校园卫生清洁和车辆管理、各类培训班次服务与管理等工作。深化"三严三实"专题教育,领导班子以身示范、以身作则。抓好全区干部廉政准则和纪律处分条例学习,把握准则高线、守好纪律底线。全年,举办主体班14个、社会培训班24个,赴基层宣讲18场次。

【党员教育】 2015年,区委党校按照区委总体部署,坚持"实际、实用、实效"办学原则,举办新任区管、纪检干部、第一、二期入党积极分子、军转干部培训、区级机关党员轮训、综治法治工作培训、2015选调生公务员初任培训、人大代表培训等主体班14个,培训党员干部1120人次。结合"三严三实"专题教育,在铁心桥街道景明佳园社区、板桥街道新建社区、梅山街道生活服务部等社区和单位开展基层理论宣讲活动18场次。其中,《印象雨花——贯彻区委十八届二十次全会精神之区情篇》的社区宣讲报告代表该区冬训讲师团上报市委宣传部。编印《学习参考——依法治国专刊(2015)》。拓展外训工作，与临沂市兰山区委党校、吉安市委党校等多家党校合作，组织、协助各部门、街道(园区)赴外省市进行党性学习，提升干部综合素质和业务水平。

【社会培训】 2015年，区委党校巩固与南京工业大学继续教育学院的合作办学成果，合作的本科班跟读学员全部毕业；加强与软件谷合作，为谷内软件企业年轻优秀人才提供在职能力提升课程，形成合作办学规模效应；大力服务资质培训工作，将有关单位无力承办的技能培训、资质培训纳入党校培训序列，提供课程设置、师资邀请、现场教学、伙食安排等全程服务；承接市委党校第27、28期中青班及绍兴、武汉、马鞍山、芜湖、高密市委党校委托培训班的相关服务工作。全年，举办各类合作办班24个，培训人数2000余人次。

2015年雨花台区委党校主体培训班一览表

表18

序号	时　间	班　　次	人数(人)
1	3.20-3.28	第一期入党积极分子主体培训班	77
2	3.31-4.3	全区新任职区管干部主体培训班	40
3	4.17-4.25	第二期入党积极分子主体培训班	70
4	5.13	纪检监察干部主体培训班	90
5	6.2	第七片区党员依法治国主体主体培训班	100
6	6.11	综治、法治工作主体培训班	90
7	8.17-9.2	2015选调生公务员初任主体培训班	18
8	10.15	区级机关党员主体培训班	100
9	10.29-10.30	区级机关支部书记班	60
10	11.10-11.11	区人大代表主体培训班	110
11	11.5	法制员主体培训班	80
12	11.12-11.13	妇联主体培训班	60
13	12.18	非公党建理论主体培训班	45
14	12.24	统战干部主体培训班	100

2015年雨花台区委党校社会培训班一览表

表19

序号	起止日期	班　　别	人数(人)
1	3.14	房地产营销培训班	50
2	3.24-3.25	商务局党员冬训班	61
3	3.31	机关基层组织工作条例	70
4	4.25	以虹悦城为例，谈谈城市城市综合体商业运营及物业管理	52
5	4.21	莱芜市委党校标准经济引领发展专题进修班	48

续表

序号	起止日期	班　别	人数(人)
6	6.11	高密市科技人才工作专题培训班	44
7	6.17	网吧从业人员培训班	60
8	6.23	武昌区社区“领头雁”领导能力提升班	60
9	7.2–7.3	区征地拆迁新规培训班	100
10	7.15	全科社工班	90
11	7.24	全科社工班	90
12	7.3	区统计业务培训班	45
13	8.2	区卫生局招聘面试	90
14	8.4	区红十字会社区急救培训	60
15	8.14	区业委会及相关从业人员培训班	100
16	8.26	常州工学院 2015 年暑假领导干部培训班	11
17	9.8–9.9	区人事干部业务培训	40
18	9.16	绍兴市委党校基层治理现代化专题班	50
19	10.1	区商务系统招商培训	30
20	10.14	马鞍山党校培训班	60
21	10.2	北京市朝阳区正科级公务员任职培训班	45
22	11.2–11.3	区事业单位法人代表培训班	80
23	11.5	区法制员集训培训班	50
24	11.28	2015 年街道(园区)招聘事业编外人员面试	45

【科研调研】 2015 年,区委党校要求教职员工联系全区科学发展、率先发展、和谐发展的生动实践,结合自己兴趣专长,展开有针对性调研,使科研出成果。省委党校系统调研立项课题《因地制宜构建科学合理的生态文明制度体系——以南京市雨花台区为例》顺利结项,发表于《金陵瞭望》(2015 年第 11 期);市党校系统调研立项课题《雨花台区社会治理现状的调查与思考》和《城市化进程中区域生态产业发展模式研究——以雨花台区为例》顺利结项,其中《城市化进程中区域生态产业发展模式研究——以雨花台区为例》发表于《金陵瞭望》(2015 年第 19 期)。（吕冰洁）

·老干部工作·

【概　况】 2015 年,雨花台区老干部工作坚持以人为本、服务为先工作宗旨,落实老干部政治生活待遇,抓好离退休干部党支部建设,组织老干部开展各类文体活动,完成全年各项工作任务。至年末,全区有离退休干部 82 人,其中四套班子离退休领导 39 人(退休 35 人),部门和街道离休干部 37 人,异地安置的离休干部 6 人;四套班子离退休正职领导 10 人,在离休干部中,享受副省级医疗费报销待遇 2 人,享受地市级两项待遇 4 人;参加抗日战争的有

10 人,参加解放战争的有 31 人,当年去世的离休干部 6 人。全区有离退休干部党支部 14 个、党小组 23 个,党员 459 人。

【老干部政治待遇落实】 2015 年,区委老干部局坚持每月 15 日组织老干部学习政治理论、时事。坚持每半年向老干部通报全区经济建设和社会发展情况。2 月 11 日和 8 月 21 日,分别举办区情通报会,并慰问老干部。由老人活动中心每年为老干部订阅报刊征订报纸 15 种、杂志 22 种。为老干部征订《南京日报》《中国老年报》和《银潮》杂志,做到送报刊到户。4 月 2 日,举办老干部形势报告会,邀请淮安市委党校副校长徐进谈《习近平的"四个全面"和抗战胜利七十周年的辅导报告》,50 多名老干部参加。为纪念抗战胜利七十周年举办系列活动。为副处级抗战离休干部办理享受正处级工资待遇;为 3 名享受地市级政治生活待遇的离休干部办理享受副省长级医药费报销待遇;为抗日的离休干部发放一次性慰问金 5000 元、颁发抗战胜利七十周年纪念章和智能视频播放器一台;举办抗战胜利七十周年老同志书画展;逐一走访慰问抗战离休干部,送上鲜花并为抗战离休干部体检身体,送去党和政府的关怀。

【老干部生活待遇落实】 2015 年,区委老干部局在确保三个机制(离休费保障机制、医药费保障机制和财政支持机制)正常运转情况下,全年发放离休干部生活补贴 5000 元、退休干部生活补贴 4000 元,走访慰问老干部 300 余人次,探视生病住院 43 人次,为老干部祝寿 86 人次,发放慰问金、慰问品 54 万余元。4 月 9 日、10 日组织老干部例行健康检查,并邀请市第一医院医学专家对老干部体检结果进行一对一咨询和健康养生教育。5 月 24 日,组织 42 名四套班子退休老领导赴江西南昌、井冈山红色旅游。协调区民政局、卫计局将离休干部纳入居家养老服务对象,为离休干部提供康复护理、心理咨询和邻里守望等保障。整合社区资源,完善老人活动中心功能,为老干部提供文化娱乐和学习服务。

【老干部活动】 2 月,区委老干部局组织四套班子离退休老领导参加区人代会、区政协会;8 月,筹集 10 幅书法、4 幅摄影作品参加市委老干部局举办的庆祝抗战胜利七十周年老干部书画摄影展览;12 月 30 日,举办迎新年老干部象棋扑克牌友谊赛,其中离休干部赵杰获象棋一等奖,张绍民和刘英获扑克牌一等奖。

【雨花老年大学】 2015 年是雨花老年大学办学 20 周年,学校举办"5 个一"活动,即一场庆祝大会,一张成果简报,一台成果汇报演出,一期书画摄影作品展览,一本《绚丽"雨花"》成果纪实书。自 1995 年成立以来,学校坚持以人为本办学方向,坚持教学乐为相结合教学方针,坚持"增长知识、丰富生活、陶冶情操、促进健康、服务社会"办学宗旨,坚持"开拓创新、尊师敬老、友爱办学、崇德行善、奉献社会"校风。至年末,学校拥有京剧、越剧、声乐、舞蹈、绘画和书法等专业 8 个、班级 16 个,人数规模 500 人次。

(梁联祥)

·关心下一代工作·

【概　况】 2015 年,区关工委加强校外教育辅导站和电子阅览室阵地建设,加强各级关工委领导班子思想建设和"五老"(老干部、老教师、老劳模、老专家、老战士)队伍建设,参与社会治理创新,做好帮扶、帮教、社区矫正、帮困助学工作。

全年,组织学生参加市电子小报制作竞赛5人获奖,参加市关工委举办“纪念抗日战争70周年演讲比赛”活动获三等奖,区关工委被评为“市先进单位”。

【纪念抗战胜利70周年系列教育活动】 2015年,区关工委以纪念抗战胜利70周年为契机,开展对青少年系列爱国主义教育活动。区关工委组织“五老”讲师团为“暑期百场故事会”编写抗战故事讲稿16篇,暑期各级关工委举办故事会133场次,参与青少年16322人次。区教育系统关工委组织在校生成立“三寻访”团(寻访抗日老战士、寻访抗日战争遗址遗迹、寻访抗战纪念碑)进行体验感受教育与宣传演讲活动。雨花台中学高二(7)班学生张上在全市“三寻访”演讲比赛中获特等奖。街道、社区关工委为辖区内青少年播放《地道战》《地雷战》《西北坡王二小》《小英雄雨来》等抗战影片200余场次;组织观看“9·3抗战胜利日大阅兵”电视直播节目,教育全区青少年牢记历史,珍爱和平,爱国爱党。

【全市关工委未成年人普法教育现场推进会召开】 12月25日,全市关工委未成年人普法教育现场推进会在雨花台区政府召开。省关工委常务副主任李明朝,市关工委常务副主任胡序建、副主任钱继红,全市十一个区关工委分管副主任、秘书长近百人参加会议。与会人员观摩区少年法学院共青团路中学分院第五届学员结业典礼和模拟法庭。区关工委常务副主任郃崇诚在会上作《让法制阳光照亮青少年的心田》典型发言,介绍该区少年法学院坚持7年办学的经验和体会。省关工委常务副主任李明朝和市关工委常务副主任胡序建作讲话。对该区以创办少年法学院为载体的普法教育模式予以肯定。

【科技辅导员培训班举办】 1月20-21日,区关工委与区青少年活动中心、区校外教育辅导总站,在区青少年活动中心联合举办为期1天半全区校外教育辅导站科技辅导员培训班,区关工委、区教育系统关工委领导以及各街道关工委秘书长、社区关工委负责人70余人参加培训。区关工委常务副主任郃崇诚在培训班开班仪式上作动员讲话。区校外教育辅导总站老师王文斌为参训人员讲授《在古帆船与模型制作中进行爱国主义、集体主义、意志品质教育》理论课,详细讲解“南湖红船”和“湖州花船抱摇船”的船体结构、组装方法以及组装相关要求。学员听取讲解后进行现场组装实践,并领回材料对各社区儿童进行制作辅导。

【全区基层关工委负责人培训班举办】 6月17日,区关工委在安德门社区会议室举办“全区基层关工委负责人培训班”。培训班邀请市关工委副主任徐克勤作以关心下一代工作的起源、关工委组织的性质、任务以及如何做好关心下一代工作为内容的辅导报告。区关工委常务副主任郃崇诚作“牢牢把握‘七个必须’,努力开创工作新局面”的讲话。随后与会者观看培训视频并作经验交流。

【“触摸科技,放飞梦想”科技夏令营举办】 8月26-27日,由铁心桥街道关工委主办,壹家亲社工服务中心承办的“触摸科技,放飞梦想”

科技夏令营在区台青少年活动中心举办,来自街道各社区34位7-12岁少年儿童在活动中心开展为期两天科技拓展与体验实践活动。铁心桥街道关工委及壹家亲社工服务中心为小营员们提供兵器模型拼装、数字星球体验、粘土工艺学习、机器人套件搭建等四项实践课程,这些课程涵盖军事、生物、科技、传统手工等方面内容。科技夏令营进一步推进素质教育,丰富学生业余生活,提高学生综合能力。

【板桥新城关工委和云南蒿枝坝小学结对帮扶】 9月,板桥新城大方社区关工委积极组织社区志愿者与云南省邵通市彝良县蒿枝坝小学开展结对帮扶支教活动。志愿者把通过社区微信公众平台和QQ群募集到的优质衣物46包、书籍800册、彩色笔等文具一箱和部分食品送给山区孩子。志愿者们走访多个学生家庭,与他们同吃同住,组织蒿枝坝小学55名孩子上美术课,设计"明志书屋"和"彩虹屋"并挂牌。活动志愿者表示此次助学行动具有双重意义,对山区孩子们不仅送去衣物和书,更送去文化和规则意识,通过长效帮扶机制的建立,给他们接触外界的渠道;而对于社区居民,点对点帮扶确保捐赠物品及时、有效送至受捐者手中,有助于建立社区公益的信任机制,方便居民更直观地参与。 (谢家宝)

·机构编制工作·

【概　况】 2015年,雨花台区加强机构编制管理,推进行政审批制度改革、区政府机构改革、事业单位分类改革等综合改革项目,提高机构编制工作水平。年内,邀请市编办相关处室领导,开展机构改革和"三定"规定制定工作业务培训。梳理出区政府各部门行政权力事项10大类2868项,其中赋权性行为167项,限权性行为2514项,其他行政权力187项。梳理全区113个行政审批事项所涉及的中介服务事项,其中涉及政府部门11家,保留中介服务项目37项。召开区行业协会商会与行政机关脱钩工作会议,制订《雨花台区行业协会商会与行政机关脱钩方案》。针对岱山保障房片区人员逐步入住,学校、医院暂不具备核编条件等问题,对岱山保障房片区教育配套所需的人员编制实行预控数管理办法,核定预控数113名。完成事业单位法人年度报告书公开及事业单位法人证书换领新证,全区参加年度检验事业单位123家,新设立4家,变更登记32家,注销5家,年检合格率100%。举办全区事业单位法定代表人培训班,邀请省事业单位登记管理局和区纪委、财政局、人社局相关负责人授课。开展街道(园区)编外人员规范化管理各项工作。根据省市编办要求,加大中文域名注册工作力度。至年末,全区有党政机关部门55家,事业单位123家,编制总数4822人。

【区市场监督管理局组建工作完成】 2015年,区编办在整合雨花台区食品安全部门、工商行政管理部门、质量技术监督部门和食品药品监督管理部门的职责及卫生部门承担的食品安全监管职责基础上,组建雨花台区市场监督管理局,挂区食品药品监督管理局牌子,在现有工商行政管理所基础上,根据属地化管理原则,组建市场监督管理分局8个,为区市场监督管理局派出机构,完善市场监督管理局"三定"方案,做好区卫生监督所部分从事食品监督管理工作人员划转工作,健全区市场监督管理体系,充实基层监管、执法能力。

【中文域名注册和领标挂标工作推进】 2015年，区编办根据省市编办要求，开展机关事业单位网络中文域名注册工作。通过政策宣传、在线答疑、上门指导等方式，向机关事业单位宣传“政务”和“公益”中文域名注册重要意义。在注册上报过程中，针对重点对象严把域名审核关，针对薄弱单位加大指导、服务和督促力度，向区财政申请专项经费，统一缴纳域名注册相关费用，减轻机关事业单位负担，减少注册过程中阻力。至年末，全区完成党政群机关和事业单位中文域名注册168家，实现中央机构编制委员会办公室要求的域名注册、网站开办主体资格复核和网站挂标三个100%。

【事业单位法人年度报告书公开及事业单位法人证书换领新证完成】 4月，区编办根据事业单位年检工作要求，针对全区事业单位开展网上年检，法人证书换领新证工作，在区政府门户网站上公开全区事业单位年度报告书。在网上年检过程中，严格审批网上申报材料，认真审核纸制材料，制订归档文件信息库，确保事业单位登记工作规范性和严肃性。按照事业单位清理规范要求，做好事业单位设立、变更、注销等手续办理工作。年内，全区参加年度检验事业单位123家，新设立4家，变更登记32家，注销5家，年检合格率100%。

【街道(园区)编外人员管理】 4月，区编办对照《关于印发〈雨花台区街道(园区)编外聘用人员员额核定方案〉等文件的通知》(雨委〔2014〕6号)文件，开展街道(园区)编外人员规范化管理各项工作。在执行各街道(园区)编外聘用人员员额规定基础上，分层次对街道(园区)编外聘用人员实行管理：针对行政辅助类人员，制定名录，锁定人员名单，实行统一招录，纳入准编制内人员管理；针对执法辅助类人员，实行总数控制，授权街道(园区)在相关区部门的监督下自行管理；针对后勤人员，实行总数控制，由街道(园区)按需管理。同时，督促各街道(园区)以多种渠道推进自聘人员分流工作，会同区纪委等部门对各街道(园区)执行《关于印发<雨花台区街道(园区)编外聘用人员员额核定方案>等文件的通知》(雨委〔2014〕6号)文件情况开展专项检查，对发现的问题提出整改意见，督促整改落实，使街道(园区)编外人员管理步入规范化轨道。

【全区行政权力清单公布】 6月，区编办清理区政府各部门行政权力事项，编制各部门行政权力清单，梳理出行政权力事项10大类2868项，其中赋权性行为167项，限权性行为2514项，其他行政权力187项。将区政府各部门行政权力清单印刷成册发放至各相关单位，并通过区政府网站对社会公布，实现“目录之外无权力”。

【全区规范行政审批中介服务清理】 12月初，区编办为解决行政审批中介服务环节多、收费乱、垄断性强等问题，启动全区行政审批事项所涉中介服务事项清理规范工作。通过全面摸底、核对依据、比对上级清单、审查合法性等程序，梳理全区113个行政审批事项所涉及的中介服务事项，12月底出台区行政审批中介服务事项清单，涉及政府部门11家，保留中介服务项目37项，对上级明确取消的中介服务事项、没有必要继续保留的中介服务事项、没有合法依据的中介服务事项，在该次清理规范中一律予以取消，为规范行政许可行为、清理规范中介机构创造条件。 (史　汶)

全区各部门行政审批中介服务事项清单

表 20

序号	行政审批项目名称	涉及中介服务项目	备注
1	企业投资基本建设项目核准	《项目申请报告》编制、评估	–
2	政府投资项目的项目建议书、可行性研究报告、初步设计的审批	《项目建议书》《可行性研究报告》《资金申请报告》《初步设计》编制、评估	–
3	外商投资项目核准	《项目申请报告》编制、评估	–
4	固定资产投资项目节能评估和审查	节能评估文件编制、评估	–
5	对职业病危害预评价报告、防护设施设计、防护设施竣工验收的审核	职业卫生技术服务	–
6	供水单位卫生许可	卫生检测技术服务	–
7	医疗机构设置及执业登记许可	资信证明、验资报告、资产评估报告	–
8	职业病危害较重的建设项目职业病防护设施竣工验收	建设项目职业病防护设施设计专篇、控制效果报告	–
9	职业病危害严重的建设项目职业病危害预评价报告审核	预评价报告	–
10	职业病危害一般的建设项目验收情况备案	建设项目职业病防护设施设计专篇、控制效果评价报告书	–
11	职业病危害一般的建设项目职业病危害预评价报告备案	专业机构资质证书、预评价报告书	–
12	职业病危害较重的建设项目职业病危害预评价报告审核	专业机构资质、预评价报告	–
13	职业病危害严重的建设项目职业病防护设施竣工验收	专业机构资质证书、控制效果评价报告书预评价报告书	–
14	职业病危害严重的建设项目职业病防护设施设计审查	专业机构资质、设计专篇预评价报告	–
15	危险化学品经营许可	安全评价报告	–
16	建设项目安全设施“三同时”审查	安全条件论证报告	–
17	建设项目安全设施“三同时”审查	安全评价报告	–
18	建设项目安全设施“三同时”审查	安全设施设计专篇	–
19	集体建设用地流转	评估地价	–
20	建设项目用地预审	地质灾害危险性评估	–
21	临时用地审批	土地复垦方案编制	–
22	建设项目环境保护审批	环境影响评价	–
23	建设项目环境保护审批	建设项目环保验收监测	–
24	建设项目环境保护审批	建设项目环境监理	–
25	民办教育机构的审批	验资报告	–
26	设立人力资源服务(职业或人才中介)机构许可	验资报告	–
27	劳务派遣经营许可	验资报告	–
28	民办职业培训机构办学许可证申请、变更、分立、合并、终止、年检	验资报告、固定资产评估报告、财务清算报告、审计报告	–

续表

序号	行政审批项目名称	涉及中介服务项目	备注
29	限额以下外商投资企业设立变更及解散终止审批	评估报告	—
30	外商投资商业企业增设店铺审批	评估报告	—
31	区管河道管理范围内涉水建设项目或者活动和竣工验收的审批	建设项目防洪影响评价报告	—
32	取水审批	建设项目水资源论证报告	—
33	取水审批	排污口设置论证报告	—
34	水土保持方案审批和水土保持设施的竣工验收	水土保持方案报告	—
35	社会法律援助机构设立的审批	会计年审报告	—
36	政府投资城建项目决算	决算审核	—
37	政府投资城建项目工程概算审核	概算审核	—

·机关党建·

【概　况】 2015年，区级机关工委辖52个党(总)支部,其中党总支8个。机关在职和离退休党员1643名,其中新发展党员7人、转正预备党员8人。年内,区级机关工委加强理论教育,开展机关党员干部冬训工作,举办“雨花红色听吧”微型党课、红色微故事等系列活动。联合区残联、雨花街道,组织12个机关部门干部开展“组团式下基层服务”活动,现场服务群众243人次。联合赛虹桥街道开展“爱心接力助力求职” 志愿服务活动，服务求职务工人员48人。投入党建专项经费30万，实施机关党建“立项认领”项目46个。联合区政务中心举办一期区、街道窗口人员“政务礼仪”培训班,季度分析进驻区政务中心的32个窗口单位作风建设情况,协助进驻单位制定整改措施14条。实施机关党建工作分片管理新机制,搭建“工委、片区、支部、党员”四级管理网络体系。推进区级机关“三型”支部创建工作,举办第十期“支部论坛”暨机关支部书记培训班。加强党风廉政建设,邀请区纪委领导作专题辅导,组织党员干部参观区检察院警示教育基地，在春节、端午、国庆等重大节日期间发送廉洁自律提醒短信。加强机关作风标准化和规范化建设,开展“文明科室”“岗位标兵”等创先争优活动。围绕市群众评议机关作风方案,组织年度全区千名群众评议机关活动。开展拔河、跳绳、羽毛球、第九套广播体操、游泳等系列趣味性项目和文化体育活动,参与人数2000余人。开展送温暖活动，为困难或患有重病的干部、职工和离退休人员发放困难补助资金14万元。开展机关干部职工义务献血、慈善一日捐、志愿者服务及扶贫帮困、结对帮扶、助学助残等系列活动。召开南站区域党建年度工作会议,落实2015年度“爱心基金”筹集和4名困难儿童每年1万元救助等项目。全年,通过个人捐、部门帮等形式,筹集帮扶资金170万余元。

至年末,区级机关工委被区委、区政府评为2015年区级先进单位。

【机关作风建设工作制度完善】 2015年,区机关作风建设办公室贯彻落实区作风建设大会精神，从高的标准、严的制度、强的措施出发，制订下发《2015年全区机关作风建设工作意见》《雨花台区作风建设联合监督检查工作制度》《雨花台区作风建设监督检查暂行规定》《雨花台区解决党政机关“门难进、脸难看、事难办”问题的若干规定(试行)》，修订《2015年机关作风建设监督检查实施计划》《雨花台区机关作风建设考核细则》等相关制度，实现作风建设制度化、常态化。

【领导干部下基层“四解四促”*活动】 2015年，按照区委、区政府领导干部下基层“四解四促”活动要求，全区各街道(园区)、部门领导干部结合工作职能，宣传政策法规，听取群众诉求和企业意见，化解、钝化矛盾，及时承办解决问题并反馈结果，融洽党群干群关系，促进社会和谐稳定。至年末，全区副处以上领导干部深入基层村(社)党组织53个、重点企业50余家，完成调研报告35篇，下基层计1060余人次，收集、指导、协调和解决涉及建设、教育、医疗、环保、安全隐患、拆迁安置、住房质量、物业管理、道路交通、帮扶和企业生产等问题270件，走访慰问贫困户、困难党员、贫困(残疾)家庭7879户13124人，发放慰问金1502.8万元。

★链接 “四解四促”：了解社情民意、破解发展难题、化解社会矛盾、力解机制束缚、促进干群关系融洽、促进基层发展稳定、促进机关作风转变、促进机关执行力提升。

【服务平台建设】 2015年，区级机关工委开展“文明科室”“岗位标兵”等创先争优活动，全区申报部门(单位)63个(含软件谷8个部门)。其中，71个科室争创“文明科室”，71人争创“岗位标兵”。推动机关工作标准化和规范化，指导街道服务中心规范化改造2个；推进服务窗口电子服务评价系统有效运行工作，新安装调试电子测评器10余台；加强“12345”政府服务热线、政务服务中心及区、街道对外服务窗口制度化、信息化建设，完善和推广人性化、高效化、优质化服务措施，提高服务整合度与现场办结率，优化“一站式服务”功效。

【作风建设监督检查】 2015年，区级机关工委加大作风建设考核力度，按照《雨花台区机关作风建设监督检查暂行规定》《2015年机关作风监督检查实施计划》，注重常态督查结合专项督查，加大日常巡查督查及重点项目、重大事项专项督查。按照《雨花台区作风建设联合监督检查工作制度》，联合督查督办“12345”推诿扯皮工单4件；开展常态化监督检查和集中式监督整治53批次，指出及责令整改问题66件；开展“三严三实”教育活动，通过个别交流、组织座谈、问卷调查等形式，对机关作风建设情况及“四解四促”“为民办实事”等活动开展调研，发放并回收调查问卷280份，拟写《关于全区机关作风建设情况的调研报告》；召开区级机关及街道作风建设联席会议2场，帮助各部门查找分析问题，促进自我建设与自我强化。

【群众评议机关】 2015年，区级机关工委围绕市群众评议机关作风方案，按照年终评议和日常评议相结合总体要求，开展年度全区千名群众评议机关活动。全区66个区级机关部门及市垂管部门、8个街道(园区)参加评议，其中软件谷自行组织开展，交警八大队、规划分局首次列入评议。参加评议单位分为“经济工作和社会事务”“行政执法和城建城管及市垂管部门”“政治工作”三个组，8个街道（园区）单列为一个组。第一组经济工作和社会事务类18个部门，前3名为区人社局、财政局、卫生局；第二组行政执法和城建城管及市垂管类20个部门，前3名为区公安分局、地税分局、南站综管办；第三组政治工作类20个部门（含合署办公），前3名为区委办、区级机关工委、区政协办；第四组8个街道（园区），前3名为雨花街道办事处、板桥街道办事处、铁心桥街道办事处。活动发放《评议表》1000份，收回999份，回收率99.9%，有效票99%以上。评议综合满意率97.31%，其中满意率70.17%、基本满意率27.14%。（孙　莉）

雨花台区人民代表大会及其常务委员会

【概　况】 2015年，区人大常委会坚持以党的十八大，十八届三中、四中、五中全会及习近平总书记系列重要讲话精神为指导，围绕推动雨花加快建成现代化创新型生态新城区的奋斗目标，抓住决战决胜“两桥”改造、软件谷建设“两件大事”，积极履行宪法和法律赋予各项职责。全年召开常委会会议9次、主任会议13次，听取和审议“一府两院”工作报告30项，开

2015年雨花台区第十七届人大常委会会议一览表

表21

时　间	会议名称	主　要　议　题
1月4日	第21次会议	听取和审议区政府关于区2014年国民经济和社会发展计划完成情况及2015年目标制定情况的报告、关于区2014年财政预算执行情况及2015年预算（草案）的报告，讨论区人大常委会工作报告（草案），听取区十七届人大四次会议筹备工作情况的报告，讨论区十七届人大四次会议各项建议名单
1月6日	第22次会议	审议关于区第十七届人民代表大会第三次会议以来代表资格审查情况的报告，审议有关人事任免事项，讨论区十七届人大四次会议各项建议名单
3月27日	第23次会议	听取和审议区法院关于劳动争议案件审判和执行情况的报告，审议《区人大常委会专题询问实施办法》，组织部分驻区市人大代表向区人大常委会报告履职情况（书面），审议有关市人大代表辞职及补选事宜，审议人事任免事项
5月28日	第24次会议	听取和审议区检察院关于监所检察工作情况的报告，听取和审议区政府关于全区国资监管工作情况的报告、关于通信软件特色产业基地发展情况的报告、关于全区“六五”普法工作情况的报告和关于建设“全国社区治理和服务创新实验区”工作规划的报告并作出相关决议；会议进行相关人事任免
7月30日	第25次会议	听取和审议区政府关于2015年上半年工作情况的报告、2015年国民经济和社会发展计划上半年执行情况的报告、2015年财政预算上半年执行情况的报告、2014年财政预算执行和其他财政收支情况的审计报告；审查和批准区2014年财政决算；听取和审议区人大常委会执法检查组关于对区政府贯彻执行《南京市旅游市场管理条例》开展执法检查情况的报告
9月29日	第26次会议	听取和审议区政府关于代表建议办理工作情况的报告；听取和审议软件谷建设和发展情况的报告；审议《区人大常委会讨论决定重大事项的暂行规定（修订案）》；组织部分驻区市人大代表向区人大常委会报告履职情况（书面）
10月28日	第27次会议	开展区政府教育、民政、文化、卫生、体育等5个部门主要负责人报告“民生及社会事业改革发展提升工作”专项履职情况并接受专题询问工作，并进行满意度测评

续表

时 间	会议名称	主 要 议 题
11月26日	第28次会议	听取和审议区政府关于“两桥”地区2015年建设情况的报告、关于促进学前教育普惠优质发展工作情况的报告和关于审计问题整改情况的报告，审查和批准区2015年财政预算调整方案，审议和通过关于召开区第十七届人民代表大会第五次会议的决定
12月29日	第29次会议	听取和审议区政府关于2015年国民经济和社会发展计划完成情况及2016年目标编制情况的报告，初审区政府关于2015年财政预算执行情况及2016年预算(草案)编制情况的报告，听取和审议区政府关于2015年财政预算执行情况及2016年预算（草案)编制情况的报告以及关于全区“十二五”规划纲要执行情况和“十三五”规划纲要编制情况的报告，讨论区人大常委会工作报告(草案)，听取区十七届人大五次会议筹备工作情况的报告，讨论区十七届人大五次会议各项建议名单

2015年雨花台区第十七届人大常委会主任会议一览表

表22

时 间	会议名称	主 要 议 题
1月4日	第39次会议	初审区政府关于区2014年国民经济和社会发展计划完成情况及2015年目标制定情况的报告、关于区2014年财政预算执行情况及2015年预算(草案)的报告，讨论区人大常委会工作报告(草案)
1月6日	第40次会议	初审有关人事任免事项
2月11日	第41次会议	讨论通过区人大常委会2015年主要议题安排，并研究2015年街道人大工作会议议题
3月19日	第42次会议	组织视察全区养老服务业工作情况并听取相关报告，研究确定2015年区人大常委会领导和各工委重点督办代表建议条目，讨论研究《区人大常委会专题询问实施办法》，初审有关市代表辞职及补选事项，初审有关人事任免事项
4月29日	第43次会议	组织检查《江苏省物业管理条例》实施情况，听取并讨论该条例实施情况，研究制订关于开展《南京市旅游市场管理条例》执法检查的方案
5月19日	第44次会议	组织视察全区绿色雨花建设、水利工程管理及防汛防旱准备工作并听取和审议相关报告；审议《关于成立区人大常委会财政经济工作委员会计划预算审查工作专业组的工作方案》《关于加强区人大常委会组成人员与区人大代表联系的实施办法》《关于组织区人大代表开展定向定点视察和检查活动的实施办法》；初审有关人事任免事项
6月18日	第45次会议	组织对我区贯彻执行《南京市旅游市场管理条例》情况开展执法检查并听取区政府相关情况报告、讨论研究关于区人大常委会讨论决定重大事项的暂行规定、审议《关于区政府工作部门主要负责人向区人大常委会报告履职情况的实施办法》
7月24日	第46次会议	初审区政府关于2015年国民经济和社会发展计划上半年执行情况的报告、2015年财政预算上半年执行情况的报告、2014年财政预算执行情况和其他财政收支情况的审计报告和2014年财政决算的报告
8月25日	第47次会议	视察全区促进公共卫生服务均等化工作开展情况并听取相关报告，听取有关单位关于办理2015年区人大常委会领导和各工委重点督办代表建议工作情况的汇报，听取区政府关于区第六届运动会筹备情况的报告，研究关于区政府工作部门主要负责人向区人大常委会报告履职情况并接受专题询问的工作方案
9月22日	第48次会议	组织视察全区重大项目推进情况并听取相关报告，听取关于全区水质治理和居民小区噪声污染治理工作的报告
10月22日	第49次会议	组织视察全区为民办实事项目进展情况听取相关报告；听取区政府关于市场监督管理局组建后运行情况的报告；研究区人大常委会第29次会议有关事宜

续表

时　间	会议名称	主　要　议　题
11 月 24 日	第 50 次会议	视察并听取雨花街道“三资”管理情况汇报，初审区政府关于 2015 年区财政预算调整方案（草案）和关于召开区第十七届人民代表大会第五次会议的决定（草案）
12 月 26 日	第 51 次会议	初审区政府关于全区“十二五”规划纲要执行情况和“十三五”规划纲要编制情况的报告、关于 2015 年国民经济和社会发展计划完成情况及 2016 年目标制定情况的报告以及关于 2015 年财政预算执行情况及 2016 年预算（草案）编制情况的报告，讨论区人大常委会工作报告（草案）

展执法检查 2 次，开展专项履职评议和专题询问 1 次，形成审议意见书 14 份，依法任免国家机关工作人员 27 人次，补选市人大代表 2 名。

年内，区人大办被市人大常委会办公厅（研究室）表彰为 2014 年度新闻宣传工作先进单位二等奖，被省人大常委会研究室表彰为 2015 年度《人民与权力》杂志通联先进集体。

【雨花台区第十七届人民代表大会第四次会议】 1 月 8–10 日，雨花台区第十七届人民代表大会第四次会议在雨花台中学学术报告厅举行。大会听取和审议区人民政府工作报告；审查和批准区 2014 年国民经济和社会发展计划执行情况与 2015 年国民经济和社会发展计划草案的报告；批准区 2015 年国民经济和社会发展计划；审查和批准区 2014 年财政预算执行情况和 2015 年财政预算草案的报告；批准区 2015 年财政预算；听取和审议区人大常委会工作报告、区人民法院工作报告、区人民检察院工作报告；选举杨明为区第十七届人民代表大会常务委员会主任，选举李世峰为区人民政府区长，选举丁以昌、杨德生、唐明珠（女）（按姓氏笔画为序）为区第十七届人民代表大会常务委员会委员。

【监督工作】 2015 年，区人大常委会依法在全区重点工程与重点项目、民生保障、生态环境保护等领域开展监督。

听取和审议专项工作报告。听取和审议区法院关于劳动争议案件审判执行工作情况报告，提出“发挥审判作用、加大执行力度、加强多方合作”等审议意见；听取和审议区检察院关于监所检察工作情况报告，提出“注重维护被监管人员的合法权益与打击监所特权并重、发现和纠正监所违法行为与打击犯罪并重、提高工作规范水平与加快硬件建设并重”等审议意见；听取和审议区政府关于通信软件特色产业基地发展情况报告，提出“加大人才引进力度、推进产业融合进程、加强服务平台建设”等审议意见；听取和审议区政府关于“六五”普法工作情况报告，提出“加强领导干部的法治教育、注重普法形式实效、做好普法保障、确保‘六五’普法工作圆满收官”等审议意见；听取审议区政府关于全区国资监管工作情况报告，提出“健全完善现代企业制度、加快国有企业改革步伐、完善国有资产监管体系”等审议意见；听取和审议区政府关于全面推进学前教育普惠优质发展报告，提出“完善规划、强化组织领导，多措并举、强化队伍建设，规范管理、强化安全保障”等审议意见。此外，还听取关于全区养老服务业工作情况报告；听取和审议关于全区绿色雨花建设、水利工程管理及防汛防旱准备工作报告；听取关于全区促进公共卫生服务均等化工作开展情况报告；听取关于全区重大项目推进情况报告；听取关于全区水质治理和居民小区噪声污染治理工作报告；听取关于全区为民办实事项目进展情况报告；听取关于市场监督管理局组建后运行情况报告；听取雨花街道“三资”管理情况汇报等。

计划与预算监督。听取和审议区政府关于2015年国民经济和社会发展计划上半年执行情况报告，提出“高质量完成全年目标任务，加快产业结构调优调高，深入推进全面深化改革，全力保障和改善民生，提升科技创新在调结构、促发展上的地位，夯实部门协调和基础工作”等审议意见。听取和审议区政府关于2015年财政预算上半年执行情况报告，提出“确保完成人代会收入目标、狠抓年度支出预算执行、深化财政体制改革、做好财政监管工作、改进部门预算编制”等审议意见。听取和审议区政府关于2014年财政预算执行和其他财政收支情况审计报告，提出“加强预决算审计工作、推进审计全覆盖、建立健全审计整改工作机制”等审议意见。听取和审议区政府关于2014年预算执行和其他财政收支情况审计问题整改落实情况报告，提出“提高思想认识、强化制度执行力、把好问题整改关、加强协作配合”等审议意见。

重点项目监督。将软件谷建设和“两桥”地区更新改造作为重点监督议题，超前组织人员开展课题调研，提出培育软件谷发展内生动力、提高公司化运作水平、完善区谷联动工作机制及提升“两桥”地区形象品质、找准“三集中”房屋拆迁工作中利益平衡点等审议意见；将重大项目推进、“十二五”规划执行、“十三五”规划编制、国资监管、通信软件特色产业基地发展、牛首山北坡开发建设等全区中心工作纳入监督议题；加大对转型发展等前沿课题调研力度，形成调研文章6篇，其中《生态背景下的新城区转型发展路径研究》获南京市第四届社科决策咨询优秀成果奖。

专题询问。围绕区委民生及社会事业改革发展“五项提升”*意见贯彻落实情况，听取和评议区政府教育、民政、文化、卫生、体育等5个部门主要负责人专项履职报告，并首次专题询问5个部门相关工作情况。专题询问采取一问一答方式，同步引入专项工作履职评议机制，对部门负责人开展满意度测评，增强人大监督刚性和实效。

法律监督。修订完善《区人大常委会讨论决定重大事项的规定》，明确规定重大事项的范围、讨论和决定的程序、决议决定的执行与跟踪等，并适时作出《关于加快推进在我区建设“全国社区治理和服务创新实验区”的决议》。开展普法专题视察和调查研究，针对加强法治教育、丰富普法形式、完善普法保障等方面提出建议，督促和推动“六五”普法工作圆满收官。组织开展《江苏省物业管理条例》和《南京市旅游市场管理条例》等法律法规执法检查，做好规范性文件备案审查。加强对法检两院司法监督，全年组织市、区两级人大代表旁听评议市、区法院庭审工作5场39人次，专题听取和审议区法院关于劳动争议案件审判执行情况和区检察院关于监所检察工作情况报告，提出以劳资和谐为目标、树立平衡多赢审判理念，加大对恶意拖欠薪资引起劳动争议案件的执行力度，将纠正监所违法行为与打击犯罪并重、确保法律刚性和严肃性等审议意见，推动司法廉洁公正和透明务实。

组织视察。全年视察、检查全区养老服务业工作情况、绿色雨花建设情况、水利工程管

6月24日，区人大代表定向定点视察和检查工作部署会在区召开
（区人大办　供稿）

理及防汛防旱准备工作情况、促进公共卫生服务均等化工作开展情况、重大项目推进情况、水质治理和居民小区噪声污染治理工作情况、为民办实事项目进展情况、市场监督管理局组建后运行情况和雨花街道“三资”管理情况。

★**链接**　“五项提升”：指教育、民政、卫生、文化、体育等五项民生事业改革发展提升工作。

【人大代表活动】　2015年，区人大常委会集中组织开展“人大代表接待日”活动，组织全体区人大代表走进社区倾听民声、了解民意，征求“为民办实事”等民生工作建议意见，协调解决梅山地区开通便民公交对接地铁站等民生问题。做好“代表之家、代表活动室”更新完善和提档升级，优化代表闭会期间履职条件，落实代表履职登记和履职档案制度，加强对代表履职情况监督和考核。制订《关于加强区人大常委会组成人员与区人大代表联系的实施办法》等制度，开展区人大常委会领导联系代表、区人大常委会主任接待日、区人大代表列席常委会会议等工作。组建财政经济、城建环保、内务司法和科教文卫4个专业代表组，根据不同议题，有针对性地邀请专业组代表列席会议、发挥专长。在以代表组为单位定期组织学习活动同时，集中开办区人大代表履职学习班，丰富代表履职知识储备、提高代表履职能力。开展代表“网议”工作，以代表QQ群为平台，从全年议题中选取代表和群众关注度较高的热点、难点问题，提前一个月组织代表在群内开展讨论，代表提出的意见建议经整理后吸纳进会议纪要或审议意见书交有关单位研究落实。这种代表线上议政、人大线下督办的“O2O”模式，被《南京日报》《南京人大》等报刊报道和全国多家网络媒体转载。

【代表建议办理】　2015年，区人大常委会完善代表建议的提出、交办、办理、跟踪回访、重点督办、考核等工作机制，在调研征集、筛选提出、对口交办及重点督办等环节细化举措。关注建议办成率，将代表建议办理与人大审议、监督等工作结合起来，办理落实“加快推进铁心桥拓宽改造”等代表建议。区十七届人大四次会议提出建议100条，办结率、满意率和基本满意率100%。

【人大信访工作】　2015年，通过完善与“一府两院”沟通协调机制，联合司法、信访等相关部门健全社会矛盾预警、诉求表达、协商沟通、救济救助机制等途径，引导帮助信访群众通过法律渠道解决相关矛盾。全年受理群众来信39件次,接待来访群众20人次,分别提出意见,转交"一府两院"处理,维护人民群众合法权益。（江　峰）

雨花台区人民政府

【概　况】 2015年,雨花台区实现地区生产总值406.6亿元,同比增长10%。其中,服务业增加值完成329亿元,同比增长11%;一般公共预算收入61.3亿元,同比增长15.3%,增幅居全市第二;全社会固定资产投资260.5亿元,同比增长9.9%;社会消费品零售总额336亿元,同比增长13%;注册外资实际到账1.7亿美元。全年引进京东智丰信息技术等重点项目37个,计划总投资230亿元。实施创新驱动战略,投入科技研发经费14亿元,同比增长15%。实现高新技术产业销售收入1670亿元。引进领军型科技创业人才253人,新增高技能人才656人。实现软件和信息服务业收入1650.5亿元,同比增长24.06%。新增涉软企业139家,新增软件产业建筑面积62.69万平方米,新增涉软从业人员3万人。优化整合部门职责,启动区交通运输局、水务局、卫生和计划生育局等机构重组改革。加强商事制度改革后续监管,快速启动"多证联办""三证合一""一照一码"工作。在各街道(园区)组建8个市场监督管理分局,实现基层市场监管全覆盖。开展基层调研,走访慰问群众超4000人,解决基层群众问题约1300个。推进街道(园区)便民服务中心建设,区政务服务效能和"12345"政务热线办理成效位居全市前列。落实党风廉政建设责任制,严格执行"八项规定",推进公务用车制度改革,强化公共资金、国有资源使用情况的监管,完成项目工程审计296个。开展《雨花台区近期建设规划》《板桥新城总体规划修编》等专项规划编制28个,实现城市建设规划全覆盖。完成安德门大街改造拓宽工程建设,推进中兴路北延及跨秦淮新河大桥等项目建设。开展生态雨花建设,建成绿地游园6个,完成植树造林46.07公顷,全区林木覆盖率达到30%。完善区街联动、重心下移的城管执法体系,完成"9322"环境综合整治全年目标任务,南京南站地区城市治理考核连续三年保持全市窗口组第一,区城市治理标准化建设位居全市前列。

2015年雨花台区人民政府常务会议一览表

表23

时　间	会议名称	主　要　议　题
1月17日	第一次会议	听取2015年水利资金安排汇报;听取2015年生态雨花资金安排汇报;听取"文化标志"工程启动情况汇报;研究管线普查工作方案;研究板桥市场群与梅钢公司土地置换工作;听取"两桥"片区项目前期工作存在问题的情况汇报
1月31日	第二次会议	听取区2015年"931"环境整治项目工作安排的汇报;听取看守所建设工作的情况汇报;研究《雨花台区行政审批事项清单》;研究省纪委租用区检察院原办公用房有关事宜
3月7日	第三次会议	研究《雨花台区安全生产"党政同责、一岗双责"暂行规定(送审稿)》;研究《雨花台区2015年依法行政工作计划(送审稿)》;听取2015年城建资金安排汇报;听取2015年城管养护资金安排汇报;听取全区城建城管大会准备情况汇报;听取谷公司向区财政借款3000万的情况汇报

续表

时　间	会议名称	主　要　议　题
3月21日	第四次会议	研究《智慧雨花规划及2015年重点建设项目（送审稿）》；研究全区环境保护大检查工作方案；听取区环境保护监察大队参公管理情况汇报；研究区属事业单位申报参公管理工作方案；听取京沪高铁征地拆迁遗留问题汇报；听取2015年交通资金安排汇报；听取有关项目贷款情况汇报：（1）铁心桥“大定坊经济适用房二期B地块”项目（2）软件谷明发信息科技发展有限公司“创业创新城经营性物业”项目（3）南京睿谷城中村改造有限公司“藏家巷－华严寺城中村改造”项目（4）两桥公司“龙翔路一期”工程项目
4月18日	第五次会议	听取“两桥”投资合作协议需履行事项情况汇报；听取2015年一季度经济运行情况汇报；研究《雨花台区关于进一步明确区、街道两级安全生产监管职责的意见（送审稿）》；研究软件谷安全生产管理体制机制相关事宜听取全区公共自行车布点建设工作汇报
5月16日	第六次会议	研究商事制度改革后续监管工作；听取2015年全区为民办实事工作情况的汇报；研究《2015年雨花台区防汛防旱工作意见》；听取雨花台区省级生态红线区域优化调整情况的汇报；听取征兵工作情况汇报
6月5日	第七次会议	听取关于转发《市政府办公厅转发市财政局等部门关于进一步加强镇街管理的意见的通知》（宁政办发[2015]27号）有关情况的汇报；研究《雨花台区关于深入推进依法行政加快建设法治政府的意见》；研究《区政府各部门行政权力事项清单》
6月30日	第八次会议	听取关于当前防汛工作有关情况的汇报；听取关于“双过半”指标预测有关情况的汇报；听取棚户区改造有关情况的汇报；听取区待启动重大项目有关情况的汇报：（1）南京软件谷发展有限公司汇报区文化大厦建设有关情况（2）区人武部汇报区民兵训练基地建设有关情况（3）区公安分局汇报区看守所建设有关情况（4）区人防办汇报雨花台中学地下人防工程建设有关情况；听取关于省编办规范软件谷、南站综管办机构设置有关情况的汇报
7月17日	第九次会议	听取全区环境整治3年成果编制工作开展情况汇报；听取全区新能源汽车充电桩建设推进情况汇报；研究《南京市2015年市对区综合考核目标分解方案和评分办法》和《雨花台区2015年度经济和社会发展目标考评办法》；听取开发区跨秦淮新河大桥项目、软件谷管委会发行公司债融资申请情况汇报；听取地方政府性债务置换有关情况汇报
8月1日	第十次会议	听取全区水环境治理工作方案情况汇报；听取拆迁新政解读及“三集中房屋”搬迁工作方案情况汇报；听取岱善润福城项目移交和管理工作有关情况汇报；听取国开雨花公司股权融资方案情况汇报；听取《2014年度雨花台区预算执行和其他财政收支情况的审计报告》有关情况汇报
9月7日	第十一次会议	研究《雨花台区学前教育区、街两级管理工作实施意见》；研究《全区“九小场所”消防安全综合治理方案》；听取依法治区5个行动计划有关情况汇报：（1）依法治区办汇报推进公正司法行动计划（2）发改局汇报企业法治建设行动计划（3）司法局汇报法治宣传教育行动计划和法律服务业发展行动计划（4）民政局汇报基层社区民主法治建设行动计划；听取天隆寺项目推进有关情况汇报；听取南京软件谷发展有限公司、软件谷土储分中心、国开雨花公司融资贷款有关情况汇报
9月19日	第十二次会议	听取《雨花台区户外广告设置控制性规划》编制情况汇报；听取西善桥街道红庙桥拆除有关情况汇报；听取赛虹桥街道向财政借款有关情况汇报；各副区长、副巡视员通报在手工作推进情况
10月17日	第十三次会议	听取全区政府投资类需办理提前开工手续重大项目有关情况汇报；听取雨委发〔2012〕22号文修订工作有关情况汇报；听取瑞尔大厦项目后续处置有关情况汇报；听取2014年政务服务暨“12345”政务热线工作先进集体和个人进行表彰有关情况汇报；听取该区第二次全国地名普查经费有关情况汇报；听取政府性债务资金使用安排方案有关情况汇报；听取南京软件谷发展有限公司有关银行贷款情况汇报

续表

时　间	会议名称	主　要　议　题
11月14日	第十四次会议	研究《关于进一步加强政府投资建设项目审计监督的实施意见(征求意见稿)》;听取《雨花台区水环境综合规划》编制情况汇报;听取板桥街道有关贷款情况汇报;研究第二批国家开发银行棚改贷款事宜
11月28日	第十五次会议	听取"十三五"规划(草案)编制情况汇报;听取2016年全区国民经济和社会发展目标编制情况汇报;研究区政府职能转变和机构改革方案及实施意见
12月19日	第十六次会议	听取区2015年国民经济和社会发展计划执行情况与2016年国民经济和社会发展计划(草案)情况汇报;听取2015年《雨花台区政府工作报告》撰写情况汇报;听取区2015年财政预算执行和2016年财政预算草案情况汇报;研究有关资金资产方面事宜:(1) 板桥街道和开发区分别汇报基础设施配套费返还有关情况(2)板桥新城汇报投资公司有关借款情况(3)国资办、监察局汇报省纪委租用区文化馆等作为办案点有关情况
12月29日	第十七次会议	听取区公务用车改革有关情况汇报

【领导分工】 2015年2月,根据雨政发〔2015〕30号文,区政府领导分工如下:

区长李世峰主持区政府全面工作,兼管机构编制、审计、监察、人民武装、软件谷和"两桥"地区改造建设工作。

副区长钱维负责区政府常务工作,负责发展计划、经济体制改革、工业经济、民营经济、财政税收、政府电子政务建设、应急、外事、信息化等工作。分管政府办公室(外事办公室、行政管理中心、政务服务中心)、发展和改革局(经济和信息化办公室、金融发展办公室)、财政局、统计局等。联系国税局、地税分局、驻区各金融单位。

副区长艾长青负责人力资源和社会保障工作。分管人力资源和社会保障局(公务员局)。

副区长倪兴龙负责城市规划建设、交通运输、拆迁、环境保护、人防、为民办实事等工作。分管住房和建设局、征收拆迁安置办公室、环境保护局、交通运输局、人民防空办公室。联系南京市规划局雨花台分局、南京市国土局雨花台分局、电信分局、南京供电公司营销部。

副区长薛国安负责生态建设、农林、水利、教育、卫生(含爱国卫生)、文化、旅游、体育等工作。分管农业局(农村集体资产管理办公室)、水利局、教育局、卫生局(爱卫办)、文化局(旅游局)、体育局、江苏国家数字出版基地(南京)园区管委会办公室等。联系文联、红十字会。

副区长汪东明协助李世峰做好人民武装工作,负责城市管理、信访、公安、法制、司法、市场监督管理等工作。分管城市管理局、信访局、法制办、司法局、市场监督管理局等。联系公安分局、交警八大队。

副区长余清负责民政、社区建设、双拥、残联、物价、人口与计划生育、档案、地方志、民族宗教等工作。分管民政局(双拥办、老龄办)、残联、物价局、人口与计划生育局、档案局(档案馆、地方志办公室)、民族宗教事务管理局等。联系总工会、团委、妇联、雨花粮油总公司、驻区部队(武警部队)。

副区长凌向前协助李世峰做好"两桥"地区城市更新改造工作,并负责南京国开雨花棚户区改造发展有限公司日常工作。

副区长江磊负责科学技术、软件产业、安全生产、商贸服务业、招商引资、外经外贸、对台、侨务、消防等工作。分管科学技术局(知识产权局)、商务局(投资促进局、贸促会)、安全生产监督管理局。联系台办、侨联、工商联、科协、消防大队。

副巡视员王传忠协助倪兴龙做好相关工作。

副巡视员钱颐协助薛国安做好教育、卫生相关工作。

【议案提案等办理】 2015年,区政府执行区人大及其常委会决议、决定,接受人大工作监督、法律监督和政协民主监督。办理省长信箱、市委书记信箱、市长信箱、区长信箱人民来信789件;办理人大建议114件、政协提案237件,满意率和基本满意率100%。认真贯彻民主集中制,推进法律顾问制度,不断提高法治化、科学化决策水平。

【副市长储永宏调研区电子商务企业发展情况】 3月5日,副市长储永宏调研区电子商务企业发展情况,参观江苏千米网络有限公司、宏图三胞高科技术有限公司。其中在江苏千米网络有限公司,储永宏详细了解企业电子商务发展现状,重点询问商务运营模式、赢利模式及未来发展规划等情况;在宏图三胞高科技术有限公司,详细了解企业发展现状、企业文化、交易规模等情况,对企业跨境电子商务发展情况进行讨论,听取企业关于电子商务发展过程中遇到的困难和问题及加快推进电子商务发展的意见和建议。储永宏对全区电子商务企业发展情况表示认可,对该区高度重视电子商务企业发展及为电子商务企业做好全方位服务工作等做法给予肯定,鼓励该区在跨境电子商务发展上取得新突破。区、谷领导江磊、黄敖齐陪同调研。

【区政府全体(扩大)会议】 7月30日,区政府全体(扩大)会议召开。会议总结上半年工作,明确下半年主要任务,动员全区上下进一步统一思想、敢于担当、奋勇争先,完成2015年和"十二五规划"各项重点目标任务,推动"雨花"经济社会发展迈上新台阶。会议提出,2015年下半年,全区要在全市"五型经济"引领和自身发展基础上做到七个"确保":努力争先进位,确保高质量完成全年目标任务;加快转型升级,确保经济结构持续调高调优;全面深化改革,确保各项改革措施落地见效;破解发展瓶颈,确保决胜决战主战场有新突破;加快更新理念,确保城市品质功能不断优化;稳步提高标准,确保民生事业持续健康发展;全面从严从实,确保政府自身建设取得新成效。区委常委、常务副区长钱维主持会议。区领导倪兴龙、薛国安、汪东明、余清、凌向前、江磊分别点评上半年分管工作推进情况,布置下半年重点工作安排。区委副书记、区长李世峰出席会议并作重要讲话。

【外事工作】 2015年,区政府科学制定区因公出国境计划,严格管理把关,履行因公出国境经费预算审批制度,执行出行前教育、出访前后公示制度,按时上交证照和出访总结报告,全年未出现违反外事纪律现象。做好因公出国(境)各项手续办理和服务工作。完成该区组团赴德国、法国开展友城缔结和招商引资活动,赴北欧开展城市建设考察活动,赴英国、以色列开展招才引智活动,赴美国、加拿大开展社会治理活动等多场外事交流活动。全年协助办理区领导因公出国境17批、42人次。其中,区政府自组团因公出国境5批、30人次,党政干部参加双跨团组因公出国境12批、12人次。按照教育局培训计划,协助办理教师出国培训9批、11人次。接待外国政府、公共机构和民间组织团组12批、约200人次。接待德国迪特福特市代表团、老挝干部考察团、文莱文化中心领导一行等外事交流团组共3批、70人次。

（林　武）

·信　访·

【概　况】 2015年，雨花台区信访工作领导小组及其办公室撤销，雨花台区处理信访突出问题及群体性事件联席会议及其办公室更名南京市雨花台区信访工作联席会议及其办公室，雨花台区信访工作领导小组及其办公室和雨花台区处理信访突出问题及群体性事件联席会议及其办公室相应职能合并归属南京市雨花台区信访工作联席会议及其办公室。

年内，雨花台区推进信访工作制度改革，推行“阳光信访”“责任信访”“法治信访”，开展“信访法治建设年”活动，运用法治思维和法治方式探索依法分类处理信访诉求新机制，抓好依法逐级走访制度建设，规范信访秩序。结合“三严三实”专题教育，及时就地解决群众诉求，维护群众合法权益，增强信访问题化解公信力。抓好《信访条例》颁布10周年宣传工作、信访积案化解、进京非正常访专项整治、诉访分离、基础业务规范化建设、重大会议和活动期间的信访维稳等重点工作。构筑“信、访、网、电”四位一体信访诉求表达平台，严格网上信访受理、办理、答复等环节，开展“和谐信访信息系统”信息录入“百日会战”活动，实现区、街道(园区)、部门全应用，信访业务全口径网上流转，全年登记信访事项293件，办结率100%。做好省委第八巡视组驻该区巡视的信访保障工作，妥善处置巡视组交办的20件信访事项，完成抗战胜利70周年阅兵、各级“两会”和国家公祭日等重大活动的信访维稳保障任务。至年末，区人民来访接待中心共受理群众来信来访439批3265件(次)，信访总量批次下降9.5%、件(人)次下降13.5%。其中来信117件，下降15.2%；集体访129批次2869人次，批次下降9.8%、人次下降12.3%。辖区群众到省集访3批54人次，批次下降25%、人次上升170%；到市集访6批88人次，批次下降45.5%、人次下降75%；进京访107人次，人次下降39.8%。实现全区进京访、省市集访和区级信访总量“三下降”。雨花台区被南京市信访工作联席会议评为2014年度全市信访工作绩效考核先进区；板桥街道、铁心桥街道和梅山街道被南京市信访工作联席会议评为2014年全市信访工作先进街道(镇)；板桥街道、铁心桥街道和西善桥街道被南京市信访工作联席会议评选为2012-2014年全市信访工作基层基础建设先进街道(镇)。

【“百县千案”化解工作】 2015年，根据《江苏省信访局关于做好2015年市、县党政主要领导接访下访“百县千案”化解工作的通知》，区信访联席办重新修订信访工作绩效考核内容，加大“三访一包”(接访、下访、约访和包案处理信访事项)和积案化解力度。按照区委办公室制订下发的《关于结合“三严三实”专题教育推动化解信访积案的通知》，着力解决信访维稳突出问题，明确单位主要领导为信访维稳第一责任人，包案领导按照“三访”和“包案”工作计划，按时到区人民来访接待中心接待群众来访、到各自联系点下访、深入重点信访事项当事人所在地约访，综合运用法律、政策、经济、行政等手段和教育、调解、疏导等方法，以房屋拆迁、土地征用、改革改制等方面信访积案和突出问题为重点，通过领导开门接访、带案下访化解一批，领导约访、集中会诊化解一批，信访救助及特困帮扶化解一批，严格按照法律规定依法处置一批，减少信访积案“存量”。全年区领导接待来访群众147批936人次，解决信访事项84个，包案33件（其中集访事项14个，个访事项19个），成功化解信访积案10件。

【信访调研】 2015年是“全国信访法治建设年”，区信访局围绕重点课题开展调研，配合市信访工作专家智囊协会专家，重点调研“破解非访难题”“信访法治化建设”“信访智库建设研究”“信访体制机制改革”四个方面，《雨花台区积极推动信访稳定工作改革成效显著》在市委《南京快报》专刊第53期发表，区信访局被南京市信访局评为2015年信访调研工作优秀单位。

【《信访条例》颁布实施10周年纪念活动】 2015年是国务院《信访条例》颁布实施10周年，4–6月，区信访局开展以“扩大《信访条例》影响力，规范信访秩序”为主题的宣传活动，联合区公安分局、法院、检察院、住建局、司法局、民政局、征拆办和国成律师事务所等单位在紫荆广场开展宣传政策咨询活动，围绕“畅通信访渠道、维护人民群众合法权益、维护信访秩序”，从规范信访工作者行为和规范信访人行为两方面进行宣传，增强信访工作者依法行政意识，引导信访人正确行使权利和履行义务，建立“畅通、有序、务实、高效”信访工作秩序，营造“保护合法信访、解决合理信访、教育无理信访、惩处违法信访”良好氛围。全区组织集中宣传活动3场次，悬挂横幅、标语等100余条，发放宣传资料800份，解答信访、法律问题咨询320余人次，调解纠纷36次，制作《信访条例》宣传专栏8期，法制讲座3场次，电视宣传2场次，《雨花信息》、普法网站信息各报道1条次。

【“依法逐级走访权益保障卡”制度推行】 6月，雨花台区贯彻落实国家信访局《关于进一步规范信访事项受理办理程序引导来访人依法逐级走访的办法》，全面推行“依法逐级走访权益保障卡”制度，强化“双向规范”，引导群众逐级走访，减少越级上访数量，监督干部履职行为，规范依法行政。印制“依法逐级走访权益保障卡”2000份，在信访接待场所摆放《依法逐级走访》宣传册，向群众发放依法逐级走访宣传材料1000余份、其他法律法规宣传资料材料300余份、“群众走访路线图”86份，解答《保障卡工作法》咨询320人次。组织街道从事信访接待工作人员进行依法逐级走访信访业务培训，规范接访工作流程，完善受理、评估、转交办、回复、督办、评价各环节，建立无序信访约束机制，及时、就地化解矛盾，落实“属地管理、分级负责、谁主管、谁负责”信访工作原则，进一步压实属地和部门责任。（杨茂华）

·民族宗教·

【概　况】 2015年，雨花台区有少数民族24个、常住少数民族人口3077人。宗教活动场所10个，其中佛教2个、基督教8个，信教群众约1.5万人。年内，区民宗局完成行政权力清单梳理41项(行政审批1项、其他审批16项、行政处罚24项）和行政审批流程图绘制。向2713名少数民族群众发放牛羊肉补贴384234元，为35名少数民族初中毕业学生办理升学加分手续。协调分办(协办)单位调查并答复板桥基督教聚会点搬迁复建、刘智墓园修缮等问题，答复满意率 100%。完成牛首山北坡二期及宗教建筑设计方案市佛教界人士意见征询，完成高座寺恢复开放、回民殡葬服务所搬迁、牛首山佛顶骨舍利安放服务保障工作的协调。开展排查整治大型露天佛教造像、查处私设功德箱等借教敛财行为，查处德盈国际广场 2 幢 909 室藏传佛教非法活动点，取缔基督教大定坊聚会点传道人王某在牛首新城私设聚会点传道等行为。开展“宗教慈善周”活动并为“天使爱心”助学项目募集善款 89158 元。

年内，区民宗局 2 篇调研材料被市民宗局评为调研优秀成果奖。区民宗局被市委、市政府表彰为第二届夏季青年奥林匹克运动会先进单位，赛虹桥街道长虹路社区、雨花经济开发区韩复兴清真食品有限公司被市委、市政府评为民族团结进步先进集体称号。

【宗教场所规范管理】 6 月，基督教大定坊聚会点、三山聚会点分别举办诗班培训班和“国法与教规的关系”培训班。完成全区 9 个宗教活动场所主要教职人员任职备案、登记，更新 20 名宗教教职人员基本信息和各宗教活动场所完成组织机构代码申请及银行账户设立工作。

【6 家宗教单位通过“省一星级档案”验收】 7 月 14 日，区民宗局和档案局组成测评组，对照《江苏省机关团体企业事业单位档案工作规范》标准，采取听汇报、查台账和综合评分方式，对区宗教团体、宗教活动场所创建江苏省档案工作星级档案情况进行考评。区基督教三自爱国运动委员会，佛教龙泉禅寺，基督教大定坊，板桥、梅山、三山聚会点等 6 家单位通过省一星级档案达标验收。

【天隆寺复建项目动工法会举行】 8 月 24 日，南京市佛教协会、天隆寺筹备委员会在天隆寺复建工地举行天隆寺动工暨复兴中华文化孝亲报恩三时系念*法会。南京佛教界及海内外信教群众 700 余人参加法会。天隆寺位于该区石子岗玉环山，1992 年被列为南京市文物保护单位。该寺始建于明初，原名“极乐庵”，明宣德年间赐额“天隆极乐寺”，有大小塔塔林 50 余座，塔林多为四面或六面实心石塔，在太平天国时期受严重损毁。天隆寺复建地址及其周边有包括天隆寺塔林在内坟墓 1000 余座，且部分坟墓需要迁移，按照佛教仪轨（礼法规矩），天隆寺筹备委员会在工地举行法会，祈愿天隆寺开工建设诸事圆满。佛光山退居和尚心定法师、佛光山清德寺住持慧龙法师、佛光山弘讲

8 月 24 日，天隆寺动工暨复兴中华文化孝亲报恩三时系念法会在天隆寺复建工地举行
（区民宗局　供稿）

师慧静法师等主法该次法会。国际佛光会世界总会副总会长慈容法师勉励信众要修智与慧，主法法师向天津滨海爆炸事故中牺牲的烈士和遇难同胞祈愿早登净土莲邦。

★**链接**　三时系念：是把佛事分成三段时间来共修；系念则意为用身、心、意来观想阿弥陀佛经文里的道理，以及观想极乐世界的清净净土。在这过程里，不只用嘴念，而是要统用身心意专注观想；嘴念心也念，在念佛时就专注观佛，而念经文时就得观想经文的道理。

【4 家宗教场所通过“三星级宗教活动场所”考评】　9 月 17 日，市民宗局副局长王健率市星级宗教场所考评组一行 12 人，先后对佛教龙泉禅寺等 5 个宗教活动场所三星级达标情况进行考核。副区长余清及相关街道(园区)负责人陪同。考评组依照《南京市星级宗教活动场所考核评分细则》，通过实地检查设施、查看台账、个别访谈等方式，当场对各家场所进行点评打分。佛教龙泉禅寺，基督教大定坊，梅山、三山聚会点等 4 家单位通过验收。

【第四届“宗教慈善周”活动】　9 月 21–27 日，区民宗局指导该区基督教三自爱国运动委员会和 10 个宗教活动场所，开展第四届“宗教慈善周”活动，活动期间募集善款 89158 元，所集善款全部捐献到区妇联“天使爱心”助学项目。该善款用于资助全区单身母亲贫困家庭，重点资助单身母亲家庭中普通高中阶段子女就学，助学金标准每人每年 5000 元。该项目全年资助符合要求在校高中生 10 名，发放助学金 10 万元。　(黄子权)

·台湾事务与侨务·

【概　况】　2015 年，雨花台区对台工作继续贯彻中国共产党对台方针政策，重点围绕把握宁台合作战略机遇，扩大对台经贸交流和产业对接，参与全区经济社会发展建设。全年组团 3 批次赴台开展文化、经贸考察交流。以“南京先生”为纽带，加强与台湾民间交流与互动，台湾马祖连江县北竿乡 67 名居民到西善桥街道姚南村“南京先生”碑亭前拜谒。开展全区台资企业普查工作，摸清台资企业 18 家。走访台胞台属 16 户 60 人次，发放慰问金、慰问品 2 万元，走访台资企业 10 家，帮助协调解决问题 2 起。协调解决台胞台属子女入学事宜 2 起。调研涉台资源比较丰富的雨花街道、梅山街道、西善桥街道，完成《对台民间文化交流》《扶持台资企业发展》调研文章 2 篇。

全年，在册归侨 15 人，华侨 42 人，常住侨眷 247 人，企业归侨 9 人，侨资企业 21 家，新侨企业 18 家。区侨办接待到区探亲、考察、经贸洽谈涉侨人员 101 名。走访涉侨人士 40 户 100 余人次，发放慰问金 3 万元。解决涉侨人员墓地迁移、拆迁安置、生活医疗、子女就学、工资等问题 12 件。为 3 名困难归侨申请困难补助 5900 元。召开侨资企业银企合作会议，邀请江苏省高科技产业投资公司、威特曼生物科技(南京)有限公司等 10 余家侨资企业负责人进行座谈。年内，侨情资源较多的雨花街道翠竹园社区、梅山街道上怡新村社区、赛虹桥街道玻纤院社区等 3 个社区被列为全市重点涉侨社区，翠竹园社区是国家级社区侨务工作示范点。梅山街道上怡新村社区被省政府评为江苏省社区任务工作示范单位。

【对台工作网络完善】 2015年，区台办完善对台工作网络。在原有区、街道(园区)、社区三级对台工作网络基础上，完善社区层面工作网络，以雨花街道翠竹园社区对台工作网络为模板，在社区构建社区三级服务网络体系。第一层次为服务站站长（社区书记兼任）、副站长(物业公司负责人)；第二层次为社区副主任、社区片警、物业公司主任和有一定代表性的台胞(属)；第三层次为社区联络员、楼栋长和社区志愿者。通过该工作网络，实现对台工作情况“三个清”(家庭基本情况清、在台湾的亲属情况清、自身生活需求清)，为台属台胞直接面对面服务更便捷，对台工作落实到基层。至年末，全区台属177户，常住台胞62人。

【文化经贸交流】 2015年，区台办会同商务、招商、软件谷等，构建全区台侨经济工作联动合作机制，通过组团赴台、邀请海外客商等方式，促进两岸文化经贸交流。全年组团3批次赴台开展文化、经贸考察交流，在与台湾省新北市板桥区、高雄市永安区“区区对接”基础上，延伸对台工作触角，扩大与台湾地区基层接触面，与台湾省新北市永和区、新店区、芦洲区等地开展友好对接交流；7月31日，接待原国民党中央副秘书长、海峡两岸上市上柜协会理事长林德瑞一行3人参观考察软件谷；7月9日，接待“2015海外台湾留学生参访团”一行30余人，向台湾同胞介绍雨花台区近几年发展变化；8月10日，邀请接待台湾威刚科技公司副董事长周守训、台湾富鑫投资集团董事长邱罗火、台湾义联集团义大世界执行长林宗庆、林何昀玳夫妇及台湾耐斯集团上市公司剑湖山世界董事陈钧坤等一行10人两岸文创科技城项目投资考察团，实地考察省安装公司压力容器厂和自行车厂地块，就加强两岸文化经贸交流，联手运营集文化创意产业、商贸“Mall”、旅游休闲、酒店为一体的两岸文创科技城项目进行洽谈；8月20日，邀请接待台湾商业总会一行30余人考察团，向对方介绍该区经济发展情况并举行座谈；11月2日，参与接待“两岸一家亲”台湾文化交流团一行60余人，双方相互介绍交流各自风土人情及经济发展变化，并对进一步加强两岸之间交流与互访进行探讨。

7月31日，原国民党中央副秘书长、海峡两岸上市上柜协会理事长林德瑞(前排左二)考察中国(南京)软件谷 (区委统战部 供稿)

【台侨银企合作会议召开】 5月6日，区侨办在西善桥街道召开台侨银企合作会议。区委统战部副部长、台侨办主任张福喜主持，西善桥街道党工委副书记陈涯出席，来自台侨性质的企业负责人16人参加。邀请江苏省高科技产业投资公司、威特曼生物科技(南京)有限公司等10家具有台侨性质的企业负责人进行座谈。会上,江苏省高科技产业投资公司、南京亿网行投资担保有限公司2家负责人对10家企业发展中遇到的难题进行解答,并就区台侨企业如何做大做强提出建议。区委统战部副部长、台侨办主任张福喜肯定各台侨企业为雨花台区经济发展和建设所做贡献,提出区、街道(园区)两级继续发挥纽带作用,服务台侨企业发展,创新为台侨服务新模式等要求。

【涉侨法规政策培训工作开展】 7月17日,区侨办组织涉侨街道、社区在雨花街道翠竹园社区开展《南京市华侨权益保护条例》政策培训。涉侨街道统战委员、干事以及社区分管统战领导、干事等30人参加。邀请市侨办领导对《南京市华侨权益保护条例》法规政策进行解读,帮助涉侨工作人员认识侨务工作服务对象,并就日常遇到条款举例说明。通过此次培训,使涉侨工作人员对《南京市华侨权益保护条例》法规政策形成系统认识。

【台资企业普查工作开展】 8月24日,按照省市台办下发的《关于开展全省台资企业普查工作的通知》相关工作部署及要求,区台办联合区市场监督管理局召开全区台资企业普查工作会议,下发《2015年雨花台区台资企业普查方案》,开展全区台资企业普查工作。成立台资企业普查工作领导小组,召开动员会议,建立工作网络;确定普查对象,对台湾投资者直接投资企业及项目、台湾投资者经第三地转投资企业及台湾投资者实际控制企业进行登记和调查;组织各街道(园区)通过对所辖台资企业走访、调查、材料整理、上报等方式,围绕公司名称、成立日期、企业地址、邮政编码、地区代码、公司电话、公司传真、公司网址、组织机构代码、董事长、总经理、台资投资方、投资方式、隶属集团、台资总持股比例、投资总额、台资实际到账金额、台籍工作人员数、员工人数、年度营收额、税前利润、实缴税额、资产净值、用电量、外销金额、营业项目及范围、联系人信息等内容开展普查工作,并同步录入数据。年内,摸清台资企业18家。　(李国辉)

·政务服务·

【概　况】 2015年,区政务中心实现政务管理系统市、区互联互通与上线运行;启动政务服务工作精细化管理与考核,完成涉及32个部门的267个行政审批和公共服务事项、24个区级部门的113个行政许可事项进驻区政务管理系统运行;推行"企业设立多证联办"并联审批制度,受理办结企业940家,注册资本总量27.99亿元;搭建"三证合一、一照一码"审批平台,受理企业设立979家、企业变更772家;受理各类行政许可、审批及其他行政权力与公共服务事项近7万件次,同比增加46.80%,办结率100%、综合满意率99.99%。

2015年,驻区政务中心的市场监督管理局行政审批科被省妇女联合会授予2014年度江苏省巾帼文明岗称号,驻区政务中心的公安人口大队被评为2014年度区级巾帼文明岗;区政务中心综合管理科被区委、区政府评为2014年区先进集体;区政务中心党支部被区级机关工委评为2013–2015年度先进基层党组织。

【审批制度改革落实】 2015年,按照市政务服务管理办公室要求,区政务中心完成涉及区、软件谷及相关垂直管理部门32个单位的267个行政审批和公共服务事项,24个区级部门的113个行政许可事项进驻区政务管理系统运行并考核。推行"企业设立多证联办"并联审批制度。摸底调研全区8个街道(园区)便民服务场所情况,组织各街道(园区)分管领导和科室负责人外出参观学习,召开街道(园区)以及相关部门座谈会。建立服务大厅"一人受理、全程办理"工作模式,制定《街道便民服务中心办事指南》。对全区400余名社工进行"全科社工"培训和考核。统筹安排全区便民服务中心标牌标识设计、服务大厅功能分区及政务综管系统延伸部署所需软硬件配置标准。联合区市场监管局、国税局、地税分局,筹备"三证合一、一照一码"改革工作;实施全员绩效考评,开展实时监察和运行情况分析,提高行政效能和依法行政水平。

【"12345"政务热线工作名列全市第四】 2015年,区政府"12345"平台围绕市"12345"政务热线考评细则,通过专家讲评、交流互动、上门辅导、个案点评等形式加强业务学习。结合全区工作实际,听取各承办单位意见建议,科学制订该区"12345"群众诉求考核办法。配合区纪委(监察局)、区级机关工委,定期分析、梳理工单办理中存在的工作作风问题并跟踪、督查、督办,提升区平台综合办理水平。及时与相关职能部门、属地街道联系,现场协调解决涉及职能交叉、责任不清等问题。将各单位考核结果纳入机关作风建设及全区综合绩效考核,提高诉求办理质量和效率。推进"'12345'进社区"活动,加强区政务服务中心平台与街道(园区)、部门互动,畅通诉求渠道。收集日常工作中典型事例,通过市《政务快讯》、区《雨花信息》等新闻宣传媒介,使更多群众了解"12345"政务热线。至年末,区"12345"政务热线呼叫中心接受市派工单约2.3万件,同比增加10%。在全市"12345"政府服务工作考核中,区政务中心位列全市第四名,得到市委、市政府通报表彰。 (袁慧绘)

政协雨花台区委员会

【概　况】 2015年,区政协学习领会中共十八大、十八届三中、四中、五中全会和习近平总书记系列重要讲话精神,贯彻落实区委十届十八次全会和区政协八届四次会议精神,把握团结、民主两大主题,围绕全区中心工作,团结各民主党派、工商联、人民团体和各界人士,履行政治协商、民主监督、参政议政职能,为雨花科学、正确、理性发展做出贡献。全年召开常委会议4次、主席会议9次,各专委会、政协工委、界别组开展调研、视察对口协商、民主评议活动68次,形成专题调研报告34份,提出建议意见100余条。收到委员提案282件,立案238件,全部办结。继续开展"富裕百姓、促进发展"专题视察调研工作。发挥各街道(园区)政协工委(片组)、政协各界别在反映社情民意工作中的主动性、积极性,及时掌握和反映社会不同阶层、不同群体的愿望诉求。全年上报信息178条,其中35条信息被市政协采编;"关于对'十三五'软件产业发展政策的建议""食药监管理体制改革运行中亟待解决的问题"被全国政协转送。区政协信息工作连续3年被市政协评为先进单位。

【区政协八届委员会第四次会议】 1月7-9日,区政协八届委员会第四次会议在雨花台中学学术报告厅召开，189名区政协委员出席会议，驻区各民主党派、人民团体、相关部门负责人列席会议。区委书记张一新在开幕式上讲话，提出“举全区之力，以更大勇气决战‘两桥’地区更新改造，以更高标准决胜软件谷建设”奋斗目标，肯定政协在促进全区经济社会发展中作出积极贡献，对政协提出健全机制、广开言路、增进团结、提升能力等要求。会议赞同代区长李世峰作《政府工作报告》及其他相关报告。审议通过区政协主席黄唯佳代表区政协常务委员会作工作报告和区政协副主席于志珍作关于提案工作情况报告。补选陆景文为区政协第八届委员会副主席。

2015年政协雨花台区第八届委员会常务委员会会议一览表

表24

时　间	会议名称	主　要　议　题
2月9日	第13次会议	1.审议通过《政协雨花台区委员会2015年度工作要点和协商议题安排》（审议稿） 2.审议通过《政协雨花台区委员会关于评选表彰先进集体和委员先进个人的意见》（修改稿） 3.听取区政协八届四次会议提案审查立案情况报告和区政协主席、副主席、秘书长、专委会主任工作分工调整情况的报告 4.协商通过有关人事调整事项
7月29日	第14次会议	1.听取区政府关于2015年上半年工作情况的通报 2.听取区政府关于区政协八届四次会议以来提案办理情况的通报 3.总结区政协上半年工作，部署下半年任务
9月25日	第15次会议	听取了软件谷管委会题为"坚定不移，心无旁骛，全力夺取决胜软件谷建设新胜利"的情况通报，并进行协商讨论
12月28日	第16次会议	1.听取区政协八届五次会议筹备工作情况汇报 2.审议通过区政协八届五次会议议程（草案）、日程安排等有关事宜 3.审议区政协八届常委会工作报告（审议稿）和关于区政协八届四次会议以来提案工作情况的报告（审议稿） 4.批准区政协2015年度受表彰的先进集体和委员先进个人名单

2015年政协雨花台区第八届委员会主席会议一览表

表25

时　间	会议名称	主　要　议　题
2月2日	第27次会议	1.协商讨论《区政协2015年度工作要点和协商议题安排》（讨论稿） 2.协商讨论《区政协关于评选表彰先进集体和委员先进个人的意见》（修改稿） 3.批准通过《区政协各专委会、政协工委（片组）、界别组2015年工作计划》（审议稿） 4.审议通过区政协八届四次会议提案审查立案情况报告 5.协商提出区政协委员调整的建议 6.协商提出了有关人事事项 7.研究确定区政协八届十三次常委会议召开的相关事宜
3月25日	第28次会议	听取区政务服务中心暨“12345”工作情况通报并进行协商讨论
4月28日	第29次会议	听取全面推进依法治区工作情况通报并进行协商讨论
5月28日	第30次会议	听取全区妇女儿童发展情况通报并进行协商讨论
6月30日	第31次会议	督办重点提案“大力培育本土软件企业”

续表

时　间	会议名称	主　要　议　题
8月26日	第32次会议	听取全区基本公共卫生服务均等化水平情况通报并进行协商讨论
10月30日	第33次会议	区政协召开八届三十三次主席会议暨开发区提档升级民主协商会
11月27日	第34次会议	专题听取“两桥”地区改造进展情况通报并进行协商讨论
12月22日	第35次会议	1.协商讨论区政协八届五次会议筹备工作方案 2.协商通过会议的相关事项 3.协商讨论《区政协八届委员会常务委员会工作报告(讨论稿)》 4.协商讨论《区政协八届委员会常务委员会关于八届四次会议以来提案工作情况的报告(讨论稿)》 5.研究确定大会发言名单 6.协商讨论关于表彰2015年度区政协先进集体和委员先进个人的建议名单 7.协商确定区政协八届十六次常委会议召开的时间、议程等事项

【建言献策】 2015年,区政协分别就构建全区公共基本卫生服务均等化工作、促进全区职业教育工作和加快区文化遗产保护、民办养老机构建设、体育事业发展等工作,听取情况通报并进行协商讨论,提出建议31条。其中,区政协八届第十五次常委会议围绕提升软件谷园区品质议题提出四点建议:坚持顶层设计,树立更高目标,全力做好软件谷“十三五”新一轮发展;借改革之力,创新体制机制,让决策更科学执行更有力;加大政策扶持,做好系统服务,促进本土软件企业做大做强;区谷联动,相互促进,进一步凝聚建设软件谷的合力。区政协连续两年把“两桥”地区改造列为常委会议、主席会议协商议题;经济一组就“两桥”地区产业定位和产城融合开展调研;板桥街道政协工委就加快板桥街道与“两桥”地区改造融合发展进行思考;九三学社雨花台区支社就“两桥”地区改造中滨水区景观规划提出建议。

【提案办理】 区政协八届四次会议以来,区政协收到提案282件。审查立案238件,立案率84%。对未予立案的44件,转为社情民意信息或作为提案线索转报市政协相关部门。至年末,立案提案全部办结。其中,得到解决或采纳172件,占总数72%;因条件限制或其他原因,短期内难以解决66件,占总数28%。提交提案的政协委员对办理工作满意率和基本满意率达到100%。

【社情民意信息】 2015年,区政协加强社情民意收集和反映工作。设立区“12345”政务热线呼叫中心、南站综管办社情民意联系点,聘请特邀信息员,通过调研视察、座谈交流、走访基层,及时反映涉及群众切身利益诉求。年内,“关于尽快解决南京南站南北落客平台交通配置不均的建议”“经济新常态下助力中小微企业健康发展的建议”等35条信息被市政协采编;“关于对‘十三五’软件产业发展政策的建议”“食药监管理体制改革运行中亟待解决的问题”“进一步加强专车管理工作的建议”被全国政协转送。区政协信息工作连续3年被市政协评为先进单位,区政协社情民意信息工作获市政协评比二等奖。

【专题调研】 年内,区政协围绕“富裕百姓、促进发展”主题开展专项视察调研,组织动员区政协委员、各民主党派、工商联、人民团体及相关部门共同参与，征集调研论文 34 篇。经区政协主席会议确定，《多措并举加快培育本土软件企业》《加快板桥街道与“两桥”地区改造融合发展的思考》《加快雨花高端商务商贸业发展的调查与思考》《关注失地农民推进以地换保》《关于做好经济适用房小区物业管理工作的思考》《关于加快推进中华中等专业学校新校区建设的调研》6 篇论文被列为政协全会大会发言议题。

【委（片）组活动】 2015 年，全区各街道（园区）政协工委（片组）、区政协各界别组［简称“委（片）组”］认真履行政治协商、民主监督和参政议政职能，开展形式多样的委（片）组活动，组织委员视察、座谈、听取情况通报等各类活动 68 次。其中，8 个街道政协工委开展活动24 场次，提交调研报告 15 篇；各界别组组织活动 30 场次，提交调研报告 19 篇。

【扶贫帮困】 2015 年，区政协组织动员区政协委员开展扶贫济困、捐资助学等社会公益活动。西善桥街道政协工委开展“委员为民办实事”项目认领活动，辖区内 20 名政协委员分别认领为民办实事项目 5 大类 13 项，结合委员“民生工作接待日”，开展“文化进社区”“帮扶进社区”等活动；铁心桥街道政协工委、区政协工青妇组联合开展“春蕾圆梦——花神助学”活动，资助 20 名家境困难学生完成小学至高中学业；开发区政协工委联合区红十字会，将委员捐助款项下拨给辖区内受捐对象；社会事务组、文化组、医卫组、板桥新城政协片组分别开展“十八届五中全会解读”“送春联进社区”“健康知识讲座”等活动 10 余场。全年，区政协机关每名党员继续深入基层社区与困难群众结对帮扶，走访慰问困难群众 13 户，捐助金额 2.70 万元。

（王锡平）

2 月 4 日，西善桥街道政协工委召开信息工作会议　　（区政协办　供稿）

中共雨花台区纪律检查委员会

【概　况】 2015 年，区纪检监察部门贯彻上级决策部署，推动落实“两个责任”（落实党风廉政建设责任制，党委负主体责任，纪委负监督责任），深化纪律检查体制改革，加强对中央八项规定精神执行情况监督检查，严厉惩治腐败，全力抓好各项任务落实。督促职能部门依法履职，对不作为、慢作为、失职渎职行为严肃问责。紧盯重要节点开展专项督查,实施不间断明察暗访,组织开展会员卡等专项治理活动,加大推进“三公”★领域专项治理力度,巩固“反浪费反奢侈”专项整治行动成果。开展党风廉政建设责任制检查考核,督促“两个责任”“一岗双责”落到实处,对“两个责任”落实不到位而出现“四风”问题进行问责。受理信访举报,规范问题线索处置,加强沟通协作联动,立案查处党员干部违法违纪案件。把廉政教育提醒贯穿于党风廉政监督日常工作中,增强党员干部遵章守纪和自觉接受监督政治意识。按照省市纪委要求,做好区纪委、监察局内设机构调整工作。巩固和完善作风建设常态化制度,加强纪检监察干部队伍建设。与市纪委联合举办南京市基层党员干部警示教育基地(“蚁贪馆”)揭牌活动及“雨花”杯“把纪律挺在前面·老石说纪”宣传月活动。开展“一月一室一谈一评议”等岗位练兵活动,选派纪检监察干部参加中央、省市纪委业务培训。落实“四解四促”“三个服务”等领导干部改进作风、深入基层调研、定期下访接访和联系服务群众等活动,组织开展“三严三实”专题教育。加强对纪检监察干部执行党的纪律和规矩内部督查,用严格的纪律打造纪检监察队伍。

★**链接** “三公”:指政府部门人员因公出国出境经费、公务车购置及运行费、公务招待费产生的消费。

【区纪委十届六次全会召开】 2月7日,中国共产党南京市雨花台区第十届纪律检查委员会第六次全体会议在雨花台区召开。区纪委委员17人出席,符合法定人数。各纪(工)委书记、纪检组组长,区软件谷部门分管领导,“两员”代表,区纪委监察局机关全体人员列席。区纪委常委会主持会议。全会深入贯彻党的十八大和十八届四中全会、中央纪委十八届五次全会、省纪委十二届五次全会、市纪委十三届五次全会和区委十届十八次全体(扩大)会议精神,回顾总结2014年全区党风廉政建设和反腐败工作,部署2015年任务。审议通过区委常委、区纪委书记谢祖国代表区纪委常委会所作题为《坚持依规治党、从严执纪问责,坚决把党风廉政建设和反腐败斗争进行到底》工作报告。

【年度党风廉政建设责任制考核】 2015年,区纪委、监察局组织开展年度党风廉政建设责任制落实情况检查考核,由区委各常委牵头,区责任制领导小组成员单位参与,重点检查13个单位责任制落实情况,抽查部分单位财务支出账目,提出整改意见46条。对检查中存在的问题,督促相关单位制订整改方案并跟踪整改落实。

【季度党风廉政建设责任制巡查】 2015年,区纪委、监察局为贯彻落实党风廉政建设责任制,推动落实“两个责任”,接受市责任制检查组季度巡查,启动全区2015年党风廉政建设责任制季度巡查工作,重点检查13个单位,延伸抽查部分单位“三公”经费开支账目,提出针对性整改建议37项。检查工作在区委统一领导下,由区落实党风廉政建设责任制领导小组办公室组织实施。在全区各单位做好自查基础上,区责任办联合区纪委、组织部、政法委、信访局等相关部门成立检查组,通过书面汇报、查阅资料、检查账册、个别访谈等方式,重点抽查2015年度重点检查单位。抽查内容强调对全市季度巡查工作迎查准备情况及主体责任清单、监督责任清单、领导责任清单、问题清单、整改清单等“五项清单”的制订。同时,抽查部分财务台账,做好社区、基层站所延伸检查。

【作风建设监督检查】 2015 年,区纪委、监察局加强作风建设监督检查,实现由“参与式”检查向“主动式”检查转变,由过程推进向倒查追责转变。组织明查暗访,加大公款吃请、公款旅游、公车私用、会所、收送礼金礼券、会员卡等专项治理力度。督促各单位严格执行厉行节约反对浪费各项规定,杜绝各种铺张浪费行为,巩固“反浪费反奢侈”专项整治行动成果。全年,全区 94 名党员干部主动上交礼金礼券超 40 万元。围绕财政经费使用、财经纪律执行、津补贴及绩效工资发放、公务接待、职务消费等开展专门检查,使监督常态化、长效化。加强派驻巡查,落实派驻工作室和联系派驻单位领导班子约谈、专项检查、联合办案和责任追究等刚性制度,着重巡查监督软件谷建设、“两桥”改造、板桥市场群建设等市、区重点工程项目。

【腐败案件查处】 2015 年,区纪委、监察局坚持依纪依规开展纪律审查,坚持有案必查、一查到底,坚决遏制腐败增量,减少腐败存量。制订《关于报送反映问题线索处置情况的通知》,制定线索处置流程。对发生在群众身边腐败案件,坚持重拳出击、快查快结,立案查处开发区近华社区、天后社区 13 名干部套取、挪用、私分国有集体资金窝串案。全年立案 33 件 33 人,涉及处级干部 4 人,移送司法机关 11 人,案件数同比增长 37.5%。年内,区纪委、监察局年度纪律审查工作被市纪委评为一等奖。

【规范问题线索处置】 2015 年,根据中央纪委和省市纪委要求,区纪委、监察局制订《关于报送反映问题线索处置情况的通知》,加强对线索处置和案件查办工作指导,防止线索失控、失管和案源流失;及时了解核实党员干部苗头性问题,及时谈话提醒、诫勉、函询、教育,防止小问题变成大问题;定期召开问题线索分析会,研判问题线索情况。全年初核线索 67 件,收到市纪委下转信访件 91 件,自收件 15 件。

【勤廉教育活动】 2015 年,区纪委、监察局开展“百廉讲坛”、旁听法院庭审和警示教育片巡展等系列活动,以身边人身边事建立“案例库”;在各类媒体发表宣传报道 280 余次,其中中央级 29 篇;分别以派驻工作和南京市基层党员干部警示教育基地(“蚁贪馆”)为题,拍摄两部专题片在省市电视栏目《廉政纵横》《廉政时空》播放。

【纪检监察干部培训】 2015 年,区纪委、监察局坚持周三政治和业务学习制度,连续第 4 年开展“一月一室一谈一评议”思想和业务交流活动,增强学习主动性和自觉性。选送 21 名纪检干部参加中央、省、市纪委专题培训,选派4 名干部参加中纪委、市纪委专案及专项锻炼学习,提高干部队伍履职能力和综合素质。通过开展系统内外人员交流,采取以案代训、跟班学习等方式,优化全区纪检系统干部年龄和专业结构,提升业务素养,加强监督执纪力量,初步形成纪律审查梯队。

【“一月一室一谈一评议”活动】 2015 年,区纪委、监察局开展“一月一室一谈一评议”活动。每周组织安排一个室,自定主题,所在室每一个工作人员分别结合自己岗位和承担工作职责,突出重点特色工作内容、举措、目标、成效、遇到的困难、问题及解决办法等，向局机关各室、各派驻工作室及全体干部汇报重点特色工作推进情况，听取大家意见建议，相互交流探讨。工作汇报结束后，其他人员填写评议表并投入票箱，由办公室汇总评议情况，上报区纪委常委会，作为年度干部考核评优参考依据之一。2014年，区纪委、监察局将此项活动由原来的一月组织一次转变为年末一周组织一次，该活动为干部提供自我锻炼展示和相互学习交流平台，提升干部队伍整体业务能力。

【街道(园区)人事财务制度执行专项检查】 4月，区纪委、监察局协同区编办、人社局、财政局、审计局、农工委等6部门组成联合检查组，对各街道(园区)人事财务等制度执行情况进行年度专项检查，指导推进各街道(园区)贯彻落实区委、区政府“进人要管住、发钱要规范”要求，严格执行区委、区政府《关于印发〈雨花台区街道(园区)编外聘用人员和社区工作者员额核定方案〉等文件规定的通知》。在引导各街道(园区)做好自查基础上，联合检查组分成编制人事检查组、专项财务检查组、街道(园区)资产及村级集体“三资”管理检查组，查核各街道(园区)人员工资名册、组织人事管理制度，各类人员2014年全年及2015年第1季度的工资、奖金、津补贴、福利、加班费等发放账目凭证，街道(园区)资产管理及对涉农社区“三资”监管台账。对检查中疑似有问题，采用多种方法核查。通过检查，发现并及时纠正问题23个，约谈存在问题单位党政负责人14人。

【联合党支部活动举办】 5月8日，区纪委、监察局联合党支部与梅山街道上怡新村社区联合举办结对共建文艺汇演。区纪委、监察局联合党支部向该社区捐赠爱心书包等物品，党支部书记张骞担任汇演主持人，区纪委4名干部表演诗朗诵、男女声二重唱等节目。11月20日，区纪委、监察局联合党支部与党风联络员、特邀监察员及结对社区老党员等一行50人赴王荷波纪念馆、李元龙先进事迹陈列馆、竹镇抗日纪念馆、农民画艺术中心开展党日活动，缅怀革命先烈，重温入党誓词，提升党性修养。

(于芯蕊)

民主党派

【概　况】 2015年，雨花台区有民主党派总支(支部)7个、民主党派党员350名。全区各民主党派发挥民主监督职能作用，通过参与有关执法监督和专项检查，支持民主党派了解成员和广大群众愿望、呼声和利益要求，畅通民主党派成员和所联系群众权益诉求反映渠道，及时反映社情民意，做好情绪疏导、矛盾化解工作。发挥党外人士人才作用，摸底排查全区党外干部，更新完善党外后备干部名单，做到备用结合、人岗相适；解决选拔任用党外领导干部源头问题，完善党外干部考察机制；了解认识党外干部，把优秀党外干部选出来、推上去；发挥党外人士人才密集、知识密集优势，组织统战各团体围绕区委、区政府工作重点开展专题调研，形成调研报告5篇。

【留学人员、新媒体从业人员、非公经济新生代代表人士调查】 2015年，区委统战部开展留学人员、新媒体从业人员、非公经济新生代代表人士情况普查，该区有无党派代表人士93

名。建立雨花台区统一战线同心微信群。联合区委宣传部、各街道(园区)对辖区内新媒体代表人士进行摸底调查,该区新媒体代表人士和网络意见人士有 8 人。

【各民主党派、工商联负责人和无党派代表人士座谈会召开】 12 月 11 日, 各民主党派、工商联负责人和无党派代表人士座谈会召开。会上,各民主党派、工商联负责人和无党派人士就制订《雨花台区国民经济和社会发展第十三个五年规划的建议》, 征求听取他们的意见和建议,征集意见和建议 9 条。 (王　蔚)

工商联

【概　况】 2015 年, 区工商联有会员1791 家(新增 120 家),其中企业会员 1684 家,团体会员 5 家,个人会员 102 人。工商联系统商会(协会)25 家(新成立商会 2 家),其中街道(园区)商会 8 家、社区商会 3 家、异地商会 2 家、行业组织 12 家。年内,区工商联开展"以守法诚信为重点的理想信念教育"实践活动,开展"万家民企帮万户"工程活动,全区各企业捐助帮扶资金 658 万元。推进领导班子好、会员发展好、商会建设好、作用发挥好、工作保障好的"五好"工商联创建工作。邀请栖霞区工商业联合会一行 3 人到该区开展学习交流互动活动,搭建两地企业交流合作平台。组织区内 80 家企业参加市工商联组织的"新常态下金融改革创新发展论坛"、"西班牙投资" 推介会、"善用香港优势·开拓海外市场" 投资推广研讨会、"走进海南—绿色养生新概念" 投资推广研讨会、"金陵工商讲坛"等活动。协助易司拓电子科技有限公司做好上市前政评工作。组织 6 名企业家赴台湾参加海峡两岸经贸交流会。选送5 名企业家参加"上海交通大学——南京市工商联民营企业家'一带一路'专题研修班"。成立板桥新城现代服务业商会,实现街道(园区)商会全覆盖。通过召开座谈会、走访企业等方式,及时了解企业在发展过程中遇到的问题,掌握会员企业在经济发展"新常态"下生产经营状况及各种诉求, 征求做好商会工作的意见和建议。全年,完成 32 家上规模企业、20 家中小微企业信息直报工作, 完成 10 家民营企业家问卷、20 家新生代民营企业家调研问卷上报工作;撰写《工商联经济服务的意义探析》《浅谈新常态下商会现状与发展》《履行职能强化服务——雨花台区工商联连续三年获创新工作奖》3 份调研报告。

至年末,区工商联被全国工商业联合会评为全国"五好"工商联,被省工商联评为 2015 年度先进集体, 获 2015 年全市工商联系统宣传信息工作二等奖、政务信息工作二等奖。

【非公有经济人士培训】 2015 年,区工商联加强对非公经济代表人士教育培养。组织 2 位工商联执委企业家赴井冈山干部学院、4 位副主席企业家赴延安社会主义学院学习培训。推荐 4 名青年企业家参加市委统战部组织的"第二期新生代非公有制经济人士培训班"。开展民营企业守法诚信典型案例征集活动,收到区内企业上报典型案例 12 篇,其中《"守法诚信"让美耐的步伐更坚实》在《江苏工商》杂志发表。

【全国工商联检查组视察区"五好"工商联创建工作】 5 月 19 日,全国"五好"工商联创建检查工作小组巡视员张世芳一行3人,视察该区“五好”工商联创建工作情况。省市工商联领导何昌林、郑德巍,区领导蒋冰、江磊、陆景文参加视察。检查组一行先后观摩区工商联“五好”工商联创建工作展板和检查台账,召开调研座谈会了解“五好”工商联创建情况,对区工商联所做工作给予肯定。

【“翔计划”活动举行】 6月5日,为帮助各民营企业了解、把握市场,区工商联与百度公司在戴斯国际酒店联合举办“创赢移动时代直达营销巅峰——2015百度‘翔计划’助力中小企业成长峰会”,全区90多家中小微企业参加。百度公司、滴滴打车向到会人员详细介绍移动互联时代最新营销理念,分享移动营销成功案例。区工商联副主席孟煜、章万富出席。 (姚业建)

【APEC商务旅行卡推介会举办】 7月15日,区工商联、市工商联及市外办联合举办“APEC商务旅行卡推介会”,上门为企业提供服务,协助辖区内2家企业、9名企业家和工作人员办理“APEC商务旅行卡”,为企业更好“走出去”提供工作便利。 (王　翔)

【中小微企业联系点联络员会议召开】 12月23日,区工商联在沁恒科技园召开中小微企业联系点联络员会议。省市工商联领导高寿凯、郑德巍等,区工商联驻会领导及20家中小微企业联络员等30人参加。会议总结2015年中小微企业信息直报工作开展情况,就如何做好信息直报工作提出意见,部署2016年工作,阐述开展联系点工作意义,对各联络员提出工作要求。雨花台区于2012年年底成为市中小微企业监测点试点单位。三年来,区工商联将中小微企业监测点工作融合到常规工作中去,帮助中小微企业解决实际问题,完成省市工商联布置的各项工作任务。 (姚业建)

人民团体

·雨花台区总工会·

【概　况】 2015年,区总工会新组建基层工会组织26个,新增会员4652人。年内,区总工会组织500余家企业1万名职工开展岗位练兵、劳动竞赛100场次。开展职工技能培训,培训班组长400人、职工1200人次。举办创业培训班5期,培训学员800人次。举办“春风送岗位”等招聘活动4场,筹集用工岗位2800余个,意向安置就业1600人。为8名创业职工办理小额贷款150万元。走访慰问困难职工、困难劳模和困难农民工等2420人次,发放资金、物资计96.64万元;慰问劳模125人次,发放劳模慰问资金9万元。组织6912人参加互助互济保障计划,为44名符合条件的互助会员办理大病、意外伤害等赔付12.56万元。开展金秋助学活动,发放救助资金13.1万元。为510名困难女职工、单亲女职工发放价值16.5万元的健康爱心体检卡。自筹资金0.2万元为市、区两级33名困难女职工购买康乐保险。安排1.9万元专项资金为41名省市级劳模体检。首次为符合条件的4名省级劳模、17名市级劳模发放荣誉津贴2.68万元。对全区84名市(区)级建档在册的特困职工子女、遭受临时灾害的困难职工家庭子女、在城市上学的困难农民工家庭子女,分别发放1000~4000元助学金，累计发放助学金13.1万元。举办区第二届职工文化艺术节，开展丰盛杯职工垂钓比赛，汪海杯职工书画、摄影作品展，“奥瑞斯·工会杯”职工乒乓球邀请赛等系列活动。组织女职工参加“书香茉莉”江苏女职工读书节征文活动，收集以“健康女性幸福江苏”为主题的征文71篇，全区获优秀组织单位称号2家，获优秀奖征文2篇、获鼓励奖6篇。选派区总工会职工艺术团参加市第六届“劳动者之歌”职工合唱比赛并获得多项奖牌。杨镤等15人当选为2012-2014年度市劳动模范，周红卫、黄焕明2人获2015年省“五一”劳动(荣誉)奖章称号。《越靠近越温暖》宣传片获南京市劳模宣讲（微电影)大赛一等奖、优秀摄影奖、优秀剪辑奖。上报上级媒体稿件150余篇，130篇被采用（省总网站用稿11篇，江苏职工之家网站用稿1篇，市总网站用稿118篇)，两篇调研文章在市总工会《工运动态》刊登。

【区“三八”暨“双争”活动表彰大会召开】 3月4日，区总工会在区政府召开庆“三八”暨“双争”(争创“五一”巾帼标兵岗、争做“五一”巾帼标兵)活动表彰大会，区总工会第六届委员会全体委员、各中间层次副主席、女职工工作委员会主任及受表彰代表96人参加。会议表彰2013-2014年度区“五一”巾帼标兵岗、“五一”巾帼标兵，区商务局党政办、江苏润和软件公司智能终端测试事业部等33个机关部门及企业班组、科室、车间获区“五一”巾帼标兵岗，张傲等35人获区“五一”巾帼标兵。江苏润和软件公司智能终端测试事业部部长颜洪燕、雨花街道工会联合会副主席张傲分别代表标兵岗和标兵发言。区人大常委会副主任、总工会主席郭幼佩出席会议并讲话。

2013-2014年度雨花台区“五一”巾帼标兵岗一览表

表26

单　位	岗位名称	班(组)长姓名	人数(人)
南京和悦保洁公司	道路保洁班	王　晶	22
西善桥街道	社会事务服务科	莫翠平	12
雨花街道	司法所	李　萍	6
南京康益房地产开发有限公司	销售科	沈蓓蓉	3
雨花台区建筑安装工程质量监督站	综合科	刘若晖	8
贝街自在城幼儿园	教师岗	王　丽	25
南京天云龙涂料有限公司	财务室	王　霞	5
区妇幼保健所	儿童保健科护理组	孙　蓉	9
雨花医院	检验科	徐思颖	7
区商务局	党政办	胡　蓉	6
赛虹桥街道	长虹路社区	叶翠玲	13
南京名川商贸有限公司	人事部	郑　敏	20
江苏润和软件股份有限公司	财务部	李丽娟	19
江苏润和软件股份有限公司	智能终端事业本部测试事业部	颜洪燕	220

续表

单　　位	岗位名称	班(组)长姓名	人数(人)
梅山街道	社会事务科	程文军	11
梅山街道	梅清苑社区服务站	潘　徽	12
雨花经济开发区	劳动和社会保障所	赵玉梅	15
雨花经济开发区	社会发展部	陈凤琴	9
雨花台中学	高一年级部	邱　荣	38
南京市铁心桥小学	语文教研组	赵　萍	25
南京市共青团路中学	语文教研组	韦忠琴	13
区公路运输管理所	运政服务大厅	管　骅	5
雨花台区人民法院	未成年人及家事案件审判庭	陈丛蓉	4
区社会保险管理服务中心	雨花台区社会保险管理服务中心	童　静	13
南京丰盛产业控股集团	财务部	洪传芳	17
南京丰盛产业控股集团	接待部	马　悦	28
区发改局	工业经济科	王永进	4
板桥街道	人力资源和社会保障所巾帼女子班	盛以林	18
板桥街道物业服务中心有限公司	新建一村女子保洁班	陈　兰	10
雨花街道	劳动和社会保障所	赵化珍	6
区交通局	财务科	王　倩	2
南京市春江幼儿园	南京市春江幼儿园	谭凤瑛	112
南京瑞海博康复医院	社区康复服务部	黄玲玲	7

2013–2014年度雨花台区“五一”巾帼标兵一览表

表27

姓　名	单　　位	职　　务
陈　萍	西善桥街道	党政办副主任
夏中帅	西善桥街道	科员
管利利	雨花街道丁墙社区	居委会主任
张　傲	雨花街道	工会联合会副主席
范　娟	区建筑安装管理站	–
赵红卫	南京市雨花台区住房和建设局	副科长
孙明秀	南京市大方幼儿园	园长
缪素云	板桥新城	妇联主席、工会副主席
姜　凤	铁心桥社区卫生服务中心	护士长
赵　蓉	板桥社区卫生服务中心	新林站站长

续表

姓　名	单　位	职　务
杨　芳	南京市春江幼儿园(一幼)	执行园长
柏　青	南京瑞海博康复医院	医师柏青
田　静	南京丰盛产业控股集团	宣传高级助理
王峥嵘	区商务局党政办	主任
刘荣芬	沃尔玛(江苏)商业零售有限公司南京赛虹桥分店	行政经理、工会主席
王学芹	南京民乐保安服务有限公司	行政人事总监
王　芳	江苏润和软件股份有限公司	中级项目经理
张海佩	江苏润和软件股份有限公司	项目经理
戎春燕	梅山街道财政所	所长
夏华凤	梅山街道梅岭社区	副书记、副主任
贾爱霞	雨花经济开发区	办事员
赵玉梅	雨花经济开发区劳动和社会保障所	所长
龚　娟	雨花台中学	教师
吕亦勤	南京市古雄小学	副书记、副校长
张素凤	南京市金陵中学西善分校	教务主任
章　艳	南京梅山高级中学	教师
梁丽娟	区公路管理站	副站长
尤莉莉	区汽车维修行业管理所	副所长
柳　佳	区地税分局	副主任科员
刘　丽	区青少年业余体育学校	校长
张婷婷	区司法局矫正科	社区矫正专职社工
张红梅	江苏丰盛资产管理有限公司	总经理助理
茆弼春	区发改局	科员
陈良芳	爱尚舞梦文化艺术培训中心	校长
韦雪英	板桥街道	市容办支部书记、主任

【“法律服务进基层”系列活动】 2015年,区总工会开展“法律服务进基层”系列活动。联合区司法局、妇联等单位在安德门民工市场举办法律咨询活动,通过发放宣传册、现场咨询等形式,宣传《宪法》《劳动法》《法律援助条例》等法规知识, 发放法律知识宣传册等近200份,参加咨询农民工60余人。年内,区总工会职工法律援助律师团巡回课堂在梅山街道以案例分析形式开展劳动法律法规宣传与解读, 发放《劳动合同法》《社会保险法》《劳务派遣暂行规定》《工会会员必读手册》等宣传资料400余份,梅山街道、板桥新城片区的部分企业劳资人事干部、工会干部66人参加;结合“宪法宣传月”活动,在雨花街道开展法治宣传活动,发放《劳动合同法》《职工维权手册》等宣传资料300余份。全年,区总工会职工法律援助服务站

为10名劳动权益受到侵害的困难职工提供法律援助，帮助困难职工10人次挽回经济损失近13万元。

【区总工会六届九次全委(扩大)会议召开】 3月25日，区总工会在区政府大楼会议室召开区总工会六届九次全委(扩大)会议，区总工会第六届委员会全体委员、中间层次工会女职工工作委员会主任、经费审查委员会主任及参加市总十六大区职工代表45人参加，区人大常委会副主任、区总工会主席郭幼佩主持。会议增补程顺友、欧宝华、郝明英为区总工会第六届委员会委员，选举程顺友、庄捷、郝明英为区总工会第六届委员会常委，选举程顺友、庄捷为区总工会副主席；审议通过2015年区总工会工作要点；部署庆“五一”及第二届职工文化艺术节工作。通过无记名投票方式差额选举韦晓云等16人为市总工会第十六次代表大会代表。

【庆祝“五一”国际劳动节暨表彰大会举办】 4月30日，区总工会在区政府雨花学术报告厅召开庆祝“五一”国际劳动节暨表彰大会。区总工会常务副主席程顺友主持，区人大常委会副主任、区总工会主席郭幼佩致辞。大会表彰杨镁、汪晨、冯培宏、冯杰留、管利利、赵光辉、饶栋平、赵建、刘伟、王宪朋、黄书香、王国平、张端付、丁冬香、李新航等15名2012-2014年度市劳动模范，听取西善桥街道城管科科长黄书香等3名模范代表的事迹宣讲。区人大常委会主任杨明出席并讲话，区委常委、区委统战部部长、南京铁路南站综管办主任蒋冰宣布区第二届职工文化艺术节开幕。区政府领导余清、区政协领导于志珍等出席会议。

【区第二届职工文化艺术节】 4月30日，“中国梦劳动美——庆‘五一’”暨雨花台区第二届职工文化艺术节开幕式文艺演出在区政府雨花学术报告厅举行。该艺术节由区总工会主办，各街道(园区)、系统、直属单位工会协办，历时6个月，通过举办“书香茉莉”女职工读书征文活动、丰盛杯职工垂钓比赛等，丰富职工文化生活，展现该区职工永葆青春精神风貌。其中，7月13日，在板桥街道汪海大厦举办汪海杯职工书画、摄影作品展，由区总工会主办、汪海集团协办，50件书法作品、35幅绘画作品、100件摄影作品参展，现场观看人数近300人；9月25-26日，在梅山钢铁公司体育馆举办“奥瑞斯·工会杯”职工乒乓球邀请赛，由区总工会、区体育局主办，梅山钢铁股份有限公司、梅山街道工会联合会承办。驻区相关部门、厂矿企业及院校在职职工，14家单位、16支代表队100多名选手参赛。区总工会代表队获团体冠军，总工会周卫东、杨露分获男单、女单冠军。10月29日，区总工会在雨花台中学和谐厅举办“放飞中国梦劳动最光荣”第二届职工文化艺术节闭幕式暨区职工合唱团获奖汇报演出。

【参加市第六届“劳动者之歌”职工合唱比赛并获奖】 9月21日-10月19日，市第六届“劳动者之歌”职工合唱比赛在市工人文化宫和市文化艺术中心举行，各区县总工会、学校、医院、企事业单位47家、近1650人参赛。区总工会选派以梅山街道和区教育工会为班底的80人职工艺术团参赛，大合唱、阿卡贝拉组合、女声合唱首次分获金奖、银奖、铜奖，区总工会获优秀组织奖。

10月19日，区总工会职工艺术团在市第六届“劳动者之歌”职工合唱比赛中获大合唱组金奖　　（区总工会　供稿）

【六届十一次全委(扩大)会议召开】 12月18日，区总工会在市职工疗养院召开六届十一次全委(扩大)会议。区总工会第六届委员会全体委员，各街道(园区)、系统、直属工会主席及工会干部26人参加会议。会上，区总工会副主席庄捷传达学习省市党的群团工作会议和全市工会工作会议精神；会议听取审议区总工会常务副主席程顺友作题为《适应新常态凝聚正能量在服务改革大局中积极发挥工会组织作用》工作报告；各街道(园区)、系统、直属工会主席就2015年本单位主要工作和特色工作、2016年工作打算及对区总工会工作的建议和意见作交流发言。会议还听取区总工会办公室、组宣科负责人分别作关于2016年工作打算情况汇报。　　（韦　忠）

·共青团雨花台区委员会·

【概　况】 2015年，团区委辖基层团（工)委18个、团委10个、团总支3个、团支部564个，团员10249人。年内，在少先队员中开展“红领巾心向党”“红领巾相约中国梦”“核心价值观记心中”等主题教育活动，承办南京市“卢志英中队”命名60周年主题队日活动。举办区“创业创新好青年”评选活动，评选出创业创新好青年10名、创业创新先进个人20名，其中2人入选“2015江苏好青年”百人榜。依托“星光论坛”平台，开展“各界青年雨花行”系列活动2场，参与青年100余人。推报24个青年创业项目参加南京青年创意创业大赛，江俊俊的“奢侈品服务互联网+平台”项目获智能应用类二等奖，钱若晨的“海锚智能门禁系统”项目获智能硬件类三等奖。开展“微队课”全区选拔工作，推荐5名优秀少先队辅导员参加全市少先队辅导员风采大赛。开展青年文明号创新创效示范行动，聘请10名行风监督员对142家历届青年文明号集体开展监督。在各街道(园区)组织青年文明号便民社区行活动，服务项目20余种，服务居民4000余人次。举办“小雨点”公益夏令营10场，受益青少年305人。联合三江学院、南京中华中等专业学校每周在南京南站开展志愿服务活动，全年开展活动41场，参与青年1200人次。实施“共青团社区助力计划”，购买青年社会组织志愿服务项目7家，对接街道(园区)8个，开展各类青少年志愿服务活动80余场。依托团属社会组织“雨花青年联盟”，参与市公益创投项目竞标并成功中标，获市级公益创投资金8万元。立足“雨花青年微在线”微信平台，规范青年志愿者注册、信息发布和积分发放，全年微信平台注册志愿者1447人，开展志愿活动116场次。

年内，安德门社区“希望来吧”被中国青年志愿者协会命名为共青团关爱行动“七彩小屋”；团区委青年联盟项目“‘青年汇’公益服务微中心计划”被省民政厅、团省委表彰为2015年江苏省青年公益项目大赛优秀项目奖。

【青年文明号创新创效示范行动】 2015年，团区委开展青年文明号创新创效示范行动。聘请10名行风监督员对142家历届青年文明号集体展开定期或不定期检查和监督，其中新申报的青年文明号集体50家；建立学校团队组织、青年文明号、青安岗等集体到街道（园区）报到制度，配合各街道（园区）开展青年文明号便民社区行活动，服务项目20余种，服务居民4000余人次。年内，推荐报送雨花街道司法所、江苏有线雨花台分公司公共客户部参加南京市青年文明号评选并获2015年市级青年文明号称号。

【青少年思想教育系列主题活动开展】 2015年，团区委围绕青少年思想教育开展各类主题活动。其中，在少先队员中举办“红领巾寻访”“留住红色记忆、寻访红色足迹”等主题实践活动，承办南京市“卢志英中队”命名60周年主题队日活动；建队节期间组织“微队课”全区选拔赛，推荐5名优秀少先队辅导员参加全市少先队辅导员风采大赛，区少先队辅导员代表队获大赛展示活动团体总分一等奖；在中学生中举办“与人生对话”、“入团第一课”、“告别金色童年，唱响青春梦想”14岁青春仪式、“十八岁成人礼”等教育仪式，构建从小学团队到中学团队分层思想教育体系；开展共青团与人大代表、政协委员面对面交流活动，回答青年关注的现实问题，传播党的好声音。

【青少年权益维护和困难帮扶】 2015年，团区委推进重点青少年群体服务管理“成长护航工程”，开展“优秀青少年维权岗”创建、“青少年远离毒品”宣传教育等活动；举办暑期青少年安全自护课堂，讲授青少年安全自护常识，提升青少年自我保护意识；加强综治青少年事务社工管理和培训，壮大“专职团干部+专职社工+志愿者”专业人才队伍。实施帮扶困难家庭青少年“助力微心愿”活动，在“雨点微TAO”志愿服务淘宝网店更新发布微心愿162个，动员全区各级团组织、团员青年和爱心人士帮助困难青少年实现微心愿，捐赠价值近2万元的各类微心愿物品，发放“微心愿联系卡”324张；发放“希望工程”各类助学金2.3万元，帮助困难家庭青少年9人；依托2家“希望来吧”，开展各类关爱外来务工人员子女志愿服务活动，其中安德门社区“希望来吧”被中国青年志愿者协会命名为共青团关爱行动“七彩小屋”。

【石新明考察区学校共青团工作】 3月21日，共青团中央学校部副部长石新明，共青团江苏省委党组成员、省少先队总辅导员姜东，共青团河北省委副书记孙朝阳，共青团南京市委书记林武平、副书记王慧等共青团工作互检互学小组成员46人到雨花台中学考察共青团工作。互检互学小组参观学校“与人生对话”系列活动展示橱窗、恽代英雕像、雨花石文化博物馆等，听取学校共青团工作情况汇报，对校团委在挖掘红色资源及组织建设、阵地建设、强化特色、规范化管理上取得的工作成果给予肯定,并提出思想引领、素质拓展、权益服务和组织建设四个方面要求。

【"创业创新好青年"评选】 3月27日,团区委联合软件谷科技人才局、区委宣传部、区文化局,启动以"寻找青春榜样汇聚众创力量"为主题的雨花台区"创业创新好青年"评选活动。通过组织推荐、社会举荐和个人自荐等方式,辖区社会组织、企业、学校、社区服务机构、行政单位等行业领域68人申报参评,其中以软件科技企业人员为主。经过评委会初审、网络投票结果综合、评委会终审评选流程,评选出创业创新先进个人10名、创业创新好青年20名。5月4日,团区委在区政府雨花台中学学术报告厅举办纪念五四运动96周年"创业创新好青年"事迹分享会暨青年社团展演活动。区四套班子分管领导,各直属团组织分管领导,2015年度区创业创新先进个人、创业创新好青年获得者,历届青联委员代表,青年文明号集体代表,各团工委、团支部负责人,驻区高校、企事业单位团员青年等600余人参加。会上,区领导为10名创业创新先进个人、20名创业创新好青年获得者颁奖,石正川和周新法2位获奖代表分享各自创业故事和心得。

【"小雨点"公益夏令营举办】 7-8月,团区委开展"小雨点"公益夏令营系列活动。围绕以"童眼乐游科技馆"为主题的科技教育活动、"寻访红色足迹"为主题的爱国主义教育活动、"踏寻古城踪迹"为主题的历史文化教育活动、"探秘古今奇观"为主题的自然环保教育活动,举办主题活动10场次,参与青年志愿者50人,受益青少年305人。　　(刘　露)

·雨花台区妇女联合会·

【概　况】 2015年,全区共有女性121988人。有妇女组织71个,其中区级妇联组织1个,街道(园区)、社区、村、居委会妇联组织56个;直属机关妇委会1个,高校、科技、文化和卫生系统妇委会1个;女性社会组织2个。区妇联以服务大局为中心,以联系服务妇女群众为主线,推动各项工作取得新进展。

实施巾帼四大行动。推进巾帼"建功"行动,开展"巾帼文明岗"创建,评选出区巾帼文明岗15个、巾帼岗位明星10人;全区获全国巾帼建功标兵1人、省巾帼文明岗3个、省巾帼科技创新典型人物2人、市"十大女杰"提名1人、市巾帼示范农家乐1个。推进巾帼"创就业"行动,全年举办女性专场招聘会9场,现场达成初步意向576人;举办各类技能培训39场次,参加学习女性2400余人,向23名妇女发放小额担保贷款418万元;举办"母婴大讲堂"公益讲座6场。推进巾帼"志愿"行动,组织巾帼志愿服务骨干30余人参加全市培训和观摩演出,报送15篇作品参加"南京志愿者心声"征文活动;举办巾帼广场舞展演,承办市"邻里守望·姐妹相助"巾帼志愿服务主题活动。举办广场志愿服务98场次,服务妇女1.83余万人次。推进巾帼"助困"行动,开展"两癌"(乳腺癌、宫颈癌)免费筛查,受益妇女2.5余万名,向6名确诊的困难妇女发放帮扶救助金4.2余万元;结对帮扶单亲贫困母亲、困难儿童、孤寡老人等困难群体,提供服务4800余人次;走访慰问春蕾女童、孤儿、离任村妇代会主任等81人次,发放慰问金6.18万元;承办"和你在一起"关爱流动留守儿童环省行南京站活动,向流动留守儿童发放生活用品500套。年内,区妇幼保健所天使之翼巾帼志愿服务队被市妇联表彰为南京市巾帼志愿服务优秀队伍,板桥新城柿子树社区“黄丝带助残行动”项目被市妇联表彰为南京市巾帼志愿服务优秀项目。

提升女性综合素养。举办“母亲学堂”家庭教育、公共礼仪、医疗保健、科学育儿等各类讲座培训116场,培训妇女6506人。举办省“科学家教进万家”西善花苑小学专场,参加学习交流家长600余名。实施区管女干部人文素养提升工程,举办茶艺、花艺、服饰、影视等培训讲座5期。设立区级妇女儿童公益基金,向女性社会组织公开招标并确定妇女电脑技能、癌症妇女关爱等项目6个。组织女性社会组织开展“送服务、送法律、送文化、送健康”进社区服务活动17场。开展女大学生村官“我看雨花新变化”活动,组织女大学生村官22人参观“两桥”改造建设发展情况。举办“我与妇女儿童共发展”主题征文演讲,向市推荐优秀稿件12篇。

推进妇女儿童事业发展。组织铁心桥街道、赛虹桥街道30余名单身贫困母亲开展心理疏导、技能培训等活动,10余人心理状态得到改善,4人经推荐实现就业。引入雨花本善女性关爱中心和雨花台区友航社会服务发展中心2个社会组织,帮扶困境儿童49名,累计开展主题活动43场、学业辅导81场、入户陪伴85人次、情感关爱62人次。扩大“春蕾圆梦花神助学”项目,在结对资助10名困难儿童每人每年4000元基础上,再增加10名高中女生每人每年6000元。通过宗教慈善周捐款活动资助10名抚养普通高中子女的单亲贫困母亲每人每年5000元。

推进家庭文明建设。开展“幸福家庭故事会”系列活动,围绕“团圆、家风、邻里”主题,开展“晒全家福说团圆饭”活动,召开社区居民座谈会,讲述家庭幸福故事;开展“议家风话和谐”活动,征集家风故事、家训格言、四格漫画近400幅;举办“和谐邻里幸福家庭”摄影大赛,参赛作品245幅。制作家庭文明短片《温暖的家》,在区“三八”表彰大会和社区播出。推荐农阳家庭分获省级最美家庭、市级“十佳”最美家庭,殷荣华等6户获市级最美家庭。年内,区妇联被省维护妇女儿童合法权益联席会议暨“平安家庭”创建活动领导小组评为2015年省平安家庭创建活动先进集体、省妇女儿童工作先进集体。

维护妇女儿童合法权益。宣传男女平等基本国策,张贴宣传画120余幅,发放宣传资料1万余份,开展宣讲50余场次。开展“三八”妇女维权周活动,举办妇女维权公益讲座6场、广场咨询服务24场。举办外来务工人员法律服务专场、“法润江苏·德法同行”社区专场、“6·26”禁毒专场等活动。创建市级平安家庭创建示范社区2个、平安家庭创建示范户2户、优秀平安巾帼志愿者2人。全年接待群众来信来访25件次,办结率100%。

【“幸福家庭故事会”系列活动开展】 2015年,区妇联在全区妇女儿童之家和家庭驿站开展“幸福家庭故事会”系列活动。围绕“团圆”主题,开展“晒全家福,说团圆饭”活动,召开座谈会50余场,邀请家庭成员代表走进社区妇女儿童之家和家庭驿站,讲述自家幸福故事,评选出区级最美家庭20户;围绕“家风”主题,开展“议家风话和谐”活动,面向社区家庭及中小学校征集家风故事136个、家训格言157条、四格漫画108幅,评选出最美家风故事30个、最美家训格言20条、最佳四格漫画20幅；围绕“邻里”主题，联合区文明办举办“和谐邻里，幸福家庭”摄影大赛，面向全区征集反映家庭和美、邻里互助等内容的摄影作品，收到参赛作品245幅，评选出获奖作品43幅，其中一等奖1幅、二等奖2幅、三等奖6幅、优秀奖10幅、鼓励奖24幅。

【区妇联十届四次执委（扩大）会议】 1月27日，区妇联在区政府召开十届四次执委（扩大）会议。区妇联十届执委委员，各街道（园区）及各系统党（工）委分管领导，各街道（园区）妇联主席、各系统妇工委主任及受表彰的社区妇联主席70余人参加会议。区委常委、统战部部长蒋冰出席并讲话。会上，区妇联主席李茜代表区妇联常委会作题为《围绕中心积极作为努力开创雨花妇女儿童事业发展的新局面》工作报告，回顾总结2014年全区妇女工作，部署2015年工作任务；增补区妇联十届执委委员；与会执委代表述职。出席领导为6家获省市先进荣誉单位授牌、7个获市级妇女儿童之家优秀公益服务项目颁发奖金，并为获2014年度区妇联系统信息工作先进集体颁奖。

【“春蕾圆梦花神助学”项目启动暨捐赠仪式举行】 2月2日，区妇联联合花神商业广场经营管理有限公司举行“春蕾圆梦花神助学”项目启动暨捐赠仪式。该项目由花神商业广场经营管理有限公司每年捐赠4万元，用于资助区10名困难儿童。部分街道（园区）、社区妇联主席、10名受捐助儿童及其家长50余人参加活动。区政协副主席于志珍出席并讲话。仪式上，区妇联主席李茜介绍“春蕾圆梦花神助学”项目情况；受赠儿童代表作感谢发言。于志珍、李茜、花神公司总经理吴恒等向10名儿童及其家长每人发放花神助学金1600元和价值400元的书包、文具及爱心读物等学习用品。

【纪念“三八”国际劳动妇女节105周年大会暨巾帼广场舞展演活动】 3月6日，纪念“三八”国际劳动妇女节105周年大会暨巾帼广场舞展演活动在区政府雨花台中学学术报告厅举行。各街道（园区）及系统党（工）委分管领导，妇联执委、机关女干部、基层妇联干部、社区妇女和家庭代表及受表彰人员650余人参加。区委书记张一新出席并讲话。大会播放家庭文明建设主题短片《温暖的家》，表彰区巾帼岗位明星10人和巾帼文明岗15个，区人社局劳动仲裁科和润雨清洁雨花西路保洁班组作交流发言。会后，来自区级机关和各街道（园区）9支巾帼健身舞蹈队约120人举行《喜洋洋》《好运来喜事多》《心花开在草原上》等原创广场舞展演活动。

【区政府妇女儿童工作会议召开】 5月20日，区政府在区级机关九楼会议室召开全区妇女儿童工作会议。区政府副区长、区政府妇女儿童工作委员会主任余清出席并讲话。区政府妇儿工委成员单位分管领导、联络员，各街道（园区）妇儿工委主任和妇儿工委办公室主任80余人参加。区政府妇儿工委副主任、区妇联主席李茜代表区政府妇儿工委作工作报告，总结2014年全区妇女儿童工作，明确下一阶段工作重点和任务。会议表彰实施2013–2014年度妇女儿童“十件实事”先进单位和先进个人，确立2015–2016年度妇女儿童“十件实事”。区教育局、区人社局、西善桥街道、板桥新城等4家单位作交流发言。

【区政协调研区妇女儿童工作】 5月28日,区政协在政协会议室召开八届三十次主席会议,专题听取全区妇女儿童发展情况通报并协商讨论。区政协主席会议成员、各专委会主任及部分群众代表20余人参加会议。与会人员专题听取区妇联主席李茜对全区妇女儿童发展情况通报,并就相关工作进行协商讨论,群众代表发言。区政协主席黄唯佳对区妇联在创新工作思路、助推妇女发展、维护妇女儿童合法权益等方面工作给予肯定,并提出区政协将一如既往关心和支持妇女儿童工作,利用政协提案、调研、社情民意信息、政协论坛等形式,反映广大妇女儿童合理诉求。

【省"科学家教进万家"公益巡讲开讲仪式暨首场公益讲座举办】 10月14日,省妇联联合区妇联在南京市雨花外国语小学西善花苑分校举办省"科学家教进万家"公益巡讲开讲仪式暨首场公益讲座。邀请江苏省家庭教育研究会理事王晓峰就围绕亲子共同成长、心理健康、家长与孩子沟通技巧等问题进行巡讲,670余名学生家长参加。该活动是省妇联开展"科学家教进万家"千场公益巡讲活动南京首站,旨在贯彻落实习近平总书记关于"注重家庭、注重家教、注重家风"重要指示精神,在全省广大家庭中传播文明家风,普及科学家教理念和方法,提高家长立德树人、为国教子能力水平,优化儿童家庭环境。

【市"邻里守望·姐妹相助"巾帼志愿服务主题活动启动】 12月5日,市"邻里守望·姐妹相助"巾帼志愿服务暨板桥新城"我参与、我践行、为文明添彩"志愿服务活动启动仪式在板桥新城举行。板桥新城大学生村官工作室、莲之韵艺术团、新林社区等志愿服务队代表和媒体代表约300人参加。市妇联副主席贾慧出席启动仪式并讲话。仪式上,板桥新城党工委副书记杨春霞作志愿服务工作倡议;志愿者代表汪长秀分享参与志愿服务感想;出席领导为获市优秀巾帼志愿服务队称号的区妇幼保健所天使之翼巾帼志愿服务队和获市优秀巾帼志愿服务项目表彰的板桥新城柿子树社区"黄丝带助残行动"项目颁发荣誉证书。随后,莲之韵艺术团进行精彩演出,各志愿服务队在各自区域向居民朋友提供健康体检、法律咨询、就业指导、电脑维修等服务。 (赵为海)

法　治

·政法委与综治·

【概　况】 2015年,区委政法委围绕市委政法委工作部署和区委区政府中心工作,以提升群众安全感和法治建设满意率为核心,推进政法维稳各项工作。

维护社会政治稳定。组织开展"灭狐"专项行动(指针对"实际神"邪教组织的专项打击行动)等,连续第13年实现"三个确保"和"零插播"工作目标;开展涉外企业调研及访谈工作,掌握354家外资企业基础数据、263名外籍员工基本情况,发现重要社情1个、敏感线索2条;完成纪念抗战胜利70周年、第二次国家公祭活动等重大活动维稳安保任务,妥善处置群体性事端20余起。

推动矛盾预防化解。加强社会稳定风险评估工作,全区报备项目67个,完成评估50个,其中板桥新城农村土地承包经营权置换社会保障事项项目被评为2015年度全市社会稳定风险评估十大示范项目。推动矛盾化解特别是积案化解，成功化解或稳控跨世纪装饰城市场搬迁等一批涉众型矛盾纠纷。

提升公众安全感。开展“访千家进万户”入户宣传活动，走访15万户居民，发放调查问卷和“致全区人民的一封信”37万份。开展流动人口“排雷”行动，全区累计登记暂住人口325202人，其中新登记107277人，同比上升18%，发放居住证34026张；登记房屋出租户38345户，新增6992户，清理群租房258户，处罚违规出租户41户，协助抓获“三逃”人员36名。建设“两点、三线、五十面”常态化巡防体系（“两点”指软件谷、安德门警务服务站，“三线”指205国道、宁丹路和花神大道三条贯穿雨花南北主干道，“五十面”指辖区内51个社区），新增监控探头近4000个，更换超B级锁芯11000把，全区刑事案件破案率同比上升10.18%，8类案件发案同比下降8.33%、破案率同比上升13.64%，侵财性案件破案率同比上升10.8%。

推进依法治区工作。出台“1+1+5”文件体系，明确7大类、37个子类、192项具体任务。加强依法治区建设，落实依法行政、公正执法、司法体制改革、普法教育等法治措施，全区法治建设满意率96%，位列全市第四。

创新基层治理体系。完善基层网格化治理机制，在花神庙、锦华新城、定坊等社区的全部楼栋单元安装“社区治理和物业服务公示牌”。强化基层治理信息化手段，建成区、街道（园区）、社区三级综治信息监控系统，定坊社区开通全市首个社区警务微信公众平台。

年内，雨花台区被全国普法办表彰为2015年全国“六五”普法中期先进区，花神庙社区被表彰为2015年全国民主法治示范村（社区）。

【重大活动维稳安保】 2015年，区委政法委以高标准、严要求、强措施，完成“12·13”国家公祭活动和南京国际马拉松比赛活动安保维稳任务。其中在“12·13”国家公祭活动期间，开展信访突出问题排查整治、涉稳重点群体教育稳控及群防群治等保障行动，在区、街道（园区）设立临时应急处置指挥部6个，组织发动2万余名平安志愿者参与群防群治。在南京国际马拉松赛期间，投入警力475名、平安志愿者200名对长虹南路1.7公里的雨花赛段重点部位、重点路线、重点人员严防死守，确保相关安保维稳任务完成。

【“两点、三线、五十面”常态化巡防体系建设】 2015年，区委政法委在全区建设“两点、三线、五十面”常态化巡防体系。其中，在“两点”配备民警12名、特勤24名，开展反恐处突、综合服务、接受报警、街面巡防、打击犯罪等多功能警务活动；在“三线”投入巡逻车14辆、民警56名和巡逻保安112名，开展24小时不间断巡防；在“五十面”配备社区民警57名、流动人口协管员200名、特勤队员234名，按照各社区实有人口和治安复杂程度进行分配，完善由社区民警、协管员、巡防保安（特勤队员）和平安志愿者构成的“1+2+4+X”社区常态巡防模式，明确巡防时间、巡防部位、巡防要求，加强易发案部位和夜间等重点时段巡逻防控，形成“专群结合、以专带群”社区治安防范格局。

【集中清查行动开展】 2015年，区委政法委组织协调相关部门开展集中清查行动。以治安重

8月21日，区委政法委联合区公安分局在赛虹桥街道开展集中清查行动
（区委政法委　供稿）

点地区流动人口、出租屋、群租房清查登记、治安防范检查和违法违规经营、假冒伪劣食品、药品、产品和安全生产、消防隐患、环境卫生等为清查整治内容，组织民警100人、特勤100人、保安100人及来自城管、消防、市场监督、安监、文化、街道、社区等100人的清查队伍，每月开展全区性集中清查行动2次。开展集中清查行动20余次，出动专业力量8000人次、群防群治力量3000人次，清查流动人口8500人(其中新登记310人)，清查出租屋1800户、群租房45户，检查车辆400余辆，抓获吸毒人员20名，实施治安拘留措施5人，清查企业和行业场所520家，发现安全生产隐患102处、消防隐患40处，下发整改通知书74份。

【平安志愿者协会建设】 2015年，平安志愿者协会实行实体化运作，按实有人口5%注册会员3万人，指导成立教育系统工作站。建立完善平安志愿服务常态运行机制，广泛动员各社区楼栋长、居民小组长、老党员和吸纳低收入人群中的积极分子，组建常态化平安志愿者基本队伍，在社区民警带领下，开展街面、小区、重点部位义务巡逻、值守等活动；志愿者统一着装、标识和装备，做到“定人、定时、定线、定责”；建立招募、培训、奖励激励等管理制度。年内，全区常态化巡防平安志愿者3702人。

【电信诈骗联动防范机制建立】 2015年，区委政法委建立综治、公安、电信、税务、金融等部门定期召开联席会议、协同联动的防范电信诈骗工作机制。通过税务短信平台向全区1.8万名会计从业人员、1.2万户企业、1.6万户个体经营户定期发送提醒短信；在企业集中QQ群平台中发布相关公告；在税务大厅免费发放宣传资料；协调金融单位在办理业务时预先发放并讲解“警示提示”，对现场成功拦截电信诈骗从业人员纳入见义勇为范畴予以奖励。全年有44人获得约3万元的见义勇为基金奖励。　　（陈文彬）

·法治政府建设·

【概　况】 2015年，区法制办推进依法行政、政府法治建设，制订《雨花台区关于深入推进依法行政加快建设法治政府的意见》，开展规范性文件后评估工作，继续施行《雨花台区科技企业孵化器管理及考核办法》。开展案卷评查活动2次，办理重大行政处罚备案27件；备案执法证件625本、监督证65本，换发执法证件125本，新办执法(监督)证件10本；办理行政复议案件7件，其中1件行政复议案件被市政府法制办评为优秀案件；代理以区政府为被申请人的行政复议案件6件，代理区政府诉讼案件60件；审查重大合同26份，提出建议128条；受理信访复查案件1件，办理政协提案2件。

【依法行政工作】 2015年，区法制办制订全区2015年度依法行政计划，明确24项任务。重点筹划综合改革、规范行政决策、加强和改进行政执法、依法防范和化解社会矛盾等工作；调整依法行政领导小组成员，落实依法行政报告制度；召开专题工作会议2次，编印《雨花台区市场监督管理局行政执法权力事项及法律依据汇编》《依法行政指南(一)》；开展依法行政考核，完成全区依法行政工作报告。年内，区安监局、区卫生局、板桥街道创成市级依法行政示范点。

【城市综合执法机制改革】 2015年，区法制办构建城市综合执法机制，按照减少层级、重心下移、下放事权、整合队伍、提高效率原则，推进区城管、安监等部分执法工作下移到街道，形成街道综合执法模式；制订《雨花台区城市执法关联事务向社会分权目录》，优化城市综合执法事项；出台《雨花台区城市执法事项目录》，实行城市执法事项与关联事务相分离；推行行政执法监督员制度，聘请特邀监督员30名，形成公众监督网络，发挥社会各方在执法活动中监督作用。

【行政执法监督】 2015年，区法制办组织区监察局、检察院、档案局、依法治区领导小组办公室开展行政执法案卷评查2次，共抽查单位20家，评查行政处罚案卷120卷、行政许可案卷80卷，评选出优秀案卷8卷；强化审查反馈及纠错机制，开展重大行政处罚备案，全年备案27件；推进行政执法与刑事司法“两法衔接”工作，制订《2015年雨花台区“两法衔接”工作要点》，组织全区行政执法人员学习《南京市行政执法与刑事司法衔接工作指导》，召开案例研讨会2次；开通行政执法监督投诉举报电话及电子邮箱，办理行政执法监督案件4件；落实行政执法责任制，转发《南京市规范行政执法裁量权规定》《南京市行政执法机关聘用协管员管理规定》等文件5份，督促各单位落实到位。

【行政执法人员管理】 2015年，区法制办加强证件档案管理，开展执法证件年审工作，备案执法证625本、监督证65本，换发执法证125本，新办执法(监督)证10本。落实行政执法人员培训制度，制订2015年行政执法人员法律业务培训计划，确保行政执法人员培训不少于15天；组织新申领证件人员10人参加市新增行政执法人员资格培训和考试；组织街道(园区)及相关部门执法人员约200人开展新《行政诉讼法》学习和城管执法专题培训；举办全区法制员培训班。全年培训执法人员1000人次。

【行政复议与行政诉讼】 2015年，区法制办推进行政复议规范化建设，设立行政复议受理中心，完善行政复议基层联系点8个。全年收到行政复议申请7件，其中通过案前协调成功化解1件、当事人撤回申请1件、作出维持决定5件；代理区政府被复议案件6件，其中被市政府维持5件、当事人撤回申请1件。推行行政诉讼案件行政负责人出庭应诉制度，区领导出庭率100%。建立行政诉讼情况定期分析报告制度,全年涉及区政府诉讼案件60件。

【重大行政决策合法性审查】 2015年,区法制办审查区政府重大合同26份,提出建议128条,涉及标的额近3亿元;把关重大涉法事务,提出小产权拆迁方案、软件谷企业扶持政策制订、国资公司重大融资项目、国有土地征收程序及制作文书样本、瑞尔大厦项目后续处置工作等内容法律意见书20余份;备案重大行政执法决定27件。

【法治保障】 2014年12月20日,雨花台区完成工商、质监、食品药品监管体制改革,实行"三局合一",区市场监管局挂牌成立。2015年,区法制办服务区市场监管局整合工作,申报执法主体,换发执法证件;制订商事制度改革后续监管制度及《关于深化行政审批制度改革加强事中事后监管的意见》,加强事中事后监管力度;协调执法部门在执法中遇到的难题,协助化解执法争议;推进行政调解工作,规范行政调解程序,全年处理涉及公安、市场监管、物价等方面行政调解26464件;主动参与疑难信访纠纷调解处理20件。 (彭媛媛)

·公　安·

【概　况】 2015年,区公安分局辖派出所10个,有民警557人、警辅943人。年内,区公安分局投入约990万改造区公安分局指挥室通信机房、11家派出所视频监控中心,新增公安自建监控点位146个、社会面监控点位146个。投入约40万元建成派出所四级视频会议系统,提升公安网专线传输速度,完成350兆电台数字化。建立与高铁南京南站等南站内8家单位情报信息互通机制,实现监控联网、情报联享、应急联动。细化《接处警工作规范》,采取事前监督和事后评价相结合监督考核模式。建立"统一审核、统一出口"案件审核机制,从行政案件量罚、执行,到刑事案件立案、变更强制措施和移送审查起诉,对每起案件每个重点环节同步开展监督,实现从单一注重下行案件审核向每案必审转变。整合执法记录音视频管理系统等执法业务信息系统,把执法办案全过程纳入信息化轨道之中。对涉案财物进行"物案关联",在各办案单位建立证物室,确保涉案物品24小时录入平台。

犯罪打击。调整机构设置,将职能相近、职责重叠的反恐、禁毒和刑警合署办公。组建合成侦查队,抽调刑侦、经侦、网侦和治安骨干民警6名,夯实特情网络基础、阵地控制基础、刑嫌调控基础和图侦网侦基础。完善合成指挥、合成管控和合成研判等系列合成作战机制,根据不同时间节点、任务要求,设立临时性机构集约化运作,共同承担工作任务。全年,破获"2·4"特大贩毒案、"2·12"持刀抢劫奥迪车案件、铁心桥系列纵火案、"6·30" 特大传销案、"9·25"故意杀人案等大案要案。组织侦办食药环案件17起,抓获犯罪嫌疑人38名(公诉31名),打击效能位居全市同类地区第一名。在"禁毒百城会战"中破获大案要案件数、查获吸毒人员数、打处数、强戒数、缴毒数等均居同类分局第一,会战成绩总积分排名全市第一。

治安管控。借力"互联网+",打造"平安·微语"微信公众号群,发挥平台"宣传、展示、互动、服务"四项功能,提升社区警务质效、为民服务水平。围绕群众反映强烈的治安突出问题,坚持把压降多发性、侵财性案件作为首要目标,建设"两点、三线、五十面"立体巡防体系。下发具有针对性、指导性和可操作性研判指令13条,制作下发各类研判、分析专刊22期;侵财类警情8009起,同比下降8.3%,街面"两抢"案件(抢劫、抢夺犯罪案件)发案同比下降35.7%;接移车有效警情93772起;全区22个社区完成"微警务"平台构建,社区覆盖面43%,居民关注总量约35500人,居民住户覆盖面35%,推送各类信息约3600条,征集意见建议约500条,收集情报线索125条,与居民互动约200次,办理群众诉求132件。

交通管理。全年,辖区发生道路交通事故22起,死亡18人、受伤8人,受伤人数同比上升14.29%,事故起数和死亡人数分别同比下降4.35%和5.26%,交通安全形势总体平稳。

消防管理。全年,区消防大队围绕抗战胜利70周年纪念活动安保任务,以队伍正规化建设全力推进"四项建设",保持全区火灾形势和队伍管理持续稳定。全年出警599次,发生火灾361起,死亡1人,直接财产损失230万元。出警次数同比增长14.31%;火灾次数同比增长19.99%;财产损失同比下降11.1%;死亡人数同比下降50%。区消防大队及各派出所共检查单位17888家,督促整改火灾隐患或违法行为18844处,行政处罚共541起,火灾调查27起,临时查封47家,整改重大火灾隐患单位2家,"不放心"高层建筑隐患单位1家。

年内,交警八大队被区委区政府评为2015年度先进集体。　(严霜　杨仲　骆晶)

【最大缴毒量毒品案件告破】　2月4日,区公安分局在市局禁毒、刑侦、技侦等部门支持下,联合铁心桥派出所破获一起特大贩毒案件,抓获毒品犯罪嫌疑人11人,缴获毒品"K"粉20.2公斤,查扣涉案车辆3辆。该案创下区公安分局建局以来个案缴获毒品数最高纪录,也是"禁毒会战"以来南京市最大缴毒量毒品案件。1月初,根据情报研判,发现玄武区黄家圩一带有人大肆贩卖毒品"K"粉,出货量较大。区公安分局联合相关派出所成立专案组,在市公安局业务部门指导下,对该涉案人员进行全面布控。经专案组查明,该贩毒团伙以张某(女,43岁,南京市鼓楼区人)、郑某(男,51岁,湖北省潜江市人)为首,从湖北大量购进毒品"K"粉,拿到货后迅速发货。2月4日,专案组获悉郑某准备再次到湖北进行毒品交易,开展收网行动,在宁马高速马鞍山收费站设伏抓获张某、郑某及出租车驾驶员钟某(男,33岁,南京市六合人),当场从出租车上缴获"K"粉20公斤。随后,专案组全面收网,在玄武区锁金四村等地抓获许某(男,32岁,南京市玄武区人)等8人,缴获"K"粉200克,查扣涉案车辆2辆。

【移车警情自动处置】　5月11日,针对移车警情逐年激增、占用大量警力、处置时间较长、群众反映强烈等问题,区公安分局实行移车警情自动处置双轨制。开展调查研究,将移车警情自动处置列为"110规范建设年"活动重点工作;向社会公开招聘接警辅助人员,择优选拔"移车助手"专职接警员4名;健全移车警情处置工作机制,每个接警组在原有2名接警员基础上,增加1名专职移车自动处置接警员,实行"2+1"运作模式(每个组设置1名组长,负责全组人员调配、工作统筹等。遇有移车警情高峰时,组长根据实际情况再调配1名接警员开展移车警情自动处置),特殊情况由区公安分局调度民警负责调度；召开培训会，通过操作流程讲解、模拟警情测试等方式，从规范流程、保密管理、平台查询、文明用语、纪律要求等方面进行人员培训；专门设计并印制展板和宣传册，结合科技宣传周活动及与报警人、车主电话联系时机，加大宣传“自助移车服务”软件；建立完善激励奖惩机制，每月通过平台统计各接警组移车警情成功处置数量，按照每月成功自动处置的移车警情数量进行考核。年内，区公安分局接移车有效警情93772起；开展自助移车服务系统推广会，系统注册用户4668，使用4200余次；结合科技宣传周下发宣传册，梳理移车警情10起以上的电话号码69个，其中雨花台派出所31个、共青团路派出所2个、赛虹桥派出所15个、铁心桥派出所15个、岱善派出所2个、西善桥派出所3个、梅山派出所1个。

【破获特大传销案】 6月30日，区公安分局在市局经侦支队、特警支队、技侦支队等部门支持下，破获一起特大传销案件，抓获团伙骨干成员26名，查获非法传销成员236人，查获传销书籍、宣传资料、笔记等500余份。3月下旬，区公安分局接到群众举报，板桥新城金地自在城内隐藏一个名为“1040阳光工程”的特大传销组织。该组织运行方式是：传销人员缴纳3800元一份的会员费（最高21份，价值69800元）加入组织，再通过诱骗亲友、同学、同乡加入获取会员费提成。6月30日，区公安分局组织550余名办案民警、特勤和保安分三路开展收网行动，一路直扑南京禄口机场，在候机大厅抓获正欲乘飞机离宁的团伙头目4人；一路赶往赛虹桥珍宝假日酒店，抓获正在酒桌边饮酒行乐的老总级团伙骨干22人；其余400余名警力分乘20余辆大客车前往板桥金地自在城小区，集中清理隐藏在居民楼内非法传销人员。（严　霜）

6月30日，区公安分局破获特大传销案　（区公安分局　供稿）

【南京南站交通秩序维护】 南京南站日平均人流量超20万人次、车流量近5万辆次，节假日等高峰客流量成倍增长。2015年，交警八大队通过加大交通设施投入、加强交通组织、宣传引导和警力投入等措施，维护停车、行车秩序，做好春运和小长假期间南京南站交通安保工作。加强与南站综管办有关部门密切配合，定期组织警力对“摩的”、“三小车”、黑车违法营运、出租车站外带客和机动车违停等开展专项整治，确保南站地区交通秩序总体良好。

【交通安全宣传教育】 2015年，交警八大队借助广播、电视、互联网、微博、短信、电子显示屏等媒介，宣传安全行车常识，曝光违法车辆和责任主体单位。定期邀请组织媒体记者随警

10月27日,交警八大队民警在南京市小行小学附属幼儿园为孩子们上交通安全课　（交警八大队　供稿）

作战,深入基层一线采访报道严重交通违法行为和交通肇事典型案例,加强交通安全意识、交管业务政策及队伍正面典型宣传。清明祭扫期间,根据不同时间节点和祭扫特点,围绕错峰、错时以时间换空间,以空间保畅通的宣传思路,开展有针对性出行宣传。通过大密度、高频次宣传交通管控措施,引导市民群众合理出行、安全祭扫。全年开展"五进"宣传211场次,刊播各类新闻1549篇次。

【交通违法管控】 2015年,交警八大队针对交通违法高发现象,组织警力加大对"三超一疲"(超员、超速、超载、疲劳驾驶)及酒驾、毒驾、无牌无证、高危车上路、渣土车、危险品车、改装车和"三小车"等重点交通违法整治。通过定点设卡、流动巡逻相结合方式,组织各中队强化交通违法行为查处,遏制交通违法,预防交通事故。启动危险驾驶罪后续警示跟踪机制,办理危险驾驶罪案件20起。开展针对假牌、套牌、过检、多违等高危车辆专项整治,查扣高危车376辆。全年,查处机动车重点违法行为17万余起,其中查处酒后驾驶334起、醉酒驾驶18起、毒驾2起,暂扣驾驶证219本,治安拘留22人。

【"三小车"整治】 2015年,交警八大队按照条块结合管理方式,坚持长效管理与集中整治相结合,及时成立"三小车"(残疾车、正三机、三轮货车)专项整治组,坚持每天上路拉网整治,重点突出城郊结合部窗口地区、地铁站口等重点区域,重点查处"三小车"在禁区内违法载客(货)营运、违停聚集、闯红灯、走快道、逆向行驶等重点违法行为。对查扣的违法"三小车"一律移送石佛寺集中处理,通过强化路面查控,重点窗口地区落实辅警看守,始终保持严管态势。全年查处"三小车"各类违法1053起,其中处罚正三机81起、残疾车28起,暂扣三轮车585辆、正三机291辆、扣残疾车68辆。

【"渣土车"管理】 2015年,交警八大队规范渣土运输秩序,严查渣土车闯禁行时间、路线、闯红灯、违规装载和无"三证"上路运输等违法行为,压降交通事故发生。坚持将渣土车作为整治管理重点,定期进行评析,建立渣土车长效管理机制。加强渣土车联合处罚、共同执法工作对接,形成多部门管理合力,严厉查处在渣土运输弃置各个环节中各类违法违规行为。每日组织晚间留守值班警力上路上线,加强宁丹路、大周路、凤台南路等重点路段渣土运输车辆管理,严格整治渣土车各类违法。全年查处渣土车各类交通违法2645起,其中暂扣违法渣土车197辆。

【清明祭扫交通保障工作】 3月14日–4月30日,交警八大队开展清明扫墓交通管理工作,做好南郊各大公墓、雨花台烈士陵园周边、赛虹桥广场周边和南京南站地区交通疏导工作,完成各项交通安保任务。清明祭扫期间,交警八大队出动警力1712人次,确保群众243万人次、52万车次安全出行,保障各陵园、墓园及周边地区交通道路安全畅通,确保各旅游景点交通秩序安全有序。 (杨 仲)

【消防宣传互动机制构建】 2015年,区消防大队以社区为载体,依托社区服务中心建设消防文化主题广场和文化长廊组织开展家庭消防、街边消防、学校消防、疏散逃生、消防志愿者等系列主题宣传行动。建立"雨花消防QQ群",开通微信公众平台,畅通网络舆情收集、分析、处理、监督、反馈管道。组织全区社区消防志愿者500名开展"进楼入户"宣传活动。建成面向群众的固定消防宣传栏200个,受到辖区群众一致好评。全年,全区组织消防宣传咨询广场活动12次,发放宣传资料1000余份;组织消防知识培训讲座60余次,参训人员近万人。

【"居民消防联防联治站"建立】 2015年,区消防大队针对城乡结合部城中村分布广、远、散,老旧小区多、租住户和流动人口多等情况,探索在城中村区、小区内建立"居民消防联防联治站"。依托"网格化"管理分片设点,城中村选择社区、物业、值班岗亭等24小时有人留守场所或者安全员家为固定站点。小区内由义务联防队队员及楼栋长、社区民警、协警组成巡查小队,每月定期针对各个单元排除隐患。每天安排4名联防队员和2名楼栋长对各自责任区进行消防巡查,并且在巡查内容、时间上与社区民警、保安错位互补。至年末,全区共建立"居民消防联防联治站"41个,聘用安全员近450人,发放消防器材100余件、消防巡防车6辆,成功扑救火灾10余起,挽救群众财产损失10余万元,协商解决辖区消防车通道堵塞问题20余个。

【3家单位被挂牌督办】 4月,区消防大队严格按照《重大火灾隐患判定标准》,判定南京特能电子有限公司、炫乐地带练歌房2家单位为重大火灾隐患单位。经区消防大队上报市消防局认证,确定南京特能电子有限公司由省政府挂牌督办、炫乐地带练歌房由市政府挂牌督办。"不放心"高层建筑隐患单位春江新城天隆坊于2011年被区政府挂牌督办。整改期间,安排监督员定期上门督导、跟踪服务。区政府多次组织召开重大隐患整改协调会、"不放心"高层整改协调会、整改工作汇报推进会。至年末,3家单位均已符合验收条件并摘牌销案。

【"九小场所"消防安全综合治理】 8–12月,全区组织开展"九小场所"消防安全综合治理。区消防大队紧紧依靠区委区政府和公安机关,根据治理范围和标准,联合教育、民政、住建、规划、商务、卫生、旅游、安监等部门按照整治职责分工分门别类实行综合整治,对排查出火灾隐患和消防违法行为单位,责令单位限期整改。同时,联合南京电视台法制现场、南京新闻广播电台开展系列宣传活动。自"九小场所"消防安全综合治理开展以来,区消防大队出动警力(含派出所)近 80 人次,向社会单位发放宣传册 1000 余份,检查各类单位场所 190 家次,发现火灾隐患和消防违法行为 400 余处,督促整改约 450 处,发现区域性隐患 19 处。

(骆 晶)

·检 察·

【概 况】 2015 年,区检察院受理审查逮捕案件 216 件 338 人,批准逮捕 187 件 296 人,受理人数同比上升 15.8%;受理审查起诉案件 394 件 580 人,起诉 340 件 453 人,受理人数同比上升 26.1%,起诉案件有罪判决率100%。针对部分地区传销、开设赌场等现象,加强与公安机关、相关街道(园区)配合,提出专项治理建议 15 件次。引导公安机关侦查活动200 次,发出书面取证建议提纲 60 份。全程介入传销犯罪案件侦查,最短时间内批捕涉案人员 68 人。指导涉赌案件社会危害性证据收集,起诉犯罪嫌疑人 33 人。依法批捕聚众斗殴、抢劫、非法持有枪支等严重暴力犯罪嫌疑人 43 人,起诉 48 人;依法批捕贩卖毒品、容留吸毒、非法持有毒品等涉毒犯罪嫌疑人 52 人,起诉91 人;依法批捕合同诈骗、保险诈骗、信用卡诈骗等经济领域欺诈型犯罪嫌疑人 28 人,起诉32 人。依法治理违法上访闹事,在全省首次批捕起诉进京非法滋事的犯罪嫌疑人。加强未成年人司法保护和犯罪预防,依托社会力量开展异地帮教、基地帮教,封存未成年人犯罪档案 5 件。办案骨干进校园讲课 16 堂,承办全市未成年人普法教育(现场)推进会。开展刑事被害人司法救助工作,救助被害人 10 人。

民生检察。全年接收来信来访 128 件,受理 62 件,初核举报线索 16 件,移送立案处理 7 件,提出刑事申诉再审检察建议 1 件。通过公开答复、相关部门联合答复、上下级共同答复等举措化解涉法涉诉信访 8 件,运用远程视频接访系统与上级院联合接访 5 次。通过和解方式办结轻微刑事案件 30 余件,不批准逮捕犯罪嫌疑人 47 人,不起诉 33 人。履行羁押必要性审查职能,审查起诉案件的羁押率保持 50%左右,审前羁押率为全市最低。参与平安“雨花”、法治“雨花”创建活动,自主或配合相关部门深入社区开展广场宣传和开设法治课堂等活动 7 次,接待群众法律咨询 120 次。公诉销售有毒有害食品、销售假药等犯罪嫌疑人 44 人,公诉交通肇事、醉酒驾驶等犯罪嫌疑人 43 人,公诉利用电信和网络实施诈骗的犯罪嫌疑人 8 人。集中力量查办民生领域职务犯罪案件,查处征地拆迁、社会保障、公共事业等单位犯罪嫌疑人 11 人,占总数 70%以上。

职务犯罪预防。全年立案侦查贪污贿赂犯罪案件 15 件 15 人、渎职侵权犯罪案件 1 件 1 人、副处级以上领导干部贪污犯罪案件 2 件 2 人。查办拉拢腐蚀国家工作人员行贿犯罪 4 件 4 人,比例居全市前列。结合查处拆迁领域窝串案,深入案发地区和单位召开案件剖析会,分析案发原因、发出检察建议、提出治理对策。抓住“两房”建设契机,梳理近 10 年来该地区发生的职务犯罪典型案件,组织承办检察官剖析点评,加强基层干部警示教育。加强警示教育基地建设,纳入全区党风廉政建设工作体系和新任职干部培训必修课程,被揭牌为全市首家基层党员干部警示教育基地。全年接待省、市、区机关、团体、企事业单位 290 批次、9300 人。

监督职能。全年因证据不足不批准逮捕 20 人,做出存疑不起诉 5 人。履行刑事侦查活动监督职能,书面纠正侦查活动违法 4 件,监督公安机关说明不立案理由1件，纠正漏诉犯罪嫌疑人1人。履行刑事审判监督职能，提出抗诉1件。推进“两法衔接”，专题走访行政执法部门13次，查阅行政执法档案200卷，召开联动执法会议8次。加强律师执业权利保障，建立逮捕必要性听审制度，推动审查逮捕工作向司法审查方式转变。

民事行政诉讼监督。全年受理民事行政申诉案件24件，办结17件。提请抗诉1件，建议提抗并再审改判1件，办理督促起诉案件1件，发出再审检察建议1件，监督再审并调解结案1件。对审判工作提出检察建议8件，均被采纳；发现处理虚假诉讼线索2件，移送公安机关立案侦查犯罪线索1件针对不当使用公告送达损害当事人诉讼权利问题，通过检察建议开展专项监督。针对执行难、执行慢情况，通过口头督促、要求书面说明理由及执行监督检察建议等方式进行监督纠正，办结类案申诉7件。及时向国有资产管理单位发出督促履职检察建议，保护国有资产不受侵犯。坚持释法说理，办结不支持监督申请案件7件。

刑事执行监督。以监所检察更名刑事执行检察为契机，适应检察职能调整，正确履行新增职能。提出财产刑执行监督检察建议1件，开展指定居所监视居住监督检察2件，对强制医疗等新类型案件办理中出现的不规范现象提出书面纠正违法意见3件。监督配合司法行政部门开展“9·3”特赦工作，筛查准确上报拟赦名单。强化社区矫正工作监督，确保全区172名在矫人员不发生脱漏管，对3名不符合暂予监外执行条件的罪犯及时监督收监执行。开展“心灵讲坛”读书励志系列活动，引导社区矫正人员学法修德。强化监管场所安全监督，开展看守所收押和出所检察1200人次，提出超期羁押预警96人次，针对看守所消防安全隐患等问题提出书面检察建议7件，均被采纳整改。

【知识产权保护】 2015年，区检察院加强与相关单位工作联动，深入中小型软件企业开设流动培训站。完成为期两年的知识产权保护“百千万”工程预定任务。打造知识产权预防教育品牌，吸引北上广等地高科技企业前来进行高管培训。突破知识产权司法办案难点，邀请最高法、最高检业务专家和国内知名教授为案件把脉会诊。庭审全国首例以国防专利为侵害对象的犯罪和以网络数据为对象的破坏生产经营犯罪并给予定罪判刑。依托知识产权保护一站式服务中心、知识产权罪案预防教育基地等载体，接受企业咨询90次，帮助企业培训职工2000人，在市民广场、科技园区开展宣传活动20次。

【预防腐败警示教育“套餐”推出】 2015年，区检察院推出由一个展览、一部电影、一堂讲座、一次座谈、一份承诺组成的“五个一”预防腐败警示教育“套餐”。联合区纪委建立全区性预防职务犯罪警示教育基地展览，以展板展示、视频播放等形式展出发生在该地区为主的职务犯罪典型案件；建成专题影片库，其中包括《诱发公职人员职务犯罪的20个认识误区》等；聘请与预防职务犯罪工作相关的法学专家、社会学专家、检察实务专家并组成专家库，对党政机关领导、基层社区干部、行政执法人员、国企经营者等各类人群进行授课；通过提前了解，区检察院会收集整理出受教单位人员对职务犯罪预防方面认识困惑及需要解决的法律问题，邀请区纪委或检察院相关人员到座谈现场进行答疑解惑，提供风险点防范和内部监督管理等方面对策建议；在警示教育结束之前，由受教单位领导对全体人员进行集体廉政谈话，受教单位人员根据集中教育培训情况撰写感言语录，面对党旗重温入党誓词，并在党旗下做出反腐倡廉承诺。全年，选择预防腐败警示教育"套餐"开展警示教育单位近30个，受教育人数1000人。

【"一窗式"检察为民服务中心打造】 2015年，区检察院打造"一窗式"检察为民服务中心。"一窗式"工作模式由原来"一对多"变为"一对一"，具有前台集中服务和后台分线保障特点。其中，集中服务就是检察为民服务中心通过集约化管理，整合控申、民行、侦监、公诉、预防、案管、宣传等7个部门对外业务，集中履行受理控告申诉举报、受理案件移送、提供律师接待、提供行贿犯罪档案查询、提供检察信息查询等10项功能；分线保障强调首办和承办双向责任制，将检察为民服务中心接待员作为起点，以辐射状将受理的群众需求直接传达到业务部门，办结后再归口到接待员。案件从受理到办理到回复全流程实行业务平台跟踪监督、结项检查考评，确保事项办理过程统一性、专业性和及时性。全年接待律师149人次，接待群众141人次，提供行贿档案查询4260批次，提供个人信息查询8977人次，接待天津、宁波等地检察机关考察30批次。（王　义）

·法　院·

【概　况】 2015年，区法院坚持司法为民、公正司法工作主线，履行审判职责，推进司法改革，加强自身建设，完成各项工作任务。审理南京首例淘宝网恶意刷单案、"2·12"抢劫奥迪车案等社会关注案件。推进轻微刑事案件速裁试点工作。实施涉罪未成年人帮教工程，健全未成年人犯罪心理辅导、缓刑帮教等防控未成年人违法犯罪工作机制。处理民商事纠纷，新收各类民商事案件5394件，审结5378件。推进依法行政，受理行政案件195件，审结193件。全年新收各类案件8040件，旧存案件1140件，审结8148件，结收案比为101.33%，一审民事裁判案件服判息诉率82.06%，一审民事案件调解率39.41%。依法严惩刑事犯罪，审结367件，判处罪犯478人。

年内，板桥法庭法官胡正义被省高级人民法院授予一等功，铁心桥法庭被市中级人民法院授予基层法院内设机构三等功。

【司法公开】 2015年，区法院推进立案、庭审、裁判文书、执行信息网上全程公开。在"雨花法院网"上开辟专栏，当事人可以实时查询从立案、审判到执行各个环节的信息。开展"邀请十万群众进法院"活动，邀请企事业单位职工、机关干部、在校学生等各类群体6761人次旁听案件672件，收到意见和建议119条。简化旁听程序，上传799件案件至"南京审判网"等网络平台，群众凭身份证便可登记预约旁听庭审。创新庭审公开方式，全年推送162档庭审现场在互联网直播。推进裁判文书上网工作，做到应当公开的生效裁判文书上网率100%。完善人大代表、政协委员联络机制，开展"走访人大代表联络月"活动，邀请市、区人大代表视察、座谈法院工作42人(次)，邀请代表、委员观摩旁听案件庭审和参与执行30人(次)。加强典型案件宣传，在各级新闻媒体刊发典型案件新闻稿83篇，在央视及省、市、区电视台录制法治节目67档。规范对外委托评估、拍卖工作，随机选定评估、拍卖机构，做到阳光透明、公开公正。

【执行工作规范化建设】 2015年，区法院执结案件2210件，实际执结率52.95%。运用网上"点对点""总对总"等执行新机制查控被执行人银行存款、车辆、户籍、出入境、房地产等各类信息共计1.82万件次，反馈信息1.6万条。加大对规避执行行为惩治力度，在户外电子显示屏、法院门户网站等处曝光"老赖"信息28人次、对被执行人限制出境6人次，罚款4人次、司法拘留13人次。加大集中执行力度，开展执行会战5次，执行辖区内南京宝积制衣有限公司搬迁等案件。加强执行工作快速反应指挥中心建设，与全市法院执行指挥系统联网，强化指挥和管理。

【刑事速裁程序试点】 2015年，区法院开展刑事速裁程序试点工作。刑事速裁程序是在强化人权保障前提下，实行轻微刑事案件快速办理，办案期限一般为15日，最长不得超过20日。刑事速裁案件适用于案情简单，事实清楚、证据充分，犯罪嫌疑人、被告人认罪且同意适用该程序轻微刑事案件。全年，区法院受理刑事速裁案件58件，审结58件，占全部一审刑事案件审结数17.06%，每件速裁案件平均庭审时间在3至5分钟，平均审理天数4.78天。

【主审法官制改革试点推进】 2015年，板桥人民法庭作为试点对象，合理配置主审法官、法官助理和审判辅助人员人数，分别由庭长和副庭长担任两个团队主审法官，组建由1名主审法官、1名法官助理、2名书记员组成的审判团队，形成以主审法官为核心、团队协同开展工作的新型审判工作机制。两名主审法官独立办案，具备签发文书权，同时承担案件相应责任和义务。法官助理辅助主审法官开展审判工作，包括组织庭前调解，明确双方诉辩，进行证据交换，开展初步法庭调查、草拟判决书等。书记员在主审法官和法官助理指导下，从事诉讼事务性工作，包括送达各类诉讼文书、担任庭审和案件评议记录、校对诉讼文书、装订卷宗并归档等。全年，试点的两个审判团队结案686件。

【院长、非一线审判部门负责人办案机制建立】 2015年，区法院制订《关于院长、非一线审判部门负责人审理案件实施方案》，将院长、非一线审判部门负责人审理案件纳入审判管理机制，明确院长及非一线审判部门负责人每年办案数量，并对分案方式、审判业务活动保障及与各庭室协调、文书签发、考核措施等方面作出规定。年内，院庭长受理案件3189件，审结3265件(含旧存)。

【南京首例淘宝网恶意刷单案公开审理】 2015年，区法院刑庭公开审理被告人董某、谢某破坏生产经营一案。该案为南京首例淘宝网恶意刷单案，也是全国首例因"恶意反向炒信"行为被检察机关提起公诉案件。被告人董某在淘宝网经营提供论文相似度检测服务网店，2014年4月，董某为谋取市场竞争优势，打击竞争对手，雇佣被告人谢某，多次以同一账号大量购买被害公司北京智齿数汇科技公司南京分公司淘宝网店铺商品，致使该公司店铺被淘宝公司认定为虚假交易刷销量，并受到淘宝公司搜索降权处罚。因消费者在数日内无法通过淘宝网搜索到该公司淘宝网店铺商品，严重影响该公司正常经营。区法院在查清事实基础上，认为被告人董某、谢某出于打击竞争对手目的，以其他方法破坏生产经营，二被告人行为均已构成破坏生产经营罪。该行为严重影响北京智齿科技南京分公司淘宝网店铺正常经营活动，给该公司造成较大经济损失。综合被告人董某、谢某系初次犯罪，有退赔被害单位经济损失等认罪、悔罪表现，且二被告人所在社区均同意对其实施社区矫正，故一审判处被告人董某有期徒刑一年六个月，缓刑二年；被告人谢某有期徒刑一年，缓刑一年二个月。

【与江苏警官学院共建“教学实践基地”】 2015年，区法院与江苏警官学院开展共建活动，通过开展示范庭庭审、组织学生到法院旁听庭审、举办法官授课等形式推进教育实践基地建设。9月18日，江苏警官学院为区法院6名法官颁发“客座教授”聘书，推动双方合作共建进程。全年开展示范庭庭审2次，学生400人次旁听，举办法官授课3次，组织座谈交流2次。

【立案登记制改革推进】 5月4日，根据《最高人民法院关于人民法院登记立案若干问题的规定》，区法院推行立案登记制，对依法应当受理案件，做到“有案必立，有诉必理”，保障当事人诉权。全年登记立案8051件；因严格实行立案登记制，行政案件受理数量激增，新收案件170件，同比提高4.8倍；审结案件193件，同比提高5.2倍。

【“2·12”抢劫奥迪车案公开审理】 8月13日，区法院刑庭公开审理被告人娄某抢劫一案，该案因案发时引起南京出租车司机全城大追捕而备受社会关注。被告人娄某通过某网站搜索到被害人谭某拟出售二手奥迪车信息，电话联系谭某，咨询该奥迪车交易情况，并约定见面看车商谈交易手续。双方见面当日，谭某驾驶奥迪车带着娄某行驶途中，坐在副驾驶员位置的娄某拿出水果刀威胁谈某，拿走其4000元现金并开走奥迪车。区法院在查清事实基础上，认为被告人娄某以非法占有为目的，以暴力方法劫取他人财物，数额巨大，其行为已构成抢劫罪，故一审判处被告人娄某有期徒刑十年，罚金人民币5万元。　　(张　瑶)

·司法行政·

【概　况】 2015年，全区司法行政系统有街道(园区)人民调解委员会8个，公安派出所公调对接工作室9家，社区人民调解委员会50个。年内，全区各级调解机构排查日常矛盾纠纷3064次，受理矛盾纠纷1449件，劝阻群体性上访262批次5092人次，调处率100%，调解成功率100%；区社区矫正管理局接收社区服刑人员91人，解除矫正人员96人，年底在册服刑人员167人，办理审前和假释前调查评估133例，被法院采信110例；区法律援助中心接受群众来访5849人次，“12348”法律援助服务专线为困难群众解答法律咨询3426人次，办理法律援助案件415件；全区民主法治示范社区22家，其中新增国家级民主法治示范社区1家、省级民主法治示范社区3家，省级创建率39%；注册律师事务所19家，执业律师185人；注册法律服务所2家，法律工作者8人；雨花台公证处办理各类公证3479件。区公共法律服务中心、社区矫正基地建成并入驻运行。完成雨花台区社区矫正基地搬迁，由南唐二陵迁至板桥生态园。

2015年，雨花街道花神庙社区被司法部、民政部表彰为第六批“全国民主法治示范村(社区)”,雨花台公证处被省司法厅表彰为“全省公证规范化建设先进单位”,区普法儿童团获江苏省“十大普法达人”入围奖。

4月8日,“‘12348’法润千万家”法律服务专题活动在雨花台烈士陵园南广场举行
(区司法局 供稿)

【“法律六进”活动推进】2015年,雨花台区继续推进“法律六进”活动,以国际劳动妇女节、消费者权益保护日、国际禁毒日、全国宪法日等为载体,结合“18”法律广场、“法律人在行动”等活动,开展以“同享法治阳光,共筑美好家园”为主题的农民工学法周活动,组织“‘12348’法润千万家”法律服务专题活动,开展“法润雨花·平安家园”——雨花台区“中国梦·法治路·社区行”主题广场活动。全年累计发放法治宣传资料1万余份、调查问卷200份,提供法律咨询300余人次。

【区普法儿童团获省“十大普法达人”入围奖】2015年,区普法儿童团获江苏省“十大普法达人”入围奖,该评选活动由省法制宣传教育工作领导小组办公室、省司法厅联合举办。区普法儿童团于2007年7月,由区司法局与教育局在共青团路小学联合组建,为全国首家普法儿童团。自成立以来,在校内开设维权热线、创办法治校报《童年》、开展“做守法的小公民”签名活动及“模拟法庭进校园”活动等;在校外开展“普法歌谣唱响社区”、与民工子弟学校学生“手拉手”法律援助结对活动等,激发学生学法热情,提高中小学生遵纪守法意识,培养出一批“小小法律通”。

【“公调对接”工作推进】2015年,市司法局、公安局、财政局、人社局、编办联合制订《关于进一步加强公调对接工作的实施意见》,推行“派驻式”对接形式,在公安派出所设立人民调解工作室,安排专职人民调解员,常驻公安派出所开展矛盾纠纷调解工作。年内,雨花台区落实由街道(园区)人民调解委员会派驻专职人民调解员“公调对接”模式;成立由区司法局、公安分局、人社局、财政局、编办组成的“公调对接”领导小组;将公调对接工作经费列入财政预算;按照派出所接处警量,配备专职人民调解员23名;统一规范化建设辖区内派出所公调对接工作室9家。

【花神庙社区获“全国民主法治示范社区”称号】3月25日,雨花街道花神庙社区在由国家司法部、民政部联合开展的第六批“全国民主法治示范村(社区)”评选中获“全国民主法治示范村(社区)”称号。近两年来,社区围绕“传承花神风韵,建设和谐家园”主题,以法治文化建设为载体,推进民主法治建设。成立“居民法治学校”“青少年法治学校”,开设市民课堂、母亲学堂、老外工作室、心理咨询室，开展“四点半学堂”、“白兰花巾帼志愿者”、大学生村官“七彩课堂”等活动，设置法治文化墙、法治绿廊、议事亭、普法路牌等一批法治文化景观，并依托社区信息化建设，为社区居民提供“全天候”法治宣传和法律服务。实现社区“七无”（无非法进京上访、无重大安全事故、无重大治安事件、无重大民转刑案件、无连续性侵财案件、无违法犯罪活动）考核目标。

【法治文化基地建成】 4月20日，由区司法局和江苏警官学院安德门校区合作共建的法治文化基地建成并对外开放。基地建筑面积约500平方米，依托警官学院体育馆设计建造，分为审判实验室、法治实践展示区、法治文化创作活动室3个区域。其中，审判实验室面积约200平方米，容纳198个座位，真实还原法庭每个部分，具有点播各级法院庭审现场功能；法治实践展示区通过文字、浮雕、图片等形式，介绍司法行政人民调解、社区矫正、法律援助、法治宣传四大平台及区司法局与江苏警官学院合作基本概况；法治文化创作活动室为校区法治表演队、辩论队、宣传队、演讲队、模拟法庭队日常训练场所，通过立体展板形式分别介绍5支队伍组织架构、运作模式及法治实践活动，引导师生参与其中。该基地为区“法律人在行动”活动重要组成部分。

【“六五”终期考核验收通过】 7月22日，市人大常委会副主任单景南率市“六五”普法终期检查验收组一行10人检查雨花台区“六五”普法工作。通过听取汇报、实地查看、调查问卷、检查台帐等方式，分别抽查区检察院、板桥街道、孙家社区、共青团路小学、诚迈科技（南京）股份有限公司。检查组对该区在“六五”普法工作中做法给予肯定并提出要求，对“六五”终期考核验收予以通过。2015年，该区组建普法讲师团20人、党员律师团30人、普法联络员122人，开展千人志愿者服务活动；全区17家律师事务所出具风险提示和法律建议书1226份，代理案件4524件，为政府和企业挽回经济损失2.4余亿元；以“法律人在行动”、“18”法律广场、“法润江苏春风行动”等活动为依托，开设或开展“法律学堂”“法治讲堂”“法律六进”★等活动2000多次，接受法律咨询40万人次，普法知晓率超93%；针对青少年、农民工等不同群体，开展法律培训、法律知识竞赛等活动。自2011年1月区“六五”普法工作启动以来，全区累计开展各类法律咨询活动1200多场，举办法治讲座2240场次，接受咨询人数10万多人，普法覆盖面100%。

★链接 “法律六进”：法律进机关、法律进乡村、法律进社区、法律进学校、法律进企业、法律进单位。

【区公共法律服务中心投入运行】 8月12日，区公共法律服务中心建成并投入运行。该中心位于安德门大街6-1号，建筑面积400平方米，分为公共服务接待、集中办公两个功能区域，采取“窗口化、综合性、一站式”服务模式。其中，公共服务接待区域设有法律援助、人民调解、公证服务、律师咨询、社区矫正司法行政业务等服务窗口，集中办公区设有法律援助中心、矛盾纠纷调处中心、基层工作科、律师公证及“12348”法律援助服务专线。至年末，区公共法律服务中心累计接待当事人来访和诉求1976人次。

（刘　菲）

国　防

·人民防空·

【概　况】 2015年,区人防办工作以党的十八大精神为指导,巩固和拓展党的群众教育实践活动成果,在党员干部中开展"三严三实"专题教育。利用防灾减灾日等,集中开展人防知识宣传教育活动2次,安全检查人防工程2次,通过公开摇号向辖区居民发放家庭应急包7000个,受理群众"12345"平台投诉6件次,政府交办件1件,满意率100%。

【人防工程备案年检】 2015年,区人防办通过事前监督指导使用人合法,规范人防工程管理单位使用行径,对于侵占人防工程、擅自改变人防工程主体结构、拆除防护设施等行为,责令整改,确保年检到位率。年内,列入人防年检备案工程207个。

【梅清苑社区开展防空防灾疏散演练】 2015年,人防办联合梅山街道、梅山医院和梅山消防大队在梅欣社区开展防空防灾演练,迎接第七个"5·12"全国防灾减灾日,动员社区党员、居民骨干约150人参与。培训群众紧急疏散及应急技能,传播防空防灾应急救护知识技能,接受防空防灾知识普及教育,受到广大群众认可。

【警报器维护管理】 2015年,为迎接首个"国家公祭日",区人防办对所有防空警报器进行系统检查并及时配合市人防办做好不间断信号检测,组织新增警报点维管人员集中培训等工作,对发现的问题及时处理上报,提高该区防空警报维护管理水平,确保"12·13"国家公祭日能够正常鸣放。年内,全区新增多媒体警报器13台,维护管理警报器40台(电声警报器和电动警报器21台,多媒体警报器19台)。

【家庭应急救援包发放】 10月23日,按照南京市人防办的统一部署安排,在区纪委、区政府办、区公安分局、区公证处、区人武部、各街道(园区)负责人参与和监督下,区人防办在区人防办三楼会议室,对全区户籍家庭进行"应急救援包"摇号派位,产生名单7000个。摇号采用分街道电脑抽取方式,各街道(园区)发放数量依据街道常住人口数按比例确定,其中雨花经济开发区535名,雨花街道1775名,铁心桥街道970名,板桥街道(含板桥新城)1140名,西善桥街道855名,赛虹桥街道1300名,梅山街道425名。摇号结束后将在区政府门户网站和各个社区公示摇号结果,公示结束后将向摇号中签居民家庭发放应急救援包。

(陈雅奕)

·人民武装·

【概　况】 2015年,雨花台区人民武装工作贯彻全军政工会议精神和上级党委决策指示,开展"三严三实"专题教育,狠抓军事斗争准备,坚持依法从严治军,开展各项工作。年内,区人武部组织一期全区民兵情报信息员业务集训。组织4批次27名民兵骨干参加警备区高炮、防汛、通信等专业集训。组织区民兵应急连117人开展以实战技能、战斗体能、综合演练为主要内容的比武竞赛强化训练活动,并参加全市比武竞赛考核。利用驻地烈士陵园、抗日战争纪念馆等红色资源,开展全民国防教育系列活动,普及国防教育工作。完成年度基干民兵编组工作,民兵队伍专业对口率、经训率、退役军人编入率分别为83.6%、96.8%、80%。

【区民兵应急连参加全市比武竞赛考核】 10月19日–11月1日,区民兵应急连117人在市干部教育基地参加由南京警备区组织的实战化课目比武竞赛考核,获综合演练第二名,3人获个人单项奖。

【征兵工作】 2015年,区人武部开展征兵工作。调整征兵工作组织机构,抽调精干人员到征兵工作第一线,成立由区人武部、公安分局、卫生局、民政局、教育局、纪委等部门主要负责人为成员的征兵工作领导小组;利用传统手段和信息网络平台做好宣传工作,在南京工程学院和三江学院开展"征兵宣传校园行"活动3次,南京工程学院报名参军人数位列全市同类院校第一;从全区医疗系统抽调技术骨干组成体检组,进行规范化、封闭式体检,完成上站体检395人,其中大学生301人、占总数76.20%;通过报刊、电视、广播、宣传栏、地方网络等方式公开政策规定、征集数量、定兵名单、监督电话,并设立举报信箱,自觉接受群众监督,确保无违规操作现象发生。　(谢少华)

·优抚安置与双拥共建·

【概　况】 2015年,雨花台区双拥优抚安置工作在区委区政府的领导下,做好全区拥军优属、拥政爱民等各项活动,以创建南京市双拥模范城"八连冠"为新起点开展双拥共建活动。春节、"八一"建军节期间,区四套班子走访慰问驻地部队、军休所、优抚对象、无军籍职工和现役军人家属,送去慰问金110余万元。春节期间,为军属、残疾军人等优抚对象发放春联1200余幅。区委区政府主办,区双拥工作办公室、区民政局和区文化局协办的庆祝建军88周年文艺演出,驻区部队官兵代表、军休所老干部代表和无军籍职工代表,500余人观看演出。各街道(园区)开展座谈会、主题晚会等多种形式军民共建活动。

【优待抚恤】 2015年,雨花台区实现城乡优抚对象抚恤补助标准一体化。办理发放抚恤补助证556份,确保优抚对象持证享受民政优待补助。按照"政策减免、住院保险、大病救助、门诊补贴、临时救济"思路,加强优抚对象医疗保障,为重点优抚对象提供医疗补助705人次,支付医疗补助额30余万元。为7名军休老干部缴纳医保调节金14万元,为17名无军籍职工办理南京职工医保。组织两参人员(参战参试部队的军人)到职业病防治院健康体检并上报体检人员报告,由专家进行评调残筛查,其中一人调整残疾等级,由六级调整为五级,一人评为残疾六级。为3名退役残疾军人办理换证手续,并落实相关抚恤补助待遇。配合上级部门做好纪念抗战胜利70周年活动,组织慰问抗战老兵8人,发放慰问金5.5万元,抗战纪念章4枚。为24名随军未就业军官家属发放生活补贴19.1万元。

2015 年雨花台区优抚情况一览表

表 28

项　　目	金额(万元)	平均人数(人)	人均金额(元)
烈属、牺牲病故军人家属定期定量抚恤金	35.7	16	22312.5
在乡伤残军人伤残抚恤金(含 60 岁以上老兵)	254.9	303	8412
在职伤残军人伤残保健金	88.3	119	7420

【接收安置】 2015 年,雨花台区接收秋季退役士兵 72 人,冬季退役士兵 25 人,接收军队退休干部 1 人,无军籍职工 2 人。发放 2015 秋季退役士兵发放优待金 321.7 万元、2014 年秋季入伍义务兵家庭优待金 157.5 万元、2015 年秋季入伍义务兵慰问金 25 万元。按照低保标准,为 7 名符合政府安置条件的退役士兵、转业士官发放待安置期间生活补助费 3.93 万元。组织 2015 年度退役士兵参加教育培训, 其中有 44 名退役士兵参加短期培训班,3 名退役士兵参加中高级培训班,30 名退役士兵复学或参加学历教育。组织全区退役士兵参加市民政局举办的退役士兵专场招聘会。　　(曾加员)

【军民共建系列活动】 春节期间,雨花区对优抚对象、军休老干部和无军籍职工等人员发放慰问资金 54.5 万元,对军属、残疾军人发放春联 1200 幅。7 月 31 日,雨花台区在区政府报告厅举办 “军民心连心、共筑中国梦”文艺演出, 庆祝中国人民解放军建军 88 周年。依托区有线电视台“雨花双拥风采”专栏,全方位宣传报道全区拥军优属、拥政爱民工作及活动情况;为纪念抗战胜利 70 周年,组织慰问抗战老兵 8 人,发放慰问金 5.5 万元、抗战纪念章 4 枚。赛虹桥街道在驻地部队举办“青春集合在军旗下”军民共建晚会;西善桥街道走访 8 家驻地部队,为 51 名优抚对象发放抚恤金及补助。注重发挥军地桥梁纽带作用,协调解决 5 名部队干部子女入学;联合区政府开展“帮基层、送温暖”活动,对 16 名驻区基层部队主官和特困战士家庭进行节前走访慰问,协调解决实际困难;对驻区部队 63 名随军家属进行数据统计, 展开就业安置,受到一致好评。　　(佘义维　谢少华)

7 月 28 日,赛虹桥街道在驻地部队举行“青春集合在军旗下”军民共建晚会
(区双拥办　供稿)

街道

2016 YUHUA ALMANAC

Subdistrict

雨花街道

【概　况】 雨花街道位于雨花台风景名胜区南麓，东至宁溧路（卡子门大街）行政区划边界，南至宏运大道边界，西至宁丹路边界，北至应天大街（雨花西路）边界，土地面积12.06平方千米。年末总人口约10万人，其中，常住人口8.19万人，暂住人口1.81万人，户籍人口7.20万人，60周岁以上老人12345人。辖雨花、丁墙、花神庙、农花、翠竹园、共青团路、雨花台、普德村、康盛花园、能仁里、翠岛花城、青龙山、凤凰山、云台山、吉山15个社区。设有社区党委1个；党总支11个，其中机关党总支1个、社区党总支10个；党支部62个，其中一级党支部6个、二级党支部56个（含社区党支部51个）；党员约2700人。

全年实现地区生产总值49.20亿元；公共财政预算收入6.03亿元；全社会固定资产投资42.10亿元；社会消费品零售额120亿元，软件和信息服务业收入22.18亿元，外贸出口总额1.45亿美元，服务外包执行额7340.34万美元。推进证大喜马拉雅、绿地之窗、万科九都荟、长发诸公、金轮星立方等12个（区）人代会重点项目；推进万科尚都荟、中交集团南站地块G81项目、南京火柴厂、雨花西路83号大全综合楼等4个街道项目。

新增城镇就业人数2203人，大学以上人员占64.5%；实现再就业830人，援助困难人员就业74人；培育自主创业者141人，带动就业1301人；大学生创业人数70人。发放648户低保户低保金668.9万元，春节期间发放各类困难群体慰问金139万元。筹集资金67.3余万元，为1437名失地居民办理新型农村合作医疗。

2015年，雨花街道被市委表彰为2015年度南京市统一战线先进集体；翠竹园社区被民政部表彰为2014年度全国和谐社区建设示范社区；雨花社区被民政部、国家减灾委员会表彰为2015年度国家综合防灾减灾示范社区；花神庙社区被国家司法部、国家民政部表彰为第六批全国民主法治示范村（社区）。

【区域建设】 2015年，雨花街道拆除郁金香花苑等违建130余处、面积8639.76平方米，拆除明发国际大酒店等镂空字5处、面积1835平方米，签订门前三包责任书959户。取缔占道经营、倚门出摊和流动摊点3760处，实现麦德龙街户外羊肉串烧烤入室经营。取缔郁金香路露天垃圾池1处，派发分类垃圾桶638组，23个居民小区22155户实行垃圾分类。整治机动车停车秩序，违停贴单13472张，清拖僵尸车8辆。紫荆花路和郁金香路标准化示范道路通过区级验收。清理能仁里一村、晨光巷等乱堆乱放、建筑垃圾和杂物1600车，清理招贴2590处，规范停车秩序2772次。自筹资金43万元完成雨花北路环境整治改造。建设公共自行车站点40个，安装电动汽车充电桩50个。新增麦德龙路、郁金香路中西段、盐业路等道路停车泊位580个。配合完成宁南小学项目前期征拆手续，评估被拆迁单位，并做好汽运公司置换用地调整。完成区法院等5家事业单位排水达标项目招标和施工工作。完成翠竹园等4个小区泵房及外管网改造等工程建设。投入20万元清淤维护丁墙河、送驾河等河道，投入15万元绿化补植柏家河、绕城公路。完成小区绿化种植面积

6666.67 平方米，新增绿地7000 平方米。办理雨花社区综合服务中心项目建设用地规划许可证等前期手续。

【社区建设】 2015 年，雨花街道推行全科社工模式，社区实行“一人受理，全程办理”工作模式，明确 1~3 个社工，通过业务培训、岗前考核、服务评价，成为“一口清”导办、“一门式”受理、“一条龙”服务的全科社工。引进金色家园居家养老服务中心、爱之光居家养老中心、允德乐龄居家养老服务中心和瑞海博养老服务中心等 4 家专业社会组织入驻社区居家养老服务中心，其中花神庙社区允德乐龄居家养老服务中心、能仁里社区居家养老服务中心、共青团路金色家园居家养老服务中心、爱之光居家养老中心达到省 AAA 级居家养老服务中心建设标准。在各社区举办大中型广场文艺活动 8 场，其中在雨花社区举办“雨花情，美丽颂”庆三·八专场文艺活动，在花神庙社区举办“花神之韵”系列广场活动，在翠竹园社区举办“爱在金秋，活力翠竹”广场文艺活动。年内，能仁里社区被江苏省依法治省领导小组表彰为第十批江苏省民主法治示范社区，被省民政厅表彰为 2014 年度江苏省和谐社区建设示范社区；雨花社区被省人社厅表彰为 2014 年度省级充分就业示范社区。

【平安建设】 2015 年，雨花街道在“两节”（春节和国庆节）期间、各级“两会”期间等重要时期，安排专人在北京、省、市、区接访，排查、化解和管控重点人头和矛盾纠纷，全年进京接访 10 余次，劝返信访人员 13 人次。在重大决策、重点项目、重大改革及事关广大群众切身利益事项和问题上，推进社会稳定风险评估，完成重点项目风险评估 3 个。密切关注 60 余名重点管控人员，定期做到逐人上门见面、逐人警示谈话、逐人分析情况、逐人制度管控。每日坚持不少于 2 人的信访值班接访。联合派出所，强化治安志愿者队伍，加大对龙翔服饰城及其周边巡逻。与区政法系统各部门联合举办“法润雨花、平安家园”主题活动，深入走访、入户宣传。辖区总户数 28366 户，实际走访 28117 户，走访率 99.1%；发放“致全区人民的一封信”和“群众安全感入户调查问卷”28117 份，收到反馈意见建议 133 条。在花神庙阅城国际小区开展物业保安和平安志愿者互动的“1+2+4+X”治安巡防新模式。全年开展纠纷排查 375 次，化解矛盾纠纷 85 起，调解成功率 100%。年内，丁墙社区被省委 610 办公室表彰为 2014 年省级无邪教创建示范社区。

【党的建设】 2015 年，雨花街道推进“三严三实”专题教育，对机关党员干部、社区党员代表进行专题党课授课。结合“践行三严三实　缅怀革命先烈”清明祭扫、重温入党誓词等教育活动，开展交流研讨 4 次，专题调研 60 余次。建立党工委中心组——机关科室——社区党总支——居民党小组四级学习教育体系。分 3 批组织机关、社区干部赴井冈山开展党性教育培训。围绕纪念“抗战胜利 70 周年”举行征文和演讲比赛活动，收集征文 104 篇并组织 45 人演讲。拨付 110 余万元党建专项经费，督促社区合理安排使用 20 万元为民办实事专项资金。按照新出台干部选拔任用条例和“德才兼备，以德为先”标准，完成 8 名街道科级干部选拔任用和 17 名科级干部调整。在全街道正科、副科层面开展“如何建设雨花、发展雨花”专题大讨论2次，全街道38名科级干部参加。健全防腐保廉体系，分层次签订《党风廉政建设责任书》41份，出台《雨花街道合同管理规定（试行）》《雨花街道关于加强工程建设项目招投标的管理规定》等规章制度。组织党员干部观看警示教育专题电教片、参观廉政教育基地。规范执行基层党组织“统一活动日”制度，班子成员结合“党员活动日”“在职党员到社区报到”等活动，结合各自工作每月至少前往社区2次，结合分管工作进行座谈。

【丁墙社区“一核多维”模式】 2015年，丁墙社区以社区党委为核心，形成社区领头，社会、企业、居民共同发力的社区治理“一核多维”新模式，推进复合型社区建设。社区党委明确“从熟人小区到熟人社区，再到典范社区”三步走战略，通过打造社会组织联合会、爱心基金和文明丁墙艺术节三大品牌，整合各方资源，形成多元动力，协调推进社区治理工作。举办市首家社区级艺术节——文明丁墙艺术节；打造省首家社区级爱心基金平台，自2010年成立以来，募集善款72余万元，发放善款40余万元，惠及居民1200余户（次）；建设市首家社区级社会组织服务中心，容纳专业社会组织8家、群众团体16个；创立“公益服务大篷车”品牌，轮流开进8个小区开展居民服务；引进汇丰社区建设计划，获得资金支持。

【紫荆广场花漫里营业】 1月31日，紫荆广场花漫里正式对外营业。该项目位于养回红村158号，总投资7亿元，总占地面积2.89公顷，总建筑面积86987平方米，是集餐饮、娱乐、酒店、住宅公寓等为一体的卡子门商圈综合商业地产项目。建设楼宇分为ABC栋和D栋，入驻“汉堡王”连锁快餐、元祖蛋糕、奇乐儿室内儿童主题乐园、BHG北京华联等商户28家。

【翠岛花城小区消防隐患摘牌】 6月15日，区消防大队批复翠岛花城小区消防隐患摘牌。翠岛花城小区消防维修工程（一期）于2012年10月启动。2013年11月，市区消防部门试压验收维修工作，发现消防系统室外管网损坏严重，出现大量漏水现象，4公斤试压保压时间不足无法通过验收，小区存在消防隐患。2014年4月，雨花街道对小区消防系统室外管网（二期）重新设计图纸、铺设，12月底完成铺设并由专业检测公司出具室外管网压力测试报告。2015年1月，雨花街道组织一二期施工、监理单位现场试压，发现由于一期工程未通过消防部门验收，消防系统未移交，消防水泵等设施无人维保，消火栓喷淋管网处于无水状态，导致该次试压时部分设施无法使用，楼幢单元入户接口出现新的漏水现象。街道在要求一期施工单位对消防设备再次抢修基础上，组织图纸设计单位、一二期施工监理单位共同商议，投入资金约500万元，采取明管铺设方式，实现室外消火栓系统4公斤试压保压成功。6月9日，市消防支队、区消防大队联合小区业委会、物业公司到场查看验收，并完成消防系统移交工作。

（毛　慧）

赛虹桥街道

【概　况】 赛虹桥街道位于雨花台区西北部，南起宁芜公路（安德门—宁芜铁路小行道口段）中心线，北至该区与秦淮区交界处，东起中山南路高架桥、雨花南路中心线，西至该区与建邺区交界处，土地面积 7.31 平方千米。年末总人口 10 余万人，其中常住人口 8 余万人，暂住人口 3.5 余万人，户籍人口 4.7 万人，60 岁以上老人 5890 人。辖赛虹桥、安德门、小行、长虹路、玻纤院、菊花里、邓府山、龙福 8 个社区。设有社区党委 1 个；党总支 7 个，其中机关党总支 1 个、社区党总支 6 个；党支部 27 个（含社区党支部 1 个）；党员 1517 人。

全年实现地区生产总值 36.15 亿元，一般公共预算收入 2.56 亿元，全社会固定资产投资 20.26 亿元，社会消费品零售总额 105.96 亿元，注册外资实际到账 2600 万美元，外贸出口总额 3184 万美元。新增科技创业投资额 2150 万元，大学生创业数 63 人。推进区人代会重点项目 9 个，其中工商业项目 6 个、非工商业项目 3 个。改造街道便民服务中心、小行社区、安德门社区办公用房并投入使用，实现社区办公用房硬件基本达标。万谷移动互联科技园、中舜赛虹数字科技产业园、无为文化产业园等实施提档升级，淘汰低端企业 16 个，引进企业 19 个。

全年搜集空岗信息 1200 余个，实现各类人员就业 650 余人次，援助就业困难人员 40 人，完成青年大学生优秀创业项目 3 人。开展困难帮扶工作，向低保户 610 人、困难群众 728 人次、持证残疾人 728 人等发放低保金、救助金、慰问金 500 余万元。办理城镇居民医保 7418 人，其中办理新生儿医保 387 人，办理城乡新增参保登记户数 84 户，中止保险续保人数 182 人。

年内，赛虹桥街道被市人力资源和社会保障局表彰为 2015 年度创业小额担保贷款信用街道，被市残疾人联合会表彰为 2015 年度全市就业年龄段持证残疾人就失业情况调查工作先进单位。

【区域建设】 2015 年，赛虹桥街道拆迁房屋 4.5 万平方米，整治凤台南路 51 号、新和源建材市场等违章建筑 1750 平方米。每周召开拆迁例会 2 次，累计解决拆迁个案问题 50 余个。投入 400 余万元建设赛虹桥公交场站配建道路，投入 110 余万元出新改造凤台南路 51 号小区，投入 15 余万元改造康润园小区排水管。结合老城出新改造，对具有文化价值和利用价值的房屋设施实施更新、改造和修缮。出新沿街房屋（围墙）立面、修整坑洼道路及破损设施，美化和亮化主次干道沿线，绿化补植 1200 平方米、建设雨污分流到户支管 12.2 千米。投入 500 余万元，服务外包 4 个社区背街小巷、67 个无物管老旧小区保洁。对 21 家物业公司建立考核激励机制并实施考核奖惩，其中奖励 8 家 36 万元，淘汰 1 家。探索益居园老旧小区居民自治管理，通过业主投票选举组成业委会并实施小区自治。拆除违章建筑 112 处，建筑面积 22159 平方米；拆除楼顶镂空字 46 处、违规 LED 电子显示屏 59 处；完成停车泊位复线 1095 个，增设非机动车停放点 4 个，贴违停罚单 2968 张。成立全市首家街道级城市治理志愿者协会，拥有志愿者服务队 11 支、会员 84 人。

【社区建设】 2015 年，赛虹桥街道按照《全区社会事业发展五年提升计划》要求，出台《街道加快社会事业发展三年规划和扶持社会事业发展考核奖励办法》，制订《赛虹桥街道区划调整方案》，组织 78 人参加全科社工培训及考试。对近 500 户居民开展问卷调查，召开社区居民座谈会 10 次、社区工作者座谈会 8 次，调查访谈社区社会组织35家，访谈热心公益人士60人，撰写社区需求调查报告8篇、街道社会组织调查报告1篇、街道社会组织服务方案1篇。围绕为老、为小、调节治理、助残、社区营造等服务项目，招标引进社会组织15家。创建赛虹桥街道社会组织交流QQ群，创办赛虹桥街道社会组织服务中心微信公众号和QQ空间，开通赛虹桥街道社会组织服务中心热线。引进南京携才居家养老便民服务中心，在小行、安德门、赛虹桥等社区建立助餐点，为社区内高龄、独居空巢老人及残疾人提供助餐服务，日均服务量200余份。投入约80万元改造辖区内70余处道路、护栏等破损设施。在邓府山村小区建成全市首家老旧小区电动车"智能停车库"。打造"赛虹大舞台"群众文化品牌，举办群众文化汇演12场、群众体育赛事5场。搭建专业志愿服务总站，拥有专业志愿者近千人，全年服务居民1500余人次。年内，长虹路社区被市政府评为2015年度全市民族团结进步先进集体。

【平安建设】 2015年，赛虹桥街道以"9·3"纪念抗战胜利70周年、南京国际马拉松赛、各级"两会"期间、节假日期间为重点，排查化解矛盾纠纷，共走访重点人员52人次，接收处理信访件12件，接待个访事件60余人次，群访事件800余人次，排查出不稳定因素6起，调处矛盾纠纷123起，调处成功123起。针对跨世纪装饰城市场租赁合同到期、涉及经营户多等实际，建立街道、南京铁道集团公司、跨世纪装饰城、赛虹桥派出所四方会商机制，对接、完善跨世纪装饰城市场关停搬迁相关方案。搭建南京铁道集团公司、跨世纪装饰城承租方、经营户代表三方对话平台，主动联系板桥市场群对经营户进行分流，未发生有影响的群体事件。梳理存量涉稳问题22个，西营村拆迁遗留问题取得重大突破，完成协议签订9户，安置房屋13套。就长虹路片区存量违章建筑占据消防通道问题向相关责任单位发函并要求引起重视。开展拉网式、地毯式大检查行动5次，开展特种行业、危化品行业、农贸市场等专项检查16次，发现隐患1771处，整改到位1764处。

【党的建设】 2015年，赛虹桥街道制订《"三严三实"专题教育实施方案》，完善《街道主要工作目标任务分解落实方案》，梳理细化具体任务9类56条。通过个别走访、召开座谈会、发放征求意见表等方式，征集意见建议43条。围绕党员教育、发展、结对共建等制度，落实上党课14次，结对共建企业党支部5个。完善一体化党群服务平台，拓展"五心服务"(聚民心服

3月4日，赛虹桥街道召开机关作风建设大会　（赛虹桥街道　供稿）

务、暖民心服务、顺民心服务、贴民心服务、乐民心服务)微信平台功能。抓好“12345”工单及领导信箱来信办理，办理“12345”工单2369件、领导信箱群众来信187件。开展党员服务项目18个,为145名困难党员群众建档,发放慰问金42余万元。开展廉政专题教育6次,编发《党风廉政建设相关规定摘编》100册,向73名副科级以上干部发送廉政短信。成立3个督查组展开重点督查,编发《督查通报》9期。

【公共文化建设】 2015年，赛虹桥街道开展“三个1”工程(即搭1个舞台、设1个基金、创1本杂志的工程),通过练场、赛场、演艺场等活动形式,搭建“赛虹大舞台”,引进、培育锦虹艺术团等10家艺术团体,组建舞蹈队等10家文体团队,成立赛虹艺术团及书画协会、摄影协会，举办活动16场、吸纳文化志愿者500余人、参与演出3000余人次、吸引观众近2万人次。设立彩虹基金,出台《赛虹桥街道扶持社会事业奖励办法》，投入500万元建成街道文体中心1800平米。创办并发行《南河左岸》季刊杂志4期,搭设并开通“南河左岸”微信公众平台。吸引网聚传媒等多个文化产业项目入驻辖区,其中言午文化传媒、北京凤凰艺术教育南京校区等20家文化产业项目单位被列入区文化产业名录库,全年实现文化产业增加值0.31亿元、文化创意产业销售收入1.8亿元。

【南京跨世纪装饰城市场关停】 南京跨世纪装饰城市场位于凤台南路59号,建筑面积约8万平方米。2015年9月8日,南京铁道集团公司与跨世纪装饰城签订的市场租赁合同期满。6月，赛虹桥街道协助产权人南京铁道集团公司启动跨世纪装饰城市场关停准备。成立专项领导小组,每周召开例会,协助完善清退方案、商户搬家奖励方案和风险评估方案;走访商户523户,发放告知信900余份,协调税务部门解决商户开票问题86个;加强周边亿源装饰城、新和源装饰城等市场违章建筑管控,严控经营户借机私搭乱建、招揽待搬迁等行为;搭建南京铁道集团公司、跨世纪装饰城承租方、经营户代表三方对话平台,对接润泰市场、红太阳装饰城等大型市场。年内，清空搬离商户520户,拆除建筑房屋17幢,完成率63%。

【团中央“七彩小屋”项目落户安德门社区】 8月,安德门社区获批建设团中央“七彩小屋”项目。年内,该社区加强硬件建设,建成150平方米活动场地，设置育乐园、谈心角、“我型我show”、亲子乐园和益智园等5个片区;与南京航空航天大学艺术学院等24家单位结对共建,招募志愿者1000余名,开展学业辅导、亲情陪伴、感受城市、自护教育、爱心捐赠等5项20类志愿服务;立足农民工子女健康成长实际需求,开展农民工子女关爱工作。全年,累计开展各类主题活动200余场，惠及农民工子女1000余人次。

(王继红)

铁心桥街道

【概　况】 铁心桥街道位于雨花台区南郊,距中华门4千米、南京禄口国际机场15千米,省道宁丹路贯穿南北,绕城公路、纬九路、龙西路横贯东西,东、西、南与江宁区接壤,北与雨花街道和赛虹桥街道相邻，土地面积27.71平方千米。年末总人口12.52万人，其中常住人口

3.53万人，暂住人口5.05万人，户籍人口3.63万人，60岁以上老人1.66万人。辖翠岭银河、铁心、尹西、定坊、马家店、高家库、春江、新河、景明佳园9个社区。设有社区党委1个；党总支9个，其中机关党总支1个、社区党总支8个；党支部40个；党员2200名。

全年实现地区生产总值24.44万元，其中第一产业0.3亿元，第二产业10.55亿元，第三产业13.59亿元，三次产业比重为1.23:43.17:55.61。推进宁和城际轨道交通、春江学校人防工程、西气东输过境管线、宁丹路拓宽工程、铁心桥重建、天隆寺复建等省市重点工程建设。新增春江公交场站、凤信路公交站点，率先完成该区第一批公共自行车站点建设任务。推进南京纺织工贸实业(集团)公司置换3.60公顷土地手续办理。

全年新增城镇就业1900人，登记失业人员再就业710人，援助困难人员就业141人，灵活就业人员社保补贴589人。举办招聘会2场，提供各层次岗位300个，扶持大学生创业82人，大学生创业入选市优秀项目2个，培育创业典型3人，组织职业培训18场1550人。完成社会保险净增缴费1050人，社会保险缴费基数申报283家，办理新生儿居民医保576人，办理征地项目6个、进保242人，组织退休人员免费体检4900人。累计发放低保金等各类补助金1485.57万元。审核、上报大重病家庭9户，临时救助家庭24户、支出型临时救助家庭7户，累计发放救助金14余万元。节日期间走访慰问低保户、低保边缘户、优抚对象、军属、重度残疾人等各类家庭3137人(户)，发放各类慰问金291.67万元。在市人口服务管理系统平台录入流动人口6000人，其中育龄妇女数3900余人，已婚育龄妇女数1900余人，新增录入信息1800条。

年内，铁心桥街道被市信访工作领导小组评为2014年全市信访工作绩效考核先进街镇和2012-2014年全市信访工作基层基础建设先进街镇；被市城市治理委员会办公室评为2015年南京市城市治理工作进步街镇。铁心桥街道档案室被省档案局评为2015年江苏省AAAA级数字档案室。

【区域建设】 2015年，铁心桥街道实施拆迁项目6个(含上年结转项目4个)，完成搬迁扫尾农户42户，签订拆迁协议农户419户、企业17家，拆迁面积25万平方米。其中，马家店保障房地块签订拆迁协议农户154户，占马家店保障房地块农户总量81%，达成拆迁协议企业4家；拆除龙翔大道东段铁心、吴尚地块农户118户；大冯韦地块4家企业全部拆除，拆除农户161户；机场二通道、定坊规划小学项目签订拆迁协议企业11家，面积计9.58万平方米。整治新河社区荒坡36.67公顷。完成春江新城商业街4000平方米提档升级改造。对宁丹路、安德门大街、绕城公路道路两侧路肩、边坡挡墙、围墙外荒地等进行绿化改造和景观美化。投资130万元实施宁丹路翠岭银河门面房沿线景观改造工程，绿化补植780平方米，新增停车位36个。投资800万元更新改造辖区内小区设施，全年物业收入同比增加约600万元。查处违规渣土车120辆，查扣“三证”(准运证、安全证、通行证)195本，查扣渣土车32辆，查处乱偷倒渣土行为18起；集中整治倚门出摊、违规横幅、违规店牌店招等现象40余次，取缔占道经营875起、倚门出摊396起、“三小车”(残疾车、正三机、三轮货车)等流动车辆摊点726起；对主要路段违停车辆拍照取证、开出罚单

4800余张；施划停车线1640米，新增停车泊位419个；投资143.7万元在定坊和苑、银杏山庄开展垃圾分类市场化运作工作。

【社区建设】 2015年，铁心桥街道引入社会组织18家，其中在翠岭银河、铁心、尹西、马家店、高家库、春江6个社区分别引入社会组织2家，在景明佳园社区引入社会组织6家。至年末，在民政局累计登记社会组织89家、备案318家。各社区根据群众不同需求，邀请专业人员分别就法律维权、健康保健、道德培养、科普普及等方面对居民进行专题辅导。其中，在新河社区开展党员学习活动；在春江社区开展青少年帆船模型制作课、儿童舞蹈培训班、逃生急救消防课、生态环保主题教育讲座；在翠岭银河社区开办养生保健课堂、手工编织班；在定坊社区开展法律援助相关知识传授活动等。以中国人民抗日战争胜利70周年暨世界反法西斯战争胜利70周年纪念活动为契机，在马家店、定坊、翠岭银河等社区开展“铭记历史，缅怀先烈”爱国主义系列教育活动，参与人数1200余人。在景明佳园社区，建立“社工+社会组织+志愿者”模式，开展“进社区、进家庭”志愿服务活动。全年，各社区开展文化活动20余场次，参与人数5000余人；组织各类培训学习150余场次，参与人数3000余人。年内，景明佳园社区被省民政厅评为2015年度江苏省优秀志愿服务社区。

【平安建设】 2015年，铁心桥街道加强节日期间、“9·3”抗战胜利70周年纪念活动及南京国际马拉松赛期间矛盾纠纷排查化解，维护社会治安稳定。会同开发公司、尹西社区妥善化解小村经济适用房地块3、4号楼选房矛盾，并于4月份完成选房工作。配合拆迁办做好拆迁地块拆迁户遗产继承调解，确保拆迁工作顺利开展。完成拆迁、城市建设项目社会稳定风险评估3件，协调相关律师事务所为辖区重大项目、决策提供法律建议并审核各类合同20份。巩固平安志愿者工作站建设，在定坊社区联合区公安分局开通全市首个社区警务微信公众平台。在尹西社区凤翔花园、凤翔南庄、凤翔山庄、春江佳园等6个小区安装监控123台，在景明佳园、翠岭银河、新河等多个社区新建非机动车保管站。开展各类食品安全专项检查活动，检查覆盖率超200%。做好食品安全监管机构调整后对接工作。完成生猪口蹄疫、生猪蓝耳病等各类疫情防治。聘请国成律师事务所为社区工作人员举办“依法治国背景下的法律精神和法治要求”专题法律讲座。全年举办法治广场宣传6场、法治教育18场。推进“公调对接”工作机制，聘请人民调解员2名，与铁心桥派出所共同搭建人民调解与治安调解平台。全年调解案件170件，制作调解协议书65份，调解率100%；办理群众来信24件，办结23件，办结率96%，未发生赴省进京上访事件。年内，定坊社区被市平安家庭创建活动领导小组评为2015年度南京市平安家庭创建活动示范社区。

【党的建设】 2015年，铁心桥街道推进“三严三实”专题教育，坚持党工委中心组每月学习制度，邀请专家学者宣讲解读党的十八大，十八届三中、四中全会精神。开展党员冬训工作，党员干部受训率98%，高家库社区党总支、翠岭银河社区党支部为区级冬训工作示范点，景明佳园社区党委、定坊社区党总支为市级基层党员冬训示范点。全年开展机关干部政治学习

11次。通过网站、宣传栏、小区围墙平台,结合"南京好人365""第五届南京市道德模范""南京最美家庭"评选活动,挖掘出"农阳大家庭""社区好人韦法琴"等道德典型,宣传社会主义核心价值观。开设"廉政课堂",邀请检察官和省委党校教授上廉政党课,对党员干部进行廉政教育;为所有党员领导干部统一制定"学习积分卡";定期组织观看反腐倡廉记录片、参观南京监狱、开展廉政文化进社区等活动。

5月5日,铁心桥街道组织党员干部开展反腐倡廉政治教育
(铁心桥街道 供稿)

【"1331"小区提档升级工程*落实】 2015年,铁心桥街道成立"1331"工程推进指挥部,对园区绿化、立面出新、休闲广场修建、小区停车、安全防范等6项进行长期规划,启动小区停车、安全防范设施改造、小区道路破损、管道堵塞等24项专项整治。年内,投资800万元更新改造辖区内小区设施。投入120万元安装单元门对讲系统3500套、车辆进出道闸系统9副及新装智能监控2处;投入150万元新增停车位400个;投入530万元维修、新建道路路牙2000米,维修路灯1500只,重修围墙1600米,绿化补植2000平方米,新建、修复停车雨棚9个,实施文化长廊维修、中心广场等景观复建4处。

★链接 "1331"小区提档升级工程:2015年到2017年由街道财政每年出资约1000万元对31个小区进行提档升级改造。

【"定坊警务"微信平台开通】 9月,定坊社区联合区公安分局开通"定坊警务"微信公众平台。社区居民通过手机扫二维码,添加"定坊警务"微信公众号dingfangjingwu,实时了解社区各项信息。该平台为全市首个社区警务微信公众平台,整合公安、社区、物业等多家单位力量,设置公安模块"平安定坊"、社区模块"和谐社区"及互动模块"金点子奖"3个一级菜单,接受社区居民紧急求助、报警事项,并承诺5个工作日内反馈居民发送诉求。至年末,微信公众平台关注人数5000余人,被《南京日报》《扬子晚报》《现代快报》《金陵晚报》《江南时报》等纸质媒体和多家网站报道。

【春江社区"好日子"公益服务中心投入使用】 12月,春江社区"好日子"公益服务中心投入使用。该中心位于春江新城将军坊13幢,建筑面积约900平方米,为全区唯一一家划出独立区域开展便民活动的公益服务中心。引入8家社会组织,设置"乐康所""乐寿居""乐民店""乐家港""乐幼园""乐学坊"5项功能区域,内设便民生活超市、社会组织服务接待室、党员志愿者服务室、团体活动室等,向社区居民提供助老、育幼、健康、文化、便民与志愿服务等各类公益服务。年内,开展各类活动13场次,参加人数1000余人,服务居民200余人。

(窦　君)

板桥街道

【概　况】 板桥街道位于雨花台区西南部,距主城区15千米,东南紧邻江宁区,西依长江,北接雨花经济技术开发区和西善桥街道,土地面积30.51平方千米。年末总人口4.57万人,其中常住人口1.77万人,暂住人口0.9万人,户籍人口2.07万人,60岁以上老人0.7万人。辖板桥、三山、新建、孙家、永安、建通、绿洲7个社区。设有一级党组织14个、二级党组织32个,党员847人。

全年实现地区生产总值21.53亿元,其中第一产业0.48亿元,第二产业13.8亿元,第三产业7.25亿元,三次产业比重为2.23:64.10:33.67。全社会固定资产投资20.05亿元,公共财政预算收入在全区排名第四。借鉴软件谷专业化、企业化、园区化运作模式,建成新润泰市场一期项目并开业,推进板桥市场群建设。完成绿洲经适房BC地块交付和二期市政道路竣工。

全年新增城镇就业1202人,登记失业人员再就业636人,援助困难人员就业141人,灵活就业人员社保补贴499人,享受失业金465人,大龄人员延长失业金75人。举办“春风行动”等就业招聘会8场,帮助实现就业363人,培育创业典型3人,自主创业152人,带动就业人数1285人,培育大学生自主创业63人,完成“产生你的企业想法”创业培训课程(简称GYB)60人。新增居民医保1005人,续保6771人,享受全额补助74人,被征地人员进保2141人,组织退休人员健康体检2083人。累计发放低保金等各类补助236.63万元,走访各类困难群众431户、发放救助金40.66万元。街道对民服务事项全部对公众公开,街道服务窗口实行全日制上班,保证便民服务快捷优质。购买社会组织服务补缺民生工作短板,投入85万元购买为老、助残、帮少、扶困等公益服务项目11个。

年内,板桥街道被省民政厅评为2015年度江苏省和谐社区建设示范街道,被市统计局评为2014年全市统计工作先进集体,被市信访工作领导小组评为2012-2014年全市信访工作基层基础建设先进街镇和2014年全市信访工作绩效考核先进街镇。

【区域建设】 2015年,板桥街道拆除存量和新增违建10处、建筑面积1970平方米。全年查扣渣土车11辆,取缔占道经营和无证摊点284个,清除“三乱”1120处。投入35万元整治绿洲南路经适房综合楼附近停车场,新增停车位45个。建立覆盖新集镇和5个社区三级网格化管理体系,通过手持数字终端和停车管理抓拍通实现成员单位全覆盖。在新集镇5个小区试点推进雨污分流工程并全部完工。投入350余万元,实施新205国道孙家段等4个绿化提升项目,新增造林绿化面积1.6万平方米。建设樱花大道2500米,建成生态园慢行系统道路并完善配套设施。开展全域水环境整治,重点做好工农河水域综合治理,完成河道清淤、废弃桥梁拆除、堤坝加固、水生植物种植等。

【社区建设】 2015年，板桥街道在基层社区开展各类主题文化活动。其中，在孙家社区举办2015年端午暨迎“七一”文艺演出；在绿洲社区举办“党的光辉照社区、庆‘七一’文艺演出”；在新建社区举办党员冬训暨迎新春文艺演出及纪念抗日战争胜利70周年文艺汇演等。承办雨花台区第三届群众文化艺术展示月——民族民间舞蹈展演活动。打造孙家社区1200平方米社会组织服务活动中心舞蹈室、青少年活动室、盲人非视觉摄影展示室、健身室、0~6岁儿童室、老年人活动室、创业咨询室等，开展社会服务活动8场，服务人群超千人。全年各社区开展文化体育活动20余场次，参与人数5000余人。

【平安建设】 2015年，板桥街道完成绿洲经适房二期、梅山周边企业关停等社会稳定风险评估6件，协调相关律师事务所为辖区重大项目、决策提供法律建议并审核各类合同75份；办理群众来信176件，办结169件，办结率96%；关停落后产能企业15家，整治沿江砂场5家；检查“厂中厂”企业、作坊156家次，发现隐患67处，责令整改67处；专项整治“职业危害治理”重点企业10家；检查九小行业场所950家次，检查一般隐患285处并全部按期整改；开展“打非治违”专项行动，检查各类生产经营单位1018家次，查出隐患176处，整改92处，限期整改27处。利用“12·4”法制宣传日，在广场、学校、军营、社区、厂矿开展集中宣讲、法律咨询和文化演出等活动。全年举办各类法律知识讲座12场次，参训人员13157人次，党员干部参学率超98%，出版法制宣传板报8期，创作法治节目20个，辖区内4所中小学均聘请法制副校长，创建“民主法治村(居)”100%达标社区5个。

【党的建设】 2015年，板桥街道结合“四解四促”活动，带头落实联系点制度，深入社区、企业开展调研，建立“抓基础、促规范，抓队伍、促保障，抓品牌、促服务”的“三抓三促”党建工作架构。建立工作例会制度，召开月度党工委会、双月点评会、季度区域党建联席会16场。出台社区党建工作考核实施细则和机关企事业单位党支部工作手册，细化考核内容和评分标准，加大党建工作考核力度。推进“三严三实”专题教育，以书记“梦讲堂”为平台，落实上党课。深入社会组织服务中心、社区卫生站等开展专题调研，听取群众意见建议。对不作为、乱作为等损害群众利益问题的人和事进行督查通报。立足孙家社区省级远教示范站点品牌效应，在驻地部队、辖区企业和医院学校推广“1+X”模式，经验做法被《党的生活》《金陵瞭望》刊登宣传。划拨党建工作经费和为民服务专项资金150万元，新建市民广场1处、新增党建阵地300平方米、开展便民服务活动14场。

7月25日，板桥街道召开“三严三实”专题学习会　（板桥街道　供稿）

【全区首个大学生村干部农业自主创业实体项目】 6月，全区首个大学生村干部农业自主创业实体——马塘灵芝园项目启动。2015年，板桥街道投入资金100万元，打造全区首家大学生村干部创业实训基地——马塘灵芝园。该基地占地约0.69公顷，种植赤芝5万株，由9名大学生村干部分工协作，带领周边居民轮流驻点劳作，实现"大棚种植—委托加工—委托销售"成产模式。12月8日，基地收获粗粉约1100斤，灵芝孢子粉完成采集。马塘灵芝园项目被江苏省广播电视总台（集团）《新华日报》《南京日报》多次报道，市委等主流网站专题宣传。（张　瑛）

西善桥街道

【概　况】 西善桥街道位于雨花台区西部，东临雨花科技园核心区，北接河西新城CBD，西连雨花经济开发区和板桥新城，南倚岱山眺望长江，绕城、宁马、宁芜公路和皖赣铁路穿境而过，土地面积17.04平方千米。年末总人口8.25万人，其中常住人口1.89万人，暂住人口4.06万人，户籍人口1.79万人，60岁及以上人口1.12万人。辖油坊、福润、古遗井、西善桥、西善花苑5个社区及岱善润福城筹备组。设有社区党委1个；党总支3个，其中机关党总支1个、社区党总支2个；党支部31个；党员981人。

全年实现地区生产总值30.46亿元，其中第一产业0.01亿元，第二产业15.57亿元，第三产业14.70亿元，三次产业比重为0.03:51.71:48.26。推进艾德克斯研发中心、西善桥片区商务中心、岱山购物广场、博济聚创科技园、善水湾三期、琥珀花园商品楼二期、上海铁路局南京西善桥铁路职工集资建房一期7个区人代会重点项目建设。

全年发放失业金254.12万元，新增办理207人；发放大龄延长失业金166.9万元，新增办理68人；办理就业失业登记证402人。办理灵活就业人员社保补贴453人，发放金额202.88万元，其中残疾人42人。举办招聘会4场，提供招工单位102家，各类岗位221个，成功推荐就业145人，完成农村劳动力转移就业230人。培育自主创业136人，带动就业1219人，推选大学生优秀项目2个，树立创业典型2人。完成社会保险净增缴费359人，发放生育津贴11人，办理退休手续4人。组织退休人员免费健康体检3188人，资格认证4275人，异地验证128人。为1007人次发放大病、临时、关爱等救助金121.14万元，其中帮扶救助479人次、发放救助金67.93万元，关爱救助528人次、发放救助金53.21万元。重大节日期间走访慰问困难户、低保户及边缘户、优扶对象、特定救济对象等834户，发放慰问金102.08万元。全年录入结婚信息141条，怀孕信息305条，出生信息195条，避孕信息595条；录入独生子女证号84条；修改错误信息4340条。完成社会组织网上年检40家，评估18家，新成立2家，至年末登记社会组织计120家。

年内，西善桥街道被省禁毒委员会表彰为2015年全省社区戒毒社区康复工作示范点，被市信访工作领导小组表彰为2012-2014年全市信访工作基层基础建设先进街镇。西善桥街道档案室被省档案局表彰为2015年度江苏省AAAA数字档案室称号。

【区域建设】 2015年，西善桥街道完成管道路梅苑南路和龙西路以北动迁，涉及农户229

户、面积11.38万平方米；完成管道路梅苑南路、龙翔启动区二期结转及龙西路以北集体土地上企业搬迁，涉及企业54家、面积34.1万平方米；完成圣戈班地块和费隆复合宝林机械地块国有土地上房屋征收，涉及企业8家、农户3家，面积19.53万平方米。拆除龙翔片区等农户223户、企业48家，面积43.3万平方米，农户拆除率97%、集体土地上企业拆除率94%。投资1600万元推进建宁沟整治、泰山公寓小区出新等省市考核项目。投资100万元实施岱山新城二号街沿线绿化补植和28盏路灯安装。投资102万元完善姚南石刻公园基础配套设施，建成公厕约100平方米，铺设污水管道约300米，安装观察井10座。开展大型整治行动30次，出动人员8000余人次、车辆820余车次，整治违法(章)经营户3500余家，取缔流动摊点2800余家，强制取缔证照不齐的废品收购站52家，规范经营27家，处罚商户5家。新增道路停车泊位1856个，出新禁停黄线15.2千米、禁停网线1214平方米、机非隔离栏3267平方米，安装各类警示标牌60个，张贴违停罚单约6500余张，清拖僵尸车27辆。推进市、区下达菜单任务17类253项，重点做好南南河沿线绿化、205国道示范段等工作。投资近77万元，依托南京志达环保科技有限公司对福润雅居近3700户居民开展垃圾分类工作。

【社区建设】 2015年，西善桥街道根据群众需求，组织开展党员学习活动、健康知识讲座、法律法规讲座、青少年暑期活动、棋牌类培训、舞蹈类培训等。举办“迎新春　家庭消防安全知识”“食品安全政策”“文化遗产保护”“中国法律体系”“西善桥历史文化”等系列讲座，开展“全科社工培训”“新闻写作培训”“青少年校外教育”等系列培训。定期开展职工技能培训、下岗职工和失地农民再就业创业培训及针对普通居民法律、健康、安全、文化科普等方面的培训。全年开展各类教育培训260期约38000人次，其中各类职业技术培训121期8369人次，青少年校外教育、老年教育活动、新市民教育活动及其他各类居民社区教育活动103期27130人次。年内，西善花苑社区被省依法治省领导小组表彰为2015年度江苏省民主法治示范社区；被市平安家庭创建活动领导小组表彰为2015年度南京市平安家庭创建活动示范社区；被市关工委授予南京市校外教育辅导站先进电子阅览室称号。

【党的建设】 2015年，西善桥街道按照专题教育计划，组织开展专题党课、专题学习研讨、专题调研、专题民主生活会。组织领导班子成员深入学习习近平总书记系列重要讲话精神，学习党章和党的纪律规定，重点研读《习近平谈治国理政》《习近平关于党风廉政建设和反腐败斗争论述摘编》《党员领导干部廉洁从政若干准则》和《区违纪违法典型案例警示录》等党的纪律规定。开设“西善廉政大讲堂”，定期组织观看反腐倡廉纪录片、赴区检察院等地现场参观学习等活动。召开述职述廉大会，通过街道短信平台、QQ群等发送廉政自律提醒短信，特别对涉及城建、城管、拆迁等重点领域、重点岗位人员开展廉政提醒谈话。建立党员冬训QQ群、龙虎网社区网群、龙虎网西善桥专题页面、《新西善》社区报等媒体平台，通过汇编读本、专家授课、网上冬训等开展流动宣讲，成立党员志愿服务队，开展“情系独居老人”送关爱、青少年寒假公益学习班等系列志愿服务项目，帮扶救助独居老人211人、困境儿童34人。组织、动员辖区1万名居民代表投票选出

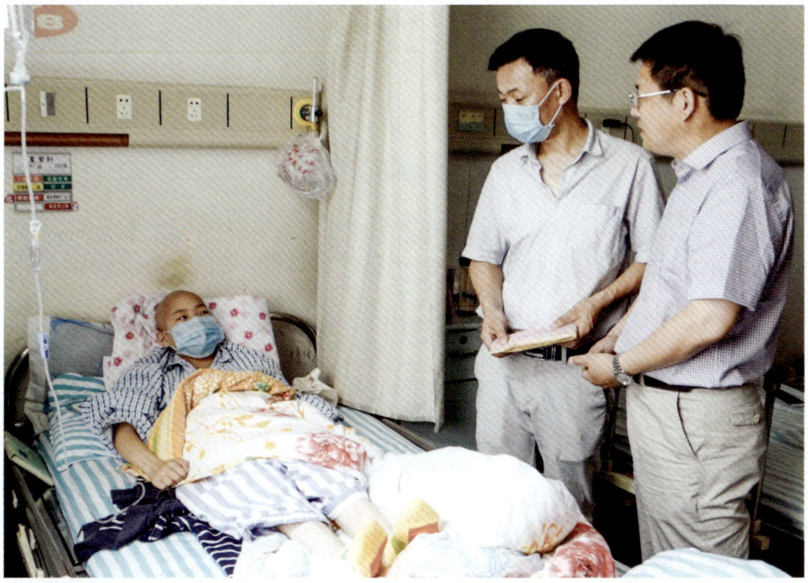

6月9日,新西善慈善基金会捐助白血病儿童　（西善桥街道　供稿）

"西善好人"18名、"十佳平安志愿者"10名。开展专题研讨6次,形成心得体会22篇。开展党员冬训工作,党员干部受训率98%,开展机关干部政治学习15次。

【平安建设】 2015年,西善桥街道涉诉案件数32件,新增16件,终结19件,挽回经济损失超4500万元;完成小额工程招投标26起,涉及金额150.22万元,核减额27.47万元;完成区招标工程项目审计19项（含2014年未审完结）;审查2014年合同协议468份,审查2015年新合同406份。收到并办结派发工单1668件,按时办结并回复各类督办件103件。成立西善桥公共法律服务中心,提供法律服务近200人次,信访接待111件435人次,成功调解纠纷14起,涉及金额260.24万元。建立30人的专职平安巡防队伍,社区"1+2+4+X"巡防队伍常态化。大力推进技防入户工程建设,家庭技防入户率85%,发放新增家庭小技防设备472户。在西善花苑社区重点地段、地下室、车辆停放点、主要出入口等安装监控探头132个,投入4万元维护更新福润雅居、东升园监控探头200余个。全年开展各种学法宣传活动10余次,开展法制广场活动6次,开展法律知识讲座3场,受教育人数超千人。开展食品生产加工小作坊专项整治,规范治理小作坊19家,实现办证1家、关停搬迁3家、强制取缔6家。完成各类疫情防治,生猪五号病防疫6590头次,蓝耳防疫3344头,猪瘟防疫6590头次,禽类防疫6879只次,全年无重大疫情。加强森林防火基础设施建设,年内森林防火、防汛、防台、防旱"零事故"。

【南京航空航天大学人文与社会科学学院研究生工作站揭牌】 4月2日,南京航空航天大学人文与社会科学学院研究生工作站在西善桥街道揭牌,该站为2014年全省497家研究生工作站中唯一一家设立在街道的研究生工作站。年内,工作站开展困境儿童服务项目,搭建"爱心小屋",以"月主题""周陪伴"形式,直接服务全区60%困境儿童;与沪宁双城会西善桥分会合作,开展为期一个月的少儿暑期兴趣学习班项目,服务街道困境儿童50余名;开展独居老人服务调研,设计服务项目等。

【"民生工作接待日"活动开展】 2015年,西善桥街道开展"民生工作接待日"活动,组织机关、社区后备、副科及以上工作人员92名,成立民生工作小组7个,每组配备1名联络员,于每月第一周的周六(遇法定节假日顺延至当月第二周的周六)深入7个联系点社区。全年,在市民广场、居民小区等41处场所设立民生工作意见征集点，通过派发工单、每月召开民生工作专题会等方式，累计开展“民生工作接待日”活动6次，走访接待群众506户，收集问题和建议765条，其中及时解决问题且回复结果满意的有385条，占比64.92%；做出答复和解释、回复结果不满意的有38条，占比6.41%；持续推进解决的问题有141条，占比18.43%。

【志愿服务总站成立】 4月26日，西善桥街道志愿服务总站成立，通过“域内+域外”（社会组织+志愿者）志愿服务队伍的形式推进志愿服务工作。至年末，有志愿服务组织29个，在册志愿者9752人，开展志愿服务活动350余场，帮扶孤寡老人、大病户、低保户、残疾人、事实孤儿等各类人群8600余人次，受到群众一致好评。

【食品安全快速检测中心落户】 10月15日，西善桥街道食品安全快速检测中心项目签约仪式在西善桥街道四楼会议室举行。西善桥街道食品安全快速检测中心位于兴梅中路，为全省首家街道级食品快速检测中心，由西善桥街道承建，南京工业大学与南京杰纳检测技术有限公司提供技术支持，为辖区群众提供食品农药残留、兽药残留、重金属、非法添加物或食品添加剂、致病菌等快速检测，确保群众食品安全。 （孙海伦）

梅山街道

【概　况】 梅山街道位于雨花台区西南郊，南部与江宁区接壤，周边与板桥街道、板桥新城搭界，距离主城区新街口约24千米。年末，户籍人口约2.93万人。辖中兴路、上怡新村、梅清苑、梅欣、梅岭5个社区。设有社区党委3个；党总支12个（机关党总支1个、社区党总支6个、非公企业党总支5个）；党支部52个。

全年实现地区生产总值25.54亿元，公共财政预算收入1.04亿元，全社会固定资产投资2.51亿元，同比增长25%；外贸出口总额18031.39万美元，同比增长16.33%。完成区人代会重点项目2个，重点完成梅欣市场改造、新板沟整治、梅清苑地下污水管网改造等工程。引进领军型科技创业人才2人。煤炭消费量461万吨，规上工业综合能源消费量428.00万吨。

全年新增城镇就业人数910人，实现再就业370人，援助困难人员就业25人，举办招聘会4场，完成大学生创业66人，树立创业典型2人，申报优秀项目4个，发放小额担保贷款40万元，失业人员跟踪服务率100%，大学生就业率100%。累计发放低保金118.41万元，办理低收入家庭住房补贴10户。春节期间，慰问低保户及边缘户275户，发放慰问金26.96万元，发放困难群众一次性生活补贴2.03万元。

2015年，梅山街道被省委组织部、省委宣传部表彰为2015年度江苏省冬训示范街镇；被南京城市治理委员会表彰为2014年度南京市城市治理优胜街镇。

【区域建设】 2015年，梅山街道推进新板沟二期整治工程，清理漂浮物1.2吨、清除淤泥13吨，清理卫生死角6处、拆除违章披棚70平方米，补植草坪1300平方米、树木200余棵，新建机动车停车位50余个。协调梅钢公司投资20万余元透绿改造205国道靠近老生活区416米围墙。投资约140万更新改造梅欣市场

2000平方米。协调梅钢公司投资60万余元对梅清苑社区地下部分老旧污水管道实施更换和线路改造。在梅清苑北环路新建停车场，增设停车位约200个。集中整治早点摊、报亭等固定摊点36次，日清扫路面约3000平方米，清理各种垃圾约400公斤。规范主要路段广告牌设置，辖区838平方米商业广告牌实现收益30万元。

【社区建设】 2015年，梅山街道在街道广场举办“金色梅山　美丽家园”第十一届“金色梅山”艺术节展演，来自金色梅山艺术团及厂矿企业职工参加演出，区级各部门及驻地企业负责人出席活动。在上怡新村举办“阳光上怡·幸福家园”为主题的区第7个全国防灾减灾日、第68个“5·8”世界红十字日宣传活动暨“阳光驿站”成立八周年庆祝仪式。在梅欣社区举行“幸福雨花，美丽梅欣”雨花台区第六届邻里文化节暨梅欣社区第八届邻居节开幕式。在梅岭社区开展学习节活动，倡导“我参与、我创造、我享受”理念，让老百姓当“民星”、唱“主角”。在中兴路社区举办以“敬老爱老”为主题的群众广场文化展演活动。在梅清苑社区举办“共创美丽梅清，共享美好生活”第二届群众文化艺术节。在中兴路、梅清苑社区引进“十方缘”社会组织，在社区建立高龄老人精神关爱主题馆。年内，上怡新村社区被中国地震局表彰为2015年度国家地震安全示范社区；梅岭社区被江苏省依法治市领导小组表彰为2015年度江苏省民主法治示范社区。

【平安建设】 2015年，梅山街道加强与梅山钢铁股份有限公司、矿业分公司等各企事业单位沟通与协作，形成信息互通、资源共享、应急共处合作机制，整合“红袖标”平安志愿者2150人，建立共同管理和相互支持的联动机制和辖区常态防控体系。加强对刑满释放人员、吸毒人员、社区矫正人员帮教和监管，消灭不稳定因素。组织开展政法综治宣传月、“12348”法律援助服务、法润梅山春风行动等活动，参加“法润江苏　德法同行”“法润雨花　平安家园”广场法治文化演出等，出动普法快车4次，接受群众咨询130人次、发放宣传资料约300份、平安环保袋300只、拉横幅10条、宣传展板15块，社会满意度90%，社会知晓度96%。实施“和平使者”和谐工程，调解纠纷30起，纠纷排查140余次，医患纠纷赔偿金额110万元，调处率100%，成功率100%，全年未发生非正常死亡和民转刑案件。

【党的建设】 2015年，梅山街道开展“三严三实”主题实践活动，制定专题教育实施方案和学习日程表。开展以“严以修身”“严以用权”“严以律己”为主题的集中研讨，组织街道领导、社区书记、机关支部书记、预备党员、入党积极分子、大学生村官参观梅园新村纪念馆和区检察院“蚁贪”警示教育馆。组织街道干部赴井冈山和山东临沂革命老区参观学习，提升党员干部党性观念。每月监督检查全街道干部工作纪律、工作作风、生活作风2次，落实节假日廉政提醒制度。指导基层社区做好“阳光村居”平台建设工作，完善科级以上干部廉政档案信息，落实廉政谈话、述职述廉和个人重大事项报告制度。

【为民办实事工程】 2015年，梅山街道通过广泛听取居民代表、责任科室、社区居委会、人大代表等各方面意见和建议，梅欣社区低洼易涝整治等11项为民办实事项目。涵盖社会管理、文化体育、城市建设、城市管理等类别,其中社会管理2项、文化体育1项、城市建设6项、城市管理2项。全年总投资935万元,其中街道投资225万,多方协调资金710万。

【垃圾分类试点工作开展】 6月1日,梅山街道启动梅岭社区垃圾分类试点工作。全年投资40万元,举办广场活动10场,开展各类培训宣传会36场,宣传覆盖人次超5000人次;坚持每天早晚收厨余垃圾,定点收厨余垃圾128次,定点回收有毒有害垃圾16次,定点回收可回收垃圾16次。至年末,梅岭社区垃圾分类知晓率90%、参与率50%,参与垃圾分类回收居民30000人次,回收厨余垃圾即垃圾减排量近80吨。 (徐培枝)

板桥新城

【概　况】 板桥新城位于雨花台区西南部,东至江宁区行政区划边界、南至板桥街道古雄村和新建村村界沿绿洲机器厂北围墙至梅山街道上怡二村北边界、西至宁芜铁路边界、北至西善桥街道边界,土地面积11.07平方千米。年末常住人口2.36万,暂住人口0.36万,户籍人口1.71万,60岁以上老人3405人。辖大方、古雄、柿子树、新林4个社区。设有社区党委1个、社区党总支3个、党支部17个;党员529名。

全年实现地区生产总值14.34亿元,地方一般预算收入2.1亿元,服务业增加值12.81亿元,全社会固定资产投资28.2亿元,社会消费品零售总额2.1亿元,完成注册项目计划总投资15.3亿元。承担区人代会重点项目8个,其中商务商贸项目1个、商住项目4个、公共服务项目2个、基础设施项目1个。完成柿子树社区大柿等村组道路建设、大方社区道路亮化等为民办实事项目10个。推进花生唐项目运行,商家签约率95%,开业率85%。主动对接软件谷,推进南京信息工业大学科技产业园项目建设,引进南京信大高科技发展有限公司、南京天拓信息有限责任公司、江苏海鑫云计算科技发展有限公司等一批高科技企业,园内注册企业近20家。完成2014年入选的3名321人才落户。

全年向171户244人低保户发放低保金174.77万元;走访慰问困难群众1000人次,发放慰问金100余万元;发放医疗和临时救助金36.6万元、残疾人救助和生活补贴55万元;向361名80周岁以上老人发放“尊老金”55.5万元,为1135位高龄老人免费办理老年人意外伤害保险;落实新型农村合作医疗制度,参保人数2805人。成立黄丝带助残关爱中心,扶植鑫屹英语工作室等3个社会组织。筹集资金3.2亿元为近3000名失地农民办理社会保险。举办第六届全国航空模型大赛(南京站)、莲花湖之夏纳凉晚会、板桥新城第三届社区运动会等大型群众文体活动6场,开展广场服务20余场,组织各类社区文体活动及服务活动近100场。

年内,板桥新城被省民政厅表彰为2014年度全省和谐社区建设示范街道;被市委表彰为2014年度法治南京先进单位;被市预防职务犯罪指导委员会表彰为市2012–2014年度无职务犯罪先进单位;被市残疾人联合会表彰为全市就业年龄段持证残疾人就失业情况调查工作先进单位。

【区域建设】 2015年，板桥新城完成拆迁房屋面积3.73万平方米，涉及农户106户。为1900余户拆迁群众协调办理房产证和土地证并成功领取“两证”。建成新林芳庭二期、三期经济适用房5.5万平方米，建成新板桥医院并移交使用。完成柿子树沟一期和梨花沟整治工程，提升地区防汛排涝能力。完成人字桥周边道路拓宽改造工程，优化内部路网。完善道路标志标线和信号灯等交通附属设施，开通绿城大道。建立城管指挥中心，城市治理长效考核位居全区前列。抓好控违、控渣、防止废旧回收及黑作坊蔓延工作，实行“控违、控渣、控废、控黑作坊”四位一体防控体系，其中在柿子树社区13个路口增设岗亭。全年拆除新增违章建筑15起、建筑面积950平方米，制止违章建筑搭建56起，查控偷运渣土车辆180台次，清理乱堆乱放点18处，清除僵尸车15台，取缔黑作坊4家。制订《板桥河水环境综合整治工作方案》，以建设莲花湖为核心，实施豚草清理、河道清淤疏浚、补植苗木，加强生态修复和景观提升。规范物业管理，推进招商、收费、电梯年检维护工作，制订垃圾分类管理办法、停车位管理制度、电梯安全管理制度、消防监管工作站管理制度、物业维修制度、保洁保安管理细则等10项管理制度。

【社区建设】 2015年，板桥新城成立南京板桥新城黄丝带助残关爱中心，扶植鑫屹英语工作室等3个社会组织。在新林、古雄社区引进枢纽型社会组织“屋里厢”，通过该社会组织的专业化运作引进居家养老、助残救困、社区文体专业团队，推动社区精品社区建设。完善社会组织评优考核机制，整合社会力量参与社区建设。初步形成大方社区的邻里中心建设、新林社区的居家养老服务、柿子树社区的助残服务、古雄社区的志愿服务等“一社一特”社区发展格局。发挥大方社区“培育社会组织、助力社区自治”村改居社会治理模式示范效应，推进辖区内其他社区治理模式转型。年内，大方社区被省民政厅评为2014年度全省和谐社区建设示范社区；大方社区团支部被团市委评为2014年度南京市先进团支部；柿子树社区黄丝带助残项目被市妇女联合会评为市巾帼志愿服务优秀项目。

11月13日，全省女大学生村干部参观大方社区　　（板桥新城　供稿）

【平安建设】 2015年，板桥新城针对房屋拆迁安置、家庭困难补助、民工工资拖欠、“以地换保”、社区环境污染等问题，接待来访人员550余人次，受理各类来访事件90余件，当场解决80余件，来访群众满意度98%。全年未出现大规模群访及进京、到省、赴市等越级上访事件。通过主题文艺演出、悬挂横幅、张贴海报、发放宣传材料、展板宣传、借助商业电子大屏播放宣传短片等方式，开展以“弘扬法治精神、推进依法治区、构建和谐新城”“‘12348’法润千万家”“珍爱生命、远离毒品”“深化平安建设、提升群众安全感”等为主要内容的宣传月活动，重点宣传雨花台区委《关于全面推进依法治区建设法治雨花的意见》、《中华人民共和国禁毒法》、防范和处理反邪教会议相关精神及防抢、防盗、防诈骗、防电梯事故等法律知识。年内，新林社区被市质量技术监督局评为2014年度特种设备安全管理先进单位；柿子树社区巾帼服务社被市平安创建活动领导小组评为2015年度市优秀平安志愿服务组织。

【党的建设】 2015年，板桥新城开展“三严三实”专题教育，邀请党工委领导讲授党课8次，开展“三严三实”专题交流研讨活动5场，查找并修改“不严不实”问题清单，形成问题清单96条，组织廉政文化教育、重温入党誓词等系列专题活动，严纪律、强约束、敢担当、务实干，形成风清气正、团结拼搏、廉洁实干氛围。加强党员干部廉政教育，保证工程优秀、干部优质。抓好基层党组织带头人队伍建设，发挥基层党组织战斗堡垒作用。在“6·27”特大暴雨洪涝灾害期间，做好抢险救灾工作，汛后落实善后工作、安抚群众情绪，未出现到市、区群访事件。完成科级干部公开选拔任用工作，提拔中层正职3名、中层副职3名。年内，板桥新城被被市预防职务犯罪指导委员会评为市2012-2014年度无职务犯罪先进单位。

【安全生产工作】 2015年，板桥新城开展安全生产检查。召开季度安全生产工作会议4次，重点抽查企业32家，排查生产经营单位851家次，整改一般隐患488条，下发隐患限期整改通知书128份，整改完成一般隐患143条。51家生产经营单位在“南京智慧安监云平台”系统中上报一般安全隐患607条，部门抽查上报一般安全隐患72条。全年未发生安全生产死亡事故。

【六期地块公告出让】 2015年，板桥新城六期地块公告出让。该地块为二类居住用地，东至新湖大道，南至现状道路，西至规划道路，北至板桥河，总出让面积约4.35万平方米，挂牌出让起始价为6.69亿元，最高限价9.79亿元，容积率1.0<R≤2.8，建筑密度≤20%，建筑高度≤100米，绿地率≥35%。4月10日，该地块在市公共资源交易中心竞拍出让。年内，该地块被河南和昌地产以8.8亿元竞得，楼面地价7226元/平方米。 （邹 悦）

雨花年鉴 2016 YUHUA ALMANAC

人物和荣誉

2016 YUHUA ALMANAC

Figures and Glory

先进模范人物

·国家政府特殊津贴补助者·

祖　群

中材科技南京玻纤院特种纤维事业部副总经理祖群，2015年被国务院批准享受2014年度国家政府特殊津贴待遇。

祖群，女，1965年5月26日生，工学硕士学位，中共党员，教授级高工。1990年7月进入南京玻璃纤维研究设计院工作，长期从事先进复合材料用高性能特种纤维研发与产业化技术开发。她先后组织编制3个《五年特种纤维科技发展规划》，主编5项特种玻璃纤维国家军用标准，主笔16份特种玻璃纤维产品企业标准。在先进复合材料用结构增强基体高强度玻璃纤维研发方面，她在第一代高强玻璃纤维（HS2）基础上研发出第二代（HS4）及第三代高强玻璃纤维（HS6）玻璃纤维及制品，开发的新一代高强玻纤制品成功应用核工业特种装备、直升机旋翼系统等复合材料中，使国家成为自主拥有核能开发技术及重点装备关键原材料制造技术，首次实现国产高强玻璃纤维在飞机主结构及关键件上的应用。她主持的"高强玻璃纤维先进制造技术"研发，在国际上首次实现耐火材料内衬池窑规模化生产高强玻璃纤维，与美国高强玻纤相比，投资成本降低30倍、生产能力提高5倍。由她主持开发的多项特种功能纤维及制品填补国内空白，其中国防配套项目"可编织连续高硅氧玻璃纤维的研制"，在国内首次成功研究出二元系原始玻璃纤维制备高强度可编织高硅氧玻纤纱，实现透波—结构—功能—体化耐热复合材料设计要求，产品已在型号上批量应用。自2010年与诺丁汉大学联合开发生物可降解玻璃纤维增强复合材料，祖群先后指导英国诺丁汉大学4位博士在中材科技股份有限公司开展研究，拓宽了特种纤维研发与应用领域。个人先后获得国防科工委科学进步二等奖2项、三等奖1项，获授权专利8项，其中发明专利4项。

·全国巾帼建功标兵·

黄剑虹

南京麦瑞克科技发展（集团）有限公司总裁黄剑虹，被中华全国妇女联合会授予全国巾帼建功标兵。

黄剑虹，女，1965年1月25日生，研究生学历。多年来，她带领南京麦瑞克科技发展（集团）有限公司团队积极进取、开拓创新，取得丰硕成果。公司与世界500强IBM、中国（南京）软件谷管委会三方合作成立的IBM中国授权培训中心，培养了大批IT紧缺人才。与市人社局、软件谷管委会共建的"南软基地"，2014年培养软件及动漫人才3000多名。与以色列国家软件协会合作，转化了多项高科技项目，其中"高清塑料光纤（HD-

POF)芯片”项目获江苏省科技厅重大项目扶持资金。公司连续3年成功组织“中以合作及以色列创新科技发展论坛”,签署多个合作项目,实现互利共赢。公司运营的4.2万平方米国际软件外包产业园,入驻软件企业50余家。黄剑虹还发起成立了南京女科技工作者联盟,牵头在园区建立“金陵女子创梦空间”,每年为1000多名在校女大学生提供实习岗位、见习场所及创业就业指导、政策咨询等服务。凭借不懈努力和坚持,黄剑虹将公司从单一的成果转化型企业发展为多元化高科技集团公司,在全市科技企业中展露头脚,个人先后荣获“全国女大学生创业导师”“江苏省优秀企业家”“南京市十大女杰出提名奖”等称号。

·中国好人·

代贤伟

南京市雨花台区爱之光公益发展中心主任代贤伟,2015年被中央精神文明建设指导委员会办公室授予中国好人称号。

代贤伟,男,1987年8月生,本科学历,中共党员。热爱公益事业的80后青年,2010年在中国药科大学上学时便开始从事公益组织,连续3年组织参加乡村支教与用药安全科教项目,每次志愿服务乡村1个月,3年累计志愿服务560小时,服务对象近2000人。2012年中国药科大学毕业后,代贤伟在雨花台区注册成立“爱之光公益发展中心”,从事用药安全与药物科教公益组织。其深耕于南京各大社区老年慢性病患者群体健康管理服务与研究,联合社会组织、医药高校、药企与民政、卫生部门合作,在社区建立“社区健康管理模式”,帮助提升各大社区健康理念,提高居民自我健康管理意识。因连续2年组织策划公益项目,公司获南京市公益创投重点项目资助。4年公益道路上,代贤伟到北上广参加各类公益组织培训以及公益慈善行业年会,受到北京市透明鱼基金2011年、2012年度“透明公益”表彰。2013年5月,代贤伟被“中国公益慈善人才培养计划”选中,成为全国50位公益人才学员之一,聘请为“中国慈善传播大使”。2013年7月,被“中国青年创想计划”选中,成为全国50位创想学者之一。代贤伟的公益组织多次被江苏电视台、南京电视台、扬子晚报社、新华日报社等媒体专访报道。

雷建功

雨花台区古雄小学声乐老师雷建功,2015年被中央精神文明建设指导委员会办公室授予中国好人称号。

雷建功,男,1946年11月生,本科学历,中共党员。他是南京民族乐团原团长,著名笙演奏家,国家一级演奏员,退休后来到雨花台区古雄小学,组建一支全国不多见的少儿民族吹管乐团,带领一批对音乐一无所知的农村学生学习民族吹打乐,获得多个省、市演出金奖。为了尽快提升孩子们的演奏水平,雷建功不放过每一个寒暑假时间给孩子集训,排练合奏曲。暑假天气炎热,雷建功常常一曲结束后汗流浃背,站在一旁的校领导总劝雷建功多歇会儿,怕他累着。他总是说,“再来一遍,刚刚强调的内容一定要反复练,拳不离手,曲不离口”。有一次,雷建功生病需要挂水,他怕耽误孩子集训时间,拒绝送医院,只吃了点药继续指导练习。学生都说:“雷爷爷很讲信用,说来学校就来,从没骗过人。”短短的6年间,乐团迎来了著名笙演奏大师胡天泉、德国汉诺威音乐学院小提琴演奏家、教育家亚当·科斯特恩奇等一批批国内外尊贵客人。2012年7月,乐团应邀出访欧洲四国,在柏林第11届中德青少年节文艺汇演中获得金奖。2014年11月,全国文联组织的中国文艺志愿服务制度化专题研修班学员150多人来校学习雷建功先进事迹。

·江苏省五一劳动奖章·

周红卫

江苏润和软件股份有限公司董事长周红卫,2015年被江苏省总工会授予江苏省五一劳动奖章。

周红卫,男,1968年11月生,本科学历,中共党员。凭借在美国、日本等地长期从事国际软件外包工作积累的丰富经验,2006年周红卫放弃国外优厚条件,毅然回到南京创办江苏润和软件股份有限公司(简称润和软件),走上用科技知识自主创业的道路。短短几年时间,润和软件从仅有200个技术人员小公司发展成近4000人高科技企业。2012年7月,润和软件在深圳创业版上市,成为创业版第一家上市的软件外包企业,也是中国(南京)软件谷首家上市企业。公司以南京为总部及开发基地,在北京、上海设立子、分公司,在日本东京、美国波士顿、硅谷、新加坡设立控股子公司,建立一点多面企业国际化布局,进入了全球软件外包价值链高端。在周红卫的带领下,润和软件相继获得“国家规划布局重点软件企业”“中国服务外包成长型企业”“江苏省高新技术企业”“江苏省国际服务外包重点企业”“江苏省技术先进型企业”等称号。

·江苏省百名巾帼科技创新典型人物·

钮承杰

南京汉安科技实业有限公司董事长钮承杰,2015年被江苏省妇女联合会授予江苏省百名巾帼科技创新典型人物称号。

钮承杰,女,1969年4月生,大学学历。2000年,怀揣创业梦想的钮承杰辞去高校工作,创办了南京汉安科技实业有限公司。在人员极少、资金不足的情况下,她做到第一年成立公司,第二年上半年公司开始盈利的喜人成绩。她对工作要求高标准,项目执行不仅详尽考虑每个环节,还兼顾考虑用户满意度和员工态度积极性,以此实现企业的盈利。在她的带领下,公司业务不断扩大,范围涉及建筑智能化、工业自动化及楼宇自控系统设计、施工等多个方面。近2年，钮承杰开启了“智慧农业梦”之旅，立志成为“智慧农业”行业标准化的制定者。她在南京周边选定3个区域试点开展“智慧农业”，与南京农业大学、南京林业大学专家学者合作，将“智慧农业”解决方案纳入智能系统专家库中，为试点农民提供在线指导，帮助农民实现田间作物的高、优产。在智能监控下，农业大棚里的环境温湿度、土壤水分、二氧化碳等各种生态要素都尽在掌握中。钮承杰坚信，有了“智慧农业”的辅助，百姓最担心的食品安全问题的监控可以遏制在源头。她还积极参与区妇联组织的女性专场招聘活动，为女大学生提供创业实践场所。公司被市妇联命名为南京市“女大学生创业实践基地”。

·江苏省优秀党务工作者·

郭　伟

南京玻璃纤维研究设计院党委书记郭伟，2015年被江苏省总工会授予江苏省优秀党务工作者称号。

郭伟，男，1963年6月生，本科学历，中共党员，教授级高工。郭伟从事党务工作多年，面对纷繁复杂的困难，勇于承担急难险重任务，在企业领导班子建设、党员及员工队伍建设、思想政治工作及经济建设等方面作出重要贡献。在他的领导下，南京玻璃纤维研究设计院党组织获得“中国中材集团先进基层党组织”“全国建材行业质量管理先进单位”等荣誉；院领导班子获得“中国中材集团‘四好’领导班子”称号，并被中组部、国资委授予“国有企业创建‘四好’班子先进集体”。个人获“中央企业优秀党务工作者”“江苏省支持工会工作优秀领导干部”称号。

·江苏省交通运输行业文明职工标兵·

沈俊才

南京市板桥汽渡管理处安全渡运科科长沈俊才，2015年被江苏省交通运输厅授予全省交通运输行业文明职工标兵称号。

沈俊才，男，1963年3月生，大学学历。沈俊才在汽渡安全管理中率先垂范、尽心尽责，有力保障了汽渡安全形势平稳有序。在日常安全管理中，他坚持每天到船站一线深入开展安全隐患检查，尤其遇到大风大雨等恶劣天气，即便是休息，也会从家中赶至渡运现场指挥渡运生产，把安全责任落实到船头、码头和人头，确保渡运安全不出问题。青奥会期间，沈俊才联合市公安、海事部门，组织渡船进行应急防恐演练，加强对过渡车辆人员的安全检查，有效保障了汽渡的安全稳定和畅通。他还主动协同相关专家，完成了公路渡口安全生产标准化基本规范和考评指标体系，研究成果填补了省内公路渡口安全生产标准化的空白，为推进全省公路渡口的安全标准化工作提供了重要依据。板桥汽渡管理处曾获“2013年度江苏省安全文化建设示范企业”称号。

·江苏省道德模范提名奖·

吴风军

浦口区居民吴风军，2015年被江苏省精神文明建设指导委员会办公室授予江苏省道德模范提名奖称号。

吴风军，男，1970年10月生。1月28日，吴风军乘朋友面包车行至凤台南路长虹路路口时，看到路边一辆正在过马路的环卫电动三轮车被一辆大众途观越野车撞翻，一男一女2名环卫工人卡在电动三轮车下，动弹不得，他立即喊司机停车跑到电动三轮车旁。当看到2名环卫工被重重的卡在电动三轮车下爬不出来时，他使出全身力气抬起车身，试图救出环卫工人。突然，电动三轮车上加装的垃圾厢盖板滑落下来，锋利的铁皮切断了他左手无名指末端。在现场其他人的帮助下，2名环卫工人被迅速救出，吴风军和被救出来的2名环卫工被“120”急救车送到医院。2名环卫工均无大碍，当天就出院了，但吴风军却因手指末梢被切断，接受了再植手术，为节省开支，他在伤情未痊愈的情况下出了院。2个月后，为省几百元医药费，他自拔手术钢钉，只跑到社区医院让医生帮忙包扎出血伤口。医生见状吓了一跳，赶紧给他做了消炎和包扎，称第一次看到这么鲁莽的病人。因手不能干活了，吴风军家里断了唯一的经济来源，但在谈到这次救人的事时，他说，“这次救人的事，现在我也不后悔。下次看到有人受伤，我还是会去帮忙。因为做人要对得起自己的良心。”

逝世人物

孔庆友

雨花台区军队干休所离休干部，1982年离休，2015年7月29日病逝，享年92岁。

孔庆友，男，1923年12月出生，汉族，山东省平邑县人，1944年6月入伍，1946年6月入党，原六十八军一八一师炮兵五八七团后勤处处长（正团职）。1944年6月至1947年10月山东省蒙山县卞桥区区中队战士，1947年10月至1949年11月华东八纵队二四师七一团一营营部看护长，1949年11月至1956年2月炮兵第五七八团后方勤务卫生主任，1956年2月至1962年3月六十八军一八一师五八七团后勤处处长。

陈　智

雨花台区军队干休所退休干部，1990年退休，2015年2月22日病逝，享年87岁。

陈智，1928年1月出生，汉族，1950年3月投身革命，1982年7月加入中国共产党。1950年先后二野医大、西南医大预科部医科部当学员,1952年至1953年先后在二医大、七医大学习,1957年1月开始任七医大附属医院皮肤科军医,1959年12月在七医大二院皮肤科任助教,1964年至1979年先后任七医大二院皮肤科教研室和三医大二院皮肤科教研室的宣讲师,1979年至1989年在三医大二院皮肤科先后任副主任、主任、副主任医师、副教授、医师。

许国和

雨花台区军队干休所退休干部,1983年退休,2015年8月4日病逝,享年91岁。

许国和,1924年4月出生于安徽省怀远县,汉族,1949年4月投身革命,1960年8月加入中国共产党,1965年6月入伍。1949年至1960年在南京军区总医院门诊部工作,1960年至1965年在南京军区总医院食堂做给养员,1965年至1982年在南京军区总医院内三科保卫员、院务部助理员。

涂寿鹏

雨花台区军队干休所退休干部,1990年退休,2015年10月12日病逝,享年88岁。

涂寿鹏,1927年8月出生, 汉族,1950年10月投身革命,1972年2月加入中国共产党。1950年在重庆西南军区军大一总队当学员,

1953年在志愿军三兵团政治部任英语翻译、参谋,1966年在沈阳军区侦察大队教研室任英语教员,1972年在沈阳军区侦查支队司令部任副参谋长,1981年4月起先后任南京外院讲师、副教授、教授,1989年任南京国际关系学员英语教研室技术五级教授。

张新泉

雨花台区军队干休所退休干部,1984年退休,2015年11月5日病逝,享年83岁。

张新泉,男,1932年8月出生,汉族,吉林省长春市人,1949年11月入伍,1962年6月加入中国共产党,原陆军第九十四医院五官科主任(技术七级)。1949年11月至1953年4月第七军医大学中级班学员,1953年5月至1955年3月十六陆军医院助理军医,1955年4月至1956年5月第七军医大学耳鼻喉科军医,1956年6月至1961年6月第三军医大学助教;1961年7月至1963年11月第九十四医院五官科军医,1963年11月至1969年12月第九十四医院五官科主治军医、五官科主任。

先进集体

2015年雨花台区获市级以上表彰的先进集体名录

一、受市以上单位表彰的先进集体

(一)部省级(17个)

雨花台区被国家文化部评为全国文化先进区

雨花台区被国家教育部评为2015年度全国青少年校园足球试点区

软件谷被国家标准委评为国家级服务业试点标准园区

软件谷被国家工信部评为全国产业集群区域品牌建设试点地区

软件谷被国家人社部、全国博士后管委会评为国家级博士后工作站

软件谷被中国信息产业发展研究院、中国软件测评中心、赛迪智库软件与信息服务业研究院评为2015年度中国软件和信息服务领军产业园区

软件谷被国家知识产权局办公室评为2015年战略新兴产业知识产权集群管理试点单位

区委统战部被中央统战部宣传部评为2015年度《中国统一战线》宣传先进单位

区红十字会被中国红十字总会评为全国红十字青少年自救互救知识竞赛三等奖

区卫生局被国家卫计委评为全国全民健康生活方式知识传播竞赛总决赛冠军

区行管中心被国管局、国家发改委、国家财政部评为江苏省第二批节约型公共机构示范单位

雨花台区科技创业中心被国家科技部评为国家级科技企业孵化器(A类)

雨花街道雨花社区、板桥街道板桥社区被国家减灾委员会、民政部评为全国综合减灾示范社区

雨花街道花神庙社区被国家司法部、国家民政部评为全国民主法治示范村(社区)

梅山街道上怡新村社区被中国地震局评为国家地震安全示范社区

雨花台中学(初中部)被国家教育部评为2015年首批全国学校体育工作示范学校

雨花实小、古雄小学、西善花苑小学、梅山二小、板桥小学、梅山一小、铁心小学、西善桥小学、金陵中学岱山分校、孙家中学、雨花台中学春江分校、雨花台中学被国家教育部评为2015年全国青少年校园足球特色学校

(二)省厅级(47个)

雨花台区被省综治委评为2014年度平安区

雨花台区被省教育厅办公室、省体育局办公室评为江苏省首批青少年校园足球试点区

雨花台区被省文广新局评为江苏省有线数字电视城乡一体化整转先进区

雨花台区被省文广新局评为江苏省"无小耳朵社区"先进单位

雨花台区被省卫计委评为"三个一"工程实施综合试点区

雨花台区被省体育局评为第一批江苏省公共体育服务体系示范区

雨花台区被省国土资源厅评为2014年度江苏省国土资源节约集约利用模范区

雨花台区被省国土资源厅评为2014年度江苏省土地执法模范区

软件谷被省经信委评为江苏省首批大数

据特色产业园

区委办被省委办公厅评为2015年度信息工作先进单位

区人大办被省人大常委会研究室评为《人民与权力》杂志通联先进集体

区委宣传部被省委组织部、省委宣传部评为2014年度全省基层党员冬训工作示范区

区工商联被省工商联评为2014年江苏省"五好"工商联

区工商联被省工商联评为江苏省工商联先进集体

区妇联被省妇联儿童工作部评为"家风家训征集活动"优秀组织奖

区住建局被省住建系统职工劳动竞赛活动领导小组评为省住房保障和保障性安居工程建设劳动竞赛优秀组织单位

区老龄办被省老龄办评为2015年度老龄宣传工作先进单位

区安监局被省安委办评为2015年度全省"安全生产月"活动优秀单位

区安监局被省安监局评为2015年度全省非煤矿及冶金等工贸行业安全工作先进集体

区人防办被省民防局评为2014年度民防工作先进单位

区检察院被市检察院评为"规范司法行为,维护公平正义"知识竞赛组织奖

雨花街道团工委被团省委评为2014年度江苏省五四红旗团委

雨花街道花神庙社区被省科协评为江苏省科普示范社区

雨花街道能仁里社区、开发区近华社区、板桥新城大方社区被省民政厅评为江苏省和谐社区建设示范社区

雨花街道能仁里社区、西善桥街道西善花苑社区、梅山街道梅岭社区被省依法治省领导小组评为省级民主法治示范社区

雨花街道丁墙社区、铁心桥街道铁心社区、西善桥街道油坊社区被省委610办公室评为2014年度全省无邪教创建示范社区

雨花街道雨花社区、铁心桥街道春江社区、板桥街道三山社区被省人社厅评为2014年度省级充分就业示范社区

赛虹桥办事处、铁心桥办事处、西善桥办事处、开发区管委会被省档案局评为江苏省4A级数字档案室

赛虹桥街道商会被省工商联评为江苏省基层商会先进集体

赛虹桥街道长虹路社区、普德村幼儿园、原区工商分局注册科被省城镇妇女"巾帼建功"活动领导小组、省妇联评为江苏省巾帼文明岗

铁心桥派出所被省公安厅评为集体二等功

板桥街道被省第六次全国体育场地普查领导小组评为江苏省第六次全国体育场地普查先进集体

板桥街道、板桥新城管委会被省民政厅评为江苏省和谐社区建设示范街道

西善桥街道被省政府残工委评为全省扶残助残先进集体

梅山街道被省委组织部、省委宣传部评为2014年度全省基层党员冬训工作示范街道

梅山街道上怡新村社区被省侨办评为江苏省社区侨务示范单位

梅山街道梅欣社区被省地震局评为江苏省地震安全示范社区

雨花台公证处被省司法厅评为江苏省公证规范化建设先进单位

区体育中心被省体育局评为省级“体质测定与运动健身指导站”

板桥小学被省教育厅评为省青少年科技教育先进学校

南站幼儿园、艾倍科幼儿园被省教育厅评为省优质幼儿园

雨花台中学、共青团路中学、梅山第一小学、板桥小学、西善桥小学、梅山第二中学被省教育厅办公室、省卫计委办公室评为“江苏省健康促进银奖学校”称号

安德门农民工法律援助工作站被省文明办评为江苏省第四批优质服务品牌

南京大数据产业基地被省人社厅评为江苏省创业示范园

紫金(雨花)科创特别社区大学生创业基地被省人社厅评为省级创业示范基地

雨花众创集聚区被省科技厅评为首批省级众创集聚区试点单位

花神庙科技园智慧城市科技企业孵化器被省科技厅评为省级科技企业孵化器

(三)市级(84个)

雨花台区被市委、市政府评为2014年度法治南京建设先进单位

雨花台区政府被市委、市政府评为2014年度南京市12345政务热线工作先进单位

雨花台区被市政府办公厅评为2014年度南京市政府信息公开工作先进单位

雨花台区被市信访工作联席会议评为2014年度全市信访工作先进区

雨花台区被市社会信用体系建设工作领导小组评为二等奖

雨花台区被市环保局评为2014年度依法行政和环境执法先进单位

雨花台区被市环委会评为2014年度区长环保工作目标任务考核六城区中排名靠前

雨花台区、软件谷被市建设中国软件与新兴产业名城领导小组办公室评为2014年度高标准建设中国软件名城先进单位

雨花台区政府被市献血领导小组评为2014年度无偿献血先进区

雨花台区政府被市安委会评为2015年度安全生产优秀单位

雨花台区政府被市城市治理委员会评为2014年度城市治理达标区

雨花台区政府被市消委会评为2014年度全市消防工作先进集体

雨花台区政府被市电网建设协调领导小组评为2015年度全市电网建设先进集体三等奖

雨花台区政协被市政协评为2014年度政协信息工作先进集体

区委机要局被市委机要局评为2015年度市机要系统先进集体

区人大办被市人大常委会办公厅评为2014年度全市人大新闻宣传工作先进单位二等奖

区政府办被市政府办公厅评为2014年度南京市政务信息工作先进集体

区纪委被市纪委办公厅评为2014年度全市纪检监察机关办案工作先进单位一等奖

区纪委被市纪委办公厅评为2014年度全市纪检监察信息工作三等奖

区纪委被市纪委评为2015年度党风廉政建设和反腐败对外宣传工作综合排名靠前

区委政法委、区民宗局、南站综管办被市委、市政府评为第二届夏季青年奥林匹克运动会先进集体

区总工会被市总工会评为2014年度信息

工作先进单位

区总工会被市总工会评为南京市2014年度工会组织“数、质”量建设先进单位

区总工会被市总工会、市文广新局评为南京市第六届《劳动者之歌》职工合唱比赛优秀组织奖

区总工会经审会被市总工会经费审查委员会评为2014年度经审工作规范化建设一等奖

团区委被团市委、市教育局评为全市中学“微团课”评比活动优秀组织奖

区妇联被市妇联评为市妇联系统2014-2015年度信息工作先进集体三等奖

区住建局被市城市建设立功竞赛领导小组评为2014年度市城市建设立功竞赛先进单位

区住建局被市预防职务犯罪工作指导委员会评为2012-2014年度争创无职务犯罪单位活动先进单位

区教育局被市教育局评为南京市普通高中教育发展性评估一等奖

区教育局、区关工委、区校外教育辅导总站、区检察院关工委、雨花街道关工委、板桥新城管委会关工委、西善桥街道关工委、梅山街道梅清苑社区关工委、梅山街道梅岭社区关工委、赛虹桥街道龙福社区关工委被市关工委、市精神文明建设指导委员会办公室评为2013-2015年度全市关心下一代工作先进集体

区财政局被市财政局评为2014年度财政总决算工作先进单位

区财政局被市财政局评为2014年度部门决算工作先进单位

区审计局被市审计局评为2014年度市区级审计机关综合考核先进单位

区安监局、卫生局、板桥街道办事处被市全面推进依法行政工作领导小组办公室评为市级依法行政示范点(2015-2017年度)

区环保局被市环保局评为2014年度依法行政和环境执法先进单位

区环保局被市环保局评为2014年度南京市环境监测工作考核优秀

区交通运输局被市交通运输局评为2015年度交通12345政务热线办理工作先进单位

区水利局被市水利局评为2014年度全市水利工作创新先进单位

区商务局被市商务局评为2014年度商务(粮食)工作三等奖

区文化局被市文广新局评为2014年度考核优秀单位

区卫生局被市卫计委评为2015年度南京市家庭医生实践技能竞赛优秀组织单位二等奖

区卫生局被市卫计委评为2015年度居民健康素养科普大讲堂比赛优秀组织单位

区民宗局被市民宗局评为2015年度先进区民宗局

区检察院被市检察院评为2012-2014年度全市检察机关“关心下一代工作”先进集体

区检察院关工委被市政法委、市关工委评为2012-2014年度南京市政法系统四好关工委

南站综管办被团市委评为南京市青年志愿者服务基地

南站综管办被市园林局评为2015年度南京市园林绿化养护管理工作窗口地区组第一名

区人武部被南京警备区评为全市民兵应急连实战化科目比武竞赛第二名

区国土分局被市国土资源局评为南京市国土资源系统2014年度工作先进单位

区公安分局人口管理大队、共青团路派出所、板桥派出所被市公安局评为集体三等功

雨花街道、板桥新城被市委、市政府评为2015年度法治南京建设先进街镇

雨花街道、板桥街道被市城市治理委员会评为2014年度城市治理优胜街镇

雨花办事处、板桥办事处、梅山办事处、板桥新城管委会被市档案局评为2014年全市档案信息化工作先进单位

雨花街道党工委被市委统战部评为全市统战工作先进集体

雨花街道司法所被团市委评为2014年度市级青年文明号

雨花街道商会、赛虹桥街道商会被市工商联、市总商会评为南京市优秀五星级基层商会

赛虹桥街道、铁心桥街道、板桥街道、梅山街道被市人社局、市财政局、市金融办、人行南京分行营管部评为2014年度“创业小额担保贷款信用街道”

赛虹桥街道商会、板桥街道商会被市工商联、市总商会评为全市工商联系统推动民营企业文化建设先进商会

铁心桥街道、板桥街道、西善桥街道被市信访工作联席会议评为2012-2014年全市信访工作基层基础建设先进街道

铁心桥街道、板桥街道、梅山街道被市信访工作联席会议评为2014年度全市信访工作绩效考核先进街道

铁心桥街道关工委、西善桥街道关工委被市司法局、市关工委评为“五老”志愿活动先进单位

板桥街道、谷管委会战略发展局被市统计局评为2014年度统计工作先进集体

板桥街道团工委、开发区团工委、雨花台中学团委被团市委评为2014年度南京市五四红旗团(工)委

板桥街道调查队、西善桥街道调查队被市政府残工委评为南京市残疾人基本状况调查先进调查队

板桥街道孙家社区团支部、开发区近华社区团支部被团市委评为2014年度南京市先进团(总)支部

板桥人民法庭被市中院评为2014年度集体三等功

梅山街道被市爱卫会评为2014年度南京市爱国卫生先进单位

开发区管委会市容农水部被市水利局评为全市防汛抗旱先进集体

开发区社区教育中心被市教育局评为市级街镇社区教育中心

板桥新城管委会被市预防职务犯罪工作指导委员会评为南京市2012-2014年度无职务犯罪先进单位

板桥新城管委会被市残联评为全市就业年龄段持证残疾人就失业情况调查工作先进单位

板桥新城管委会文化站被市政府评为南京市示范文化站

区社会保险管理服务中心被市总工会评为市“五一巾帼标兵岗”

区航运管理所被市航运管理处、市港政管理处评为2014年度优秀单位

区供销合作联社被市供销合作总社评为2014年度全市供销合作系统综合业绩考评综合一等奖和经济效益优胜单位

区供销合作联社被市供销合作总社评为

2015年度全市供销系统综合业绩考评特等奖、改革发展优胜单位和经济效益优胜单位

共青团路中学、共青团路小学、铁心桥小学、小行小学、板桥中学、梅山高级中学、梅山第二小学、板桥小学、景明佳园小学、梅山第二中学、梅山第一小学、梅山第一中学、中华中等专业学校被市教育局评为市依法治校示范校

雨花外国语小学、小行小学被市教育局评为全市教育系统双拥工作先进集体

雨花台中学被市教育局评为南京市普通高中教育发展性评估教学质量突出奖

雨花台派出所被市公安局评为集体嘉奖

板桥派出所被市公安局评为先进党支部

雨花台区科技创业中心、紫金(雨花)科创特区交通智慧企业孵化器、紫金(雨花)科技创业特别社区创业服务中心、雨花台区邦宁科技园被市科委、市财政局评为2015年度南京市高企培育优秀孵化器

花神科技大学生创业园被市大学生创业工作领导小组评为南京市大学生创业园(基地)

先进个人

2015年雨花台区获市级以上表彰的先进个人名录(选编)

表29

姓名	工作单位	荣誉称号	表彰单位
章韵健	区检察院	全国刑事执行检察重点课题研究二等奖	最高人民检察院刑事执行检察厅
董红	雨花街道	人民满意的公务员	省委、省政府
侯攀	雨花台派出所	“9·3”安保省厅成绩突出个人	省公安厅
崔圣菊	西善桥派出所	群众最喜爱的人民警察,记个人一等功	省公安厅
崔圣菊	西善桥派出所	江苏杰出女警官,记个人二等功	省公安厅、省妇联
李定慧	区委宣传部	2014年度全省基层党员冬训工作创新项目	省委组织部、省委宣传部
曹娟	区检察院	民事行政检察精品案件	省检察院
徐静	板桥新城古雄社区	省优秀家庭教育指导者	省妇联、省民政厅
佘杰山	板桥新城管委会	省优秀调查员	省残联
陈霞	雨花医院	我身边的好医生	省卫生和计生委
周朝阳	区检察院	2014刑法学年会论文一等奖	省法学会
谢群	区委宣传部	三等功	市委、市政府

续表

姓　名	工作单位	荣誉称号	表彰单位
徐林峻	区委宣传部	第二届夏季青年奥林匹克运动会先进个人	市委、市政府
蒋　红	区机关工委	市优秀党务工作者	市委
丁冬香	板桥新城大方社区	南京市劳动模范	市政府
冯杰留	江苏润和软件股份有限公司	南京市劳动模范	市政府
冯培宏	雨花医院	南京市劳动模范	市政府
管利利	雨花街道丁墙社区居委会	南京市劳动模范	市政府
黄书香	西善桥街道城管科	南京市劳动模范	市政府
李新航	江苏远航伟业科技发展有限公司	南京市劳动模范	市政府
刘　伟	汪海集团有限公司	南京市劳动模范	市政府
饶栋平	南京软件谷发展有限公司	南京市劳动模范	市政府
汪　晨	区司法局法律援助中心	南京市劳动模范	市政府
王国平	铁心桥街道马家店社区	南京市劳动模范	市政府
王宪朋	美耐家具有限公司	南京市劳动模范	市政府
杨　镤	南京梅山工程技术新产业开发有限公司	南京市劳动模范	市政府
张端付	雨花台区动物卫生监督所	南京市劳动模范	市政府
赵光辉	雨花台中学	南京市劳动模范	市政府
赵　建	南京丰盛产业控股集团有限公司	南京市劳动模范	市政府
李　邦	南京中船绿洲机器有限公司离心机分公司技术分中心副主任	南京市劳动模范	市政府
陈小云	新鸿运物业公司	南京好市民	市文明办
吉　勤	赛虹桥街道居民	南京好市民	市文明办
石正川	江苏千米网络科技有限公司	南京好市民	市文明办
陈天啸	南京市应急救援志愿大队	南京好市民	市文明办

大事记

2016 YUHUA ALMANAC

Major Events

1 月

4 日，区十七届人大常委会召开第二十一次会议。

5 日，西善花苑小学、锦华新城幼儿园、时光浩韵幼儿园、南站幼儿园、七彩新城幼儿园、现代艺术幼儿园、菁菁幼儿园、西善花苑幼儿园、花神美境幼儿园和金苹果幼儿园等 10 家单位被南京市教育局评为 2014 年度南京市平安校园。

6 日，怡化华东研发运营中心项目在中国(南京)软件谷举行主体封顶仪式。区委书记、中国(南京)软件谷党工委书记张一新，深圳市怡化电脑有限公司总经理石鸥参加仪式。

7–9 日，区政协第八届委员会第四次会议在雨花台中学学术报告厅召开。

8–10 日，区十七届人大第四次会议在雨花台中学学术报告厅举行。会议选举杨明为区十七届人大常委会主任、李世峰为区长。

12 日，全省第一家“南师大协同创新实验学校”暨“专家工作室”揭牌仪式在金陵中学西善分校举行。

13 日，市食品药品安全监督考核组考核全区 2014 年食品药品安全工作。

△ 区长李世峰、副区长江磊率区安监局、消防大队、公安分局、质监分局、工商分局等组成的 2015 年春节安全大检查工作组，对辖区内红太阳装饰城及润泰市场进行安全生产检查。

14 日，市委副书记、市长缪瑞林专题调研”两桥”地区改造提升工程进展情况。

15 日，南京南站南落客平台正式启用，高铁南站南北全面贯通。

16 日，省民政厅厅长侯学元、市民政局局长陈芳视察区社区建设工作。

21 日，在市国有建设用地使用权公开出让现场会上，江苏省苏舜集团有限公司以 4900 万元摘牌雨花国际汽车商贸区汽车 4S 店项目 SOa010-01-07-14 地块，建设克莱斯勒品牌汽车 4S 店；江苏万帮汽车有限公司以 3461 万元摘牌雨花国际汽车商贸区汽车 4S 店项目 SOa010-01-07-28 地块，建设北京现代品牌汽车 4S 店。

22 日，区、软件谷领导张一新、李世峰、倪兴龙、王辉等调研雨花经济开发区品质改造提升工作。

△ 全区首家社会组织服务中心在雨花经济开发区成立，为入驻辖区内各社会组织提供指导服务。

23 日，西善桥街道岱山东路拆迁项目安置选房工作启动，古遗井社区 233 户拆迁居民，将在 469 套房源里按政策规定挑选满意房型。

24 日，区、软件谷领导张一新、黄唯佳、王辉调研紫金(江宁)科创特区奥特莱斯项目，研究推进牛首山北坡奥特莱斯项目落地工作。

27 日，嘉吉共享服务中心开幕式在中国(南京)软件谷举行。

28 日，副市长黄澜专题调研中国(南京)软件谷。

△ 区、软件谷领导李世峰、倪兴龙、薛国安、王辉、钱颐调研全区学校建设工作，实地查看了解区实验小学东校区和西校区扩建中存在问题和困难。

30 日，副市长吴卫国视察南京南站环境综合整治工作。

31 日，南京紫荆广场正式营业。该项目地处雨花台区养回红村 158 号，总投资 7 亿元，占地 28901 平方米，总建筑面积 86987 平方米，分 A、B、C 栋和 D 栋。

1 月，中国(南京)软件谷内三胞集团有限公司、南京丰盛产业控股集团有限公司、南京圣迪奥时装有限公司 3 家企业入选国家工商总局 2012-2013 年度“守合同重信用”企业。

2 月

5 日，省委常委、市委书记黄莉新调研中国(南京)软件谷软件产业发展情况。

△ 栖霞区政协主席夏宁、副区长秦亚平一行调研区社区卫生工作。

△ 2014 年市重大考核项目、区人代会重点考核项目——江苏欧帝软件园项目主体封顶。该项目计划总投资 1.5 亿元，占地面积 1.8 公顷，规划面积 4.2 万平方米，主要从事液晶拼接系统研发生产。

△ 南京中华中等专业学校“专家咨询委员会”及“涉软专业建设指导委员会”成立仪式暨“专业设置”论证会举行。

6 日，全区开展 2015 年春节走访慰问活动，区领导张一新、杨明、黄唯佳、谢祖国、谢山、袁传军等分 8 组走访慰问全区各街道 (园区)部分困难群众。

△ 高铁南京南站首次实现 24 小时开放。首次增开以往停运的高铁“天窗点”临客，主要开行武汉、上海虹桥、杭州东、怀化南等方向。

7 日，区召开第十届纪律检查委员会第六次全体会议。全体区委常委出席会议，区纪委常委会主持会议。

9 日，区领导张一新、杨明、黄唯佳、李世峰等分 3 组走访慰问解放军国际关系学院、区人武部、区消防大队、省武警二支队、武警边防总队训练基地等驻区部队。

△ 区政协召开八届十三次常委会。

△ 副区长江磊率区安监局、政府办、市场监督管理局、消防大队等多个部门联合开展春节前安全生产大检查。现场检查乾元浩生物股份有限公司南京生物药厂、南京百世照明有限公司、中软国际有限公司等单位安全责任工作落实、春节期间工厂运作、安全员、工人值班等情况，并针对各单位安全措施和安全隐患提出整改意见。

10 日，区政府召开全体扩大会议，总结 2014 年工作、部署 2015 年工作重点。

△ 2014 年区人代会重点考核项目——南京西百客汽车空调研发生产二期项目主体封顶。该项目计划总投资 0.5 亿元，占地约 0.53 公顷，计划面积 7000 平方米。主要从事汽车空调设备及集成软件研发生产。

11 日，全区中小学集团化办学专题调研会在区级机关 8 楼会议室召开。

△ 在南京举行的“2014 年江苏企业家年会暨江苏十大年度经济人物荣誉发布” 活动中，中国(南京)软件谷企业——千米网荣获“江苏十佳互联网创新企业”称号。

12 日，区劳务派遣行业协会成立。首批会员企业 30 余家。

13 日，中国排名第一、世界排名第二的电信软件公司亚信科技——华东总部入驻中国(南京)软件谷。

15 日，区领导张一新、杨明、黄唯佳、钱维走访慰问驻区部分纳税大户。先后走访梅钢公司、华润热电、十四所、三胞集团等企业，了解企业发展状况和经营中遇到的困难,听取企业2015年发展思路。

△ 全区开展节前商贸零售企业物价检查,副区长余清率区物价局等部门负责人,实地检查辖区内长虹路农副产品平价店、虹悦城、麦德龙等商贸零售企业。

16日,副省长张雷率省市安监、公安、交通运输、质监、海事、公安消防局、经信委等部门联合检查组检查区节前安全生产工作,实地查看板桥汽渡、华润热电有限公司、虹悦城等单位安全生产情况。

△ 全区开展烟花爆竹禁放检查工作,副区长汪东明率区公安分局、安监局、城管局等职能部门负责人实地查看弘阳装饰城、板桥市民广场、梅清苑社区、古雄新居等地,了解各街道(园区)禁放烟花爆竹落实监管宣传等方面情况。

17日,副省长史和平一行到南京南站检查指导春运工作,并慰问坚守在春运客运服务岗位上一线职工。

△ 区领导张一新、李世峰、杨明、黄唯佳、李邦全、薛国安、汪东明、江磊走访慰问春节坚守岗位一线劳动者。

18–24日,春节小长假期间高铁南京南站发送旅客约30.2万人次,旅客人次同比较为平稳。汽车客运南站共发送旅客10.3万人次,旅客人次同比略有增多。

27日,区政府召开会议,分解落实2015年经济社会发展目标任务。

28日,全区负责干部暨机关作风建设大会召开。会议由区长李世峰主持,张一新、杨明、黄唯佳等区四套班子领导出席大会。

△ 雨花台区被省政府批准命名为第二批“江苏省学前教育改革发展示范区”。

3 月

3日,中国(南京)软件谷召开2014年总结表彰大会暨2015年部署动员大会。

5日,副市长储永宏调研区电子商务企业发展情况,实地调研江苏千米网络有限公司、宏图三胞高科技术有限公司,了解企业电子商务发展现状、商务运营模式、赢利模式及发展规划等情况。

△ 区举办“春风行动”女性专场招聘会,46家企业提供1200个岗位。

6日,庆祝“三八”国际劳动妇女节105周年大会暨巾帼广场舞展演活动在雨花台中学学术报告厅举行,区表彰10名巾帼岗位明星和15个巾帼文明岗。各街道(园区)、各系统党(工)委分管领导,妇联执委、机关女干部、基层妇联干部、社区妇女和家庭代表及受表彰人员650余人参加活动。

9日,省委常委、市委书记黄莉新调研“两桥”地区工作推进情况。

11日,“迈上新台阶,建设新南京”省市媒体团专题采访中国(南京)软件谷。

△ 软件谷科技人才局“321”人才沙龙活动在北京清华园成功举办。

△ 建发善水湾雨花实验小学分校交接仪式在善水湾营销中心举行。该分校2013年开工建设,总建筑面积约1.6万平方米,设计规模6轨36个班。

12日,副市长黄澜率市经信委等相关部门,专题调研中国(南京)软件谷软件产业发展情况,现场视察诚迈科技、润和软件、邦宁科技、泰通科技等企业,听取企业负责人介绍运营情况,并提出相关建议和要求。

13日，副市长胡万进率市有关部门负责人现场调研区刘智墓修缮管理等文物保护工作。区领导薛国安、余清参加调研。

15日，为期40天春运落下帷幕。南京南站发送旅客约222.5万人次，同比增长16%。地铁南京南站进站约207.4万人次，同比增长29%；出站约179.8万人次，同比增长11%。汽车客运南站发送旅客99.4万人次，同比增长1.88%。

17日，省体育局局长陈刚、副局长刘彤等一行调研雨花台中学校园足球开展情况。

18日，市人大常委会副主任陈礼勤一行调研区人大代表工作，实地调研梅山街道和雨花经济开发区管委会“人大代表之家”建设情况。

△ 省法律援助基金会理事长王霞林视察安德门民工市场法律援助工作站。

△ 沈阳市苏家屯区考察团考察区法律援助、法治文化建设等工作，现场察看安德门民工市场法律援助工作站、花神庙法律文化社区，了解该区法律为民等方面的工作情况。

19日，省委书记罗志军专题调研区转型升级发展情况，现场察看中国（南京）软件谷垠坤大数据产业基地。

△ 副市长吴卫国率市住建委、规划局等部门相关负责人调研区城建城管工作，实地查看滨江大道雨花段、板桥市场群、楚翘城、文竹路地铁换乘点等项目功能定位、未来规划及进展情况。

20日，区长李世峰专题调研区市场监督管理局组建工作推进情况和重点工作安排并提出要求。

21日，共青团中央副部长石新明率共青团工作互检互学小组一行考察雨花台中学共青团工作。

△ 区政府召开常务会议，研究智慧雨花规划及2015年重点建设项目（送审稿）、全区环境保护大检查工作方案、区属事业单位申报参公管理工作方案；听取区环境保护监察大队参公管理、京沪高铁征地拆迁遗留问题、2015年交通资金安排、有关项目贷款等情况汇报。

23日，新河社区市民广场项目建设开工。该项目位于新河苑小区，占地约40公顷，预计5月中旬完工。

24日，市质量强区工作考核组考核区2014年度质量强区工作。

25日，区总工会召开六届九次全委（扩大）会议，研究部署2015年工作任务，增补区总工会第六届委员会委员、选举区总工会第六届委员会常委、副主席和出席市工会第十六次代表大会代表。

△ 国家住建部住房保障司副司长刘霞、省住建厅副厅长杜学伦、市住建委副主任李真等视察调研金陵中学岱山分校。

27日，区十七届人大常委会召开第二十三次会议。

30日，区长李世峰调研全区体育工作，实地查看板桥生态园、莲花湖航空模型基地、区体育中心、体育公园等地，听取全区体育事业改革发展工作及区第六届运动会筹备情况汇报。

31日，区委宣传部联合《南京日报》在地铁三号线开通前一天刊发专版《雨花迈进“地铁3.0时代”》，并在龙虎网、《南京日报》《南报网》《江南时报》等媒体的微博、微信公众平台推送，微信有效阅读人数达2500人次。

3月，国家标准委授予软件谷“国家级服务业标准化试点园区”称号。

4 月

2日，全省497家唯一一家设立在街道的研究生工作站——南航人文与社会科学院研究生工作站在西善桥街道正式挂牌成立。区领导谢山、余清出席仪式并揭牌。

△ 市残联党组书记、理事长谢德俊，副理事长马兰调研区2015年残疾人教育就业和康复工作。

8日，区、软件谷领导张一新、李世峰、谢祖国、倪兴龙、赵明顺、凌向前、王辉一行调研"两桥"地区更新改造工作情况并听取汇报。

△ 区人代会重点项目——海能达软件研发基地项目开工建设。该项目占地5.3公顷，总规建面积28万平方米，计划总投资6.6亿元。

9日，2015年度全区建议提案办理工作会召开。

10日，德国迪特福特市代表团参观考察中国(南京)软件谷，实地参观圣象广场以及周边配套设施；观看《一谷一世界》宣传片；了解软件产业发展现状、未来发展规划、科研平台与人才队伍建设等情况。

11日，花神科技园配套工程停车场竣工验收。该项目经市公开招投标由南京高淳市政工程公司中标，总投资1000万元，面积3200平方米，地下一层和地面可提供停车位170个。

14日，全国政协副主席王钦敏调研中国(南京)软件谷软件数据企业发展情况。

△ 全国政协副主席马培华调研中国(南京)软件谷软件产业发展情况。

16日，区科协召开第四次代表大会，总结区科协第三次代表大会工作；研究确定2015-2019年发展目标和重点工作；选举产生第四届委员会委员。

18日，区首届"区长杯"校园足球联赛在区实验小学开赛。开幕式上，区长李世峰为联赛开球。

21日，省委常委、市委书记黄莉新视察火车南站市政配套项目。

△ 南京市现代服务业重点引进项目——步步高软件研发南京总部工程开工建设。该项目总投资10亿元，建筑面积6.5万平方米，主要从事移动互联网移动智能终端产品研发、销售。

23日，创洽会中国(南京)软件谷专场活动之一——"江苏科技金融园区行·走进中国(南京)软件谷暨软件谷UP开放日"活动在中国(南京)软件谷管委会举办。40余家金融投资机构及60余家中小微科创企业和企业团队参加对接。

24日，由区政府、中国(南京)软件谷管委会主办，中兴通讯协办的"2015软件谷移动互联网&新媒体技术峰会"在中国(南京)软件谷管委会召开。现场签约10个项目，计划总投资49.3亿元。

25日，中共中央政治局委员、国务院副总理刘延东视察莲花湖体育公园。国家体育总局局长、中国奥委会主席刘鹏、副省长曹卫星等领导参加视察。

△ 全区重大项目推进和经济工作会议召开。

△ 区在南京国际博览中心金陵会议中心举办的2015南京"创洽会"重大项目签约仪式上签约同方创新产业园项目和大族机器人2个项目，计划总投资15亿元。

26日，市首个专门针对保障房社区成立的街道志愿者服务总站暨南京日报志愿者服务站(岱善润福城分站)在岱善润福城正式启动。

27日,区引进的"南京动态雕塑艺术研发设计与销售项目"在2015中国·南京创洽会文化产业专场活动上正式签约。

28日,中国(南京)软件谷楚翘城项目通过竣工验收。该项目总投资10亿元,建筑面积约17.6万平方米,已引入华为慧通、上海斐讯、深圳天珑、美满电子、天天买网络等软件、电商企业,写字楼销售59139.66平方米。

4月,国家工信部授予软件谷"全国产业集群区域品牌建设试点地区"称号。

5 月

4日,全区纪念五四运动96周年"创业创新好青年"事迹分享会及青年社团展演活动在雨花台中学学术报告厅举办。

5日,区首次对25名非人大任命干部举行任前法律知识考试。

9日,中国(南京)软件谷首次召开"2015南京软件开发者大会",举办专题演讲20多场,来自全国各地300余名软件精英参加,交流分享软件产业知识、寻求合作共赢机会。

△ 中国(南京)软件谷IT企业春季专场招聘会在南京人才市场举行,谷内中兴通讯、富士通南大、润和软件等90多家企业参会,提供就业岗位和部分实习岗位2000余个。招聘会现场线上线下共收到简历3000余份,达成初步就业意向1000余人次。

12日,区举办首届南京网友节雨花台区专场活动——"'互联网+'时代信息安全之路"论坛,获首届南京网友节最佳活动创意奖,活动邀请专家学者共话互联网信息安全。

13日,市总工会党组书记、主席臧正金调研区工会工作。

14日,市政协副主席陆平贵调研区政协社会法制和民族宗教工作,实地察看南京民间抗日战争博物馆和花神庙社区,听取区政协工作情况汇报。

15日,市政协副主席、党组书记徐金万调研区基层协商民主工作情况,实地察看翠竹园社区,了解社区建设、社会组织等方面工作情况并听取汇报。

△ 区长、软件谷管委会主任李世峰专题调研软件谷产业项目推进工作,实地视察中兴物联、楚翘城、金农信息、华为二期项目进展情况,听取软件产业项目推进情况汇报。

16日,区领导李世峰、薛国安、顾晓春实地检查送驾河明发广场明城大道段和区防汛仓库一期工程等区部分重点防汛工程,部署下一阶段防汛防旱工作。

18日,区被省教育厅和体育局确定为江苏省首批青少年校园足球试点县(市、区)。

19日,全国工商联工作小组视察区创建"五好"工商联工作情况。

△ 省司法厅副厅长万力调研安德门民工法律援助工作站。

22日,区召开专题会议,动员部署2015年全区征兵工作。

23日,由区政府和省六朝史研究会主办的"六朝建康城,东方大都会"国际高层论坛在六朝博物馆学术报告厅开幕。市博物馆总馆长曹志君、中国魏晋南北朝史学会会长楼劲等40多位国内外专家学者参会并探讨。

△ 区长李世峰实地考察滨江大道绿化工程。区领导倪兴龙、汪东明、王传忠等参加考察。

△ 雨花外国语小学在2015年江苏省健美操和啦啦操比赛中分获小学组第一名,其中

啦啦操队获四连冠。

25日，省委常委、市委书记黄莉新调研区社会救助、社区建设等民生工作，实地察看区社会福利院、雨花街道政务服务中心一站式服务等。

26日，市委常委、常务副市长刘以安调研区重大项目建设发展情况，实地察看南京信息安全产业园项目、“两桥”地区城市更新改造项目以及中兴路北延跨秦淮新河大桥工程项目，详细听取项目情况汇报，并提出意见建议。

△ 中国(南京)软件谷获“2014年度市高标准建设中国软件名城先进单位”称号，并在全市软件产业集聚区中位列第一，也是全市唯一一个连续4年获此殊荣园区。

27日，在2015第十九届中国国际软件博览会上，中国(南京)软件谷被中国软件行业协会评为“2015年度中国软件行业最佳园区奖”。

28日，区十七届人大常委会召开第二十四次会议。

△ 区政协召开八届三十次主席会议，调研全区妇女儿童工作。

△ 宁镇扬常泰五市血吸虫病联防联控工作领导小组成员到区参观交流学习血防工作经验。

30日，区委书记张一新为党员干部上“三严三实”专题党课，并对全区开展“三严三实”专题教育作动员部署。

5月，省经信委授予软件谷“江苏省首批大数据特色产业园”称号。

6　月

1日，副市长黄澜调研中国(南京)软件谷众创平台工作，实地察看36kr、深港产学研基地、国家软件产品质量监督检测中心(江苏)、易创空间等平台。

△ 中国(南京)软件谷通过2014年度国家知识产权局集群管理试点验收，并在22个验收单位中排名第五，获专项经费20万元。

2日，苏州博济科技园项目落户西善桥街道。副区长江磊与苏州博济科技园总裁孙兰兰签约。

4日，教育部县域义务教育均衡发展督导检查组抽检区义务教育均衡发展工作。

△ 区长李世峰检查全区2015年城建重大项目，实地查看安德门大街绿化工程、马家店保障房、绿洲南路经济适用房等项目，听取汇报。

5日，秦淮区人大常委会主任王付荣一行考察区征收拆迁工作，实地察看油坊桥拆迁指挥部和龙翔启动区施工现场，并听取该区征收拆迁工作情况介绍。

△ 全区家庭无线智能报警系统建设工作启动，雨花经济开发区锦华新城成为全区首家试点小区。由区、园区两级筹资40万元，为锦华新城2000多户居民每户免费安装无线智能报警器。

6日，中国(南京)软件谷大型商业综合体楚翘城试营业。楚翘城建筑面积约17.6万平方米，总投资10亿元。整体建筑由4栋写字楼、1栋酒店及2万平方米集中商业构成大型产业综合体。

9日，全区召开“六五”普法终期考核验收动员大会。区领导李邦全、汪东明出席会议。

△ 平安科技南京研发中心入驻中国(南京)软件谷，并在软件谷大数据产业基地举行开业仪式。中国(南京)软件谷管委会副主任卞艳艳、平安科技常务副总李奕光及平安集团各

子公司南京负责人出席入驻仪式。

10 日，区代表南京市接受省人大常委会委员、教科文卫委主任许洪祥一行视察全市体育工作，并实地察看雨花台中学校园足球工作。

△ 区代表南京与徐州、苏州市代表队参加全民健康生活方式知识竞赛江苏省选拔赛，并以总分第一的成绩取胜，届时代表江苏省参加全国总决赛。

△ “智慧雨花”全区 2015 年重点工程之一的区 WiFi 建设工程进入现场施工阶段。区政府服务大厅作为第一个施工点。

△ 中国(南京)软件谷获“2014 年度市高标准建设中国软件名城”先进单位称号，并位全市软件产业集聚区第一排序。

11 日，区长李世峰专题调研中国(南京)软件谷“双过半”工作。

△ 重庆市万州区法制办、司法局一行 23 人参观考察花神庙社区法治文化建设。

13 日，区召开专题会议，讨论研究发展众创空间推进大众创业创新相关工作。区、软件谷领导李世峰、江磊、卞艳艳出席会议。

16 日，2015 年雨花台区“安全生产月咨询日”活动在板桥新城金地体育公园举办。副区长江磊出席现场咨询活动。

17 日，省交通运输厅副厅长梅正荣率省安委会综合督查组督查区安全生产工作。

18 日，区委常委会召开会议，传达全市推动经济发展迈上新台阶等会议精神，研究部署全区有关工作。区委书记张一新主持会议。

19 日，区政府在弘阳装饰城开展突发火灾事故应急救援演练。市安监局副局长李广庆、区政府副区长江磊到现场观摩。

△ 位于开发区的市重大项目中兴路北延跨秦淮新河大桥项目地下桩基施工基本完工，进入路面承台施工阶段。

23 日，2015 奥迪创新实验室大赛南京站在软件谷举行。

24 日，由区纪委监察局、区检察院联合打造的江苏省首个“蚁贪”警示教育馆——基层党员干部警示教育基地开馆。

△ 区长李世峰率队调研南站地区综合管理情况及周边枢纽经济发展情况。

△ 区十七届人大常委会召开区人大代表定向定点视察和检查工作部署会。区住建局等 7 个涉及经济发展、依法行政、群众利益的部门列为被视察、检查单位。

25 日，区长、谷管委会主任李世峰专题调研中兴通讯南研所。

△ 三星电子(中国)研发中心正式签约落户软件谷楚翘城。

△ 全区开展血吸虫急性感染防控工作检查，重点检查开发区江滩、板桥三角圩等地区。

29 日，区委召开“三严三实”专题教育第一次集中学习会。区委书记张一新主持学习会。区领导李世峰、杨明、黄唯佳等参加学习。

30 日，全区公共自行车站点进场施工，首批将开工建设 84 个公共自行车站点。

7 月

2 日，澳大利亚考察团杰西卡·贝尔女士、安德鲁·克罗克特和贝文·华纳先生一行三人参观安德门农民工法律援助工作站

△ 省妇联副主席常胜梅一行调研西善花苑友航社会服务中心困境儿童项目，并现场为 5 名困境儿童家庭送慰问金。

2–3 日，区领导李世峰、黄唯佳、谢山、钱

维、倪兴龙、蒋冰、郭幼佩、张虎、汪东明、凌向前、王传忠、陆景文等分组检查区防汛工作。

4日，全区召开民生建设、社会事业发展现场会。区委书记张一新主持会议。

5日，英国索福德俱乐部形象大使、英国著名球星、前欧洲足球先生欧文为索福德足球世界中国（南京）软件谷中心开业，到楚翘城宣传。

6日，全市首家社区“金陵书屋”——西善桥街道梅山村委会“金陵书屋”向公众免费开放。

7日，中国（南京）软件谷被南京市建设中国软件与新兴产业名城领导小组办公室表彰为“2014年度市高标准建设中国软件名城先进单位”，是全市唯一连续4年获奖并在全市软件产业集聚区中位列第一的园区。

8日，市安委会督查组督查雨花经济开发区在建工地安全生产情况。

△　大胜关大桥项目通过市级竣工验收。

9日，区领导张一新、谢祖国、袁传军调研西善桥街道“两桥”改造、产业转型、民生改善等工作情况，实地调研博济产业园、史村河整治现场、油坊社区和南河大桥等。

△　南京电视台、南京日报、扬子晚报等13家省市新闻媒体集中采访报道区移动互联网产业。

△　市首届校园足球联赛在雨花台中学开赛。联赛分为小学组、初中组和高中组3个组别，全市63所中小学、1122名球员参赛。

△　民盟南京市委委员实地考察花神庙社区法治文化建设，听取市区司法局、雨花司法所和花神庙社区工作介绍。

10日，区、软件谷领导张一新、薛国安、王辉专题听取东南大学建筑设计研究院汇报“新亭”规划设计。规划设计中的新亭公园位于阴山矶一带，西北与凤台南路立交相邻，西南接沪蓉绕城高速，规划设计范围17.9公顷。

△　“北京大学——中国（南京）软件谷”协同创新成果展示论坛在中国（南京）软件谷举行，参展成果30余项。

13日，雨花路、雨花东路、共青团路、雨花南路、花神大道等5条城市林荫道入选市政府公布的南京第一批50条绿色廊道。

16日，区检察院就一盗窃案件犯罪嫌疑人是否具有逮捕必要性，首次召开公开听审会，听取公安机关案件承办人、受害人、犯罪嫌疑人家属及代理律师的意见，同时邀请人民监督员、人大代表等参与听审并征询意见和建议。

17日，区人大常委会主任杨明专题督办人大代表建议。区、软件谷领导倪兴龙、张虎、王辉等参加督办。

△　区总工会召开六届十次全委（扩大）会议，总结上半年工作情况，部署下半年任务。

18日，区委召开常委会议，专题听取软件谷和“两桥”地区城市更新改造上半年情况和下半年安排等。区委书记张一新主持会议。

△　第四届中国（南京）软件谷T16足球联赛在金地莲花湖体育公园足球场开赛。

19日，区入选全国青少年校园足球试点区，全区12所中小学入围全国青少年校园足球特色学校。

20日，2015年暑期青少年科技夏令营在梅山街道梅清苑社区开营，来自梅山、板桥、西善桥街道和板桥新城管委会的约80名中小学生参加活动。

21日，全国妇联发展部副部长郃烈虹一行参观考察区女性就业发展工作。

△　区实验小学足球队获2015年南京市

校园足球联赛小学组比赛冠军。

22日，区委书记张一新专题调研雨花经济开发区发展建设成效和园区面貌，实地调研宝德云计算项目、锦华新城二期项目和国家数字出版基地洋河电子商务项目现场，详细了解开发区当前重点项目、城市建设、产业转型的发展情况。

△ 雨花台中学足球队获2015年江苏省"省长杯"青少年校园足球联赛总决赛高中组冠军。

24日，市委常委、宣传部部长徐宁调研区基层宣传思想文化工作，实地察看板桥新城大方社区彩虹屋、图书室、明志书屋、书画苑、微中心等地。

△ 全区市场监督管理机构改革推进会召开，成立8个区市场监督管理局分局。区长李世峰出席会议并讲话。副区长汪东明为各分局授牌。

25日，全区"三严三实"专题教育第二次集体学习研讨会召开，集中观看专题教育片《周恩来的"严"与"实"》。

28日，区委召开十届二十次全体（扩大）会议。

△ 区安委会在梅山钢铁股份有限公司炼铁厂内开展铁水泄漏事故应急演练。区政府办、公安分局、交警八大队、消防大队、环保局、卫生局、安监局、梅山街道、梅山钢铁股份有限公司等单位联合参演。区领导李世峰、江磊出席演练活动。

29日，省纪委副书记、省监察厅厅长江里程为区党员干部作题为《正确把握当前形势任务，深入推进党风廉政建设和反腐败斗争》"三严三实"专题党课学习辅导。

△ 中国（南京）软件谷警务工作服务站成立。该服务站位于软件大道地铁站1号出口旁，紧邻华为中兴等大型软件企业、区政府、南站窗口地区、住宅小区密集区和地铁公交换乘点。

30日，区政府全体（扩大）会议召开。

△ 区十七届人大常委会召开第二十五次会议。

31日，中国（南京）软件谷召开项目引进和推进工作专题会议。

8 月

1日，区政府召开第68次常务会议。

4日，区委书记张一新专题调研铁心桥街道各项重点工作开展情况，实地察看铁心桥宝迪地块拆迁项目、大定坊经济适用房二期A地块以及马家店保障房地块拆迁项目。

6日，区委书记张一新专题调研赛虹桥街道各项重点工作开展情况，实地察看万谷移动互联科技园、臧家巷、华严寺地块拆迁现场。

△ 区委书记张一新专题调研雨花街道各项重点工作开展情况，实地调研金轮星立方项目、康盛花园人防工程和紫荆商业广场。

7日，全国少工委副主任、中国青少年宫协会党组书记、会长兼秘书长许华平一行调研区社会组织孵化中心工作开展情况，实地察看位于花神庙社区的南京恩派非营利组织发展中心。

△ 万科集团以15.5亿元拍得南站G22号地块，楼面价14224元/平方米，成南站新地王。该地块位于南京南站南广场站东片区，北至站前三路，南至宏运大道，东至站东三路，西至站东路。实际出让面积42400.74平方米，综合容积率2.57。

8日，中华台北奥委会全民健身政策观摩团考察区体育设施建设情况，实地察看区体育中心、体育公园。

△ 中国首家连锁型天使孵化器——创客街(南京站)揭牌仪式在中国(南京)软件谷管委会举行。中国(南京)软件谷管委会副主任卞艳艳、东南大学继续教育学院院长许映秋、创客街创始人莫嵘等出席仪式。IDG资本、中国青年天使会、轻松筹等国内创投机构，中国联通、保利地产、绿国置业等企业代表和300名南京创客参加仪式。

△ 由中国(南京)软件谷发展有限公司承建的位于中国(南京)软件谷内的城市综合体楚翘城正式开业。该项目总投资10亿元，总建筑面积17.6万平方米，由4座9.3万平方米写字楼、1座酒店和2万平方米的集中商业楼组成。

11日，由联合国教科文组织、中国绿色环保与生物多样性基金会主办，江苏省外事办、南京市教育局、南京市外事办承办的联合国教科文组织青少年自然科技教育项目——“观花项目”启动仪式在雨花外国语小学举行。

△ 2015年市、区重大项目中兴路北延跨秦淮新河大桥工程桩基、承台建设完工。该工程南起三桥高速连接线，与龙藏大道顺接，向北与河西新城淮河路相连，工程全长2.19千米，其中桥梁总长为630米，属于特大型桥梁，计划总投资4.35亿元。

15日，区委书记张一新到赛虹桥、西善桥、铁心桥、雨花等街道检查安全生产工作情况。

△ 区政府召开全区安全生产工作会议，集中部署全区安全生产大检查工作。

18日，副市长黄澜率市安监、经信、环保等部门负责人督导检查上海梅山钢铁有限公司夏季安全生产工作情况。

19日，中国(南京)软件谷召开首批人才公寓申报说明会，首批开放租赁的人才公寓1004套，为精装修交付。谷内近80家企业、高层次人才参会了解人才公寓开放租赁情况。

△ 区代表江苏省参加全国全民健康生活方式知识传播竞赛总决赛并获得冠军。

20日，由区委政法委、区公安、城管、安监、市场监管、文化、消防等多部门联合参与的“护安”集中清查行动在万谷科技园内召开誓师大会并开展首次行动。“护安”行动是针对安德门地区开展的一次大动作、高声势、力求在较短时间内取得成效的专项行动。行动从2015年8月开始，每月开展四次。

21日，省委常委、市委书记黄莉新调研中国(南京)软件谷软件产业发展情况。

27日，副区长汪东明率区市场监管局、政府办、食安办等部门负责人开展全区食品安全检查，实地检查板桥生态园生猪养殖场、杭州湾建筑公司南京分公司工地食堂、宁惠光鸭加工部和春江新城农贸市场等地情况。

29日，全区开展“三严三实”专题教育第三次集体交流。区、软件谷领导张一新、李世峰、杨明、黄唯佳等参加集体交流。

31日，雨花外国语小学花神庙分校开学典礼举行。

9 月

1日，中国(南京)软件谷核心区·互联网产业创新发展论坛暨科创城新闻发布会在软件谷管委会举行，南京首席互联网+创新产业载体项目——科创城首次面向行业推介。

2日，第十一届南京软博会开幕。中国(南京)软件谷谷内企业华为、中兴、亚信、SAP 等 10 家知名企业联合布展。

△ 中国(南京)软件谷产业互联网技术峰会在南京软件谷楚翘城举行。达成协议落户软件谷软件产业项目 25 个,计划总投资 58 亿元。其中,现场签约代表性项目 10 个。

8 日,国家住建部安全监管司副司长曲琦率国务院安委会督查组到嘉吉饲料(南京)有限公司督查安全生产情况。

9 日,软件谷发布首期 TIC 科技创新系列公开课。

10 日,省物价局局长张卫东率 40 余名干部到区预防职务犯罪警示教育基地开展警示教育活动。区长李世峰介绍教育基地基本情况,副区长余清参加活动。

△ 全市干洗行业污染整治现场推进会在区召开,会议明确各区整治任务和时间节点。区将于 11 月 30 日前淘汰 25 台开启式干洗机。

12 日,区、软件谷领导李世峰、薛国安、汪东明、蒋虻芒、钱颐调研梅山街道、板桥街道、雨花经济开发区等地民生工作。

13 日,全市首个社区警务微信公众号——"定坊警务"上线运营,由区公安分局和铁心桥街道定坊社区共同打造。

14 日,国家人社部、博士后管委会联合发文,软件谷获批国家级博士后科研工作站。

16 日,安德门大街拓宽改造工程通过竣工验收并通车。该改造工程北起雨花西路安德门地铁站,南至绕城公路南匝道,全长约 3 千米。建设总投资 1.1 亿元,历时一年半的时间。

△ 雨花台区公共法律服务中心新址建成运行。新址位于安德门大街 6-1 号,建筑面积 400 余平方米,分为公共服务接待、集中办公两个功能区域。

17 日,全区召开"三严三实"第四次集体交流会,围绕"严以律己"为主题展开交流学习。区领导张一新、李世峰、杨明等参加会议。

△ 全市城市治理标准化全面实施工作推进会在区召开,副市长吴卫国率参会相关职能单位负责人参观丰盛商汇街区等地。副区长汪东明出席会议。

△ 市民宗局副局长王健率市星级宗教场所考评组一行 12 人到区对 5 个申报三星级宗教活动场所的单位进行考核,佛教龙泉禅寺等 4 家单位通过验收。

18 日,全国首家黑马全球路演中心——南京黑马全球路演中心在中国(南京)软件谷楚翘城江苏创业大街揭牌启用。该路演中心项目占地面积 1262 平方米,是一个集黑马孵化器、黑马路演中心、黑马之家为一体服务中国(南京)软件谷,辐射南京市、江苏省的综合型创业者项目。

△ 2015 年黑马大赛南京站总决赛在楚翘城会议中心举行,泰利美信医疗科技有限公司夺冠。软件与企业级服务、医药健康行业的 50 余家企业参赛。

19 日,2015 年全国(南京)科普日活动在南京科技馆启动,主题为"万众创新·拥抱智慧生活"。

21 日,中央文明办一局局长吴向东一行参观考察西善桥街道志愿者服务总站工作开展情况。

△ 2015 年南京"金洽会"雨花专场活动"雨花台区第三届高铁枢纽经济发展暨跨境电商研讨会"在楚翘城举行。22 个重大项目在会上集中签约,项目计划总投资 80 亿元。

22 日,区委书记张一新调研板桥街道,现场查看绿洲综合服务大楼暨卫生服务站、绿洲南路b、c地块经济适用房、板桥市场群三山矶路跨线桥项目等地并听取汇报。

△ “2015年中国南京金秋经贸洽谈会重大项目签约仪式暨江北新区投资环境推介会”在南京国际博览中心金陵会议中心举行，区中交万正南站综合体项目在会上签约。

23日，区委书记张一新调研板桥新城，现场查看柿子树道口沿线环境整治项目、板桥老街王家山泵站、富力尚悦居项目等并听取汇报。

△ 紫金（雨花）大学生创业园被评定为2015年度省级创业示范基地，是全市20个资金科创特区中唯一获此殊荣单位。

△ 参加第八届中国国际服务外包合作大会峰会系列活动的参会客商参观考察区投资环境。

△ 陕西蜂鸟航空机械有限公司签约入驻雨花经济开发区。该项目总投资约1000万元，使用办公用房300平方米、厂房800平方米，主要从事高速、高效无人旋翼飞行器系统、飞行模拟训练系统及无人机应用管理、平台设计、开发和销售。

25日，区政协召开八届十五次常委会。

△ 区委书记张一新调研梅山街道，实地查看梅岭社区、梅清苑社区科学家故事馆、航模工作室、203道口，了解街道发展情况。

28日，区实验小学善水湾分校举行开办典礼。

29日，区十七届人大常委会召开第二十六次会议。

△ 市委常委、政法委书记刘志伟督查区群众安全感建设工作，实地查看定坊社区社区治理和群防群治、中国（南京）软件谷警务服务站运行情况，了解全区社会治安大巡防体系建设和社会面巡防情况。

30日，省委常委、市委书记黄莉新一行检查区公共安全和节日市场。

△ 区召开“两桥”地区城市更新改造工作推进会，区领导张一新、李世峰等实地察看“两桥”建设项目现场，听取“两桥”指挥部汇报项目更新改造工作推进情况。

10 月

9月30日–10月7日，高铁南站累计发送旅客74.2万人次，10月1日单日最高峰发送旅客11.7万人次。

8日，全区首张“三证合一、一照一码”营业执照颁发。10月1日起，全区启动“三证合一”登记制度改革，实行“一照一码”登记模式。将原工商、质监、税务三个部门分别核发不同证照，改为区市场监管局核发加载18位统一社会信用代码的营业执照。

9日，广西壮族自治区党委常委、南宁市委书记王小东率中国东盟信息港南宁核心基地规划建设考察组参观考察中国（南京）软件谷软件产业发展情况，现场察看楚翘城江苏创业大街、南京大数据产业基地、南京软件产业博览馆等。

△ 省法律援助基金会新一届理事长周珉视察安德门民工法律援助工作站、雨花台区公共法律服务中心工作情况。

10日，由区红十字会、江苏省人民医院共同举办的第六届全国自救互救日（南京站）活动在南京南站北广场举行，活动主题是“急救白金十分钟”，江苏省人民医院的医疗志愿者向市民展示心肺复苏技术和止血包扎术等。

△ 中国(南京)软件谷“IT创新创业人才专场招聘招募会”在软件谷楚翘城会议中心举行。谷内华为、中兴、金证财富、怡化电脑、诚迈科技、安迅科技、江苏沁恒70余家企业参会揽才,36氪、易创空间等众创空间携11个创业项目现场招募合伙人。现场共设展位70余个、提供就业和实习岗位1000余个,线上线下收到2000多份简历,现场参聘人才千余人。

12日,雨花台区首家食品安全工作站在虹悦城挂牌成立。

13日,区人大常委会主任杨明专题调研全区文化事业改革发展情况,实地察看“望江矶”老地名说明碑、魔力多网络科技有限公司、西善花苑社区、南京记忆馆、区图书馆分馆金陵书屋及全区文化标志工程实施、发展、管理等情况并提出要求。

14日,民政部政策研究中心“‘三社联动’机制建设研究”课题落户该区。民政部政策研究中心主任王杰秀,省市民政系统领导戚锡生、林建乐,区领导张一新、李世峰、余清参加签约仪式。

△ 省妇联首站在雨花外国语小学西善花苑分校开展“科学家教进万家”千场公益巡讲。670余名家长参加活动。

19日,江苏教育报刊总社社长孙其华率全媒体新闻宣传采访组调研采访区教育工作,实地调研采访雨花外国语小学和雨花台中学教育情况。

20日,区领导李世峰调研“两桥”改造工作进展情况,实地察看机场二通道与龙西路交汇点等地。

△ 鼓楼区委社建工委考察团考察翠竹园、花神庙社区党建、社区治理、社会组织培育等工作,实地参观考察服务大厅、党员活动室、社会组织等。

21日,区长李世峰调研滨江大道雨花段建设工程推进情况,实地视察扬子江大道、大胜关大桥、滨江大道等地,了解前期规划等情况,听取中国(南京)软件谷规建局、雨花经济开发区汇报工作推进情况。

24日,中国(南京)软件谷“人才月”系列活动之“软件谷IT企业——高级人才双选交流会”在楚翘城举行。谷内华为、富士通南大、酷派集团、凯易讯、趋势科技等24家企业现场招贤纳才,提供JAVA开发、云计算方向、移动端开发等IT行业研发类高端岗位100余个。

28日,区十七届人大常委会召开第二十七次会议。

△ 中兴通讯(南京)三区一期项目正式启动。该项目位于中国(南京)软件谷,总建筑面积15.34万平方米,项目基建投资7.94亿,建成后主要用于移动互联网、云计算、大数据领域的研发。

30日,雨花老年大学在雨花台中学学术报告厅举办建校二十周年庆祝大会。

31日,全区棚户区改造工作推进会召开。明确加快推进2015年小行里51号、汤巷二、三组、臧家巷、华严寺等13个棚户区改造项目;区住建局、国开雨花公司分别汇报全区2014-2017年棚户区改造工作方案、计划,2015年全区棚改工作推进情况以及2016年两桥项目计划等。

11 月

2日,拉萨市墨竹工卡县委书记严应骏、县人大常委会主任洛桑率考察团一行19人学习考察雨花台区经济社会发展情况，实地考察南京软件产业博览馆、垠坤南京大数据产业基地、楚翘城、牛首山北坡、翠竹园社区等地。

4日，区领导张一新、倪兴龙、凌向前、王传忠实地调研“两桥”工作进展情况，察看马家店、凤翔组拆迁现场和圣戈班地块；听取相关部门和铁心桥、西善桥街道工作汇报。截至11月初，“两桥”地区拆迁工作基本完成，各项工作有序推进。

6日，区领导张一新、钱维调研中国(南京)软件谷重点项目，实地查看中兴物联、中以智慧园、润和二期、步步高、人才公寓等12个项目现场，了解项目进展情况及建设过程中需要协调解决的问题。

△ 韩国WJ电子商务有限公司代表参观考察区电子商务产业投资发展环境，实地参观天天买电商超市，并与线下业务负责人、微商代表探讨电商宣传推广、韩流时尚美容商品中国市场销售模式等。

7日，软件谷携36氪等5家众创空间，6个创业团队，走进南京工业大学共建“创业集市”。9日，区领导李世峰、钱维、倪兴龙、江磊实地调研雨花街道、赛虹桥街道年度人代会目标任务及重点项目完成情况，实地查看王家村出让地块、江苏省供销合作社、雨花社区服务中心、日杂公司果品仓库、映山红路等建设现场，听取并了解各项目规划进展和存在问题等。

10日，南京溢思得瑞·中加联合创新创业基地在中国(南京)软件谷科创城揭牌。中国(南京)软件谷管委会副主任王辉、加拿大本拿比代市长王白进等为基地揭牌。

△ 中国(南京)软件谷人才公寓7幢24层、2幢32层楼宇封顶。该项目位于中国(南京)软件谷南园，总建筑面积17.8万平方米，提供1854套精装修酒店式公寓。预计年内交付使用。

11日，区领导李世峰、钱维、凌向前、江磊调研铁心桥、西善桥街道年度人代会目标任务及重点项目完成情况，实地查看建宁一村棚户区、南京第二钢铁厂棚户区改造现场和马家店保障房拆迁建设现场。

13日，区领导李世峰、倪兴龙、范宏调研板桥、梅山街道和板桥新城年度人代会目标任务及重点项目完成情况，实地视察板桥66.6公顷预留用地、富力尚悦居、板桥市场群一期项目，并听取项目建设进展情况汇报。

15日，全省首家街道级食品安全快速检测中心落户西善桥街道并举行签约仪式。

16日，民革中央社会服务部部长边旭光参观调研安德门民工法律援助工作站。

△ 雨花台中学、雨花外国语小学被教育部基础教育实验室建设与实验教学研究中心首批评为南京基地学校。

17日，区、软件谷领导李世峰、江磊、范宏、卞艳艳、黄敖齐、王辉调研全区年度人代会目标任务，实地调研润和国际软件外包研发总部基地二期、雨花国际汽贸园等地，了解项目建设、投资、发展等情况。

18日，江苏省第二中医院与西善桥社区卫生服务中心建立医疗服务联合体，成立省第二中医院西善桥院区。

20日，区城市治理公共单元标准化建设工作通过市城治办检查小组验收。

△ 中国首届“互联网+”书画艺术家交流会在软件谷管委会举行。

24日，区人大常委会专题调研雨花街道“三资”管理情况，实地视察雨创软件研发中心和花神科技园，了解项目建设、招商及管理等情况。

25日，南站综管办联合市交通局客管处召开新闻发布会，对南站地区出租车禁止站外带客区域进行调整。调整如下：以南京南站为中心，东起明城大道，西至绿都大道，北至玉兰路与丁墙路红绿灯路口，南至博爱街（包括南落客平台和相关匝道），12月10日起正式施行。

26日，区十七届人大常委会召开第二十八次会议。

△ 区长李世峰率区政府办、财政局、开发区管委会相关领导考察集分宝（南京）企业管理有限公司杭州总部——蚂蚁金融服务集团。

30日，文莱历史中心代理副主任马哈尼、中国驻文莱大使馆工作人员一行参观浡泥国王墓风景区。

△ 在第三届南京市学校“德育创新奖”评比活动中雨花台中学被评为一等奖。

12 月

2日，全国政协常委、经济委员会主任周伯华率全国政协专题调研组视察调研区“加快推进品牌建设”情况，实地察看垠坤南京大数据产业基地、软件谷博览馆等地，了解园区服务平台建设、入驻企业等情况。

△ 省水利厅厅长李亚平、省水利工程建设局局长朱海生视察区板桥河闸扩建工程。

4日，市环保、食药监、工商、城管等多个部门组成的联合检查组对区餐饮业污染防治工作开展联合执法专项检查。

5日，区委召开常委会议，专题研究中国（南京）软件谷及“两桥”工作。

7日，区妇联举行寻找“最美家庭”推进会暨最美家庭“讲好家训”巡讲活动。

8日，区人大常委会组织全体区人大代表和驻区市人大代表深入社区，集中开展“人大代表接待日”活动。区人大常委会主任杨明参加梅山街道梅岭社区、中心路社区和板桥街道永安社区活动，现场听取选民意见和建议。

△ 中国（南京）软件谷围绕“提升软件谷创业创新服务水平、建立软件谷企业CEO联系与合作机制”主题举办CEO沙龙。华为、富士通南大、亚信集团、润和、诚迈等10家软件谷知名企业CEO参加。

9日，区委召开常委会议，专题研究五项民生改革发展工作。

△ 软件谷与省生产力促进中心共建的“生产力促进中心软件谷科技服务中心”挂牌成立。

△ 全区召开2015年群众评议机关动员暨测评会。全区206名基层社区党员群众代表、个体工商户、作风监督员和区（街道）部门分管作风建设的党建工作相关负责人，现场填写评议表评议区作风建设情况。

10日，全区召开“三严三实”专题教育第二次集体学习研讨会，全体区委常委参加学习。区委书记张一新主持会议。

11日，副市长黄澜视察中国（南京）软件谷中小企业信息化服务平台，并为中兴通讯政企开放实验室揭牌。

11-12日，区委召开务虚会，全面总结全区2015年及几年来的工作情况，科学谋划2016年及以后一段时期工作。会议现场查看华为地块二期、怡化华东研发运营中心、润和二期、龙翔大道西段、海能达南京软件研发基地、板桥市场群等重点建设项目。

13日，拉萨市墨竹工卡县宗教界人士考察团参观考察中国(南京)软件谷和非公经济企业三胞集团，走访南京民间抗日战争博物馆，参观牛首山北坡景区圣象广场。

14日，区召开拆迁工作现场会，实地调研京东物流项目和软件谷曹梁地块拆迁现场，听取2015年拆迁工作情况及下一步计划。

15日，中共盱眙县委书记李森率考察团考察中国(南京)软件谷，实地考察软件产业博览馆、大数据产业基地、润和二期、楚翘城、牛首山北坡等地。

16日，区领导李世峰、薛国安、余清等实地调研雨花医院(普德院区)、小行医院和小行社区服务中心，并对全区民生社会事业工作提出要求。

△ 省软件人才培训联盟人才沙龙走进软件谷。东大、南航、华为、中兴、润和、富士通南大等40家成员单位参加。

18日，区委召开民主生活会征求意见座谈会，听取区委和区委班子成员在践行"三严三实"、修身做人、用权律己、干事创业、遵守党的政治纪律、政治规矩和组织纪律，落实党风廉政建设主体责任和监督责任等方面的意见和建议。

△ 智慧城市建设暨DSE大数据应用论坛在中国(南京)软件谷举行。

△ 区总工会召开六届十一次全会暨工会工作务虚会。

23日，绿地集团以20.2亿元摘牌南站G62号地块。该地块东至玉兰路，南至丁墙路，西至江苏省丝绸集团有限公司、江苏苏豪国际集团股份有限公司用地，北至软件大道。总用地面积77498.54平方米。

24日，区长李世峰调研全区教育工作，实地查看板桥中学三期和中华中等专业学校置换地块现场，了解项目规划建设情况。

25日，市委常委、常务副市长刘以安调研岱山保障房片区配套建设，实地查看南京中医院岱山诊疗中心、岱山保障房派出所等地。

28日，副区长江磊率区政府办、安监、消防、住建等部门开展节前安全生产大检查，实地检查南京世舟分析仪器厂、石林大公园二期工程、南京宏洋混凝土有限公司等企业的消防设施配备、器材存放等情况。

29日，区第十七届人大常委会召开第二十九次会议。

△ 省委副书记、代省长石泰峰调研中国(南京)软件谷软件企业发展情况，实地查看大数据产业基地、亚信数据、南京信息安全产业园。

30日，区委十届二十二次全体(扩大)会议在雨花台中学学术报告厅召开。

31日，副市长黄澜一行检查区安全生产工作，先后检查中船绿洲机器有限公司和梅山钢铁股份有限公司。

12月，中国电子信息产业发展研究院、中国软件测评中心、赛迪智库软件与信息服务研究院联合授予软件谷"2015年度中国软件和信息服务领军产业园区"称号。

附录

2016 YUHUA ALMANAC

Appendix

文件选编

关于印发《中共南京市雨花台区委关于全面推进依法治区建设法治雨花的意见》的通知

雨委发〔2015〕13号

（2015年4月15日）

为认真贯彻落实《中共中央关于全面推进依法治国若干重大问题的决定》、《中共江苏省委贯彻落实〈中共中央关于全面推进依法治国若干重大问题的决定〉的意见》以及《中共南京市委关于全面推进依法治市若干问题的决定》，中共南京市雨花台区委就全面推进依法治区、建设法治雨花工作，提出如下意见。

一、认真学习贯彻中央和省市文件精神，进一步明确依法治区目标任务

依法治区、建设法治雨花对新时期加强我区社会主义民主政治和党的建设、促进经济发展、提升社会建设和管理水平、保障社会和谐稳定等方面具有重要战略意义。全区各街道(园区)、各部门和广大党员干部要认真学习、深刻领会、全面贯彻中央和省市文件精神，从全局和战略的高度，充分认识依法治区、建设法治雨花工作的重要性和紧迫性，切实增强走法治化道路的自觉性，采取有效的工作措施，推动依法治区各项工作的全面落实。

1.全面推进依法治区、建设法治雨花的指导思想是：认真贯彻落实党的十八大和十八届三中、四中全会精神，高举中国特色社会主义伟大旗帜，以马列主义、毛泽东思想、邓小平理论、“三个代表”重要思想、科学发展观为指导，深入贯彻落实习近平总书记系列重要讲话精神，坚定不移走中国特色社会主义法治道路，按照“四个全面”战略布局，大力实施法治雨花建设工程，坚决维护宪法法律权威，依法维护人民权益、维护社会公平正义、维护社会和谐稳定，广泛开展法治系列创建活动，为实现“两个率先”，建设现代化创新型生态新城区提供坚强的法治保障。

2.全面推进依法治区、建设法治雨花的奋斗目标是：紧紧围绕全面推进依法治国的总目标，坚持以法治为引领，坚持以人为本，深入推进行政管理、执法和司法体制机制改革，实现依法决策、严格执法、公正司法、全民守法，积极推动雨花各项事业全面协调可持续发展，不断提升人民群众的安全感和法治建设满意度。

3.实现全面推进依法治区、建设法治雨花目标，必须坚持和遵循以下基本原则：坚持党的领导，自觉把党的领导贯彻到法治雨花建设全过程和各方面；坚持人民主体地位，切实做到法治建设为了人民、依靠人民、造福人民、保护人民；坚持法律面前人人平等，坚决维护国家法制统一、尊严、权威；坚持法治和德治相结合，统筹发挥好法律规范作用和道德教化作

用;坚持从雨花实际出发,认真贯彻实施中央和省市有关要求,围绕中心、服务大局,坚持问题导向、改革创新,确保法治雨花建设各项任务部署全面贯彻落实。

4.法治雨花建设要积极发挥引领、规范和保障作用,确保完成好以下重点任务:

——依法推进综合体制改革。按照中央和省市关于全面深化改革的要求,充分发挥法治建设在深化改革工作中的引领、规范和保障作用,深化行政管理和执法体制改革,积极推进司法体制机制改革,确保全区各项改革重点任务全面顺利完成。

——依法推进生态雨花建设。强化"两桥"地区改造法治保障力度, 探索完善企业化、市场化、规范化运作路径,强化规划引导作用,依法支持创新,依法推进拆迁、土地出让、投融资和基础设施建设,确保"两桥"地区改造工程高效、规范、有序推进。深入推进城市治理长效化、精细化。加快编制生态红线规划,加强环境综合执法,加大对污染环境、破坏资源犯罪的打击力度。

——依法推进中国(南京)软件谷建设。着力推进软件谷体制机制改革创新,不断完善软件谷发展公司等国有企业法人治理结构,提升科学运作水平。加快创新创业服务体系建设,进一步强化知识产权保护机制建设,全面提升软件产业的可持续发展能力,不断提升软件产业发展的知名度和影响力,着力打造"中国第一软件产业基地"。

——依法保障社会事业全面发展。加强民生工作政策规范和制度建设,依法维护民生权益。深入开展法治建设为民办实事活动,健全法律援助保障机制。深入推进社会保障一体化、社会救助制度、医疗卫生体制、户籍制度、集体产权制度等改革。

——依法促进社会和谐稳定。依法维护国家政治安全和社会稳定,完善社会矛盾源头预防、化解处置工作,深入推进社会治安综合治理。健全调解联动工作体系和专业性组织,深化信访工作制度改革、涉法涉诉信访改革,依法妥善处置群体性事件。深入推进平安雨花建设,依法严厉打击各种违法犯罪活动,依法处置各类邪教问题,不断提升人民群众安全感。

二、深入推进依法行政,加快建设法治政府

5.全面推行政府职能法定化。坚持法定职责必须为、法无授权不可为,推进政府部门机构、职能、权限、程序、责任法定化,切实转变和依法全面履行政府职能。深入推进政府机构改革,理顺行政管理体制,落实区、街二级事权分工法定化。对承接、保留、取消、下放、转移等各类行政审批事项分类逐项编制监管标准,细化分解执法事权和责任, 明确内部层级管辖职责。制定政府权力事项清单,落实《雨花台区深化行政审批制度改革实施方案》, 继续减少行政许可事项并逐步实行负面清单管理,取消一切非法定许可的审批事项及相关的管理、收费、处罚事项,划清政府与市场的边界。建立完善行政许可事项并联审批制度、 限时办结制度、监督管理制度,落实行政许可事项裁量基准制度。开展企业设立多证联办服务,实现"一表填报、综合受理、同步审批、统一发证",强化行政审批服务绩效考核和责任追究。探索建立行政许可集中实施机构。

6.推进依法科学民主决策。完善政府议事决策规则,严格落实重大行政决策量化标准和法定程序,细化公众参与、专家论证、风险评估、合法性审查、集体讨论决定的程序,涉及公

共利益和群众切身利益的重大行政决策事项一律进行听证，行政机关重大合同一律按照《雨花台区重大合同审查备案办法》实施合法性审查。建立重大行政决策向上一级党委政府报备制度、风险评估制度、全过程记录和立卷归档制度、实施后评估制度、终身责任追究制度以及责任倒查机制。积极推行政府法律顾问制度，构建有政府法制机构人员、执业律师和其他法律工作者参加的区、街二级法律顾问体系。成立法制专家咨询委员会，为重大行政决策、规范性文件制定、疑难行政复议诉讼案件、重要协议、重大突发性事件等提供法律服务。严格规范性文件制定主体管理制度、备案审查制度、有效期制度、定期清理制度、对外公布制度。对违法、越权制定的规范性文件，依法撤销和纠正。

7.*深化行政执法体制改革*。按照《雨花台区构建高效权威的城市综合执法机制实施方案》，积极推进综合执法，重点在食品药品安全、工商质监、公共卫生、安全生产、文化旅游、网络空间、资源环境、农林水利、交通运输、城市管理、城乡建设等领域内推进综合执法。深化行政执法体制改革，建立区级综合执法、街道(园区)巡查监管的新体制，承接市级下放的执法事权，整合执法机构，充实执法力量，强化执法及其监督。加强城市管理综合执法机构建设，落实相对集中行政处罚权工作。加快完善区市场监督管理局执法体系建设，统一执法队伍，实行市场统一监管。推进窗口地区综合执法，向南站综管办派驻城管、公安交管、旅游执法。积极探索区与软件谷联动执法模式。严格实行行政执法责任制、执法主体资格管理制度和执法人员持证上岗制度。完善行政执法辅助人员管理制度。全面推行行政执法监督员制度，明确监督员的工作规范及进入退出机制。严格执行罚缴分离和收支两条线管理制度。健全和落实行政执法与刑事司法衔接机制，建立联席会议制度、案件移送制度、信息共享制度、监督考核制度，消除有案不移、有案难移、以罚代刑现象。

8.*规范政府行政行为*。严格规范行政许可、行政处罚、行政强制、行政征收、行政检查等执法行为。严格执行重大执法决定法制审核制度、行政执法裁量基准制度和重大行政处罚案件集体讨论制度、备案制度。加大行政执法监督力度，将监督范围从行政处罚、行政强制、行政征收，扩展到行政许可、行政收费、行政给付、行政检查、行政确认。探索实行行政执法案例指导制度。加强执法管理，深化行政执法信息化建设，依托科技手段，建立执法全过程记录制度。加大对生产安全、道路交通安全、食品药品安全、公共秩序安全、环境综合治理、劳动监察、房屋出租、网络虚拟社会等方面的依法治理力度。

9.*全面实施政务公开*。坚持以公开为常态、不公开为例外原则，推动政府及其工作部门积极推进决策公开、执行公开、管理公开、服务公开、结果公开。深化财政预决算、部门预决算、重大建设项目和社会公益事业信息公开。全面推行行政执法公示制度。改进依申请公开工作，规范受理和办理程序，提高答复质量。推动各领域办事公开，进一步发挥政府服务呼叫中心、政务服务中心的公开载体功能。根据全市统一部署，完成各街道(园区)便民服务中心建设，建立街道(园区)公共服务事项目录，构建管理规范、运转协调的区、街二级政务服务体系。推行网上预受理、预审查，以及事项办理网上审批，加强区、街(园区)及部门间的信息资源共享，进一步方便办事企业和群众，努力打造网上办事大厅和实体服务大厅线上线下一体的政务服务平台。依托图书馆、档案馆、政府门户网站以及其他形式载体，有效实施政务信息公开。积极推行行政处罚文书统一上网和公开查询制度。完善例行发布、应急发布机制，完善新闻发言人、网络发言人制度，提高微博、微信等新媒体发布的及时性、权威性。

三、坚持公正司法，提高司法公信力

10. 切实保障依法独立公正行使审判权和检察权。各级党政机关和领导干部要支持法院、检察院依法独立公正行使职权。建立各级党政机关和领导干部干预司法活动、插手具体案件处理的记录、通报和责任追究制度，建立司法机关内部人员过问案件的记录制度和责任追究制度，造成冤假错案或者其他严重后果的，依法追究刑事责任。健全行政机关负责人依法出庭应诉、支持法院受理行政案件、尊重并执行法院生效裁判的制度。坚决依法纠正妨碍司法机关依法行使职权、拒不执行生效裁判和决定、藐视法庭权威等违法犯罪行为。建立健全司法人员履行法定职责保护机制，非因法定事由，非经法定程序，不得将法官、检察官调离、辞退或者作出免职、降级等处分。

11.积极推进司法体制机制改革。认真贯彻中央和上级司法机关确定的司法体制改革举措，抓好我区司法体制改革试点工作。推进以审判为中心的诉讼制度改革，规范庭审程序，落实罪刑法定、疑罪从无、非法证据排除等法律原则和法律制度。改革法院案件受理制度，实现立案由审查制向登记制的转变，切实保护当事人诉权。整合和优化法院诉讼服务中心职能，加大对虚假诉讼、恶意诉讼、无理缠诉行为的惩治力度。加强对涉及公民人身、财产权益的行政强制措施的司法监督。探索建立检察机关提起公益诉讼制度。认真组织实施轻微刑事案件快速办理试点工作，探索建立刑事案件速裁程序。建立法律援助值班律师制度。实施主审法官、合议庭、主任检察官、主办侦查员办案责任制，实行办案质量终身负责制和错案责任倒查问责制。完善刑事诉讼案件移送、交接机制，规范刑事案件涉案财物随案移送、处置程序，建立重大疑难案件公安机关听取检察机关意见制度。健全完善侦查权、检察权、审判权、执行权相互监督、相互制约机制。

12.全面构建阳光司法。推进审判公开，依托网上诉讼服务中心载体，面向社会公开审判流程信息。加强裁判文书公开平台建设，强化文书公开处理、审查上传、分类检索等功能，民事和行政执行案件法律文书的网上公开。加强庭审公开平台建设，依法实行庭审活动、案件程序性信息及执行信息公开。深化人民陪审员选任制度改革，保障公民陪审权利，扩大参审范围。完善陪审机制，积极推进陪审制大合议庭改革，逐步实行人民陪审员不再审理法律适用问题，只参与审理事实认定问题，增强裁判的社会民意基础。落实公民旁听庭审制度，深入开展“邀请群众进法院”活动。完善检务公开制度，实施终结性法律文书公开、案件程序性信息公开，建立案件公开审查、公开听证、公开答复机制，建立雨花检察微信公众号。

四、坚持法治与德治相结合，大力营造法治氛围

13.认真贯彻实施宪法。宪法是我国的根本大法，要坚持依宪执政，依法行政，全区各级党政机关、社会团体、企业事业组织及公民都

必须以宪法为根本活动准则，一切违反宪法的行为都必须予以追究和纠正。加大宪法宣传教育力度，组织开展宪法宣传月、国家宪法宣传日宣传教育活动，落实宪法宣誓制度，切实形成全社会维护宪法尊严、保证宪法实施的浓厚氛围。全面落实人民代表大会制度和政治协商制度。

14.加强法治宣传教育。深化法治宣传教育工作，健全普法宣传教育推进机制，按照“谁执法、谁普法”的要求，制定和落实国家机关普法责任制及工作督查机制。推进和完善领导干部学法用法工作，把法治教育列入党(工)委中心组学习内容，纳入党校必修课，健全完善领导干部任前法律知识考试制度。完善和落实中小学法治副校长制度，加大课程设置中的法治教育内容比重。建立区级普法讲师团、志愿者队伍。建立媒体公益普法制度，在区属媒体开设专业法治频道及法治专题、专栏，定期刊播法治公益广告，增加刊播篇幅和时段。积极利用网络媒体开展公益性法治宣传教育。

15.加强法治文化建设。坚持把全民普法和守法作为依法治区的长期基础性工作，坚持法治与德治相结合，强化法律对道德建设的促进作用、道德对法治文化的支撑作用，大力弘扬社会主义核心价值观，弘扬中华民族传统美德，培育社会公德、职业道德、家庭美德、个人品德。开展法治宣传进社区活动，建立法官、检察官、行政执法人员、仲裁员、律师、公证员等以案释法制度，面对面与社区群众、园区企业交流，强化司法个案对社会的价值引导作用。深入开展“中国梦·法治路·社区行—法治雨花建设走基层”系列活动。开展法治文化主题教育实践活动，选树一批法治人物典型，推出一批法治文化精品力作，不断增强人民群众的规则意识和法治观念，形成办事依法、自觉守法、遇事找法、解决问题靠法的法治氛围。

16.完善法律服务体系。将公共法律服务纳入政府公共服务范围，培育发展公共法律服务组织，推进全覆盖的公共法律服务体系建设。加强法律援助窗口建设，进一步扩大法律援助覆盖面。推行社区和学校法律服务顾问制度，广泛开展律师进社区、进学校活动。加强政策扶持引导，大力促进律师、公证、仲裁等法律服务业发展，优化涉外、涉台、涉港澳等法律服务，加快推进区法律服务中心建设。

17. 大力推进诚信体系建设。推进政务诚信、司法公信、商务诚信、社会诚信和个人信用建设，按照上级统一部署和要求，建立健全覆盖全社会的诚信体系，推进企事业单位和个人信用基础数据库建设，完善规范公共信用信息管理系统及应用。依法加强信用监管，建立健全守信激励和失信惩戒机制，促进全社会自觉遵守法律法规，形成守信光荣、失信可耻的社会氛围。组织开展诚信守法履行社会责任企业创建活动，积极推进依法治企、依法诚信经营工作。引导和规制当事人自觉执行法院生效判决，完善并实施失信被执行人信用监督、威慑和惩戒制度。

五、大力推进法治社会建设，促进经济社会全面发展

18.依法推进软件谷建设。以“园区化、专业化、企业化”运作为路径，进一步理顺软件谷与区部门、街道之间的行政管理体制，厘清工作职责。不断完善软件谷发展公司等国有企业法人治理结构，建立健全科学规范的现代企业管理制度，提升科学运作水平。依法加大资源整

合力度,引进优质软件产业项目,推进重大项目建设。加快完善创新创业服务体系,加大高新技术产业扶持政策的宣传和培训,加快技术人才服务平台和科技企业数据库建设。

19.依法推进“两桥”地区改造。强化“两桥”地区改造工程法治保障力度,探索完善企业化和市场化运作路径,建立健全重大决策、经营管理、协调联动等工作机制。坚持规划引导,加强拆迁、土地出让、投融资和基础设施建设等重点领域的规范化建设,加大监管力度。深入开展相关工作政策法规的研究,大力推进机制创新和方法创新。加强区相关部门在“两桥”地区改造工作中的配合协同力度,进一步厘清职责,确保“两桥”地区改造工程高效、规范、有序推进。

20.依法保障民生工程。全面落实就业和鼓励创业的扶持政策,健全公共就业服务平台,扩大社保覆盖面,有序推进居民医保与新农合的并轨工作,及时调整各类人员保障待遇,逐步实现城乡并轨。依法推进养老事业发展,建立以居家养老为基础、社区养老为依托、机构养老为支撑、智慧养老为补充的社会化养老服务体系,推进“医养融合”工程。深化办学体制机制改革,推进学前教育改革发展,完善教育投入机制,健全家庭困难学生资助体系,落实好农民工子女、留守儿童和残障少年儿童等困难群体、特殊群体教育政策。深化医药卫生体制改革,完成区域医疗卫生规划,加快卫生信息化建设,全面落实基本药物制度,不断提升社区卫生服务品质。落实土地使用制度和集体产权制度改革措施,维护农民合法权益。深入开展法治雨花建设为民办实事活动,进一步健全法律援助保障机制,有效提升法治建设群众满意度。

21.依法规范市场秩序。依法保障各类市场主体的合法权益,建立公正、透明的市场准入规则和各种所有制经济平等竞争的市场环境。加强市场监管与服务,深入开展各类市场专项整治活动,依法打击经济领域各类违法犯罪行为,着力维护统一、开放、竞争、有序的市场体系和公平规范的创业环境。深化知识产权保护,严格著作权、商标权和专利权保护制度,开展知识产权罪案预防教育“百千万”工程,严厉打击各类侵犯知识产权和制售假冒伪劣商品的违法犯罪行为。建立健全假冒伪劣商品和欺诈经营行为的监督、投诉和处置机制。进一步规范招商引资工作,清理相关优惠政策。按照市统一部署,鼓励引导企业开展法律风险防范体系建设,健全完善企业民主管理制度,强化公司章程在公司治理中的纲领性作用。推广建立法律顾问制度,2015 年规模以上企业全面建立法律顾问制度,重点企业建立总法律顾问制度。

22.深入开展法治街道创建活动。健全和完善依法治街领导体制和工作机制,强化工委对法治建设的组织领导、检查指导和督促落实,制定完善和全面落实各项规章制度,将法治建设列入街道工作总体规划,统一部署推进,加强督查考核。深入推进街道服务管理体制改革,深化网格化综合服务体系建设,完善公共服务运行机制,建立健全社会管理协同机制,健全综合管理平台,构建网格化管理、社会化服务、信息化支撑、责任制保障相结合的社会治理模式。深化基层组织和部门、行业依法治理,支持各类社会主体依法实现自我约束、自我管理,建立健全社会组织参与社会事务、维护公共利益、救助困难群众、帮教特殊人群、预防违法犯罪的机制和制度化渠道。

23.深化基层居民自治。全面实行居委会换届选举一人一票直选,进一步扩大“无候选人一次性直接选举”覆盖面。建立社区联席会、社区议事会等社区协作治理平台,发挥社区居委会、小区业委会、物业管理企业、社区社会组织等各方主体作用,促进社区事务共同协商解决。大力引进和培育社会组织,落实《雨花台区关于进一步加强全区社会组织建设的实施意见》,组织引导社会组织参与社区治理、提供公共服务,发挥社会组织在管理社会事务和提供公共服务中的作用。深入推进“全国社区治理和服务创新实验区”工作,走出一条具有雨花特色的群众参与、自治互助社区治理之路。引导社区居民在法律框架内制定自治章程、社区公约等。完善居民代表报告评议和居务民主监督委员会制度,推进信息公开、财务公开、事务公开。推进基层民主,扩大人大代表中基层居民和基层居民自治组织负责人比例。深化社区减负增效,健全社区工作准入制度和检查监督制度,探索社区居委会协助政府工作事项服务外包。

六、坚持运用法治思维和法治方式,深化矛盾重点领域综合治理和源头预防

24.健全矛盾纠纷化解机制。强化法律在维护群众权益、化解社会矛盾中的权威地位,健全和完善调解、仲裁、行政裁决、行政复议、诉讼等有机结合、相互协调的多元矛盾化解机制,推进人民调解、行政调解、司法调解等联调联动、相互衔接,积极引导社会组织、社会力量参与社会矛盾纠纷化解工作,切实提升“大调解”工作实效。

25.依法解决突出信访问题。深入推进信访制度改革,全面落实信访工作责任制,推动信访工作纳入法治化轨道。加强南京和谐信访信息化管理系统综合运用,全面推进阳光信访。建立完善依法逐级走访制度,严格落实信访事项首问首办责任制,加强和改进初信初访办理工作,最大限度地把信访问题解决在初始和当地。大力推进领导干部接访下访约访和包案工作,着力解决重大疑难复杂信访问题。坚持运用法治思维和法治方式,积极引导通过司法途径解决突出信访矛盾,推动涉法涉诉信访导入法定程序,实行诉访分离。完善落实涉法涉诉信访终结制度,制定和落实司法救助措施,促使当事人停访息诉。依法处置非正常上访,对无理取闹、扰乱社会秩序的行为,及时依法严肃处理。

26.依法规范征地拆迁行为。严格执行城乡规划、国土、征收管理工作的相关法律法规、政策、纪律规定,严格禁止“未批先征”、“未征先拆”等违法违规行为。依法保障被征地农民的合法权益,落实好相关政策,妥善做好被征地拆迁人员过渡安置工作。大力实施“阳光拆迁”,全面落实征地拆迁信息公开制度,对征地拆迁“政策、程序、评估、补偿、房源、申购、安置、救助”等内容严格按照相关规定全面公示,不得随意缩小公示范围、缩短公示时间、变通公示方式,纪检、监察、审计等部门对征地拆迁工作实行全程监督。继续推进落实征地前社会风险评估工作机制。强化对征地拆迁领域行政行为的司法监督,严格规范司法强拆程序和行为。

27.依法规范劳动用工。积极构建和谐劳动关系,大力推进集体协商,建立健全工资集体协商、正常增长和支付保障机制。进一步落实劳务派遣、劳动合同、同工同酬等制度,积极引导、发挥行业协会在相关行业的监督监管作

用。建立健全劳动关系预警和“劳、资、政”三方协调机制，构建多层次、全方位劳动关系监测预警工作网络。依法加强劳动监察工作，建立健全多部门联动执法及重大疑难案件多部门联席会议制度，完善工资追讨、外来务工人员工资清欠追缴常态化机制，维护劳动者合法权益。加强劳动人事仲裁调解工作，完善劳动人事争议仲裁调处机制。按照《工会法》的要求，引导支持企业建立工会组织，坚持依法建会，积极发挥工会在监督、三方协调、集体协商、劳动争议调解等方面的作用。

28.依法强化环境治理。严格执行环保法规制度，加强资源节约利用、自然生态保护和公众环境权益保护。推进落实《雨花台区加大环保执法和司法改革实施方案》。坚持严格的环境准入机制，编制和落实生态红线规划。加强环评与社会稳定风险评估工作的衔接，坚持公众参与，保障公众对环境保护的参与权、知情权和监督权。加强环境综合执法，强化源头预防和控制，依法处理毁林毁绿、环境噪声、工地扬尘、秸秆焚烧、餐饮油烟等群众关心的环保问题。加大对污染环境、破坏资源犯罪的打击力度，依法严惩污染环境、破坏资源犯罪行为。依法及时受理和处理环境资源民事和行政纠纷，充分保护人民群众环境资源权益。

29.依法调整医患关系。完善医疗纠纷投诉解决机制，引导医患纠纷进入司法裁决程序和人民调解渠道。积极探索第三方调解与快速理赔有机结合的运作模式，逐步建立以政府为主导的医疗纠纷调解理赔机构、程序、机制。探索建立区、街道(园区)医疗纠纷调解处置联动机制，明确和落实相关部门联动责任。完善医疗风险分担机制，继续推进一级以上公立医疗机构、基层医疗卫生机构全部参加医疗责任保险，鼓励非公立医疗机构参加医疗责任保险。深化医疗信息公开。整顿规范医疗服务市场秩序，督促医疗机构依法执业、规范卫生技术人员执业行为，依法及时处置扰乱医疗机构秩序及“医闹”、“医托”、“黑诊所”等违法行为。

30. 持续推进平安雨花建设。坚持系统治理、依法治理、综合治理、源头治理，推动平安建设与法治建设融合发展，提高平安雨花建设法治化水平。深入推进社会治安综合治理，巩固和深化平安青奥成果，加快构建立体化、现代化社会治安防控体系，健全社会治安形势分析研判机制、实战指挥机制、部门联动机制，依法严厉打击暴力恐怖、涉黑、邪教及黄赌毒等违法犯罪活动，依法治理非法集资、传销、电信诈骗、盗窃、污染环境、网络安全等突出治安问题，持续保持社会和谐稳定局面。坚持“专群结合、以专带群”的防范思路，加强对区平安志愿者协会的业务指导和工作衔接，建立平安志愿服务实体化、常态化运行机制。围绕反恐防暴、群防群治、公共交通安全、流动人口服务管理、危险物品管控、烟花爆竹管理、特殊人群管理、治安重点地区整治等重点，完善平安建设基础设施、基础平台和基础性机制建设，加大经费投入保障。依法明确和落实社会各界参与平安建设的义务和责任，深入开展平安社区、平安企业、平安校园、平安医院等多种形式的平安创建活动。

七、加强监督考核，为全面推进依法治区提供纪律保障

31.强化人大对法律实施的监督。深入贯彻落实市委《关于增强人大监督刚性和监督实效的意见》和区委《关于坚持和完善人民代表

大会制度推动人大工作与时俱进的意见》,支持人大及其常委会切实履行宪法法律赋予的监督职责,综合运用多种监督方式,加强对"一府两院"执法、司法工作的监督,将相关部门执行法律法规情况作为审议工作重点。加强和改进执法检查工作,保证宪法和法律法规以及上级人大及其常委会决议在本行政区域内得到遵守和执行。邀请代表参加执法检查、调研视察、旁听庭审,发挥人大代表在法律实施中的监督作用。对人民群众反映强烈的重大问题,依法启动询问、质询、特定问题调查等监督程序。完善全口径预算管理体系,强化人大对预算编制、执行、调整、决算的全过程监督,加强人大对国有资产监督职能。加强人大对任命干部的监督,制定并落实区政府工作部门主要负责人向区人大常委会报告履职情况制度。规范和落实政府重大决策出台前向同级人大报告制度。

32.加强对行政权力的制约和监督。加强权力风险防控,对财政资金分配使用、国有资产监管、政府投资、政府采购、公共资源转让、公共工程建设等权力集中的部门和岗位实行分事行权、分岗设权、分级授权,定期轮岗。进一步加大审计力度,强化审计的监督和规范作用,探索建立重点机关和部门审计事项事前提醒制度,对公共资金、国有资产、国有资源和领导干部履行经济责任情况实行审计全覆盖。加强对规范性文件审查、执法主体和人员资格管理、执法事项及争议解决、重大行政执法案件备案审查工作,并将行政执法责任制落实情况纳入年度依法行政考核内容。加强行政复议机构建设,建立行政复议委员会,设立行政复议受理中心,推进行政复议工作规范化。严格落实行政执法责任追究制度。加强对行政审批事项清单实施的监督检查,明确监管标准,落实监管责任。建立健全政府部门和单位主要负责人年度述责述廉制度。督促国有企业落实"三重一大"制度,推动国有企业监事会、纪检监察、内审"三位一体"监督体系建设。加快健全确责、履责、问责的责任体系,建立部门单位责任清单,编制岗位责任说明书和问责事项目录。

33.强化对司法活动的监督。加强对刑事诉讼、行政诉讼和民事诉讼的法律监督。完善人民监督员制度,加大对检察机关查办职务犯罪立案、羁押、扣押冻结财物、起诉等环节执法活动的监督。严格落实《律师法》,保障司法活动中律师依法享有的执业权。保障当事人依法行使申诉权,对不服司法机关生效法律文书的申诉,逐步实行由律师代理制度。对聘不起律师的申诉人,纳入法律援助范围。认真组织开展执法检查、案件评查工作,推动办案及执行机关严格规范公正执法。依法规范司法人员与当事人、律师、利害关系人、中介组织的接触、交往行为,严禁司法人员私下接触当事人及律师、泄露或者为其打探案情、接受吃请或者收受其财物、为律师介绍代理和辩护业务等违法违纪行为,并制定相应的惩戒措施,坚决惩治司法掮客行为,防止利益输送。加强司法人员职业道德建设。

34.完善法治建设考核评价体系。坚持把法治建设满意度作为衡量法治建设成效的主要指标,把法治建设成效作为衡量各级领导班子和领导干部工作实绩的重要内容,纳入政绩考核指标体系,在相同条件下,优先提拔使用法治素养好、依法办事能力强的干部。重点围绕依法行政、改善民生、保障民权、服务民众,深入开展多层次多形式的法治创建活动,严格执行《雨花台区法治建设绩效管理办法》,充分发挥其引导、激励和规范作用。制定完善依法治区考评指标或标准，组织开展法治建设年度检查考核和满意度测评，发布年度法治建设发展报告。按省、市要求,开展年度法治建设创建活动和先进单位、先进个人表彰。积极总结法治建设典型经验，加大对法治建设先进典型的宣传力度,弘扬社会正能量,营造深厚的法治氛围。

八、加强党的组织领导,全面提升依法治区工作水平

35. 健全党委领导依法治区的制度和工作机制。坚持党委统一领导、各方分工协作、社会广泛参与,加强对全面推进依法治区的组织领导和统筹协调。党政主要负责人要切实履行法治建设第一人职责,定期听取法治建设工作汇报,把法治建设纳入经济社会发展考核,并将落实推进情况纳入党委全会报告。区依法治区领导小组及其办公室要加强对依法治区工作的组织协调、检查指导和督促落实。下设七个专门工作组要按照职责分工,切实发挥牵头作用,落实好本工作组各项法治建设任务。各街道(园区)、各部门要健全完善法治建设各项制度,落实经费和人员等各项保障,并将法治建设推进情况纳入班子及成员述责述廉内容。支持人大、政协和“一府两院”依法履职,支持工会、共青团、妇联等人民团体和社会组织在依法治区中发挥积极作用。

36.推进党委工作法治化。加强党委民主决策议事规则建设,提高“三重一大”事项决策的科学民主化水平。严格落实《中国共产党党内法规制定条例》、《中国共产党党内法规和规范性文件备案规定》，强化党内规范性文件备案审查清理工作。建立作风建设长效机制,全面落实党的群众路线教育实践活动的各项整治措施,依法依纪反对和克服形式主义、官僚主义、享乐主义和奢靡之风。贯彻全面从严治党的要求,严格落实党风廉政建设党委主体责任和纪委监督责任，完善惩治和预防腐败体系。严格执行党内法规制度,加强对党内法规制度执行情况的监督检查,促进党员干部坚定理念信念,践行党的宗旨,遵守党的纪律,坚决纠正有令不行、有禁不止现象,把党要管党,从严治党的要求落到实处。

37.加强依法治区队伍建设。坚持以中国特色社会主义法治理论为指导,全面推进法治工作队伍思想政治、职业道德、素质能力、作风形象建设,为深化依法治区工作提供人才保障。

提高法治专门队伍素质。加强行政执法队伍、司法队伍建设,充实基层法制工作人员、基层一线执法人员、基层司法人员、基层专职人民调解员、平安法治专职社工力量。畅通执法、司法部门干部和人才相互之间以及与其他部门具备条件的干部和人才交流渠道。落实法律职业准入制度。积极推进法治专门队伍正规化、专业化、职业化建设,建立法律职业人员统一职前培训制度。加快推行司法人员分类管理。

加强法律服务队伍建设。健全律师管理体制,完善律师执业保障机制,严格落实违法违纪执业惩戒制度,构建社会律师、公职律师、公司律师等优势互补、结构合理的律师队伍。发展公证员、基层法律工作者、劳动人事争议仲裁员队伍。加强从事法律服务的志愿者队伍建设。

强化法治人才培养。加强与高校合作，探索高校和地方联合培养法治人才机制,定

期举办法治建设工作培训。建立完善政法干警和行政执法人员、法治工作人员集中轮训、定期培训制度;组织开展优秀政法干警、优秀行政执法人员、优秀法律服务人员评选活动。

各街道(园区)、各部门要认真贯彻中央和省市文件精神,按照本《意见》要求,结合本地区、本部门实际,制定相关行动计划或方案,确保全区法治建设的各项部署和要求落到实处。

雨花台区推动经济发展迈上新台阶行动计划

雨委发〔2015〕25号

(2015年9月15日)

根据区委、区政府《关于贯彻落实习近平总书记视察江苏重要讲话精神建设“经济强、百姓富、环境美、社会文明程度高新雨花”的意见及责任分工》的通知以及2015年6月18日区委常委会议精神,为深入推动全区经济发展迈上新台阶,特制订本行动计划。

一、总体思路和发展目标

(一)总体思路

深入贯彻落实党的十八大、十八届三中、四中全会以及习近平总书记系列重要讲话精神,认真贯彻中央、省、市各项决策部署,积极适应经济发展新常态,紧紧围绕全市争创“五型经济”新优势发展的机遇,以提质增效为中心,以结构调整为核心,以科技创新为动力,坚定不移、心无旁骛高标准决胜软件谷建设,以软件谷的良性发展带动全区加快转型,进一步拓展经济发展新空间,主动作为、全力以赴,在新常态下打造雨花经济“新升级版”,争做“迈上新台阶、建设新南京”的排头兵。

(二)发展目标

——综合实力持续增长。到2017年,全区综合经济实力进一步提升,全区地区生产总值年均增长9%以上,总量突破500亿元,人均地区生产总值达到13万元(2万美元),一般公共预算收入年均增长12%以上,总量突破75亿元。到2020年,地区生产总值突破600亿元,人均达到18万元左右,一般公共预算收入达到100亿元左右,综合经济实力处于全市第一方阵,为实现更高水平小康社会和率先基本现代化奠定坚实基础。

——产业结构更加优化。到2017年,服务型经济主导地位更加突出,服务业增加值占地区生产总值比重提高到83%左右。软件和信息服务业从产业加速向中高端迈进,对地区生产总值的贡献率提高到50%,互联网+、大数据、物联网等产业加快发展,成为软件和信息服务业的重要增长极。到2020年,“五型经济”优势更加彰显,服务型经济进一步提高,服务业增加值占地区生产总值比重达到85%以上。

——创新能力更加突出。到2017年,科技创新机制基本建立,创新载体平台基本完善,创新创业人才加快集聚,自主创新能力显著增强,全社会研究与发展经费投入占地区生产总值比重提高到4%。到2020年,形成较为完备的公共服务体系,形成一批拥有自主知识产权,占领核心技术和技术标准高地的科技型大企业大集团,科技进步贡献率提高到65%以上。

——绿色发展更具特色。到2017年,绿色、低碳、循环的发展理念得到充分体现,节能减排指标持续改善,生态保护建设、自然资源有序开发和产业合理布局的有机统一,全社会环保投入占GDP比重超过4%,主要污染物排放量控制在市下达指标内。到2020年,基本实现经济发展与生态建设相互促进、城市建设与生态保护相互协调、人文理念和生态发展相互融合,绿色发展指标超过全市平均水平。

二、重点任务

(一)进一步推进产业结构调整升级

在更高水平上发展信息、商务等高端服务业,着力提高软件产业对全区经济发展的贡献率和服务业在三次产业中的比重,推动产业结构向高端迈进。加速推进信息化和工业化深度融合,加快传统产业改造升级,提升产业竞争力。到2017年,现代产业体系建设取得阶段性成效,软件产业销售收入达2200亿元,软件企业总数900家,从业人员总数20万人,软件产业面积累计700万平方米,社会消费品零售总额达330亿元,商务商贸设施总面积累计达到700万平方米。到2020年,软件产业销售收入达3000亿元,服务业增加值占GDP比重提高到85%左右。(软件谷,区发改局、区科技局、区商务局)

1.促进软件产业集聚发展。大力发展云计算、移动互联网、数字出版、文化创意、电子商务等战略性新兴产业,加快推动软件主导产业向中高端水平迈进。抢抓“互联网+”发展机遇,围绕移动互联网产业链,打造移动互联网、智能电网、智慧城市、电子商务等专业园区,有针对性的加快优质项目引进,实现产业集聚,形成规模效应。(软件谷,区发改局、区商务局)

2.加快发展现代服务业和枢纽型经济。坚持以城市化建设有机带动,以南站枢纽经济发展为核心,加快发展面向生产生活、提供智慧服务、满足时尚消费、引领消费趋势的高端商务商贸业。重点发展信息服务、电子商务、现代金融、现代物流、文化创意、健康养老、总部经济等新型服务业。大力推进服务业专业化发展,推动人力资源服务、知识产权、检验检测和法律服务等公共服务平台建设。积极发展互联网经济等新兴业态,推动新产业新业态新模式迅速成长。大力推动科技金融、文化金融等特色金融发展,促进文化与科技、旅游的深度融合。着力发展枢纽经济,依托南京南站枢纽优势,加快建设商务写字楼、大型综合购物中心、星级酒店、酒店式公寓等商业综合体,以总部经济带动金融服务、法律咨询、会计服务、广告策划、企业管理咨询等高端商务服务业的布局和发展,构建现代化智慧型高铁枢纽经济产业体系。到2017年,商务商贸设施面积累计达到700万平方米,初步形成以南京南站为核心的中央商务区。(软件谷,南站综管办、区发改局、区商务局、区交通运输局、区委宣传部、区文化局、区规划分局、区人社局、区科技局、区司法局、区市场监督管理局)

3.提高区域协调发展水平。紧紧把握决胜软件谷建设和决战“两桥”地区的战略机遇,雨花街道、板桥新城围绕优化城市功能配套,着力强化资产、资源运作,大力引进一批高端商务商贸项目,全面提升产业层次;雨花街道、赛虹桥街道强化与驻地企业的有效对接,大力发展总部楼宇经济,做大做强电子商务、生物医药、文化创意等新兴产业;铁心桥街道、西善桥街道集中精力做好拆迁让地等工作, 迅速拉开建设框架,加快雨花新城建设步伐;开发区充分利用区位和政策优势,不断提档升级,在产业层次和功能品质上全面对接河西新城;板桥街道、梅山街道片区,统筹做好梅钢地区的协调发展,对接开发区、河西地区,围绕梅山地区工业布局调整, 走出一条创新发展之路。(软件谷,区发改局、区商务局、区委宣传部、区文化局、区规划分局、雨花新城规建办,各街道(园区)

(二)大力实施创新驱动战略

抓住用好苏南国家自主创新示范区建设和科技体制综合改革试点等重大机遇,发挥企业创新的主体作用,大力推进大众创业、万众创新,促进创新型经济加快发展。创新驱动发展的体制机制基本建立,自主创新能力显著增强,创新成为经济发展的主引擎,主要创新指标力争达到创新型国家和地区中等以上水平。到2020年,创新型城区建设取得重要进展,研发经费支出占GDP比重提高到3.8%。(软件谷,区科技局、区发改局)

4.深化科技体制机制创新。强化科技同经济、创新成果同产业、创新项目同现实生产力、研发人员创新劳动同其利益收入“四个对接”,促进科技创新与经济社会发展紧密结合。加快构建以企业为主体,市场为导向,政产学研金介“六位一体”的协同创新体系。转变政府科技管理职能,发挥财政资金杠杆作用,引导多元资本投入,完善科技资金使用机制。积极开展科技金融结合试点,大力发展天使投资、创业投资,整合各类科技金融资源,发展科技中介服务,鼓励和引导更多的社会资本投入科技创新创业。深入推进知识产权强区建设,加快推进知识产权服务业发展, 加强知识产权保护。(软件谷,区科技局、区科技局、区金融办、区财政局、区教育局、区人社局、区市场监督管理局、区法院、区检察院)

5.不断完善企业创新、人才创业的驱动环境。全面对接南京市“打造中国人才与科技创新名城”的战略部署,加强企业的自主创新能力建设,推动创新政策、创新资源、创新人才向企业集聚,打造以创新型领军企业、科技上市企业、高新技术企业、民营科技企业和“321”人才创业企业为骨干的创新团队。把人才资源开发放在科技创新最优先的位置, 深入实施“321”人才计划,完善和优化人才考核、准入退出、资金使用等机制,着力培养既通科技又懂市场的复合型创业创新人才。大力发展“众创”空间,实现创新与创业、线上与线下、孵化与投资之间的相互结合,为小微创新企业成长和个人创业提供低成本、便利化、全要素的开放式综合服务平台。完善人才考评机制,坚持数量与质量并重、引进与培养并重、规模与效益并重,科学评估引才育才绩效,关注人才企业落地孵化后的成长性与贡献度。(软件谷,区科技局、区人社局、区发改局、区国资办、区人才办、区台侨办、区工商联、区教育局)

6.优化区域创新布局。贯彻落实省市关于建设苏南国家自主创新示范区的各项规划部署,高效配置创新资源,进一步优化园区规划,进一步提升科创特区发展能效,切实增强科技创新优势。大力支持企业并购、合资、参股国际研发企业或设立海外研发中心,开展国际研发合作。按照政府主导和“整合集成、突出特色、共建共享”的发展思路,加快建设融信息交换、要素交融、合作交流、成果交易等功能为一体的科技公共服务平台，重点加快建设软件与通信、生物医药、文化创意等一批重大工程技术平台，科技人才实训平台、知识产权服务平台、投融资服务平台等，为创新创业提供科技基础保障和条件支撑。（软件谷，区科技局、区发改局、区商务局）

（三）加快构建开放型经济新体系

紧抓新一轮对外开放机遇，着力培育国际经济竞争与合作新优势，确保我区“外资、外贸、外经、外包、外智”开放型经济走在全市前列。2017年，注册外资实际到账达1.8亿美元，外贸进出口总额达35亿美元，服务外包离岸执行额达16亿美元，保持全市前列。积极探索打造软件国际化社区途径。（软件谷，区商务局、区发改局、区财政局）

7.提高利用外资综合效益。积极有效利用外资，进一步创新利用外资方式，积极引进以软件信息服务业为主导的产业，全面提升我区利用外资的质量和效益。建立利用外资科学评价体系，引导利用外资从注重规模向提高质量与综合效益转变。强化软件产业链招商，研究制定招商优惠政策（含土地使用、财政税收、投资服务等内容）、招商代理政策、招商奖励政策等，形成一整套完备的软件产业招商政策体系。加快集聚高端软件企业，吸引全球软件500强和中国软件百强企业、国内外高端研发机构进驻软件谷，建立国际软件企业研发园。认真梳理和筛选目标企业类型，有重点地引进具有引领效应的引领型企业，以及能够承载主要价值的主力型企业。积极探索招商代理模式，拓展国际化招商领域和水平，引导外资向高端商贸综合体、金融业、信息服务与信息消费业、生态旅游与健康养老业等高端商贸商务业投资。（软件谷，区商务局）

8.加快外贸转型升级。加快实施走出去战略，建立境外投资服务体系，积极支持企业扩大技术密集和服务密集产品出口，着力扩大先进技术、关键设备和重要零部件的进口。继续提高一般贸易比重，力争服务贸易占对外贸易比重有较快提升。大力引进外国高级人才，进一步提高企业国际化经营水平。积极、有序、安全开展对外投资合作，引导有实力的企业和个人到海外整合和延伸产业链，提高华为、中兴等大型企业在全球范围内配置要素资源的能力。加强企业品牌建设，鼓励软件骨干企业通过国际CMM/CMMI以及ISO9000等认证。（软件谷，区商务局）

9.积极拓展国际交流与经济合作。利用南京与世界各国相关城市建立的友好城市关系，重点深化与欧美在经贸、科技、环保等领域合作，发挥好南京软件产业博览馆、南京软件国际合作交流中心、南京市软件和信息服务业创业投资引导基金、中以（南京）智慧园等资源效应，继续举办软件企业家沙龙、归国人员联谊会、国际软件创意大赛、软件人才峰会等各种学术研讨交流活动。集成现有各类资源，建设开放型、多领域，面向雨花重点产业的科技合作交流服务平台。（软件谷，区商务局、区科技局、区财政局）

（四）软件谷建设实现新跨越

举全区之力，坚持不懈、心无旁骛地决胜软件谷建设，以软件谷的良性发展带动全区加快转型。坚持国际化、高端化、品牌化的发展战略，坚持企业化、专业化、市场化的运作理念，坚持“财政注资、运作项目、形成资产、覆盖贷款、良性循环”的运作模式，把软件谷建设成国际国内一流园区。

10.大力培育本土软件企业。紧紧围绕“互联网+”和“中国制造2025”两大国家级发展战略,培育一批“互联网+”细分行业冠军企业。坚持以拥有关键技术、核心知识产权的本土高成长企业为对象,进一步聚焦政策、聚焦资金、聚焦资源,着力加大本土企业规模提升、创新创优、人才引进、平台服务等方面的工作力度,努力探索出一条“政府引导、企业跟进、优势互补、良性互动”的本土软件企业培育发展之路。响应国家“大众创业、万众创新”号召,加大高层次创业人才引进力度,加快平台资源整合,完善产业服务体系。到2017年确保培育软件产业年销售收入1亿元以上本土软件企业10家、5亿元以上3家、10亿元以上2家,逐步培育出软件谷本土的“参天大树”。(软件谷,区发改局、区科技局)

11.打造高品质产业园区。紧扣南京市打造枢纽型经济战略机遇,科学规划、合理布局、高标准推进软件谷建设。北园进一步强化品牌形象宣传力度,提升园区知名度、美誉度和影响力;南园全面拉出框架,加快基础设施建设,加快优质产业项目落户,加快在建项目出形象,为产业拓展夯实基础;西园充分利用与河西地区接壤优势,科学运作,创新开发区体制机制,加快转型升级和品质提升,加快人居森林建设。(软件谷,区住建局、开发区、铁心桥街道)

12.科学推进公司化运作。按照“小管委会、大公司”发展思路,引入现代管理理念,牢牢抓住产权制度这个根本,加快建立更加科学、规范的现代企业管理制度,充分发挥制度的活力和效力,推动软件谷发展公司更加健康、良性运转。进一步完善发展公司科学决策制度体系,完善国有资产管理机制,逐步实行集团化资源整合,为公司上市做好准备。强化“企业化、市场化、专业化”运作,进一步完善“财政注资、运作项目、形成资产、覆盖贷款、良性循环”运作模式,推进以谷发展公司为平台、以国有资本为引导、股权多元参与的混合所有制方式,广泛吸纳民营资本、社会力量参与园区开发建设。到2017年,软件谷发展公司累计形成有效资产突破60亿元。(软件谷,区委宣传部、区财政局)

(五)“两桥”更新改造取得突破

按照全区“苦干三五年,誓叫雨花换新天”的总要求,加快推进拆迁、地块出让、融资、基础设施建设等各项工作,到2017年左右完成全区拆迁任务,主要框架骨干道路建成贯通,项目建设有序推进,“两桥”更新改造的框架基本成型。

13.高标准编制规划。围绕“产城一体、雨花中心、一流社区”的功能定位,积极落实绿色、智慧等先进理念,高水平完成城市控制性详细规划和城市设计。(软件谷规建局,雨花新城规建办)

14.科学有序推进拆迁工作和基础设施建设。按照“三年基本完成拆迁”的要求,确保2017年前全面完成龙翔片区、马家店安置房片区、圣戈班片区、徐工片区、秦淮新河南片区等的拆迁工作。按照分区开发、梯次推进的原则和“五年基本完成配建”的要求,以道路为重点,集中力量、科学安排,尽快拉开“两桥”片区道路框架,打通内外联系。确保2017年前打通龙翔大道地区段和机场二通道地区段,2018年前建成管道路、梅苑南路、兴梅路,逐步推进205国道、龙西路、花神大道的拓宽改造,初步形成“三横五纵”的交通格局。同时根据片区地块开发需要,同步配套内部支路网,形成较为完整的内部交通体系。(雨花新城规建办、软件谷规建局,区住建局、区交通局、区征拆办、区规划分局、铁心桥街道、西善桥街道)

15.着力提高市场化运作水平。围绕建设新区、经营城市的目标导向,制订绿色、智慧、人文开发建设导则,制订完整的企业营销策划方案,创新商业模式,引进国内外优质城市资源参与"两桥"开发建设。建立科学的投资收益模型,落实梯度开发的路线图、时间表。建立完善的项目投资评估机制,有效防控风险,提高投资收益。(雨花新城规建办、国开雨花公司)

16.努力增强为软件谷建设服务的功能。主动承接主城区和河西新城区的功能辐射,着力服务软件谷建设、软件产业发展,加快提供完善的交通、商业、商务、居住配套,努力创造绿色、智慧、人文的宜居置业环境。以引进和投资绿色、智慧等公共服务设施的建设、运营、管理为契机,积极培育基于"互联网+"引领的现代商业服务业和智慧产业。依据规划,加快片区内低效城镇用地的整理,为软件产业发展和升级拓展空间。(雨花新城规建办、国开雨花公司、软件谷发展公司)

(六)大力推动生态环境建设

充分发挥雨花生态基底良好的优势,进一步强化生态文明建设。全面实施全区生态红线区域保护规划,突出抓好生态空间的构建和优化,守住生态红线,保障生态安全。大力开展植树造林,增加森林碳汇,筑牢生态屏障,全区林木覆盖率达到30%以上。(软件谷,区环保局、区发改局、区规划分局、区国土分局、区住建局、区农业局)

17.加强大气污染防治和水环境治理。强化源头治理,强力推进企业燃煤、工业生产、机动车排放和工地扬尘的协同整治,着力改善空气环境质量。强化工地、道路扬尘防控,加快高污染车辆淘汰,推进工程施工机械、机动船舶等排气污染防治。确保2017年PM2.5平均浓度较2013年下降20%。全面推进水环境综合整治,开展秦淮新河和板桥河水环境整治,提升污水收集处理能力,加快完成排水达标区创建工作。持续开展全区各类河道治理和功能修复,加强土壤污染预防与修复。(区环保局、区发改局、区住建局、区城管局、区交通运输局、区农业局、区水利局、区国土分局)

18.强力推进节能减排降耗。严格执行环保准入机制,严禁新上高能耗、高排放和产能过剩的项目。加快全区"三高两低"、"两高一资"企业关停并转步伐,全面实施燃煤企业脱硫脱硝工程,加大钢铁、热电、冶金、建材等重点行业污染治理力度,全力推进工业企业实现全面达标排放,有效控制污染物排放总量,工业固废综合利用率达95%以上,危险废物规范化管理抽查合格率达90%以上。持续推进梅山地区工业布局调整三年行动计划,有序推动重点企业节能改造和搬迁,大力淘汰落后产能。加大环保执法力度,严格控制企业排放指标,积极配合重点企业布局调整工作,强力推进区属中小企业搬迁、关停。推进生活垃圾分类和减量化、无害化处理,提升产业废物综合利用水平。(区发改局、区环保局、区水利局、区财政局、区国土分局、区规划分局、区城管局)

19.完善生态文明建设制度保障。制定落实省市生态文明体制改革方案的实施意见。建立健全经济社会发展绿色评估办法,完善领导干部政绩考核评价体系,提升生态环境指标比重。开展企业碳排放信息报告和核证工作。大力加强环境监管能力建设,制定大环保执法事项目录,形成全覆盖的环保执法体系,依法严厉打击破坏环境、危害生态的各类行为。(区政府办公室、区发改局、区委组织部、区编办、区环保局、区物价局、区财政局、区法院、区检察院、区公安分局、区法制办、区城管局)

(七)加快推进农村(社区)建设上新台阶。

结合区实际情况,紧紧围绕着力推进城乡发展一体化,着力深化农村(社区)综合改革,着力提升农民幸福指数。

20.着力推进农村(社区)综合改革。加快推进城乡居民医保并轨、城乡教育均等化、城乡交通一体化改革,进一步优化城乡发展一体化的体制机制。(区农业局、区住建局、区教育局、区财政局、区人社局、区国土分局、区交通运输局、区水利局、区卫生局)

21.着力推进农村(社区)土地综合整治。以盘活存量、严控增量、优化结构、提升效率为主攻方向,强化建设项目与指标使用统筹安排,通过城镇低效土地再开发,提高用地效率,通过农村土地综合整治拓宽建设用地来源,在政策法规框架内探索推动建新指标实现空间位移、异地使用,最大程度释放存量土地利用潜力。(区农业局、区住建局、区国土分局、区财政局)

22.着力提高农村(社区)居民收入。围绕农民收入增速不低于GDP增速、高于城镇居民收入增速1个百分点以上的目标,逐步缩小城乡居民收入差距。加快发展壮大集体经济,既“做大蛋糕”又“分好蛋糕”,让农民分享集体资产的增值。进一步加大政策创新力度,大力扶持农民创业,以创业带动就业,提升创业成功率和示范带动作用。重点挖掘财产性收入增长潜力,多举措拓展农民增收渠道,进一步巩固农民工资性和经营性收入。完善生态补偿发放办法,增加农民转移性收入。(区农业局、区发改局、区科技局、区财政局、区人社局、区水利局)

三、保障措施

(一)加强组织领导。进一步强化经济工作组织领导。主动对接国家、省、市重大战略和部署要求,明确时序节点,分解落实任务,统筹推进经济发展迈上新台阶各项工作有力开展。加强经济发展迈上新台阶的监测考核。做好年度目标任务的紧密衔接和细化分解,落实好市对区经济社会发展综合考核,优化区内部考核,突出重点难点指标,强化刚性约束和倒逼效应,引导街道(园区)错位发展、特色发展。做好“十三五”规划编制工作,做优总体规划,做精专项规划,强化市、区各项规划与本规划的衔接,统筹推进经济发展、民生建设、文化建设等各方面工作,引领实现“迈上新台阶、建设新雨花”的目标。

(二)积极稳妥推进改革。充分释放政府机构改革、行政审批制度改革和区街体制机制改革的活力,着力推进紧贴雨花实际的重点改革内容取得重大突破。创新推进投融资体制改革,以区国资经营中心、软件谷发展公司、国开雨花公司为改革平台,从城市更新改造、软件产业发展、专业园区建设的实际出发,探索创新股权融资、债权融资、项目融资、社会资本合作等新的融资方式。全面深化城建城管体制改革。强化属地管理原则,把城市管理工作的标准、内容、职责切割清楚,避免部门与街道(园区)管理边界不清、推诿扯皮的现象。坚持按照市场化方向,在绿化养护、市政管养、环卫保洁等领域引入市场竞争机制并科学设定标准,加大跟踪监管力度;坚持重心下移、发动群众群管群治,探索建设全区一体化的城市管理数字化平台,打造科学、务实、管用的城市管理长效机制。分类实施国有资产管理改革,积极稳妥推进国有企业从传统工商业领域应退尽退,对于没有职能或职能过时的公司,加快厘清债权债务关系,倒排时序进度,并对其进行注销或改制;对于仍承担物业管理、资产管理、市场管理等具体职能的公司,集中深入研究,努力创出雨花改革特色;对于软件谷发展公司等发展一线的市场化运作平台,加快建立健全科学、严格、规范的现代企业管理制度。推进财税体制改革,进一步完善全口径预算体系,实施全面规范、公开透明的预算制度,全面公开政府预算、部门预算及“三公”经费预算。整合财政专项资金,逐步建立项目库管理,全面实行区本级预算单位的绩效目标管理。加大政府购买公共服务力度,健全相关制度法规,逐步形成购买服务机制。按照国发〔2014〕43 号文精神,建立“借、用、还”相统一的政府性举债融资管理机制。试编权责发生制政府综合财务报告,全面反映政府的资产和负债。

(三)突出项目支撑。加大招商引资力度,坚持内资外资并举,充分发挥创洽会、金洽会、软博会等招商平台作用,着力引进和储备一批带动作用强的大项目,加快培育经济发展新的增长点。大力激发社会投资,加梳理发布一批操作性强、成熟度高、能落地的社会资本参与投资合作的项目,强化合作和运营模式创新,有效撬动民间资本参与重点领域建设。完善项目推进体系和工作机制,对项目实施分类管理,扎实开展好跟踪服务。

(四)加大政策支持。转变财政专项资金使用方式,采取基金化、市场化运作模式,提高资金使用效益,更好地引导重点产业、重大项目发展。进一步整合财政专项资金,统筹用好产业类发展资金,吸纳国有资本和社会资本,与财政专项资金配套支持关键核心技术突破、重大装备研制和产业化项目。引导金融机构创新贷款方式,调整信贷资金投向,优化信贷资金配置结构。加快征信体系建设,改善融资环境,降低融资成本。主动争取国家开发银行政策性优惠贷款,积极稳妥申报发行债券。积极争取中央、省、市各级补助资金,加大对产业转型升级等支持力度。抓好资源要素保障,积极争取用地计划,推进土地综合整治,加大增减挂钩指标争取力度,保障城市建设发展合理用地需求。以重大项目为导向优化用地计划指标分配、使用和管理,提高用地计划指标使用效率。

(五)强化服务保障。大力弘扬和自觉践行“马上就办”作风,加快转变政府职能,提高行政服务效率,积极主动为企业排忧解难。强化供需衔接,指导帮助企业解决招工难等问题,大力开展各类职业培训,提升就业质量水平。提高配套服务水平,提供良好的商务、就学、就医、宜居等配套环境,加大水、电、燃气等生产性配套服务设施建设,降低企业运营成本。全面推进依法行政,加强秩序监管,维护良好的社会秩序和良好的市场秩序。强化舆论引导,共同营造有利于经济发展迈上新台阶的良好舆论环境。

关于印发《雨花台区关于进一步加快软件及信息服务业发展的政策意见》的通知

雨委发〔2015〕33号

（2015年11月4日）

1.设立软件产业综合发展专项资金。专项资金的使用方式包括但不限于奖励补助、项目补贴、贷款贴息、股权投资等。资金使用过程中强化资金跟踪监管和绩效评估，提高资金使用效益。同等条件下优先支持获得创投资金和银行贷款的企业项目。

2.对年度软件和信息服务业收入首次达到5000万元、1亿元、5亿元、10亿元、50亿元、100亿元的软件企业，分别给予企业管理团队总额5万元、10万元、15万元、20万元、50万元、100万元的分级奖励。

3.对新入选的江苏省规划布局内重点软件企业、国家规划布局内重点软件企业、国内软件百强企业，分别给予20万元、50万元和100万元的奖励。对以上类型软件企业总部落户雨花的，给予200~500万元的专项扶持。对雨花软件产业发展有着特别重要贡献的产业项目，可给予不低于1000万元的重大专项扶持。

4.每年评选10家具有较大业务收入规模、产业特色明显、细分行业领先的领军型规模软件企业，给予不低于50万元的重点扶持。每年评选20家业务收入增速明显、具有一定规模和较强研发创新能力以及市场竞争实力的成长型优秀软件企业，给予不低于30万元的创新扶持。对新创办的潜力型小微软件企业，根据企业经营状况及主要产品的技术先进性和预期产出效益，经第三方评估后择优给予10万元的创业扶持，每年不超过30个。优先支持“互联网+”类和智能制造研发类软件企业。

5.对列入挂牌上市培育计划的企业，在主板（含中小板、创业板等）首发上市的，分阶段给予总额200万元的支持；对进入全国中小企业股份转让系统的，正式挂牌后给予不高于160万元的补贴；对在香港或其它海外股票市场首发上市的，发行工作完成后，参照南京市相关标准给予相应补贴。

6.区内企业实施企业股权（期权）激励、股权转让、以未分配利润、盈余公积及资本公积转增股本时，一次缴纳个人所得税确有困难的，经主管税务机关备案审核，可分期缴纳，但最长不得超过5个公历年度。对股权分红及符合股权激励条件的团队和个人，对股权转让、以未分配利润、盈余公积及资本公积转增股本的，对上市公司限售股自然人股东减持股票的，经批准给予实际发生的个人所得税区所得部分的一定比例代垫资金支持。对企业发行中小企业私募债、中期票据、短期融资券等融资产品的，给予1%~3%的产品补贴，总额不超过50万元。

7. 鼓励支持优势企业通过并购、重组、借壳、控股其他企业等方式做大做强，对并购方企业并购重组发生的法律、财务、资产评估等中介服务费，根据并购重组类型和交易额给予不超过100万元的并购资助，对特别重大的资本运作项目根据产业贡献度再给予 200~300 万元奖励。

8.加强软件产业和园区宣传推介,对参加由市、区软件产业主管部门组织参加的中国(南京)软博会等知名展会的软件企业,根据其参展规模和影响,给予不高于 20 万元的参展补贴。

9.对新认定的软件企业和国家集成电路设计企业,一次性给予 3 万元奖励;新认定的软件产品和取得国家集成电路布图设计登记证书的,每个一次性给予 0.3 万元奖励。对取得网络文化经营许可证的文化传媒企业,给予 3 万元奖励。对新获得"南京市优秀软件产品"、"江苏省优秀软件产品(金慧奖)"的企业,分别给予 3 万元和 6 万元奖励。对通过开发能力成熟度模型集成(CMMI)3 级以上认定的软件企业,分级给予 10~30 万元奖励;对通过计算机信息系统集成资质认证的软件企业,分级给予4~10 万元奖励。对通过信息技术服务标准认证(ITSS)、信息安全管理认证、信息技术服务管理认证、软件测试人才认证、项目管理专业人员资格认证等软件企业,分别给予不低于 2 万元的奖励。鼓励软件企业参与国内外行业标准制订,对主导或作为重要参与方参与制订国际、国内行业重要标准的软件企业,根据该标准实施后对区内相关产业发展的贡献度给予 50~100 万元的奖励。

10. 对新认定的涉软高新技术企业一次性给予 5 万元奖励,对新认定的江苏省高新技术产品给予 0.5 万元奖励。对获得市著名商标、省著名商标、国家驰名商标的企业,分别给予 2~10 万元奖励。对涉软产业领域内新成立的市、省、国家级涉软企业技术中心、工程研究中心、工程技术研究中心、重点实验室、企业院士工作站、博士后创新实践基地、博士后科研工作站分级一次性给予 10 万元、20 万元、30 万元奖励。对第一单位获得政府颁发的国家、省、市级科学技术奖的软件企业,分级给予市、省(部)、国家等额配套奖励。对承担国家自然科学基金、国家科技重大专项、国家重点研发计划、技术创新引导专项(基金)的企业,根据其对雨花软件产业发展的贡献程度,给予最高不超过 200 万元奖励。

11.推动软件产业创新网络建设,促进产学研协同创新发展。通过发放科技创新券的方式,对中小涉软企业向高校、科研院所和公共服务平台购买科技服务、科技成果以及实施科技成果转化项目等按实际发生额的 25%进行补贴,最高不超过 20 万元。对于服务成效显著的中介服务机构,经考核评级后,每年择优给予 10~30 万元的分级服务奖励。鼓励企业加大研发投入,以企业执行年度研发费用加计扣除政策时认定的研发费用为准,对研发投入比达到 10%的国家高新技术企业及科技创业家企业,依据拟兑现企业的年度研发费用,按比例给予奖励,研发投入奖励经费总额为每年 300 万元,单个企业当年度奖励最高不超过 20 万元。

12.对新入驻经认定的软件楼宇、园区并实际支付房屋租金的软件企业,企业的年税收(指年度净入库的增值税、营业税、企业所得税、个人所得税四项之和,下同)产出在 400 元/平方米以上的,给予实际所支付房屋租金 20%的补贴;年税收产出在 1000 元/平方米以上的,给予实际所支付房屋租金 50%的补贴;年税收产出在 2000 元/平方米以上的,给予实际所支付房屋租金 100%的补贴。房屋租金共补贴 2 年,补贴标准不高于 60 元/平方米·月。对软件企业购买经认定的专业化特色园区楼宇的,参照上述标准给予相应优惠。

13.新创办的软件企业入驻紫金(雨花)科技创业特别社区等经认定的科技企业孵化器，根据相关政策文件给予相应扶持。经认定的孵化器(含众创空间)内毕业企业入驻经认定的专业园区，参照新入驻企业标准享受房租或购房补贴。

14. 鼓励软件产业创业投资引导基金通过参股设立子基金、直接投资或跟进投资等方式，对处于种子期、初创期的软件企业进行风险投资。对成功引进创投、天使资金满一年的创业企业，按其引进创投、天使资金在本区内实际投资额的3%给予一次性奖励，最高不超过50万元；对提供融资服务满一年的孵化机构按实际投资额的2%给予奖励，每年最高不超过20万元；对满一年的投资方管理团队按实际投资额的1%给予奖励，每年最高不超过10万元。对小微企业利用线下小贷、线上互联网金融平台、网上众筹平台等方式融资，根据相关政策文件对借贷双方给予补贴。

15.积极培育创业服务业，支持以政府购买服务等方式与国内知名的创业媒体合作，开展创业宣传，举办创业活动。促进服务于涉软创业项目市场化运作的众创空间发展。经认定的特色众创空间，根据年终考核评价等级择优给予30~100万元的分级服务奖励。新引进业界知名且有成功运作案例的众创空间，参照首年度租房面积标准给予50~100万元的启动运营补贴。

16. 优先推荐软件企业优秀人才申报国家“千人计划”、“万人计划”、江苏省“双创计划”和南京市相关高层次人才计划等国家和省、市人才计划。对申报成功的企业人才，按照有关人才政策给予重点支持。对高端人才(包括诺贝尔奖获得者、发达国家科学院或工程院院士，我国“两院”院士、“千人计划”专家、“万人计划”专家、长江学者特聘教授、杰出青年科学基金获得者)新创办涉软企业的，根据企业正常经营情况，两年内每年给予50~100万元的创业奖励。

17.对软件企业骨干研发人员、高级管理人员上一年度在我区工资、薪金所得在12万元以上的，给予个人年度实际缴纳个人所得税额5%的综合补贴；对工资、薪金所得在50万元以上的企业高管，根据贡献度再给予一定的补贴。对符合条件的软件企业，优惠提供人才公寓供软件人才租住。

18. 对符合我区软件产业布局的重点公共服务平台，根据服务成效和品牌影响力给予不超过100万元的开办运营补贴。对新引进的国内外知名软件人才培训机构，根据其培训层次、规模以及毕业学员在区内软件企业就业情况，给予30~50万元的扶持。

19.对具有专业日常管理机构、载体面积在一万平方米以上、企业入驻率达80%以上(其中涉软企业入驻率达一定比例)、产业特色明显的专业园区，经认定后，根据服务成效和品牌影响力给予不高于50万元的分级服务奖励。

20.本修订意见自发布之日起施行，有效期五年。本意见所指的企业，注册登记地须在雨花台区且纳入南京市软件产业统计系统和区(谷)税源管理系统，守法经营并正常报送统计报表。集成电路设计企业、文化创意企业适用本政策，从事金融、咨询和设计等现代服务业企业和总部经济企业可参照执行。本意见由区软件产业发展领导小组办公室负责解释，会同区(谷)发改、财政、商务(招商)、科技和人才等部门制定相关细则，并组织实施。实施过程中各项优惠政策重叠交叉时，按照从优不重复的原则执行。

关于加强市场监督管理工作的实施意见

雨委发〔2015〕194 号

(2015 年 12 月 22 日)

软件谷管委会,南站综管办,各街道办事处、各园区管委会,区政府有关部门,各有关单位:

为全面深化全区市场监管体制改革,促进市场监管工作重心下移,市场监管力量向基层倾斜,明确区市场监管局与街道(园区)的职责分工,落实属地市场监管责任,确保全区食品药品安全、产品质量合格、市场秩序公平,根据省政府办公厅《关于调整完善市县工商质监食品药品管理体制加强市场监管意见的通知》(苏政办发〔2014〕93 号)、《关于开展综合行政执法体制改革试点工作指导意见的通知》(苏政办发〔2015〕86 号)、市政府办公厅《关于进一步加强食品药品安全工作的意见》(宁政办发〔2015〕196 号)、市编办《关于进一步完善区级市场监管体制建设的通知》(宁编办字〔2015〕131 号)、区委办《南京市雨花台区市场监督管理局(中共南京市雨花台区委市场监督管理局工作委员会)主要职责、内设机构和人员编制规定》(雨委办发〔2014〕67 号)等文件精神,现就加强全区市场监管工作提出如下意见:

一、指导思想

遵照省、市关于调整市场监管体制、加强市场监管综合执法的总体要求,以落实市场监管分级管理、属地负责为重点,进一步明确区、街道(园区)市场监管职能,推行并完善各市场监管分局"区属、街用、共管"的运行模式。通过创新监管方式、完善监管网络、下放监管权限,进一步明确区市场监管局、各街道(园区)的市场监管责任,完善全区市场监管体制机制,优化资源配置,推进依法行政,实施综合执法,实现监管互补,切实增强市场监管效能,维护人民群众根本利益。

二、基本原则

(一)依法监管,重心下移。依法界定区市场监管局与街道(园区)的市场监管职责权限,优化全区市场监管资源配置,提升市场监管综合执法效能,推进市场监管制度化、规范化、程序化、法治化,实现一套清单管边界、区街两级管市场、一支队伍管执法、一个平台管信用、一个号码管服务、一套机制管检查,建立简约高效、职责清晰、运转协调、执法有力的两级市场监管体系。按照"部门尽责、属地负责、综合治理"的要求,切实增强街道(园区)市场监管属地管理意识,实现市场监管重心和力量向基层倾斜,打通市场监管执法"最后一公里",减少执法层级,提高监管效率,真正消除监管盲区,确保食品药品和特种设备等重点领域的监管能力进一步增强,有效防范区域性、系统性风险。

(二)科学监管,罚执分离。建立与深化改革相适应的科学监管制度、市场规则和方式方法,运用市场机制优化监管政策,广泛运用科技手段实施监管,降低监管成本。按照决策权、执行权、监督权既相互制约又相互协调的要求，坚持“两个相对分开”，实现政策制定、行政审批与监督处罚职能相对分开、监督处罚与技术检验职能相对分开，规范市场监管执法行为。

（三）统筹协调，双重管理。实现对市场主体、市场客体、市场行为的统一监管，以及对生产、流通、消费领域全过程的统一监管，建立部门联动、社会协同的监管机制，实现监管效能最大化。各街道（园区）市场监管分局（以下简称分局）是区市场监管局（以下简称区局）的派出机构，具体负责本辖区的食品药品监管、质量监督、维护市场秩序等工作。街道（园区）市场监管分局实行“区属、街用、共管”的管理模式，分局人员的组织人事和工资关系不变，接受所在街道（园区）和区局的双重领导，日常管理以街道（园区）为主。

（四）转变方式，公平公开。坚持放管结合、宽进严管，推进政府监管职能和方式从注重事前行政审批向事中事后监管转变，从管制型、粗放型向服务型、精细化转变，从分散型、封闭型向集约型、开放型转变，从政府包揽向社会共治转变，增强事中事后监管措施的系统性、整体性、协同性，建立与市场经济规律和国际惯例相融合、与全区城市定位和产业发展相适应的监管环境，推动经济社会更有效率、更加公平、更可持续发展。实行以随机抽查为重点的监督检查制度，保障市场主体权利平等、机会平等、规则平等，依法公开监管规则、标准、程序和结果。

三、主要措施

（一）建立完善清单制度。大力推进简政放权，减少行政审批事项，推行清单制度，减少政府对市场微观事务管理，进一步激发市场和社会活力。按照公开后的部门行政审批事项清单和行政权力清单依法履职，不再保留非许可审批事项，加大精简整合力度，确保“清单之外无审批”、“目录之外无权力”；深入推进依法行政，理顺部门与街道（园区）权责关系，推行责任清单制度，建立内容完整、边界清晰，上下对应、运转顺畅的市场监管体制，确保政令畅通。

（二）建立信息共享平台。积极运用大数据、云计算、物联网等信息化手段，打造执法和审批信息共享互通的工作平台，推广网络监测、视频监控等非现场监管方式，推进市场监管综合执法智能监管工程、审批信息与执法监管数据共享工程，提高监管效能。打造区、街（园区）两级信息资源的开放共享、互联互通平台，实时共享有关业务信息，统一归集、交换和共享行政审批和执法监管信息，实现行政许可、日常监管、行政处罚信息实时流转、实时抄告、实时监控、实时留痕。

（三）实行跨部门信用激励和惩戒。按照守信企业一路绿灯、失信企业处处受限的原则，建立从市场主体准入到退出的全过程信用约束机制。实施企业经营异常名录制度。建立全区严重违法企业名单制度，细化严重违法企业名单列入情形、程序、约束措施、限制期限等事项。编制市场主体信用信息激励和限制措施目录，建立跨行政部门诚信激励和失信惩戒机制，对守法诚信的市场主体，依法实施激励措施；对失信主体在经营、投融资、取得政府供应土地、进出口、出入境、企业注册、工程招投标、政府采购、获得荣誉、安全许可、生产许可、从业任职资格、资质审核等方面依法予以限制或禁止；对严重违法失信主体实行市场禁入制度。

（四）实施质量安全全程追溯监管。探索建立以物品编码管理为溯源手段的产品质量信息监督平台,形成来源可查、去向可追、责任可究的信息链条。建立健全全区食品药品安全监管信息平台和可追溯平台,全面推行食品药品生产经营企业质量管理规范。完善药品、医疗器械、保健食品企业电子监管码制度,实现食品"从田间到餐桌"、药品"从研究到使用"的全程化可追溯监管。建立企业产品和服务标准自我声明公开和监督制度、消费品生产经营企业产品安全事故强制报告制度。强化依据标准实施监管,严格强制性标准管理,改进推荐性标准管理,严格地方性标准和企业标准备案管理,实现"一套标准管质量"。

(五)推行随机抽查监管。改革创新监管方式,规范监管行为,完善常态化分类监管。根据监管对象的不同情况,不再局限于书面检查、实地检查、定期检验等传统监管方式,大力推广随机抽查等措施,制定随机抽查事项清单,明确抽查依据、抽查主体、抽查内容、抽查方式等,加大对投诉举报多、列入经营异常名录或有严重违法违规记录等情况的市场主体随机抽查力度。建立随机抽取检查对象、随机选派执法检查人员"双随机"抽查机制,严格限制市场监管执法人员自由裁量权。合理确定随机抽查的比例和频次,既要保证必要的抽查覆盖面和工作力度,又要防止检查过多和执法扰民。加强抽查结果运用,及时向社会公布抽查及处理结果,与社会信用体系相衔接,形成有效震慑。

(六)提高社会参与程度。在完善企业承诺制度,推动企业依法自治、落实主体责任的基础上,充分发挥行业组织自律作用、市场专业化服务组织监督作用、舆论和社会公众监督作用,推进政府市场监管执法机构与其他社会管理主体的有效衔接和良性互动。鼓励社会信用评价机构发展,支持开展企业信用调查、信用评级等服务;鼓励支持会计师事务所、税务师事务所、资产评估机构、公证机构等专业服务机构,依法对企业财务、纳税情况、资本验资等真实性、合法性进行鉴证,强化对市场主体及其行为的监督。通过扶持引导、购买服务等制度安排,支持行业协会和专业服务机构等社会力量参与市场执法监管相关活动。探索引入第三方专业机构参与产品质量检验、食品药品检测和企业信息审查等事项,建立社会组织与企业、行业之间的服务对接机制。建立普通消费品、食品药品和产品质量的有奖投诉举报制度,鼓励公众和新闻媒体依法依规进行监督,并依法查处和公告。

(七)加强风险监测与防控。建立完善重点领域、重点产品及消费品、重要生产资料市场的风险评估指标体系,实施风险防控联动,有效防范区域性、行业性、系统性风险。科学设定风险数据采集点,建立统计分析模型,探索建立市场秩序状况评价指标体系。积极加强应急管理组织体系建设,完善食品药品、医疗卫生等领域不良反应、不良事件监测体系,建立健全风险监测、研判、排查、预警、处置工作规程,提高对突发事件的预警和处理能力。

(八)加大行政执法办案力度。依法惩处各类违法违规行为,对涉及市场经济运行秩序、食品药品安全和群众切身利益等重点领域加大执法力度。加强反垄断和反不正当竞争执法,重点打击扰乱市场秩序、限制市场竞争违法行为。强化执法责任考核,坚持应罚尽罚、应收尽收、罚执分离、罚缴分离、收支两条线等原则,全区市场监管执法罚没收入要重点加强执法装备投入。依托市场主体信用信息公示系统,建立行政执法机关、公安机关、检察机关、审判机关信息共享、案情通报、案件移送制度，实现行政处罚和刑事处罚的无缝衔接。

（九）强化内部执法监督检查。执法重心下移后，要结合推行权力清单和责任清单制度，公开区、街（园区）两级市场监管执法的具体职责、执法依据、处罚裁量基准、运行流程和监督途径，推进阳光执法。坚持以人为本、执法为民理念，规范公正文明执法。区市场监管局要明确科室专门负责本系统的执法监督检查，健全执法全过程记录制度和行政自由裁量权基准制度，严格执行执法评议考核、案卷评查、执法过错责任追究和重大执法决定法制审核等制度，全面落实市场监管执法责任。

（十）严格落实责任追究制度。按照有权必有责要求，全面分解落实区、街（园区）两级市场监管执法机构及其工作人员的具体执法责任，建立健全明确清晰的监管责任体系和责任追究机制。落实岗位责任制，细化、明确各类岗位监管职责，确保责任易追溯、可追究。综合运用监察、审计、行政复议等方式，加强对不作为、乱作为、以罚代管等违法违规行为的监督，加大对事关发展环境、百姓民生、政令畅通等执法缺位突出问题的行政问责力度，监督整改落实。

四、区、街道（园区）市场监管职责分工

（一）区市场监管局职责

1.根据《南京市雨花台区市场监督管理局（中共南京市雨花台区委市场监督管理局工作委员会）主要职责、内设机构和人员编制规定》（雨委办发〔2014〕67号）文件精神，区市场监管局统一负责本行政区域内工商、质监、食品药品监管等市场监管职责，同时承担区政府食品药品安全委员会的具体工作。

2.贯彻执行工商行政管理、质量技术监督、食品药品安全监管等方面的法律、法规和政策，负责行使《市政府关于印发南京市政府各部门行政权力事项清单的通知》（宁政发〔2015〕54号）文件涉及区级工商行政管理、质量技术监督、食品药品监管的行政审批、行政许可、行政处罚等市场监管职责和省、市人民政府下放的有关事权。

3.负责建立完善科学清晰的全区市场监管责任体系，着力解决食品药品、特种设备等关系人民群众身体健康和生命财产安全、对经济社会发展可能造成危害的问题，维护全区市场秩序，保障市场安全。

4.负责区和街道（园区）两级市场监管平台建设，建立行业协会、社会公众有序参与的事中事后市场监管机制，建立行政执法全过程记录制度。健全两级检验检测体系，建设检验检测公共服务平台。

5.负责对行政审批事项制定事中事后监管的实施办法，明确监管对象、内容、方式、标准、措施和程序，形成完整的市场监管行政审批事中事后监管目录，推行事中事后监管责任清单，并同步抓好检查落实。

6.负责将全区市场监管工作纳入全区综合考核，加强全区市场监管工作的业务指导、统筹协调、监督检查和综合考评，组织市场监管联合执法行动、专项执法行动，开展市场监管工作的综合考核和业务培训等。

7.负责分局的业务指导，制定和落实分局的岗位职责、业务管理、工作流程、监管机制、业务考评等规章制度。

8.组织办理分局以区局名义执法引起的行政复议或行政诉讼案件的答复、应诉工作。

（二）街道（园区）市场监管职责

1. 负责本辖区市场监督管理的组织实施，在区局的业务指导下落实市场监管、产品质量监管和食品药品监管职责。街道(园区)对分局人员加强日常管理，负责分局工作开展情况和人员的日常督查和考核(行政执法案件的考核由区局组织实施)。

2.成立由街道(园区)市场监管工作分管领导任组长，业务科室负责人、分局负责人为成员的市场监管(食品药品安全监管)工作领导小组，领导小组下设办公室，办公室主任可由分局局长兼任。

3.按照分局规范化建设要求，负责落实分局办公用房、办公设施和联合执法经费等保障工作，负责本辖区的食品快检实验室和食品安全工作站硬件建设。

4.负责将市场监管工作目标任务列入街道(园区)经济社会发展计划，纳入本级绩效考核评价、领导干部综合考核评价和社会网格化管理目标体系。

5. 负责协调相关派驻执法机构的执法工作，组织开展联合执法，排查和协助查处非法生产经营食品药品及生产有毒有害食品、生产销售假药的违法行为。

6.对辖区内的食品安全监督管理工作负总责。把食品安全监管摆在更加突出的位置，按照省、市有关文件要求设立食品安全办公室，配齐配强食品安全日常监管人员，落实“四有两责”(四有：有责、有岗、有人、有手段，两责：日常现场检查责任和市场产品抽检责任)，完善食品安全监管网格化管理体系和责任体系。

7. 负责建立本辖区的市场监管网格化机制，落实市场监管网格化管理责任，发挥大市场监管的体制优势，加强重点领域、重点行业的监管。

(三)街道(园区)市场监管分局职责

1.根据《关于同意雨花台区市场监督管理分局主要职责的批复》(雨编办字〔2015〕9号)文件要求，履行相关职责，依法负责辖区内有关市场监管、产品质量、食品药品监管等各项工作。不得以区局的名义组织参加与市场监管、产品质量监管和食品药品监管无关的其他工作。

2.依法开展本辖区工商行政管理、质量技术监督、食品药品监管的巡查检查，实施适用简易程序的行政处罚及相关行政强制(履行相关程序后，可接受区局委托，实施某一执法事项一般程序的行政处罚)。严格依法行政，使用全区统一的行政执法文书，接受区局法制科、稽查科的指导监督。

3. 按照相关规定落实食品安全的监督抽检，加大对与人民群众生活息息相关的肉制品、蔬菜、水果、食用油、水产品、乳制品等重点食品的抽检力度。加强食品安全投诉举报处置工作，规范工作流程，实行处置结果逐级报告制度，并及时向社会公开处理结果。

4.服从街道(园区)的相关工作安排，负责本辖区市场监管联合执法和食品药品安全检查的综合保障。完成区局下发的各项业务考核指标和相关工作任务。

5.参加市、区级和街道(园区)组织的各项业务培训。

五、保障措施

(一)组织管理

1. 区市场监管局领导分局的组织人事和纪检监察工作，指导分局开展人员的业务学习和业务培训，负责分局的人员调整、干部任免、定期轮岗工作以及违纪违规行为的查处。

分局局长、副局长2–3年实行一次轮岗交流。普通工作人员实行轮岗交流，每年轮岗人数原则上不超过分局人员的三分之一，在同一街道(园区)连续工作满4年的人员必须轮岗交流。

2.街道(园区)要严格落实机构编制部门有关要求，尽快成立本辖区的食品安全办公室，并在履行职责和人员管理方面与辖区分局实现对接融合。根据形势和任务需要，各街道(园区)食品安全办公室要配备相应数量的专职工作人员，每个社区要配备相应的食品安全信息工作人员。

3.街道(园区)领导分局的市场监管工作，负责分局人员的日常管理考核。参照本单位同类人员考核管理办法，对分局人员实行扎口管理、统一考核、统筹待遇。

4.街道(园区)对分局局长、副局长的任免有考察权和建议权，对工作人员的人事调动有知情权和建议权。分局人员违纪违规或不服从管理，可由街道(园区)提出待岗意见，函告区局，由区局核查后下发待岗通知书。凡被确定待岗的分局人员，回区局待岗学习一个月，并按相关规定作出相应处理。学习期满，经区局考核合格后方可复岗。

5.分局参加街道(园区)召开的市场监管相关的工作会议和联合执法活动。

(二)执法保障

1. 区市场监管局负责配备分局的执法装备。

2.街道(园区)负责分局的办公场所、日常办公保障。

3.区局牵头组织的执法工作由区局负责执法保障；分局参与的其它联合执法工作由街道(园区)或牵头单位负责保障。

(三)经费保障

1.全区市场监管执法检查等经费由区财政按照机关财务管理规定予以保障。

2. 区市场监管局将分局人员的基本工资、保险纳入部门财政预算，由区局统发、统缴；分局人员绩效奖励、办公经费由区局按标准全额度切块给相关街道(园区)，由各街道(园区)根据工作绩效参照街道同类人员统筹考核发放和使用。

3.街道(园区)配套相应执法工作经费用于联合执法行动的经费保障。

4.街道(园区)承担社区市场监管信息员相关工资补贴和福利费用。

5.街道(园区)将食品安全工作站和食品快检实验室的建设及运行纳入工作计划和经费预算，并负责提供场地、人员，区局负责提供装备设施、法律保障和技术协调。

六、工作要求

(一)强化组织领导。区市场监管局和各街道(园区)要深刻认识加强市场监管工作的重要意义，建立健全组织领导和统筹协调机制，认真落实各项措施和要求。要解决多头和重复执法问题，整合执法资源，完善综合执法，减少执法层级，推进执法重心下移，形成权界清晰、上下对应、分工合理、权责一致、运转高效的市场监管执法体系(2016年6月底前，区局要将药品、医疗器械、特种设备监管职能全部下放到街道园区)。各街道(园区)对辖区工作和市场监督管理(食品药品安全)工作负责，街道(园区)主任是主要责任人，分管负责同志是直接责任人。

(二)密切协调配合。区机构编制部门要认真履行职责，切实做好机构编制落实和保障工作。区政府法制部门要加强合法性审查和法制监督，协调解决执法争议。区财政部门要全面落实财政保障执法经费制度和罚缴分离、收支两条线管理制度，保障综合行政执法工作经费和能力建设经费。区市场监管局要做好本实施意见的牵头落实和检查督查工作；加强对街道（园区）市场监管工作的指导和联系，建立健全沟通配合和业务培训机制，做到同步征询工作意见、同步布置相关工作、同步开展业务培训。

（三）加强事中事后监管。围绕商事制度改革要求，切实减少事前审批事项，加强事中和事后监督，进一步强化商事制度改革后各许可监管部门、市场监管部门和其他相关单位的监管责任，确保商事制度改革后续监管工作平稳衔接、监管到位、秩序良好。有证无照违法经营的，由区市场监督管理局牵头查处，许可部门配合；有照无证违法经营的，由许可部门牵头查处，区市场监督局配合；无证无照违法经营的，或者市场主体有多个违法经营行为的，由街道（园区）牵头协调区法制办、区市场监管局、许可部门按照职责分工共同查处。

文件目录选编

2015年中共雨花台区委员会文件目录（选编）

表30

文　号	发文日期	标　题
雨委发〔2015〕1号	5月21日	关于印发《雨花台区2015年国民经济和社会发展目标一级分解方案》的通知
雨委发〔2015〕2号	2月6日	关于印发《雨花台区2015年政治建设工作目标》的通知
雨委发〔2015〕3号	2月10日	关于印发《雨花台区2015年文化建设工作目标》的通知
雨委发〔2015〕4号	2月10日	关于印发《雨花台区2015年社会建设工作目标》的通知
雨委发〔2015〕5号	2月16日	关于印发《雨花台区2015年生态文明建设工作目标》的通知
雨委发〔2015〕6号	1月7日	关于2015年中共南京市雨花台区委常委会民主生活会情况的报告
雨委发〔2015〕7号	1月17日	中共南京市雨花台区委常委会工作要点
雨委发〔2015〕8号	1月7日	2014年度落实党风廉政建设责任制暨党委主体责任的报告
雨委发〔2015〕9号	2月11日	区委中心组学习贯彻习近平总书记系列重要讲话精神方案
雨委发〔2015〕10号	2月16日	关于批转《雨花台区人大常委会2015年常委会及主任会议议题安排》的通知
雨委发〔2015〕11号	2月16日	关于转发《政协南京市雨花台区委员会2015年度工作要点和协商安排》的通知
雨委发〔2015〕12号	3月26日	关于印发《雨花台区安全生产“党政同责，一岗双责”暂行规定的通知》
雨委发〔2015〕13号	4月15日	关于印发《中共南京市雨花台区关于全面推进依法治区建设法治雨花的意见》的通知
雨委发〔2015〕14号	4月23日	关于印发《关于贯彻落实习近平总书记视察江苏重要讲话精神建设“经济强、百姓福、环境美、社会文明程度高的新雨花”的意见及责任分工》的通知
雨委发〔2015〕15号	1月5日	关于在全区建立落实党风廉政建设责任制“五项清单”制度的通知
雨委发〔2015〕16号	2月17日	关于印发《2015年雨花台区防汛防旱工作意见的通知》

续表

文　号	发文日期	标　　题
雨委发〔2015〕17 号	1 月 6 日	区委上半年工作总结及下半年打算
雨委发〔2015〕18 号	7 月 10 日	关于深入推进平安雨花建设实施意见
雨委发〔2015〕19 号	7 月 24 日	关于转发《中共南京市委关于印发南京市党风廉政建设党委主体责任、纪委监督责任实施办法（试行）通知》的通知
雨委发〔2015〕20 号	7 月 29 日	关于雨花台区西善桥街道建宁一村重大防汛隐患的报告
雨委发〔2015〕21 号	7 月 31 日	区委关于从严治党迈上新台阶实施意见
雨委发〔2015〕22 号	8 月 21 日	关于落实党风廉政建设责任制反馈意见整改措施的报告
雨委发〔2015〕23 号	9 月 10 日	雨花台区推动文化建设迈上新台阶行动计划
雨委发〔2015〕24 号	9 月 10 日	雨花台区推动文化建设迈上新台阶的实施意见
雨委发〔2015〕25 号	9 月 15 日	雨花台区推动经济发展迈上新台阶行动计划
雨委发〔2015〕26 号	9 月 29 日	关于印发《雨花台区 2015 年度经济和社会发展目标考评办法》的通知
雨委发〔2015〕27 号	9 月 29 日	雨花台区区委印发《关于推动落实全面从严治党责任的实施办法（试行）》的通知
雨委发〔2015〕28 号	9 月 29 日	关于表彰 2014 年度先进集体、先进个人的决定
雨委发〔2015〕29 号	10 月 29 日	关于谢翠华反映拆迁补偿问题信访工作办理情况的报告
雨委发〔2015〕30 号	10 月 29 日	关于戈继红反映劳动合同及承包合同纠纷信访工作办理情况的报告
雨委发〔2015〕31 号	10 月 29 日	关于汪冬梅反映拆迁安置信访工作办理情况的报告
雨委发〔2015〕32 号	11 月 2 日	关于市城管局专案调查过程中发现问题线索进行核查的情况报告
雨委发〔2015〕33 号	11 月 4 日	关于印发《雨花台区关于进一步加快软件和信息服务业发展的政策意见》的通知
雨委发〔2015〕34 号	11 月 6 日	关于表彰 2014 年度区政务服务暨 12345 政务热线工作诉求办理工作先进集体、先进个人的决定
雨委发〔2015〕35 号	11 月 18 日	关于对市城管局专案调查过程中发展问题线索进行二次排查的情况报告
雨委发〔2015〕36 号	12 月 10 日	关于审核批准《南京市雨花台区人民政府职能改革和机构方案》的请示

2015 年雨花台区人民政府文件目录（选编）

表 31

文　号	发文日期	标　　题
雨政发〔2015〕1 号	1 月 4 日	关于普遍建立法律顾问制度的实施意见
雨政发〔2015〕3 号	1 月 5 日	关于补办中兴通讯三巨期项目施工许可并免予行政处罚的请示
雨政发〔2015〕4 号	1 月 5 日	关于吴生云反映征地保障信访事项办理情况的报告
雨政发〔2015〕5 号	1 月 8 日	关于龙翔路一期建设工程提前开工的请示
雨政发〔2015〕6 号	1 月 12 日	关于协调市住建委等部门确定翠岭银河等项目上市交易起草时间的请示
雨政发〔2015〕7 号	1 月 13 日	关于协调解决南京华为软件基地二期项目渣土外运手续的办理情况报告
雨政发〔2015〕8 号	1 月 15 日	关于规范津贴补贴自查整改情况汇报
雨政发〔2015〕9 号	1 月 15 日	国有企业收入分配管理的自查报告
雨政发〔2015〕10 号	1 月 15 日	关于汉优公司群体闹访情况的紧急报告
雨政发〔2015〕11 号	1 月 18 日	关于解决京沪高铁段雨花段未能计价入股费用的请示

续表

文　号	发文日期	标　题
雨政发(2015)12 号	1 月 18 日	关于确认京沪高铁雨花段审计报告的请示
雨政发(2015)13 号	1 月 30 日	关于同意西善桥物业服务中心楼 14、15 栋及商业用房物业管理的请示
雨政发(2015)14 号	2 月 2 日	关于下达 2015 年一般公共预算收入任务的通知
雨政发(2015)15 号	2 月 2 日	关于同意中板 205 国道连接滨江大道建设工程(三山矶路、中兴路)用地农转国和土地征收的请示
雨政发(2015)16 号	2 月 4 日	关于同意调剂开发区管委会村组进保人员的请示
雨政发(2015)17 号	2 月 6 日	关于龙翔路一期建设情况紧迫性的说明
雨政发(2015)18 号	2 月 6 日	关于 2014 年度实行最严格水资源管理制度自查情况的报告
雨政发(2015)20 号	2 月 6 日	关于通过普德 A 幢住宅规划核实并免于规划处罚的请示
雨政发(2015)21 号	2 月 10 日	关于印发《板桥新城农村土地承包经营权置换社会保护工作实施方案》的通知
雨政发(2015)22 号	2 月 10 日	关于转发南京市贯彻江苏省职工生育保险规定实施意见通知
雨政发(2015)23 号	2 月 10 日	关于表彰人民武装工作先进单位和先进个人的通报
雨政发(2015)24 号	2 月 11 日	关于成立户外广告设置管理工作领导小组的通知
雨政发(2015)26 号	2 月 13 日	关于协助转让小行里地块拆迁安置房房款的请示
雨政发(2015)28 号	2 月 13 日	关于成立雨花台区城市地下管线探测普查工作领导小组的通知
雨政发(2015)29 号	2 月 16 日	关于同意呈报省政府批准雨花台区 3 个街道调整土地利用总体规划的请示
雨政发(2015)30 号	2 月 15 日	关于调整区政府领导分工的通知
雨政发(2015)31 号	2 月 26 日	关于陶龙波等同志任职的通知
雨政发(2015)32 号	2 月 26 日	关于张心坚等同志职务任免的通知
雨政发(2015)33 号	2 月 26 日	关于陈兰等同志职务任务的通知
雨政发(2015)34 号	2 月 26 日	关于戴稳喜等同志职务任免的通知
雨政发(2015)35 号	2 月 26 日	关于董红等同志任职的通知
雨政发(2015)36 号	2 月 26 日	《2015 年区政府经济社会发展主要工作目标任务分解落实方案》
雨政发(2015)37 号	2 月 28 日	关于调整雨花台区“巾帼建功”领导小组成员的通知
雨政发(2015)38 号	2 月 28 日	关于调整雨花台区“双学双比”竞赛领导小组成员的通知
雨政发(2015)39 号	3 月 2 日	关于印发《雨花台区 2015 年安全生产工作意见》的通知
雨政发(2015)40 号	3 月 3 日	关于同意我区 4 家有证不符合规划黄砂码头暂缓搬迁的请示
雨政发(2015)41 号	3 月 6 日	关于清理规范税收等优惠政策情况汇报
雨政发(2015)42 号	3 月 9 日	关于西善桥北路 109 号大众浴室存在严重安全隐患信访事项办理情况的报告
雨政发(2015)43 号	3 月 13 日	关于转发区城管局《2015 年城市治理工作要点》的通知
雨政发(2015)44 号	3 月 16 日	关于印发《2015 年雨花台区城市建设任务组织实施方案》的通知
雨政发(2015)45 号	3 月 16 日	关于同意申报 2015 年度第 1 批次村镇用地农转用和土地征收的请示
雨政发(2015)46 号	3 月 19 日	关于重启中国南京软件谷楚翘城项目剩余楼盘销售工作的请示
雨政发(2015)47 号	3 月 21 日	关于印发《雨花台区环境保护大检查工作方案》的通知
雨政发(2015)48 号	3 月 20 日	关于调整雨花台区依法行政领导小组成员的通知
雨政发(2015)49 号	3 月 25 日	关于同意申报雨花台区看守所迁建(柿子树地块)用地农转用土地征收的请示

续表

文　　号	发文日期	标　　　题
雨政发〔2015〕50 号	3 月 25 日	关于同意申报京沪高铁回电工程用地农转用和土地征收的请示
雨政发〔2015〕51 号	3 月 27 日	关于雨花台区 2014 年省级生态红线区域保护工作的再查报告
雨政发〔2015〕52 号	3 月 27 日	关于印发《雨花台区 2015 年城市治理考核实施办法》的通知
雨政发〔2015〕53 号	3 月 27 日	关于调整区城市治理公务委员组成人员的通知
雨政发〔2015〕54 号	3 月 31 日	关于张良云同志职务调整的通知
雨政发〔2015〕55 号	4 月 14 日	关于农花经济适用房免于经济处罚的请示
雨政发〔2015〕56 号	4 月 15 日	关于印发《雨花台区存量土地利用专项清理工作方案》的通知
雨政发〔2015〕57 号	4 月 20 日	关于做好 2015 年度民兵整治工作的通知
雨政发〔2015〕58 号	4 月 21 日	关于丰盛江郇撤除情况的报告
雨政发〔2015〕59 号	4 月 23 日	关于调整稳定价格和治乱减负工作领导小组成员的通知
雨政发〔2015〕61 号	4 月 28 日	关于丰盛"四个经济适用房"盈亏情况审计后续利息的报告
雨政发〔2015〕62 号	4 月 28 日	关于市政府传阅单 02-124 号市民建议办理情况的报告
雨政发〔2015〕63 号	4 月 28 日	关于确认京沪高铁雨花段审计报告的请示
雨政发〔2015〕65 号	5 月 4 日	关于上报《雨花台区公共自行车开展工作方案》的报告
雨政发〔2015〕66 号	5 月 4 日	关于上报《雨花台区公共自行车布总情况》的报告
雨政发〔2015〕67 号	5 月 6 日	关于同意申报板桥新城三号街项目用地农转用和土地征收的请示
雨政发〔2015〕68 号	5 月 6 日	关于申请内秦淮河流域雨污分流及水环境整治项目凤台南路污水管道立项的请示
雨政发〔2015〕69 号	5 月 8 日	关于申请雨花台区王家村地块配套市政工程立项的请示
雨政发〔2015〕70 号	5 月 14 日	关于同意申报南京市 2014 年度第 5 批次城市建设用地 10 号地块农转用和土地征收的请示
雨政发〔2015〕71 号	5 月 14 日	关于同意撤销雨花街道(原宁南街道)农花村、潘家沟、大鱼罩等 4 个村民小组的请示
雨政发〔2015〕72 号	5 月 14 日	关于成立雨花台区近期建设规划编制工作领导的通知
雨政发〔2015〕73 号	5 月 15 日	关于申请对花神大道(秦淮新河至绕城公路段)排水改造工程决算审计的请示
雨政发〔2015〕74 号	5 月 18 日	关于进一步明确区、街道两级安全生产监管职责的意见
雨政发〔2015〕75 号	5 月 18 日	关于加强商事制度改革后续监管工作的通知
雨政发〔2015〕76 号	5 月 19 日	关于调整雨花台区食品药品安全委员会成员的通知
雨政发〔2015〕77 号	5 月 19 日	关于调整雨花台区商标战略领导小组成员的通知
雨政发〔2015〕78 号	5 月 20 日	关于成立雨花台区智慧雨花建设工作领导小组的通知
雨政发〔2015〕79 号	5 月 20 日	关于印发智慧雨花总体规划的通知
雨政发〔2015〕80 号	5 月 20 日	关于调整雨花台区质量强区工作领导小组成员的通知
雨政发〔2015〕81 号	5 月 22 日	关于印发《雨花台区耕地保护责任考核暂行办法》的通知
雨政发〔2015〕82 号	5 月 24 日	关于转发区市场监督局《全区电梯安全监管大会战》的通知
雨政发〔2015〕84 号	5 月 29 日	关于对南京首佳再生资源利用有限公司拆求问题办理情况的汇报
雨政发〔2015〕85 号	5 月 30 日	关于机场二通道地面段工程项目采用 PPT 模式的申请
雨政发〔2015〕86 号	6 月 1 日	关于同意申报南京市 2015 年度第 4 批次村镇建设用地 1 号、2 号、3 号地块农转用和土地征收的请示

续表

文　号	发文日期	标　题
雨政发〔2015〕87号	6月2日	关于印发《南京市2011—2013公建配套设施建设存在问题整改工作方案》的通知
雨政发〔2015〕88号	6月3日	关于下达2015年安全生产控制指标的通知
雨政发〔2015〕89号	6月5日	关于天隆寺复建情况的推进报告
雨政发〔2015〕90号	6月10日	关于印发《雨花台区迎接“十二五”全国干线公路养护管理检查工作方案》的通知
雨政发〔2015〕91号	6月11日	关于板桥街道绿洲南路经济适用房项目申请通过消防验收的请示
雨政发〔2015〕92号	6月12日	关于宁府办文〔2015〕998号办文单办理情况的报告
雨政发〔2015〕93号	6月16日	关于调整区地名委员会组成人员的通知
雨政发〔2015〕95号	6月17日	关于雨花台区存量土地利用专项清理工作开展情况的报告
雨政发〔2015〕96号	6月19日	关于印发《雨花台区关于深入推进依法行政加快建设法治政府的意见》的通知
雨政发〔2015〕97号	6月25日	关于调整区征兵工作领导小组成员的通知
雨政发〔2015〕98号	6月24日	关于印发《雨花台区2015年度地质灾害防治方案》的通知
雨政发〔2015〕99号	6月25日	关于印发《雨花台区政府各部门行政权力事项清单》的通知
雨政发〔2015〕100号	6月26日	关于区城市周边永久基本农田划定工作的报告
雨政发〔2015〕101号	6月29日	关于同意板桥街道两个地块按工业用地性办理供地手续的请示
雨政发〔2015〕102号	7月2日	关于印发区城市治理标准化工作实施方案的通知
雨政发〔2015〕103号	7月4日	关于同意申报南京市2014年度第6批次城市实施方案1号地块用地的请示
雨政发〔2015〕105号	7月7日	关于调整区安委会成员的通知
雨政发〔2015〕106号	7月8日	关于雨花台区2014年土地审核督查实地检查发现问题整改情况的报告
雨政发〔2015〕107号	7月9日	关于成立雨花台区土地利用总体规划调整完善工作领导小组的通知
雨政发〔2015〕108号	7月13日	关于申请调整雨花台区省级公益林地块的请示
雨政发〔2015〕110号	7月14日	关于上报《南京市雨花台区省级生态红线区域优化调整论证报告》的请示
雨政发〔2015〕111号	7月16日	关于宁丹路（雨花段）全线禁行重型车辆的请示
雨政发〔2015〕112号	7月17日	关于人民来信办理单（01第1072号）办理情况的报告
雨政发〔2015〕113号	7月20日	关于市长信箱143197号处理情况的汇报
雨政发〔2015〕114号	7月24日	关于成立瑞尔大厦项目后续处置工作领导小组的通知
雨政发〔2015〕115号	7月28日	关于成立雨花台区应急互助基金工作领导小组的通知
雨政发〔2015〕116号	7月28日	关于印发《雨花台区关于南京市小微企业应急互助基金使用的管理暂行办法》的通知
雨政发〔2015〕118号	7月31日	关于同意办理房源计划确认的请示
雨政发〔2015〕119号	8月1日	关于同意雨花台区看守所迁建项目先行实施补偿安置工作的请示
雨政发〔2015〕120号	8月1日	关于南京市餐厨垃圾处理厂因环保问题引发群众堵门的情况报告
雨政发〔2015〕121号	8月8日	关于审批宁丹路二期（北段）拓宽改造工程决算的请示
雨政发〔2015〕122号	8月10日	关于申报第三届国土资源节约集约模范县（市）的报告
雨政发〔2015〕123号	8月11日	关于2015年行政区域界线联合检查情况报告
雨政发〔2015〕124号	8月12日	关于申请安小线电力杆线下地经费的请示
雨政发〔2015〕125号	8月13日	关于市长信箱143356号处理情况的汇报

续表

文　号	发文日期	标　　题
雨政发〔2015〕126 号	8 月 13 日	关于市长信箱 14420 号处理情况的报告
雨政发〔2015〕127 号	8 月 14 日	关于区人大 2015 年第 3 号审议意见办理情况的报告
雨政发〔2015〕128 号	8 月 17 日	关于同意板桥永安绿洲南路 B、C 地块经适房办理预售手续的请示
雨政发〔2015〕129 号	8 月 18 日	关于同意朱家场经适房项目 A6 幢核定为物业经营性用房的请示
雨政发〔2015〕130 号	8 月 18 日	关于调整雨花台区地方编纂委员会的通知
雨政发〔2015〕131 号	8 月 20 日	关于印发《2015 年雨花台区联合治超行动实施方案》的通知
雨政发〔2015〕132 号	8 月 22 日	关于同意申报南京市 2015 年度第 5 批次村镇建设用地 1 号、2 号、3 号地块用地的请示
雨政发〔2015〕133 号	8 月 22 日	关于印发《雨花台区河道水环境综合整治工作方案》的通知
雨政发〔2015〕134 号	8 月 22 日	关于印发《雨花台区河道水环境河长制管理工作考核办法》的通知
雨政发〔2015〕135 号	9 月 2 日	关于成立雨花台区深化小型水利工程管理体制改革工作领导小组
雨政发〔2015〕136 号	9 月 6 日	关于同意贾西新苑经适房项目以房款收据日期作为上市交易起算时间的请示
雨政发〔2015〕137 号	9 月 8 日	关于雨花台区软件谷人才保障房建设相关事宜的请示
雨政发〔2015〕139 号	9 月 12 日	关于同意中兴通讯三期项目补办施工许可并免于行政处罚的请示
雨政发〔2015〕140 号	9 月 17 日	全区“九小场所”消防安全综合治理方案
雨政发〔2015〕141 号	9 月 23 日	关于人民来信办理单（01 第 1485 号）办理情况的报告
雨政发〔2015〕142 号	9 月 24 日	关于市政府第 1303 号人民来信办理单的回复
雨政发〔2015〕143 号	9 月 24 日	关于市政府第 1279 号今日互联网情况的回复
雨政发〔2015〕147 号	10 月 12 日	关于报审凤台南路亿源商城段排水改造工程决算的请示
雨政发〔2015〕148 号	10 月 13 日	关于郜叶红等同志免职的通知
雨政发〔2015〕149 号	10 月 13 日	关于钱扬才同志职务任免的通知
雨政发〔2015〕151 号	10 月 13 日	关于转发《市政府关于印发南京市投资项目并联审批实施方案的通知》的通知
雨政发〔2015〕152 号	10 月 13 日	关于转发《市政府关于印发南京市投资项目并联审批优化流程办法（试行）的通知》的通知
雨政发〔2015〕153 号	10 月 13 日	关于转发《市政府关于发布南京市政府核准的投资项目目录（2015 年本）的通知》的通知
雨政发〔2015〕154 号	10 月 14 日	关于修改《板桥新城控详》SOA041-18 规划单元控详规划的请示
雨政发〔2015〕155 号	10 月 16 日	关于将区体育中心房产证办理至南京雨花国资投资管理有限公司名下的请示
雨政发〔2015〕156 号	10 月 16 日	关于同意板桥物业中心接管绿洲南路 S、C 地块经适房商业用房物业管理的请示
雨政发〔2015〕157 号	10 月 22 日	关于区板桥新城管委会以地换保相关资金分期支付的请示
雨政发〔2015〕158 号	10 月 23 日	关于印发《雨花台区 2014-2017 年棚户区（含旧房）改造计划实施方案》的通知
雨政发〔2015〕159 号	10 月 23 日	关于商洽拆除秦淮新河红庙桥的请示
雨政发〔2015〕160 号	10 月 25 日	关于丰盛集团收购三建、四建遗留问题与凤凰三号地块土地出让返还中解决事宜的报告
雨政发〔2015〕161 号	10 月 30 日	关于加快推进机场二通道（雨花段）建设的请示
雨政发〔2015〕162 号	11 月 4 日	关于同意板桥市场群 G1 地块调整规划条件的请示

续表

文　　号	发文日期	标　　　题
雨政发(2015)163 号	11 月 4 日	关于成立天隆寺复建项目领导协调小组的通知
雨政发(2015)164 号	11 月 5 日	关于同意申报南京市 2015 年度第 6 批次 1-6 号地块的请示
雨政发(2015)165 号	11 月 6 日	关于同意经规划核准团预测绘面积办理板桥古雄路西一地块经适房项目销售批复的请示
雨政发(2015)166 号	11 月 9 日	关于雨花台区 2015 年总结和 2016 年工作计划的报告
雨政发(2015)167 号	11 月 12 日	关于申请拨付"城中村"改造建设项目资金的请示
雨政发(2015)168 号	11 月 12 日	关于落实缪市长在市政府第 118 号会议纪要上指示的报告
雨政发(2015)169 号	11 月 16 日	关于同意铁心桥街道物业中心接管翠岭银河花园及商业用房物业管理的请示
雨政发(2015)170 号	11 月 16 日	关于 2015 年度推进依法行政工作情况的报告
雨政发(2015)171 号	11 月 17 日	关于加快南京机场高速龙西互通连接线前期手续办理的请示
雨政发(2015)172 号	11 月 16 日	关于提前开展滨江大道雨花段建设工程征地补偿安置和房屋拆迁工作的请示
雨政发(2015)173 号	11 月 19 日	关于给予雨花台区公共文化项目补助资金的请示
雨政发(2015)174 号	11 月 20 日	关于调整区查处取缔无证无照经营工作联席会议领导小组的通知
雨政发(2015)175 号	11 月 20 日	关于印发《雨花台区城市周边基本农田划定工作方案》的通知
雨政发(2015)176 号	11 月 26 日	关于印发《关于进一步推进全区民生服务工作的通报》的通知
雨政发(2015)177 号	11 月 26 日	关于印发《雨花台区冬春季节大气环境质量保障管控方案》的通知
雨政发(2015)178 号	11 月 26 日	关于申请天隆寺文物勘探费用免除的请示
雨政发(2015)180 号	11 月 30 日	关于银杏湖大道北延雨花台区段规划、推进情况汇报
雨政发(2015)181 号	12 月 4 日	关于雨花台区体育中心建设过程沿革的情况说明
雨政发(2015)182 号	12 月 4 日	关于申请批准 2014 年度城乡建设用地增减挂钩(第一批)实施规划的请示
雨政发(2015)183 号	12 月 4 日	关于将南京市 2013-2017 年棚户区改造二期工程项目——雨花台区项目委托建设资金列入财政预算的报告
雨政发(2015)184 号	12 月 7 日	关于同意板桥物业接管绿洲南路 A 地块经适房及配套商业物业管理的请示
雨政发(2015)185 号	12 月 7 日	关于同意板桥物业公司接管古雄路西地块经适房及配套商业物业管理的请示
雨政发(2015)186 号	12 月 8 日	关于宁府办文(2015)2183 号办文单办理情况的报告
雨政发(2015)187 号	12 月 10 日	关于分类 02-350 号文件传阅单办理情况的报告
雨政发(2015)188 号	12 月 10 日	关于上报《雨花台区入江云游秦淮新河、南河水环境综合整治工作方案》的请示
雨政发(2015)189 号	12 月 11 日	关于宁府办文(2015)2087 号办文单办理情况的报告
雨政发(2015)190 号	12 月 11 日	关于印发雨花台区地震应急预案的通知
雨政发(2015)191 号	12 月 17 日	关于转发《市政府关于在全市重点行业领域试行安全总监制度的通知》的通知
雨政发(2015)192 号	12 月 21 日	关于普德花园 A-4 幢住宅物业管理问题的请示
雨政发(2015)193 号	12 月 22 日	关于区十七届人大四次会议代表建议办理工作审议意见落实情况的报告
雨政发(2015)194 号	12 月 21 日	关于加强市场监督管理工作的实施意见
雨政发(2015)195 号	12 月 22 日	关于申请调整雨花台区省级公益林地块的请示
雨政发(2015)196 号	12 月 24 日	关于上报《雨花台区环境保护大检查工作情况总结》的报告
雨政发(2015)197 号	12 月 25 日	关于调整区农民工工作领导小组成员的通知
雨政发(2015)198 号	12 月 28 日	关于 01 第 2038 号督办件办理情况的报告
雨政发(2015)199 号	12 月 31 日	关于报请审批《雨花台区公务用车制度改革总体方案》的请示

统计资料

·综　合·

2015 年全区主要指标实绩

表 32

指　标	计量单位	2015 年	2014 年	2015 年比 2014 年±%
一、综合				
街道(园区)	个	9	9	-
其中:园区	个	3	3	-
社区居民委员会	个	57	56	1.8
行政村	个	-	-	-
村民小组	个	145	148	-2.0
年末总户数(户籍)	万户	9.36	9.02	3.8
年末总人口(户籍)	万人	25.83	25.17	2.6
常住人口	万人	42.69	41.95	1.8
乡村实有从业人员	万人	1.64	1.68	-2.4
土地面积	平方公里	132.39	132.39	-
地区生产总值(现价)	亿元	406.58	364.36	10.0
第一产业	亿元	0.89	1.06	-7.5
第二产业	亿元	80.36	78.66	5.5
# 工业	亿元	51.56	51.22	3.6
第三产业	亿元	325.33	284.64	11.8
二、农业				
农林牧渔总产值(现价)	万元	15834	16557	-4.4
(1)农业总产值	万元	2380	2556	-6.9
(2)林业总产值	万元	11196	11460	-2.3
(3)牧业总产值	万元	1330	1578	-15.7
(4)渔业总产值	万元	928	963	-3.6
(5)农林牧渔服务总产值	万元	-	-	-
三、工业				
规上工业企业单位数	个	82	82	-
规模以上工业总产值	亿元	135.39	142.30	-4.9
规模以上工业主营业务收入	亿元	136.67	146.00	-6.4

续表

指　标	计量单位	2015 年	2014 年	2015 年比 2014 年 ± %
规模以上工业利税总额	亿元	13.16	15.79	-16.6
规模以上工业产品产销率	%	100.19	101.44	-1.2
四、全社会固定资产投资	亿元	260.52	237.11	9.9
其中:工业投资	亿元	7.9	10.95	-27.8
房地产投资	亿元	133.89	101.58	31.8
五、批发零售贸易和餐饮业				
社会消费品零售总额	亿元	335.5	297	13.0
六、外经外贸				
实际利用外资	亿美元	1.71	-	-
外贸出口	亿美元	19.13	-	-
服务外包执行额	亿美元	26.7	26.19	1.9
其中:离岸外包执行额	亿美元	11.48	11.29	1.7
七、财政				
财政收入(全口径)	亿元	101.84	90.94	12.0
公共财政预算收入	亿元	61.29	51.95	18.0
八、人民生活				
城镇人均可支配收入	元	44485.7	41038.5	8.4
农民人均可支配收入	元	20783.4	18878.5	10.1

注:地区生产总值 2015 年比 2014 年增长速度采用可比价增长速度。

2015 年全区人口状况(一)

表 33　　单位:户、人、%

街道名称	总户数	总　人　口			性别比
		合计	男	女	
雨花台区	93585	258270	132329	125941	105.07
雨花街道	24273	72043	37583	34460	109.06
赛虹桥街道	17002	47210	24443	22767	107.36
西善桥街道	7244	17874	8878	8996	98.69
板桥街道	8617	20740	9440	11300	83.54
铁心桥街道	12820	36333	18676	17657	105.77
梅山街道	10136	29328	16044	13284	120.78
开发区	7060	17658	8557	9101	94.02
板桥新城	6433	17084	8708	8376	103.96

2015年全区人口状况(二)

表34　　单位:人

街道名称	出生人口			出生率	死亡人口			死亡率	自然增长人口			自然增长率
	合计	男	女		合计	男	女		合计	男	女	
雨花台区	2968	1548	1420	11.64	1434	842	592	5.62	1534	706	828	6.02
雨花街道	756	393	363	10.52	380	229	151	5.29	376	164	212	5.23
赛虹桥街道	615	316	299	13.20	215	122	93	4.61	400	194	206	8.58
西善桥街道	239	129	110	14.01	125	77	48	7.33	114	52	62	6.68
板桥街道	355	181	174	18.02	143	79	64	7.26	212	102	110	10.76
铁心桥街道	392	210	182	10.78	213	123	90	5.86	179	87	92	4.92
梅山街道	158	85	73	5.37	154	102	52	5.23	4	−17	21	0.14
开发区	194	106	88	11.13	121	68	53	6.94	73	38	35	4.19
板桥新城	259	128	131	15.69	83	42	41	5.03	176	86	90	10.66

2015年各街道地区生产总值

表35　　单位:亿元

单位名称	地区生产总值	一产	二产	三产
全区合计	406.58	0.89	80.36	325.33
1.软件谷	229.36	0.35	43.30	185.71
其中:原软件园	157.80	0.00	19.88	137.92
开发区	47.12	0.05	12.87	34.20
铁心桥	24.44	0.3	10.55	13.59
2.板桥新城	14.34	0.05	2.19	12.10
3.雨花街道	49.20	0.00	0.7	48.50
4.板桥街道	21.53	0.48	13.8	7.25
5.西善桥街道	30.46	0.01	15.75	14.70
6.赛虹桥街道	36.15	0.00	4.09	32.06
7.梅山街道	25.54	0.00	0.53	25.01

·软件产业·

2015 年软件及信息服务业、科技创新情况

表 36

内　　　容	2015 年	备　注
新增涉软企业数(家)	139	累计 774
新增涉软从业人员(人)	30000	累计 17.8 万人
新增软件产业建筑面积(万平方米)	62.69	累计 605.4 万平方米
软件及信息服务业收入(亿元)	1650.49	
服务外包执行额(亿美元)	26.70	
离岸外包执行额(亿美元)	11.48	
信息传输、计算机服务和软件业增加值(亿元)	146.07	占地区生产总值 35.9%
发明专利申请量	2918	
发明专利授权量	247	

2015 年软件及信息服务业产业分类汇总

表 37　　单位:亿元

类　　　别	2015 年完成
软件和信息服务业收入	1650.49
其中:1.软件开发收入	744.70
2.信息技术服务收入	838.45
3.嵌入式系统软件收入	67.34

2015 年各街道(园区)软件及信息服务业指标完成情况

表 38

街道名称	软件和信息服务业收入(亿元)	信息服务业销售收入(亿元)	新增软件产业建筑面积(万平方米)	新增涉软企业(家)	新增涉软从业人员(名)
全区合计	1650.49	206.5	62.69	139	30000
软件谷	1542	189	54.66	110	25000
其中:开发区	45.42	4.38	24.20	15	1500
铁心桥	10.22	–	–	–	–

续表

街道名称	软件和信息服务业收入（亿元）	信息服务业销售收入（亿元）	新增软件产业建筑面积（万平方米）	新增涉软企业（家）	新增涉软从业人员（名）
紫金科创特区	18	2	–	33	1800
板桥新城管委会	7.02	1.10	1.16	2	500
雨花街道	22.18	3.32	2	13	1000
板桥街道	21.06	3.36	1.3	4	900
西善桥街道	21.02	3.35	1.1	4	900
赛虹桥街道	22.21	3.37	1.8	4	1000
梅山街道	15.00	3.00	0.67	2	700

·工　业·

2015 年全区规模以上工业总产值汇总

表 39　　　　单位:亿元

指标名称	完成	增长%
工业总产值总计（现行价格）	135.39	−4.9
在总计中:新产品产值	36.27	−19.1
在总计中:轻工业	27.72	4.3
重工业	107.67	−7.0
在总计中:国有企业	–	–
集体企业	0.57	−58.1
股份合作企业	–	–
股份制企业	124.52	−3.2
外商及港澳台商投资企业	10.30	−16.6
其他经济类型企业	–	–
在总计中:国有控股企业	57.87	−7.6
在总计中:大中型工业企业	83.59	0.0

注:规模以上工业企业是指全部独立核算国有企业及年主营业务收入在 2000 万元以上的非国有工业企业,下同。

2015年全区规模以上工业总产值分行业大类

表 40　　单位：亿元

分　行　业	完成	增长%
农副食品加工业	5.29	13.3
纺织服装、服饰业	11.49	4.4
木材加工和木、竹、藤、棕、草制品业	0.38	-3.7
家具制造业	2.50	21.4
印刷和记录媒介复制业	1.66	-15.7
文教、工美、体育和娱乐用品制造业	1.60	-48.1
石油加工、炼焦和核燃料加工业	1.00	-17.4
化学原料和化学制品制造业	1.44	-50.5
医药制造业	4.48	36.4
橡胶和塑料制品业	4.55	8.1
非金属矿物制品业	23.50	-20.4
金属制品业	1.64	-20.2
通用设备制造业	9.44	-20.7
专用设备制造业	14.82	-2.7
汽车制造业	20.67	14.8
铁路、船舶、航空航天和其他运输设备制造业	2.98	-24.3
电气机械和器材制造业	2.91	9.2
计算机、通信和其他电子设备制造业	12.52	32.1
仪器仪表制造业	2.33	10.2
废弃资源综合利用业	0.80	9.4
电力、热力生产和供应业	9.39	-20.9

2015年全区规模以上工业财务状况

表 41　　单位：亿元

指标名称	完成	增长%
一、年初存货	25.91	3.8
二、资产负债		
流动资产合计	129.25	-4.2
其中：应收账款	56.10	3.1
资产总计	188.61	-2.5
负债合计	115.01	-4.8
三、损益及分配		
营业收入	138.81	-8.0

续表

指标名称	完成	增长%
其中:主营业务收入	136.67	-6.4
营业成本	113.25	-8.7
其中:主营业务成本	112.35	-7.6
营业税金及附加	0.72	-8.4
销售费用	6.31	8.4
管理费用	10.09	-5.0
财务费用	1.79	-26.3
资产减值损失	0.02	-98.8
公允价值变动收益(损失以"-"号记)	0.00	-192.9
投资收益(损失以"-"号记)	0.39	-305.9
营业利润	6.91	12.5
营业外收入	0.71	-83.5
营业外支出	0.15	-78.2
利润总额	7.59	-15.8
应付职工薪酬(本年贷方累计发生额)	11.30	0.3
应交增值税	4.61	-18.1

2015年全区规模以上工业企业分组

表42 单位:个

名　称	企业数	5000万元及以上	1亿元及以上	5亿元及以上	10亿元及以上
全区合计	82	55	26	7	3
软件谷	46	29	13	6	3
软件园	6	5	3	3	1
开发区	27	18	7	1	-
铁心桥	13	6	3	2	2
板桥新城	3	1	-	-	-
雨　花	-	-	-	-	-
板　桥	11	8	6	-	-
西善桥	14	12	3	-	-
赛虹桥	6	3	2	1	-
梅　山	2	2	2	-	-

2015 年全区规模以上工业企业能源消费情况

表 43　　单位：万吨标准煤

单位名称	2015 年	2014 年	增长%
全区合计	484.2754	518.0128	-6.5
1.软件谷	52.6992	69.0093	-23.6
软件园	0.0448	0.0381	17.5
开发区	51.9380	68.2591	-23.9
铁心桥	0.7164	0.7121	0.6
2.板桥新城	0.0023	0.0045	-48.9
3.雨花	-	-	-
4.板桥	2.6948	3.2221	-16.4
5.西善桥	0.2213	0.3288	-32.7
6.赛虹桥	0.4284	0.4191	2.2
7.梅山	428.2294	445.0290	-3.8

注：2015 年梅山街道含梅钢 428.0785 万吨标准煤

2014 年梅山街道含梅钢 444.8846 万吨标准煤

·商　业·

2015 年全区商务完成情况

表 44

项目内容	2015 年完成	同比增长%
注册外资实际到账	1.71 亿美元	-
服务外包执行额	26.7 亿美元	1.9
其中：离岸执行额	11.48 亿美元	1.7
外贸出口总额	19.13 亿美元	-
社会消费品零售总额	335.5 亿元	13.0

2015 年全区社会消费品零售总额情况

表 45　　单位：万元

指标名称	累　计		
	今年	上年同期	增幅
社会消费品零售总额	3354999.2	2969025.8	13.0
一、按行业分			

续表

指标名称	累计		
	今年	上年同期	增幅
(一)批发和零售业小计	3230313.3	2854299.7	13.2
限额以上	2909282.0	2595668.5	12.1
个体经营户(大个体)	81089.5	67076.3	20.9
限额以下	321031.3	258631.2	24.1
限下企业	111157.7	–	–
限下个体	209873.6	258631.2	-18.9
1.批发业	676128.9	551064.2	22.7
限额以上	473946.3	389812.6	21.6
个体经营户(大个体)	1268.5	1078.5	17.6
限额以下	202182.6	161251.6	25.4
限下企业	106111.6	–	–
限下个体	96071.0	161251.6	-40.4
2.零售业	2554184.4	2303235.5	10.9
限额以上	2435335.7	2205461.6	10.4
个体经营户(大个体)	79821.0	65998.2	20.9
限额以下	118848.7	97773.9	21.6
限下企业	5046.1	–	–
限下个体	113802.6	97773.9	16.4
(二)住宿和餐饮业小计	124685.9	114726.1	8.7
限额以上	110878.2	98725.8	12.3
个体经营户(大个体)	69965.0	59990.7	16.6
限额以下	13807.7	16000.3	-13.7
限下企业	12896.9	–	–
限下个体	910.8	16000.3	-94.3
1.住宿业	4529.8	5680.1	-20.3
限额以上	4135.1	3264.5	26.7
个体经营户(大个体)	–	–	–
限额以下	394.7	2415.6	-83.7
限下企业	220.6	–	–
限下个体	174.1	2415.6	-92.8
2.餐饮业	120156.1	109046	10.2
限额以上	106743.1	95462.6	11.8
个体经营户(大个体)	69965.0	59990.7	16.6
限额以下	13413.0	13583.4	-1.3
限下企业	12676.3	–	–
限下个体	736.7	13583.4	-94.6

·财政收入支出·

2015年全区财政收入完成情况

表46

单　　位	2015年	
	财政总收入(万元)	其中:公共财政预算收入(万元)
合　计	1018365	612913
一、国税	409591	147516
1.增值税	292602	73150
2.营改增	45950	45950
3.企业所得税	71039	28416
二、地税	564613	420450
1.营业税	219114	219114
2.企业所得税	73025	26290
3.个人所得税	162379	64951
4.房产税	26935	26935
5.印花税	8692	8692
6.车船税	2104	2104
7.耕地占用税	2964	2964
8.教育费附加收入	20815	20815
9.城市维护建设税	48585	48585
10.税务部门罚没收入	-	-
三、财政	31151	31151
1.罚没收入	4553	4553
2.行政性收费	22253	22253
3.国有资源有偿使用收入	4345	4345
4.国有资本经营收入	-	-
5.其他	-	-
四、特派办退增值税	-1048	-262
五、专项收入	14058	14058
1.地方教育费附加	13876	13876
2.文化事业建设费	182	182

2015 年全区财政支出

表 47　　单位：万元

	2015 年
1.一般公共服务	35842
2.国防支出	12
3.公共安全支出	13942
4.教育支出	68445
5.科学技术支出	21248
6.文化体育与传媒支出出	3888
7.社会保障和就业支出	34384
8.医疗卫生支出	18660
9.节能环保支出	4012
10.城乡社区支出	179141
11.农林水支出	11706
12.交通运输支出	3622
13.资源勘探信息等支出务	61666
14.商业服务业等支出	5419
15.金融支出	50
16.国土海洋气象等支出	563
17.住房保障支出	4690
18.其他支出	12854
19.债务发行费用支出	39
一、公共预算支出	480183
二、基金预算支出	359644
三、支出合计	839827

·教育卫生、文化体育·

2015 年全区教育基本情况

表 48

指　标	学校数(所)	在校学生数(人)	教职工数(人)
全　区	87	49541	4689
高等学校	–	–	–
中等专业学校	–	–	–

续表

指　　标	学校数(所)	在校学生数(人)	教职工数(人)
市电大雨花分校	1	135	29
普通中学	12	12406	1199
职业中学	1	2104	103
技工学校	–	–	–
小　学	20	19173	1189
特殊教育	–	–	–
幼儿园	53	15723	2169
小学毕业生升学率(%)	100		
初中阶段毛入学率(%)	100		

2015 年各类中学概况(一)

表 49　　单位:个

学　校		单　位　数			班　级　数		
		计	初中	高中	合计	初中	高中
总　计		12	8	4	312	219	93
教育部门办	普中（不含铁中）	10	7	3	251	176	75
民办	实验学校	2	1	1	61	43	18

2015 年各类中学概况(二)

表 50　　单位:人

学　校		学　生　数			教职工数		
		合计	初中	高中	计	全民	民办
总　计		12406	8785	3621	1199	971	228
教育办	普中	10026	6975	3051	971	971	–
民　办	实验学校	2380	1810	570	228	–	228

2015 年各类小学概况

表 51

学校数(所)		班级数(个)	学生数(人)	教工数(人)		
				计	全民	民办
总　计	20	464	19173	1189	1059	130
教育部门办	18	408	16935	1059	1059	–
民　办	2	56	2238	130	–	130

2015 年教育部门办中学基本情况

表 52

学校	班级(个)	在校学生数(人)			教职工数(人)
		合计	初中	高中	
合　计	251	10026	6975	3051	971
雨　中	85	3680	2024	1656	312
板　中	32	1298	639	659	131
共　中	24	956	956	–	87
金中西善分校	12	390	390	–	49
雨中春江分校	12	495	495	–	35
孙　中	15	475	475	–	63
铁　中	–	–	–	–	34
梅一中	24	953	953	–	88
梅二中	21	785	785	–	60
梅高中	18	736	–	736	101
金中岱山分校	8	258	258	–	11

2015 年民办中学基本情况

表 53

校　名		单位数	班级数	学生数
民办中学	小　计	2	61	2380
	初　中	1	43	1810
	高　中	1	18	570

2015 年职业教育基本情况

表 54　　　　单位:人

校名			班级数						学生数						教职工数
			三年制				高职		三年制				高职		
			计	一	二	三	四	五	计	一	二	三	四	五	
教育办:附中专概况	合计		61	17	16	12	8	8	2239	641	567	422	307	302	132
	中华中专	合计	57	17	16	12	6	6	2104	641	567	422	250	224	103
		职专	28	11	10	7	–	–	1050	422	383	245	–	–	103
		高职	29	6	6	5	6	6	1054	219	184	177	250	224	
	电大(师校)		4	–	–	–	2	2	135	–	–	–	57	78	29

2015年教育部门办小学基本情况

表 55

学　校	班级数(个)	学生数(人)	教工数(人)
合　计	408	16935	1059
实　小	33	1448	109
雨外小	61	2446	143
共　小	21	922	72
景　小	21	869	47
雨中春江分校	25	1092	55
铁　小	27	1122	67
行　小	24	757	55
雨　小	25	965	83
板　小	36	1834	82
古　小	22	974	45
西　小	25	1147	62
西苑小	12	570	28
梅一小	24	828	81
梅二小	20	585	51
金　小	20	938	49
岱山实小	6	296	9
善水湾小	4	98	11
花神庙小	2	44	10

2015年民办小学基本情况

表 56

学　校		班级数(个)	学生数(人)	教工数(人)
民办学校	合　计	56	2238	130
	实　验	44	1650	104
	力行小学	12	588	26

2015年幼儿园基本情况

表 57

园　名		班级数(个)	幼儿数(人)	教师数(人)		
				计	全民	其他
教育部门办	合计	100	3141	440	23	417
	板小附属幼儿园	12	409	48	8	40

续表

园 名		班级数（个）	幼儿数(人)	教师数(人)		
				计	全民	其他
教育部门办	西小附属幼儿园	13	443	64	6	58
	行小附属幼儿园	12	310	53	9	44
	岱山实验幼儿园	9	298	44	–	44
	板小金叶花园幼儿园	9	306	34	–	34
	板桥小学附属灵动之星幼儿园	12	408	48	–	48
	板桥小学附属岱山第一幼儿园	5	140	23	–	23
	区实验幼儿园	13	409	61	–	61
	善水湾幼儿园	10	282	41	–	41
	长虹路幼儿园	5	136	24	–	24
集体办	合计	114	3521	477	–	477
	普德村幼儿园	8	273	38	–	38
	春江第一幼儿园	9	315	35	–	35
	春江第二幼儿园	10	345	40	–	40
	铁心桥中心幼儿园	11	382	45	–	45
	龙福幼儿园	10	318	42	–	42
	春蕾幼儿园	9	285	41	–	41
	现代艺术幼儿园	10	251	40	–	40
	花神美境幼儿园	8	226	34	–	34
	翠岭银河幼儿园	8	212	37	–	37
	南站幼儿园	12	319	48	–	48
	软件谷幼儿园	8	230	31	–	31
	家禾幼儿园	11	365	46	–	46

2015年教育部门办中小学校园、校舍面积及固定资产

表 58

校 名	校园面积		校舍面积（平方米）	校 名	校园面积		校舍面积（平方米）
	平方米	亩			平方米	亩	
总 计	818460	1228.27	417555	实验小学	12200	18.30	6942
一、中学合计	413239	619.86	199198	共青团路小学	6316	9.47	3998
雨花台中学	93059	139.59	52685	铁心桥小学	18863	28.29	5704
板桥中学	56267	84.40	41253	景明佳园小学	18216	27.32	6314
共青团路中学	15128	22.69	8811	小行小学	6196	9.29	4564
金中西善分校	20706	31.06	8547	雨花台小学	6724	10.09	4822

续表

校　　名	校园面积		校舍面积（平方米）	校　　名	校园面积		校舍面积（平方米）
	平方米	亩			平方米	亩	
金中岱山分校	24453	36.68	26000	梅山一小	29550	44.33	11396
梅一中	23182	34.77	9502	岱山实小	23500	35.25	20500
梅二中	21621	32.43	6902	善水湾小学	29500	44.25	16280
梅山高级中学	64615	96.92	22497	雨中春江分校	11964	17.95	6147
雨中春江学校	32095	48.14	7554	金地自在城小学	22000	33.00	11823
铁心桥中学	31632	47.45	7370	西善桥小学	16000	24.00	6996
孙家中学	30481	45.72	8077	板桥小学	36000	54.00	12512
二、师职校电大合计	62140	93.79	35216	古雄小学	13240	19.86	4870
教师进修学校	17576	26.36	12142	西善花苑小学	36230	54.35	23972
雨花电大分校	2400	3.6	1213	雨花外国语小学	28180	42.27	20694
中华中专	42164	63.25	21861	梅山二小	9541	14.31	5552
三、小学合计	343081	514.62	183141	花神庙小学	18861	28.29	10055

2015 年全区医疗卫生事业基本情况

表 59

指　　标	单位	2015 年
医疗卫生机构	个	98
其中：政府办医疗卫生机构	个	8
政府办医疗卫生机构职工	人	690
卫生技术人员	人	575
新型农村合作医疗筹资标准	元 / 人	830
婴儿死亡率	‰	控制在 1.89
孕产妇死亡率	1/10 万	0
居民平均预期寿命	岁	82.31

2015 年全区文化基本情况

表 60

指　　标	单　位	2015 年
组织大型文化活动	次	40
群众文化活动	场	1253
群文团体演出观众人次数	万人次	20
公共图书馆藏书	万册	26

续表

指　　标	单　位	2015 年
电视节目平均每日播出时间	小时	24
广播节目平均每日播出时间	小时	24

2015 年全区体育基本情况

表 61

指　　标	单　位	2015 年
人均公共体育设施面积	平方米	3.05
市级以上运动会金牌数	块	36
体育场地数	个	1070
体育场地面积	万平方米	130.25

·人民生活·

2015 年城镇居民家庭全年人均收入

表 62　　单位:元

指标名称	2015 年	增长%
城镇居民人均可支配收入	44485.7	8.4
（一）工资性收入	33262.0	8.4
（二）经营净收入	2823.0	8.4
（三）财产性收入	6593.0	8.4
（四）转移性收入	1807.7	8.5

2015 年城镇居民家庭全年人均消费支出

表 63　　单位:元

指标名称	2015 年	增长%
城镇居民人均生活消费支出	27538.0	6.8
（一）食品烟酒	7020.0	3.9
（二）衣着	2029.0	3.9
（三）居住	5533.0	4.3
（四）生活用品及服务	1677.0	7.0
（五）交通通信	5272.0	6.3

续表

指标名称	2015 年	增长%
（六）教育文化娱乐	4658.0	16.7
（七）医疗保健	755.0	9.3
（八）其他用品和服务	594.0	3.7

2015 年城镇居民 100 户调查主要指标

表 64

指标名称	总量(元)	人均(元)
一、可支配收入	13197424.04	44485.7
二、消费支出	8169606.46	27538.0
1.食品烟酒	2082599.95	7020.0
2.衣着	601936.65	2029.0
3.居住	1641456.63	5533.0
4.生活用品及服务	497509.98	1677.0
5.交通通信	1564026.63	5272.0
6.教育文化娱乐	1381873.30	4658.0
7.医疗保健	223983.33	755.0
8.其他用品和服务	176219.99	594.0

·固定资产投资·

2015 年全社会固定资产投资

表 65　　单位:万元

投资种类	2015 年	上年同期	增长%
全社会投资合计	2605171	2371147	9.9
#服务业投资	2522680	2258168	11.7
#私、个经济	1938017	1993918	-2.8
一、城镇固定资产投资	1266237	1355366	-6.6
#私、个经济	913215	1106578	-17.5
二、房地产开发投资	1338934	1015781	31.8
#私、个经济	1024802	882204	16.2

规模以上投资起报点均为 500 万元以上。

2015 年分街道全社会固定资产投资额

表 66　　　　单位:亿元

名　　称	2015 年	增长%
全区合计	260.05	9.9
软件谷	124.10	2.9
其中:开发区	51.03	1
板桥新城	28.21	8.1
雨花街道	42.10	18.5
板桥街道	20.05	−0.1
西善桥街道	16.21	−0.5
赛虹桥街道	20.26	64.2
梅山街道	2.51	−18.1
两桥办	6.61	–

2015 年全区房地产开发投资

表 67

指　　标	单位	2015 年	增长%
房地产开发投资额	亿元	133.8934	31.8
1.按工程用途分			
住宅	亿元	85.1856	42.6
办公楼	亿元	19.6152	58.1
商业用房	亿元	14.2085	−33.3
其他	亿元	14.8841	83.1
2.房屋建筑面积			
施工面积	万平方米	383.7626	25.6
# 住宅	万平方米	211.0385	15.0
竣工面积	万平方米	53.4433	40.8
# 住宅	万平方米	38.158	30.6
3.商品房屋销售面积	万平方米	100.3421	64.2
# 住宅	万平方米	76.0884	50.4
4.商品房屋销售额	亿元	168.7801	67.5
# 住宅	亿元	133.116	58.6

索引

雨花年鉴

2016 YUHUA ALMANAC

2016 YUHUA ALMANAC

Index

说　明

一、本索引采用主题索引方法，依据首字汉语拼音字母顺序排列，同音字按声调顺序排列；首字同音同调按笔画排列；首字音序相同，按第二字音序排列，依次类推。

二、类目、分目、副分目标题和人名作索引词的均用黑体字标明。

三、索引词后数字表示内容所在页码或参见页码（用黑体排列在索引词后第一位置的为主出处项），数字后字母表示从左至右内容所在栏别，索引词后括注“表”字样表示表；索引词后括注其他内容为说明项。

四、“附见”内容悬挂缩进两格排印，附于相关款目之下。

五、彩页、特载、专文、人物、大事记、统计资料、附录、随文图片均不作索引。

A

B

C

D

N

P

Q

R

S

T

W